U0653944

神话思维与中古历史书写

以通行本《后汉书》为中心

陈金星 ———— 著

内容提要

中古正史具有神话历史面目。本书以《后汉书》《续汉书》及《宋书》等中古史书为研究对象，重点考察具有神话思维性质的历史文本。作者运用传世文献、出土文献、人类学田野调查资料、考古实物，立体呈现相关历史文本的生成语境与思维机制，揭示历史书写的意识形态主旨，从而为深入思考中古历史乃至中国文化特质提供一个新视角。

图书在版编目（CIP）数据

神话思维与中古历史书写：以通行本《后汉书》为中心 / 陈金星著．—上海：上海交通大学出版社，2021
（神话历史丛书）
ISBN 978-7-313-24954-8

Ⅰ.①神… Ⅱ.①陈… Ⅲ.①中国历史—东汉时代—纪传体 ②《后汉书》—研究 Ⅳ.①K234.204.2

中国版本图书馆CIP数据核字（2021）第092013号

神话思维与中古历史书写——以通行本《后汉书》为中心
SHENHUA SIWEI YU ZHONGGU LISHI SHUXIE
——YI TONGXINGBEN《HOUHANSHU》WEI ZHONGXIN

著　　者：陈金星
出版发行：上海交通大学出版社　　地　　址：上海市番禺路951号
邮政编码：200030　　电　　话：021-64071208
印　　制：上海盛通时代印刷有限公司　　经　　销：全国新华书店
开　　本：710 mm × 1000 mm　1/16　　印　　张：26.75
字　　数：392千字
版　　次：2021年7月第1版　　印　　次：2021年7月第1次印刷
书　　号：ISBN 978-7-313-24954-8
定　　价：88.00元

版权所有　侵权必究
告读者：如发现本书有印装质量问题请与印刷厂质量科联系
联系电话：021-59815625

总序　神话：中国文化的原型编码

“神话”这个概念，作为专业术语，是20世纪初年由留日学者梁启超、蒋观云等人引入现代汉语中的。此前的中国学术话语中没有神话学这样一门学科。100多年来，中国神话学从无到有，取得了很大成就，也留下明显的局限。最初热衷于介绍和研究神话的学者以文学家为主体，如鲁迅、周作人、茅盾、郑振铎、谢六逸等，所以至今我国高校的神话学教学仍然只限于在中文系民间文学课程范围里进行。大凡没有民间文学专业师资的学校，就不会开设神话学的课。对照20世纪以来国际神话学大发展的情况，国内在学科划分上的这种自我封闭之局限性非常明显。以国际的神话学理论权威学者罗伯特·西格尔（Robert A.Segal）在1996年主编出版的六大卷《神话理论》（*Theories of Myth*）为例，文学方面的神话学研究只占六卷书中的一卷而已，即不到神话学研究全貌的百分之二十。占据百分之八十以上的内容是哲学、历史学、考古学、宗教学、心理学、人类学等学科视角的神话研究。十年前，笔者主编的“神话学文库”将这六卷书中的哲学卷与心理学卷列入翻译计划，因为版权问题，目前仅有《心理学与神话》一书正式出版了中译本（陈金星译，陕西师范大学出版社2019年版）。在“神话学文库”中还收入了日本神话学家吉田敦彦的《日本神话的考古学》、美国考古学家南诺·马瑞娜托斯的《米诺王权与太阳女神》、瑞典历史学家马丁·尼尔森的《希腊神话的迈锡尼源头》、美国哲学家凯瑟琳·摩根的《从前苏格拉底到柏拉图的神话和哲学》、美国哲学家凯文·斯奇布瑞克编的《神话的哲学思考》、德国宗教学家瓦尔特·伯克特的《神圣的创造：神话的生物学踪迹》、罗马尼亚裔美籍宗教学家伊利亚德的《熔炉与坩埚：

炼金术的起源和结构》与美国人类学家简·哈利法克斯编的《萨满之声》等。这一批著述充分表明，神话学如何有效参与考古研究和历史研究，并在文化和文明的起源学方面发挥学术攻坚作用。可以说，文学本位的神话观，已经成为制约我国人文学术发展的一个瓶颈。

2010年我在中国社会科学院任职时，和广东省委达成合作意向，编撰一套"神话历史丛书"。丛书的宗旨就是打破现行教育体制滞后所造成的学科本位主义束缚，突破中国神话学研究的文学本位局限，让神话概念充分发挥其贯通文学、史学、哲学、艺术学、宗教学、心理学的跨学科整合优势，引领当今研究者打开思路，主动尝试交叉学科的思考，发现、提出和解决新问题，特别是从跨学科研究实践中总结经验，提出中国文化理论体系建构的关键问题。

"神话历史丛书"由广东的南方日报出版社推出，原计划有20部书的规模。自2011年至2015年，先期出版9部专著。其中涉及外国神话历史研究的有：《韩国神话历史》《苏美尔神话历史》；还有一部《希腊神话历史探赜》则编入复旦大学出版社的"中国文学人类学理论与方法丛书"。中国神话历史研究的著述，除了两部编著《儒家神话》和《宝岛诸神——台湾神话历史的古层》之外，都是笔者所指导的博士论文和博士后报告，内容涉及对《春秋》《礼记》《仪礼》《淮南子》等上古文化经典的再解读；外加一部研究夏商周及其精神文化源头的《图说中华文明发生史》。从学术发展的脉络审视，"神话历史丛书"所承继的是20世纪90年代笔者和萧兵先生合作主编的"中国文化的人类学破译丛书"（湖北人民出版社）。

2017年底上海交通大学成立神话学研究院，"神话历史丛书"原计划中未出版的著述将继续推出，目前以上海交通大学文学人类学中心指导的学位论文和博士后报告为主，研究对象涉及《墨子》《周礼》《管子》《黄帝内经》《国语》《后汉书》《南齐书》等文史经典。

一个世纪以来的中国神话研究，将主要精力用于从古籍中寻找类似古希腊神话故事的工作，却完全忽略了一个根本性的问题：国学的传统中为什么不存在神话研究？换另一种问法：古汉语中为什么就没有"神话"这个术语？由于这样具有根本性的文化特质问题没有得到较早的提示，所以在学界也得不到深入的思考和讨论。本丛书编者认为，中国文化传统的最大特征就在于其完全的和弥漫性的神话特质。不仅遍布城乡各地的无数孔庙和财神庙，无言地见证了这个多民族国度的巨大造神能量，就连被西学东渐以来的现代学者视为“中国哲学”“中国历史”和“中国科学”的许多根本内容，也离不开神话学的观照。

如何将局限于文学课堂的神话这个概念真正释放出来，使之成为重新贯通文史哲和艺术、宗教等，能够反思中国文化研究的有效概念工具，引领学者超越传统的成见和现代的学科体制造成的偏见，重新进入中国思想传统和历史传统。目前的“神话历史丛书”，在南方日报出版社已经出版9种的基础上，继续专注于对上古文化经典的神话学解读。聚焦历史叙事中的神话性原编码作用，以及神话叙事中的真实历史文化原型。因此，这套书的研究对象是常见的古代经典，但是研究范式却来自文学人类学一派独家倡导的研究理论与研究方法论，诸如“神话中国”“文化大小传统”“文化文本多级编码”“四重证据法”等等。我们希望各卷合起来能够构成一个相互关联和相互照应的学术整体，有助于加深对中国文化的发生及其特质的重新认识。本丛书更集中体现21世纪成长中的青年学者的新锐探索，力图呈现出更具有规模性的人文研究的创新群体。

三天前，笔者出席在上海举办的2021年腾云峰会“生生不息”，当场即兴讲述了两个涉及神话历史的小故事。19世纪的一位文学爱好者——德国人谢里曼，坚信荷马史诗《伊利亚特》讲述的特洛伊大战是真实发生的历史事件，便亲自去土耳其发掘，果然找出被尘封数千年的特洛伊城的故事；一个是21世纪国内的文学人类学考察团队，认为《山海经》讲述的黄帝在峚山一带吃白玉膏并播种出玄玉的故事，不只是凭空虚构的文学想象。经过连续十年的玉石之路文化考察，碰巧在2021年春咸阳博物院文物库房的尘封之下辨识出18件五千年以上的仰韶文化圣物——玉斧钺。其黝黑黝黑的色调不仅与“玄玉”一名相吻合；其五千年以上的厚重历史含量，也恰好对应着华夏民族共祖黄帝的时代。于是，上海交通大学神话学研究院与咸阳博物院合作，为纪念仰韶文化发现一百年暨中国考古学诞生一百年，于5月22日在咸阳博物院举办“仰韶玉韵”特展，以及针对仰韶文化玉礼器研究的“玄玉时代”专家论坛。

神话凝聚着每个民族的亘古幻想。今天的科技成就还在延续这些幻想，并让某些幻想变成现实。试用两句诗纪念2021这个特殊的年份：

祝融升天问火星
玄玉重光耀轩辕

叶舒宪

2010年6月6日初稿于北京

2021年6月10日改写于上海

目　录

第一章

走向中古神话历史

人类是太阳系里唯一拥有想象能力并会讲故事的一种智慧生物。即使是当今无文字的族群，他们也拥有自己的故事，故事内容林林总总，可能关乎宇宙起源或人类的起源，也可能关乎个体生活经历。人类口传叙事的历史比书面叙事的历史要悠久得多。从石器时代到人工智能时代，人类不知道叙述了多少故事，其中一些故事已湮没无闻，还有一些故事流传至今。一些流传至今的故事被现代人称为“历史”。还有一些故事并不易归类，有些人称之为“神话”，另外一些人则称之为“历史”。如果深入推敲，人们又会发现，神话与历史之分其实是来自西学的一种划分，世界各地存在着关于故事分类的各种地方性知识。语词不仅仅是人类言说的工具，它还可能制约人类的言说方式。对此，处于各种语词漩涡的现代人需要保持警醒，探查语词的源流，斟酌语词使用的可行性。审查“神话”与“历史”二词的由来，这是我们思考中古历史书写的起点。①

第一节　神话：历史的同路人

一、从“神话/历史”到“神话历史”

在现代汉语日常用语中，“神话”与“历史”二词具有不同的真伪判断含义。“盘古开天辟地是神话，辛亥革命是历史”，这一判断说明了“神话”与“历史”的不同含义：神话未曾真实发生过，“历史”则真实发生过。推考起来，“神话”一词源于日语，之后再转入中国现代汉语，1897年12月4日刊发

① “中古”一词，国内学界一般用以指称魏晋南北朝隋唐，但因这一词语较为冗长，为了行文方便，有些学者会使用“中古”一词。

的《实学报》最早出现“神话”一词。“历史”一词已见于明代历史读物《历史大方纲鉴》与《历史大方纲鉴补》，日语中“历史”一词系借用汉字逐译英语“history”一词。梁启超在《变法通议·论女学》中谈到日本女学约略分为十三科，其中一科为“历史”。现代学术界关于“神话”与“历史”的定义纷繁复杂。如彼得·赫斯那样，可以粗略地将神话界定为“包括任何一组自身的‘真实性’不需要通过逻各斯来证明的相关的陈述”，而“历史”是“对过去发生事物的叙述”。①

神话与历史在原初状态是暧昧不分的，神话是初民诗性智慧的表达。《苏美尔王表》可被视为一份神权历史学记录：“当王权自天而降，王权在埃利都。”②这份王表还提到了神卢伽尔班达与神杜木吉的在位时间。古希腊史诗《伊利亚特》既传述了神祇的行事，又蕴含了一些历史信息。荷马史诗中提到的赫克托耳的盾牌其后为谢里曼考古发现的镶金匕首刀片图案所验证。在公元前5世纪，神话与历史出现了分道扬镳的迹象，但历史的因素与非历史的因素依然混杂。在《历史》一书中，西方“历史之父”希罗多德记载了关于巴比伦人、埃及人、吕底亚人、波斯国王、多瑙河人的各种传说，提到了不少神谕和预兆，并表明他的叙事原则：“在这全部历史里，我的规则是我不管人们告诉我什么，我就把它记录下来。”③另一位“史学之父”修昔底德开创了另一种叙事传统。在《伯罗奔尼撒战争史》中，他声称：“关于战争事件的叙述，我确定了一个原则：……我所描述的事件，不是我亲自看见的，就是我从那些亲自看见这些事情的人那里听到后，经过我仔细考核过了的。”④实际上，修昔底德并未摆脱时代的神话氛围。他深受埃斯库罗斯悲剧的影响，其历史著作具有悲剧色

① ［美］彼得·赫斯：《神话、历史和理论》，李宇靖译，见陈启能、倪为国主编：《书写历史》，上海：上海三联书店，2003年版，第116—117页。

② ［美］T·雅各布森编著：《苏美尔王表》，郑殿华译，北京：生活·读书·新知三联书店，1989年版，第2页。

③ ［古希腊］希罗多德著：《历史》，王嘉隽译，北京：商务印书馆，1959年版，第165页。

④ ［古希腊］修昔底德著：《伯罗奔尼撒战争史》，谢德风译，北京：商务印书馆，1960年版，第17—18页。

彩，英国学者康福德以“神话历史”称之。希罗多德与修昔底德的史学异趣在西方史学史上不断重现，如塔西佗与李维、孟德斯鸠与马基雅维里、兰克与司各特、蒙森与尼布尔等历史学家之间的分歧。在《建城以来史》中，古罗马历史学家李维对传说的态度是模棱两可的，他详述了罗穆路斯与勒慕斯两兄弟的建城传说，而塔西佗对传说采取较为严谨的态度。

中国先秦史籍同样存在着神异故事与历史混杂的现象。《国语》中，不语怪力乱神的孔子谈起来了木石之怪、水之怪、土之怪，谈起了防风氏之骨和肃慎氏之矢。《国语》还记载了褒姒出生的传说与蓐收显灵的神话。《左传》记载了龙降于绛郊、石言于晋、二蛇斗于郑门、阏伯实沈两兄弟相争、孔甲畜龙、豕人立而泣等神异故事。汉代史家司马迁宣称要汰除不雅驯的史料，不过他所撰著的《史记》仍然保存了一些具有神话思维色彩的历史叙事。《国语》《左传》《史记》的叙事风格影响了中国历代正史的历史书写。历代正史不乏具有神异色彩的史笔。明代学者俞文龙钞撮历代正史灾祥怪异记录汇集成《史异编》。清代学者傅燮詷编纂的《史异纂》同样汇集了历代正史的灾祥怪异之事，该书分天异、地异、祥异、人异、事异、术异、译异、鬼异、物异、杂异十门。二书取材相同，不过，有意思的是，《四库全书总目》将《史异编》归入“史钞”，却将《史异纂》归入“小说家”。

问题的核心是如何理解神话与神话思维。事实上，神话表征了族群的信仰与认同，理解某一文化应该慎重对待其神话而不应视之为无稽的传说并摒弃之。此外，神话思维并不会伴随着理性的崛起而消亡，它将伴随人类的始终。由于启蒙的辩证法，理性最终演变为一种神话。20世纪德国的历史见证了一种新型的理性化的政治神话的产生与消亡。二战时，逃亡美国的德国哲学家卡西尔精辟地指出：“人并不完全是一种理性化的动物，他现在是而且将来仍会是一种神话的动物。”①

① ［德］恩斯特·卡西尔著：《符号·神话·文化》，李小兵译，北京：东方出版社，1988年版，第193页。

科学主义的历史学家不重视神话，甚至摒弃神话。这似乎犯了那种泼水连同孩子一起泼出去的错误。与此形成对照的是，美国历史学家麦克尼尔点出“科学的历史”的限度。1985年，威廉·H·麦克尼尔担任美国历史协会主席，他发表了题为《神话–历史：真理、神话、历史和历史学家》的演讲。他指出，人类依靠信条对自然与社会作出反应，同一说法对某些人而言是真理，对另一些人来说却是一种神话，历史学家努力的结果是最好称之为“神话–历史”。麦克尼尔宣称：“我们实际拥有的东西就是神话–历史……因此，做一个追求真理的神话–历史的编写者是一种崇高的、严肃的职业。”①其后，在《兰克时代的神话历史》一文中，美国史学家唐纳德·R·凯利试图复兴“神话历史”的观念和传统。在《多面的历史：从希罗多德到赫尔德的历史探询》第一章中，唐纳德·R·凯利探讨了西方史学的“神话历史”传统，他先引用了米歇尔·德·塞特的名言“历史可能就是我们的神话”，并继而写道：“历史研究是最新的但不是最后的神话建构，通过它我们努力超越狭隘的文化视野，去了解未知的、甚至可能完全无法知晓的世界。”②

继唐纳德·R·凯利之后，以色列历史学家约瑟夫·马里在《神话历史：一种现代史学的生成》一书中提倡一种“现代史学”：“把神话体认为它之所是：一种已进入历史并成为历史的故事。”③其任务是把这些故事重估为对个体认同和集体认同不可或缺的宝贵历史。约瑟夫·马里认为，现代史学不仅要研究事实上发生了什么（通常所说的“历史”），还要研究人们对事实的想象（即“神话”），更重要的是研究“神话”与“历史”如何生产与再生产出历史意义（即“神话历史”）。在《神话历史：一种现代史学的生成》一书中，约瑟夫·马里

---

① McNeill, William H.. “Mythistory, or Truth, Myth, History, and Historians”, *The American Historical Review*, Vol. 91, No. 1 (Feb., 1986), pp. 1–10；[美] 威廉·H·麦克尼尔：《神话–历史：真理、神话、历史和历史学家》，见中国美国史研究会：《现代史学的挑战：美国历史协会主席演说集（1961—1988）》，上海：上海人民出版社，王建华等译，1990年版，第488页。“Mythistory”一词中译者译为“神话–历史”。

② [美] 唐纳德·R·凯利著：《多面的历史：从希罗多德到赫尔德的历史探询》，陈恒、宋立宏译，北京：生活·读书·新知三联书店，2003年版，第2页。

③ Mali, Joseph. *Mythistory*. Chicago: The University of Chicago Press，2003，p. Ⅻ.

梳理了（或者说建构了）现代史学中的“神话历史”传统，他选取雅各布·布克哈特、恩斯特·康托洛维茨、瓦尔特·本雅明、詹姆斯·乔伊斯为重点个案，揭示了“神话历史”的不同面相。[①]

当代西方史学界存在着一股“新文化史”研究潮流。法国史学家马克·布洛赫撰著的《国王神迹》是这一研究潮流的领军之作，该书研究的是中世纪11世纪到18世纪期间英法民众的一种信仰，即相信国王的触摸能够治愈瘰疬病。布洛赫在书中广泛运用各种材料，包括肖像、叙事文学、宗教祈祷文、酒馆对话、公文、账簿、人口登记簿、法律诉讼文件等。布洛赫的研究极大地影响了后续的历史学研究。受益于人类学、心理学、文学等学科的进一步发展，历史研究出现了“历史叙述复兴”的趋势，这一趋势的代表人物为诺伯特·埃利亚斯、狄路谋、彼得·布朗、娜塔莉·戴维斯、卡洛·金兹伯格等史学家。这些史学家行文上分析与叙述并重，他们运用人类学、心理学、文学等学科理论解释人类行为的象征意义，注意使用各种新史料（法庭记录、民间故事、图像等），注意“小人物”的历史。[②]《档案中的虚构：十六世纪法国的赦罪故事及故事的讲述者》《心醉神迷：解码巫婆安息日》《夜间的战斗》《公民——法国大革命编年史》等一批学术著作体现了这种史学趋向。在《档案中的虚构：十六世纪法国的赦罪故事及故事的讲述者》一书中，娜塔莉·戴维斯分析了求赦书中的故事——16世纪的法国罪犯们为了得到国王的特赦而编制出赦罪故事。娜塔莉·戴维斯指出，这些求赦故事揭示了16世纪法国的人们如何讲述故事、何谓一个好故事、他们如何解释动机等一系列问题。在《夜间的战斗》一书中，卡洛·金兹伯格利用天主教教会档案探讨了16世纪至17世纪盛行于弗留利一带的民间信仰，当地存在着一种仪式性团体，其成员出生时带有胎膜，这些成员声称自己在夜间沉睡时灵魂离体，以茴香束为武器，与巫师战斗，为

① 参见陈金星：《体认神话与历史叙事的再诠释——〈神话历史：一种现代史学的生成〉》，《百色学院学报》，2012年第2期，第23—27页。

② 劳伦斯·斯通：《历史叙述的复兴：对一种新的老历史的反省》，古伟瀛译，见陈恒、耿相新编：《新史学》（第四辑），郑州：大象出版社，2005年版，第22—23页；Mali, Joseph. *Mythistory*. Chicago: The University of Chicago Press, 2003, p.25.

此，教会对这种信仰做了调查。通过分析教会档案，金兹伯格描述了仪式性团体成员如何被迫承认自己为巫师的过程，并还原了当时农民的集体心态。约瑟夫·马里指出，其中一些历史学家的研究已经显示出“神话历史”的特征。

与国外史学相应，受益于史学与人类学的学科互补，近年来，国内历史人类学界与文学人类学界出现了试图打破“神话”与“历史”二元对立观念的研究倾向。在《华夏边缘：历史记忆与族群认同》一书中，王明珂把神话与历史都视为一种集体记忆。他结合考古学证据与文献资料分析周人族源传说与吴太伯故事，探寻集体记忆背后的动机。详而言之，周人族源传说强调定居与务农的特性来确立其与戎狄的族群边界，吴太伯故事是华夏族群边缘人群通过寻得或假借一个华夏祖先传说以实现其华夏认同。在《羌在汉藏之间：一个华夏边缘的历史人类学研究》《英雄祖先与弟兄民族》中，王先生对英雄祖先记忆作了进一步探讨与反思。赵世瑜在《狂欢与日常——明清以来的庙会与民间社会》中运用人类学方法，从文化景观、节日、碑刻入手研究区域历史。以“太阳生日”传说与习俗为个案，他从中解读出东南沿海地区对崇祯之死的历史记忆。[①]在国内文学人类学界，相继出现了一些有意识地运用“神话历史”研究方法的论著，代表性成果为南方日报出版社出版的“神话历史丛书”。要指出的是，国内神话学界的“神话历史”概念与约瑟夫·马里所提倡的“神话历史”既有联系又有区别，二者都受到当代西方史学思潮的启发，都强调神话的文化奠基性作用，但区别是，国内的“神话历史”概念是针对中国神话研究现状而提出的一种思路转换。

在《中国的神话历史——从“中国神话”到“神话中国”》一文中，叶舒宪认为，神话是一个贯通文史哲的概念，神话作为文化基因而存在，他提倡从寻找“中国神话”转向认识“神话中国”，重新审视中国古代典籍的神话编码逻辑。在“神话历史”的研究实践方面，叶先生身体力行，运用神话历史理

① 赵世瑜著：《狂欢与日常——明清以来的庙会与民间社会》，北京：生活·读书·新知三联书店，2002年版，第297—323页。

念，结合四重证据法，撰写了一系列文章探讨古史难解之谜，譬如尧舜时代的“班瑞”、夏桀伐岷山、黄帝名号等。[①]在普及性著作《图说中华文明发生史》中，叶先生赋予“大/小传统”概念以新意，把前文字时代的文化传统称为“大传统”，将依赖文字记载的文明史传统称作“小传统”。叶先生明确指出，神话观念是中国观念大传统的基因，要从神话大传统来探讨儒道思想的发生。以尧舜时代的传说为例，很难界定尧舜禅让与“舜班瑞于群后”的记载为历史或神话。考古证据表明，四千年前已存在批量生产玉礼器的可能性。因此，尧舜时代的班瑞存在着现实原型，而陶寺遗址发现的毁灭性遗存与夏家店文化遗址的暴力场景表明，尧舜禅让属于一种政治神话。通过对黄帝名号、班瑞、夏禹中央熊旗、夏禹建鼓、夏桀伐岷、殷商玄鸟、虎食人卣等丰富个案的解读，更为厚重的学术专著《中华文明探源的神话学研究》精彩地呈现了早期文明的神话历史，打通了前文字时代传统与文字时代传统的经脉。

叶舒宪主编的“神话历史”丛书的一个贡献就是揭示蕴藏在《礼记》《春秋》《仪礼》《淮南子》等经典中的神话历史。在《断裂中的神圣重构：〈春秋〉的神话隐喻》中，谭佳揭示了《春秋》的结构与神话模式，《春秋》的篇名、篇目（“十二”）、开篇（“元年春王正月”）、篇末（“西狩获麟”）都具有神话观念渊源。在《礼制文明与神话编码：〈礼记〉的文化阐释》中，唐启翠分析了冠礼、“廟”字、《礼记·月令》的神话意蕴，还分析了《礼记》中明堂的空间叙事、“五方之民”叙事以及灾异记忆。在《文化记忆与仪式叙事：〈仪礼〉的文化阐释》中，以《仪礼》为中心，荆云波对婚礼、巫术、玉文化展开探讨。在《神话叙事与集体记忆：〈淮南子〉的文化阐释》一书中，黄悦考察了《淮南子》的神话结构、女神神话重述及其功能，还考察了《淮南子》神话的文化

---

① 参见叶舒宪：《神圣言说——从汉语文学发生看“神话历史”》，《百色学院学报》，2009年第3期，第14—24页；叶舒宪：《神圣言说（续篇）——从汉语文学发生看“神话历史”》，《百色学院学报》，2009年第4期，第19—23页；叶舒宪：《三星堆与西南玉石之路——夏桀伐岷山与巴蜀神话历史》，《民族艺术》，2011年第4期，第33—43页；叶舒宪：《班瑞：尧舜时代的神话历史》，《民族艺术》，2012年第1期，第35—40页；叶舒宪：《黄帝名号的神话历史编码——四重证据法再释“轩辕”与“有熊”》，《百色学院学报》，2012年第3期，第5—13页。

语境以及《淮南子》神话与早期道家思想的关系。这些著作对早期中国经典文本的文化阐释，使经典暧昧难明的意义得到澄明，为当代国学研究提供了可资借鉴的案例。

“神话历史”提倡转换研究视角，从寻找“中国神话”转换为发现“神话中国”。关于中国神话，有一种流行说法：中国没有神话。[①]首先要指出的是，中国境内存在着众多民族，这些民族存在着丰富的神话资源。其次，这种说法参照的是西方神话概念。其结论或是中国人缺乏想象力，或是中国神话零散不成系统，或是中国神话经历了历史化改造。以中国第一篇神话学论文——蒋观云的《神话历史养成之人物》为例，在蒋观云看来，印度神话“深玄”，希腊神话“优美”，中国神话“最简枯而乏崇大高秀、庄严灵异之致”。[②]在西方神话观念的参照下，胡适认为中国神话贫乏，其缘由为古代中国民族朴实而不富于想象，他们处在温带与寒带之间，需要时时面对自然的挑战，没有余裕像热带民族那样白日做梦。[③]以地理环境解释中国神话贫乏的论调遭到茅盾的反驳，北欧气候寒冷但并不缺乏神话，茅盾认为中国古代北方民族曾有过丰富的神话，而其消歇的原因有二：“一为神话的历史化，二为当时社会上没有激动全民族心灵的大事件以诱引‘神代诗人’的产生。”[④]由此，“神话的历史化”成为神话学界普遍接受的一个结论。其前提是中国的神话本来很丰富的，后来才零散化了。为此，神话学界有不少学者致力于中国神话体系的恢复重建，其代表性成果为袁珂的《中国神话传说》。不过，“神话历史化”说也遭到学者的质疑，如常金仓认为中国根本不存在“神话的历史化”，神话历史化的理论基础是进

① 其实关于“神话”，存在着种种定义。有狭义意义上的“神话”，有广义意义上的“神话”。芬兰学者劳里·杭柯曾在《神话界定问题》一文中列出了12类现代神话理论，譬如“作为认知范畴来源的神话”“作为象征性表述形式的神话”“作为潜意识的投射的神话”“作为行为特许状的神话”等等。笔者倾向于从广义意义上运用“神话”一词，神话并不仅仅是关于神的叙事，它也是文化英雄的叙事。汉代纬书中的感生故事与天书故事都属于神话范畴。

② 观云：《神话历史养成之人物》，见马昌仪编：《中国神话学文论选萃》（上），北京：中国广播电视出版社，1994年版，第9页。

③ 胡适著：《白话文学史》，北京：东方出版社，1996年版，第53页。

④ 茅盾著：《神话研究》，天津：百花文艺出版社，1981年版，第130页。

化论，不承认文化的多样性，相反地，倒是存在“历史的神话化”。陈连山认为不需要假设中国的神话经过普遍的历史化，因为中国神话本来就和历史交融在一起。[①]

事实上，中国文化中存在着很多由人而奉祀为神的事例，并流传着不少与民间信仰相关的传说。而且，与巫史传统相关的神话思维方式弥漫在中国文化中，绵延不绝。就这一文化面相而言，可以称之为“神话中国”。“中国神话”概念对应的是文学文本，“神话中国”概念对应的是文化文本。在叶舒宪看来，中国文化传统最大的特征是完全的弥漫性的神话特质。按照叶舒宪的表述，“神话中国”指的是“按照天人合一的神话式感知方式与思维方式建构起来的五千年文化传统，它并未像荷马所代表的古希腊神话叙事传统那样，因为遭遇到‘轴心时代’的所谓‘哲学的突破’，而被逻各斯所代表的哲学和科学的理性传统所取代、所压抑”。[②]叶舒宪这段“神话中国”的表述蕴含了丰富的思想生长点，从“中国神话”到“神话中国”的视角转换，意味着走出文学本位的神话观，意味着研究对象不再局限于文学文本，而是转向更为丰富的文化文本。但是，“神话中国”的命题也勾连出“巫史传统”等相关问题的梳理。

二、“巫史传统”与“神话中国”

“神话中国”命题关涉到对中国文化传统的体认，为此需要梳理“轴心时代”“哲学的突破”“巫史传统”“天人合一”等命题。

所谓“轴心时代”命题，出自卡尔·雅斯贝斯（或译“卡尔·雅斯贝尔斯”）《历史的起源与目标》一书。“轴心时代”亦称“轴心期”，指的是公元前500年左右（或公元前800年至200年），因为这一时期集中了最不平常的事件。

---

① 常金仓：《中国神话学的基本问题——神话的历史化还是历史的神话化》，《陕西师范大学学报》（哲学社会科学版），2000年第3期，第5—13页；陈连山：《走出西方神话的阴影——论中国神话学界使用西方现代神话概念的成就与局限》，《长江大学学报》（社会科学版），2006年第6期，第17—21页。

② 叶舒宪：《中国的神话历史——从“中国神话”到“神话中国”》，《百色学院学报》，2009年第1期，第33—37页。

在中国，出现了老子、孔子、墨子等诸子百家；在印度，出现了《奥义书》和佛陀；在伊朗，出现了琐罗亚斯德；在巴勒斯坦，涌现出以利亚、以赛亚、耶利米、第二以赛亚等大小先知；在希腊，众贤云集，包括大名鼎鼎的荷马、巴门尼德、赫拉克利特、柏拉图，还出现了许多悲剧作家。[①]

轴心期的时代特点是，“世界上所有三个地区的人类全都开始意识到整体的存在、自身和自身的限度”。[②]这归因于反思意识的出现，其结果是“神话时代及其宁静和明白无误，都一去不返”。[③]因此这是一场理性反对神话的斗争，“理性和理性地阐明的经验向神话发起一场斗争”，斗争进而发展为超然的一神反对子虚乌有的诸恶魔，最后发展为一场反对不真实的诸神形象的伦理反抗。宗教伦理化的同时，神话成为语言的材料，神话化身为寓言。在这一转变中，神话被重构，并在一种新的深度中得到理解。[④]这是一个神话毁灭的时代，又是一个神话新生的时代，旧的神话世界渐渐被湮没，但通过民众的持久信仰作为整体背景而留存。

雅斯贝尔斯的“轴心时代”提法在国内学者中具有广泛影响，这里先提出两个问题：“轴心时代”命题符合中国文化实情吗？如果符合的话，那么“轴心时代”之后，神话思维是否受到逻各斯的压抑，它以何种方式存在？

“哲学的突破”一词出自马克斯·韦伯，但阐说最为清楚的却是美国社会学家帕森斯。帕森斯认为，在公元前一千年之内，希腊、以色列、印度和中国四大古代文明都曾先后按照自己的方式经历了一个“哲学的突破”的阶段。所谓“哲学的突破”，指对构成人类处境的宇宙本质发生了一种理性的认识以及

---

① ［德］卡尔·雅斯贝斯著：《历史的起源与目标》，魏楚雄、俞新天译，北京：华夏出版社，1989年版，第8页。

② ［德］卡尔·雅斯贝斯著：《历史的起源与目标》，魏楚雄、俞新天译，北京：华夏出版社，1989年版，第8页。

③ ［德］卡尔·雅斯贝斯著：《历史的起源与目标》，魏楚雄、俞新天译，北京：华夏出版社，1989年版，第9页。

④ ［德］卡尔·雅斯贝斯著：《历史的起源与目标》，魏楚雄、俞新天译，北京：华夏出版社，1989年版，第9页；Jaspers, Karl. *The Origin and Goal of History*. New Haven and London: Yale University Press, 1953, p.3.

伴随这种理性认识的对人类处境本身及其基本意义的新解释。而就中国而言，“哲学的突破”表现得最为温和。[①]

雅斯贝尔斯所谓“轴心期”的突破与帕森斯所说的“哲学的突破”二者的发生期相差并不太远，由此“轴心时代”及其“超越的突破”或“哲学的突破”在国内外都是一个热点话题。[②]在雅斯贝尔斯看来，在轴心期有其基础的民族是历史的民族，与突破世界保持距离的民族是原始的民族。[③]

关于“轴心时代”说法是否适用于中国文化，学界存在两种观点：一种观点认为“轴心时代”说不适用于中国文化。如张京华认为“轴心时代”说法与中国文化对接产生偏差，颠倒了学术的源与流、正题与反题，造成学术史各期的错位。[④]另一种观点基本承认中国“轴心时代”的突破。余国良认为，如果从轴心文明的一般性质看，中国在春秋战国时代的文化变迁完全可以称为轴心突破，如终极关怀的形成、道德文化反思意识的浮现以及“士”的诞生。[⑤]在承认“轴心突破”的基础上，不少学者还对中国“轴心突破”的背景与性质作了辨析。陈来认为，儒家为代表的诸子百家并没有一个神话时代作为背景和出发点，宗教的伦理化在西周初就已完成。中国轴心时代的变化，如果从公元前800年算起，其性质与其说是“超越的”突破，毋宁说是“人文的”转向。公元前500年左右时期的中国文化与夏商周文化发展的关系，是连续中的突破、

① 余英时著：《士与中国文化》，上海：上海人民出版社，1987年版，第29页。

② 1972—1973年，史华兹（B. Z. Schwarz）召集讨论会，结集为《智慧、启示和怀疑：对公元前第一个千年的透视》（Wisdom, Revelation and Doubt: Perspectives on The First Millennium B.C.）；1983年艾森斯塔特（Eisenstadt）召开“轴心时代文明的起源与多样性”会议。在中国，香港《二十一世纪》杂志有两期以“轴心时代”为专题。

③ 虽然雅斯贝尔斯承认中国存在轴心时代的突破，似乎是超越了黑格尔把东方视为历史的起点的观点，实际上雅斯贝尔斯骨子里仍以西方的“自由、理性”自傲，这从他论述“西方文化的特殊性”一节可以看出，还可以从另一处论述看出：“然而，文化一元形式的倾向并不像中国儒教中大量发生的情况那样，致使精神生活变成了静止干瘪的木乃伊。西方有不断的突破……从突破中，欧洲整体获得了它的生命。”参见［德］卡尔·雅斯贝斯著：《历史的起源与目标》，魏楚雄、俞新天译，北京：华夏出版社，1989年版，第72页。

④ 张京华：《中国何来“轴心时代”？》（上），《学术月刊》，2007年第7期，第129—136页；张京华：《中国何来“轴心时代”？》（下），《学术月刊》，2007年第8期，第117—122页。

⑤ 余国良：《轴心文明讨论述评》，《二十一世纪评论》，2000年2月号（总第57期），第33—41页。

突破中有连续。[①]余英时认为，中国轴心突破发生的背景是三代的礼乐传统，其性质是“内向超越”。余英时还认为三代礼乐秩序中的巫传统成为突破的关键，诸子中的任何一派都不承认巫有独占天人交流或神人交流的权威，表现为以“道”代替巫所事之“神”和用“心”之神明变化代替巫之沟通天人（或神人）的神秘功能。[②]

那么，巫史传统在轴心时代前后经历了什么样的变化呢？这里涉及对“巫史传统”公案的梳理。要说明的是，本书之所以关注“巫史传统”问题的梳理，基本的动因是想为《后汉书》等中古神话历史叙事寻找文化渊源。

以《后汉书》本纪为例，其体例类似《春秋》，而《春秋》“书法”与宗周记史制度（“史为书”）、“祝史荐信”制度有关，如“书法不隐”就与“祝史荐信”制度直接相关。[③]《尚书》《逸周书》《诗经》《左传》《晏子春秋》等典籍多次提到祝史在祭祀仪式中必须向神灵如实汇报主祭者的“德刑礼义”，祝史之辞必须“陈信于鬼神，无愧辞”。例如，《左传》襄公二十年记载卫宁惠子（宁殖）临终托付悼子（宁喜），他说自己因为“出君”而“名藏在诸侯之策”，宁惠子希望宁喜能够让卫献公归国以洗刷“出君”的恶名，悼子许诺，惠子遂卒。悼子在襄公二十六年终于完成惠子的心愿，但也留下“弑君”的恶名，《春秋》书曰：“卫宁喜弑其君剽。”宁喜之所以如此，是因为不愿有负先人：“吾受命于先人，不可以贰。”[④]类似的著名故事还有董狐秉笔直书与齐崔杼弑君连杀太史三人等。孔子作《春秋》而乱臣贼子惧，“乱臣贼子”所惧的恐怕是鬼神与恶名吧。

再如，包括《后汉书》在内，中古正史承继了先秦史书记叙异常天象、梦

① 陈来著：《古代宗教与伦理：儒家思想的根源》，北京：生活·读书·新知三联书店，2009年版，第1—6页。

② 余英时：《我与中国思想史研究》，载《思想》第8期（《后解严台湾文学》），台北：联经出版公司，2008年版，第1—18页；余英时：《轴心突破与礼乐传统》，《二十一世纪评论》，2000年4月号（总第58期），第17—28页；余英时：《天人之际》，载余英时著：《人文与理性的中国》，程嫩生、罗群等译，上海：上海古籍出版社，2007年版，第1—19页。

③ 张岩著：《从部落文明到礼乐制度》，上海：上海三联书店，2004年版，第273—274页；谭佳著：《断裂中的神圣重构：〈春秋〉的神话隐喻》，广州：南方日报出版社，2010年版，第85—88页。

④ 李学勤主编：《春秋左传正义》，北京：北京大学出版社，1999年版，第1030—1032页。

兆、灾祥等异事的叙事传统，即所谓“古之国史，闻异则书”的叙事传统。《左传》是先秦历史叙事的代表作，其翔实生动的叙事中夹杂着神异叙事，如记叙“有神降于莘”“内蛇与外蛇斗于郑南门”、狐突遇太子申生鬼魂、“有云如赤鸟”、楚子玉梦河神、魏颗遇鬼结草报恩等。受先秦史书叙事传统影响，中古史书出现了《天文志》《五行志》《方术列传》等叙事体例，其叙事文本糅合了《搜神记》《异苑》《幽明录》等笔记小说的神异叙事。这种“文史不分”的叙事现象与巫史传统存在着千丝万缕的联系。

巫文化在早期人类文明中占主导地位，这是一个普遍性的文化现象。透过一些中国史前文物，我们可以发现巫文化观念的印痕。以半坡遗址出土的仰韶文化人面鱼纹彩陶盆为例，人面两侧各有一条鱼，人似化身为鱼，这可能是巫师的形象。再如大地湾仰韶文化遗址411号房屋炭画所画的手持法器作舞蹈状的巫师形象以及濮阳西水坡遗址的蚌塑骑龙巫师形象。何为巫？《说文解字》释“灵”云：“灵，巫也。以玉事神。”我国存在着史前玉文化遗址，如兴隆洼文化、红山文化、凌家滩文化、夏家店文化、良渚文化等。乃至有学者提出“巫玉”概念，玉琮即被视为巫用以沟通天地的代表性礼器。

《国语·楚语》中楚昭王与观射父的一段对话常为论者所称引，这段对话讲述了颛顼时代重、黎“绝地天通”的传说。其中观射父解释了“巫觋”的由来与职能：“民之精爽不贰者，而又能齐肃衷正者，其智能上下比义，其圣能光远宣朗，其明能光照之，其聪能听彻之，如是则明神降之，在男曰觋，在女曰巫。”[①]据观射父的讲述，古代巫觋具有诚敬、智、圣、明、聪之性，并负责安排神位次序、牺牲、礼器、祭祀服色诸事宜。

巫能降神，萨满同样能“出神”与“降神”。张光直认为巫接近于萨满，因此巫可英译为shaman。他还认为，“从另一个角度看，中国古代文明是所谓萨满式的文明。这是中国古代文明最主要的一个特征”。[②]张光直认为把世界

① （春秋）左丘明撰：《国语》，鲍思陶点校，济南：齐鲁书社，2005年版，第274页。
② ［美］张光直著：《考古学专题六讲》，北京：文物出版社，1986年版，第4页。

分成天地人神等层次，这是中国古代文明的重要成分，也是萨满式世界观的特征。他认为，仰韶文化已存在巫师形象。[①]另外，中国巫师与全世界的萨满所使用的沟通天地的工具相同，如神山、宇宙树、龟策、各种动物、歌舞音乐、药料。张光直还认为中国文明是一种连续性文明，以苏美尔为代表的西方文明是突破性文明。“萨满式文明”提法具有广泛影响，但同时具有争议性。饶宗颐《历史家对萨满主义应重新作反思与检讨——“巫”的新认识》对“萨满主义”的泛滥提出批评，其理由是不能拿民间原始性魔法形态的借神附身的萨满式巫术来任意加于三代之上，特别是与殷周有关祭祀的典制来做种种的比附。其实，从饶宗颐的文意来看，他所要区分的是官巫与民间之巫。李零《中国方术考》认为把“萨满式文明”当作一切非基督教文明的统称失之于笼统，“连续性文明”与“突破性文明”两大系统之差异也似是而非，但张光直的假说还是给人不少启迪。

由于没有如殷墟甲骨文之类的坚实证据，夏朝的存在备受国外学者质疑。不少国内学者认为，二里头文化近于夏文化。夏朝开创者夏禹是巫君合一式人物，禹步据传为他所创。其子夏启据传能上天，并能舞《九代》，其潜藏信息指向他是一名巫师。二里头遗址有三座墓葬出土了铜铃与铜牌，其墓主应该为巫师。殷商甲骨文中，“巫”字多见。从卜辞来看，商巫负责交通鬼神、祭祀、占卜、医疗、禳灾、祈雨等活动。商代是否设有巫官之职，尚存争议，但可以确定周制设有巫官之职，并分为“司巫”“男巫”“女巫”，主要掌管祈雨、逐疫、祭祀、丧葬等事宜。

殷商已有史官。据陈梦家统计，殷墟卜辞史官之名计有25种，可分为六类：尹、乍册、卜、工、史、吏。[②]王国维以为，史为掌书之官。关万维认为，“史”原指占卜时捉刀刻龟者或是记录占卜结果者。[③]《说文解字》释“史”云：

---

① 张光直《中国考古学论文集》两篇论文《中国远古仪式生活的若干资料》《仰韶文化的巫觋资料》论述了仰韶文化巫师，其所举例有人面鱼纹盆、舞蹈纹彩陶盆、丧仪巫舞地画等等。

② 陈梦家著：《殷墟卜辞综述》，北京：中华书局，1988年版，第517—521页。

③ 关万维：《甲骨文“史”字考释与史学起源》，《深圳大学学报》(人文社会科学版)，2016年第3期，第143—147页。

“史者，记事者也，从又持中，中，正也。”许慎的解释可能受了后世历史观念的影响。如果“史”原为捉刀刻龟者或是记录占卜结果者，那么史与巫为同一类人，“史出于巫”之说大体不差。因此，“巫史”连称有其合理性。《周易》巽卦卦辞云：“用史巫纷若。”《国语·楚语下》中，观射父述说少皞衰世，“家为巫史”。周代核心官僚机构可分为卿事寮与太史寮。《周礼》有大史、小史、内史、外史、御史之职：

> 大史掌建邦之六典，以逆邦国之治，掌法以逆官府之治，掌则以逆都鄙之治……小史掌邦国之志，奠系世，辨昭穆……内史掌王之八枋之法，以诏王治……外史掌书外令，掌四方之志，掌三皇五帝之书，掌达书名于四方……御史掌邦国都鄙及万民之治令，以赞冢宰。①

从《周礼》来看，周朝史官负责文书撰写与典籍管理，还掌握祭祀仪式知识与天文历算知识。验之于《左传》与《国语》，《周礼》关于史官职责的说明与历史记载基本吻合。当然，《周礼》中神职人员不限于史，还包括祝、宗、卜之类的官员。

“巫史传统”的提法可见于李泽厚《说巫史传统》。李泽厚认为巫的基本特质经由“巫君合一”“政教合一”途径，“在中国大传统中，以理性化的形式坚固保存、延续下来，成为了解中国思想和文化的钥匙所在”。②巫的特征是动态、激情、人本和人神不分的“一个世界”。巫通过“数”走向理性化，卜筮、数、易以及礼制系统的出现是由巫而史的关键环节，其中历史经验、史巫对天文历法的掌握以及军事活动为重要因素，而质的转折点是周公制礼作乐，周公制礼作乐完成了内在巫术情感理性化的最终过程。李泽厚还认为巫术礼仪是中国文化的源头，包括历数、方术、医药、技艺在内，还是“阴阳”“五

---

① 李学勤主编：《周礼注疏》，北京：北京大学出版社，1999年版，第692—713页。

② 李泽厚著：《历史本体论·己卯五说》，北京：生活·读书·新知三联书店，2003年版，第162页。

行”“气”“度”这些范畴的源头。

当然，李泽厚的“巫史传统说”存在着争议，譬如史是否可视为巫的理性化以及孔子“释礼归仁”是否可以解释为情感的理性化。李泽厚的“巫史传统说”并没有完全超越哲学是神话的理性化这一思路。[①]事实上，非理性思维（包括神话思维与巫术思维）与理性思维都是面对世界的思维方式。二者可以在个体身上共存。近年来，哲学是神话的理性化这一思路在西方学界已受到质疑，理查德·巴克斯顿编的《从神话到理性？》就体现了学界的反思。

在《古代宗教与伦理》中，陈来认为将三代文化统称为“巫文化”轻忽了其中的重要分疏，他认为儒家文化是经历了一个漫长的文化理性化过程而产生的，具体而言，夏以前是巫觋时代，商代是典型的祭祀时代，周代是礼乐时代。按照韦伯的说法，宗教理性化是世界“祛除巫魅”，因此我们可以理解早期儒家与巫文化的紧张及早期儒家对巫文化的排斥和挤压。[②]《马王堆帛书·要》声称孔子说过：“赞而不达于数，则其为之巫；数而不达于德，则其为之史。”[③]这句话透露出“巫—史—儒”的演进路线。《古代宗教与伦理》中关于巫觋文化、祭祀文化、礼乐文化的三期划分可以看作对“萨满式文明”问题的一种后续思考，这种分疏其用意是想说明文化的演进。不过，《古代宗教与伦理》中关于巫术文化与祭祀文化的区分却来自弗雷泽“巫术—宗教—科学”的三期划分，而弗雷泽的区分具有进化论色彩，这不免让读者对三期划分（巫觋文化、祭祀文化、礼乐文化）产生了一丝疑虑。[④]

由于中国文化演进的特殊性，它并没有表现出其他文化演进中超越秩序

---

① 张汝伦：《巫与哲学》，《复旦学报》（社会科学版），2016年第2期，第9—21页。

② 陈来著：《古代宗教与伦理：儒家思想的根源》，北京：生活·读书·新知三联书店，2009年版，第10—14页。

③ 陈松长、廖名春：《帛书〈二三子问〉、〈易之义〉、〈要〉释文》，载陈鼓应主编：《道家文化研究》（第三辑）“马王堆帛书专号”，上海：上海古籍出版社，1993年版，第435页。

④ 弗雷泽认为巫术是“借符咒魔法的力量来使自然界附和人的愿望”，祭祀是“努力通过祈祷、献祭等温和谄媚手段以求哄诱安抚顽固暴躁、变化莫测的神灵”（参见［英］詹姆斯·乔·弗雷泽著：《金枝——巫术与宗教之研究》，徐育新、汪培基、张泽石译，汪培基校，北京：中国民间文艺出版社，1987年版，第84页）。周礼与殷礼相比，人礼重于鬼神之礼，这更多的是文化模式的不同还是一种理性化的文化演进？这一问题值得探讨。

与现世秩序的紧张，春秋时代中国文化的演进表现出即俗而圣的特点。陈来指出，中国文化在脱巫的同时企图保留着神圣感，因此，“理性化”的框架尚不足以完全把握中国文化演进的特殊性。他认为，从前轴心时代到轴心时代，中国文化的理性化主要是人文实践的理性化。[①]谭佳也指出需要勇气来反思用“巫风→理性化”理论来描述中国王制中“神—人”关系和礼乐文化渊源的做法[②]。

如何用一种较为恰适的理论来描述中国文化的演进？吴文璋在《巫师传统和儒家的深层结构》中提出了一种方案，他借用结构主义和结构功能学派理论，结合黑格尔“正—反—合”的辩证法和韦伯的“卡里斯玛”理论，说明儒家由殷商时期的“天命观”（巫师传统），进而发展到周初的“以德受命”（反巫师传统），再发展到孔子、孟子、荀子、董仲舒的“综合的巫师传统”，这是一种较有启发性的思路。

在中国，神话思维并没有因所谓“轴心时代”哲学的突破而遭取代。

以汉代为例，汉人普遍相信自己生活在上有天神、下有地鬼、山川有神怪的世界。上至官方，下至民间，崇信大大小小的神灵，诸如司命、太岁、灶神、社神、门神、行神、山神之类。不仅朝廷有官巫奉祀各地鬼神，民间亦有众巫活跃于街巷、闾里、社下。汉代巫觋的主要职能为降神、视鬼、解除、治病、咒诅、求雨、料理丧葬等。

在汉代的历史中可以看到，皇帝与大臣对灾异和祥瑞十分敏感。《汉书·公孙弘卜式儿宽传》记载，元光五年，汉武帝策诏诸儒。他先称引上古之治，然后问道：“天人之道，何所本始？吉凶之效，安所期焉？禹、汤水旱，厥咎何由？仁、义、礼、知四者之宜，当安设施？属统垂业，物鬼变化，天命之符，废兴何如？”[③]公孙弘在册奏中认为，如果“人主”与“百姓”能够上下相

---

① 陈来著：《古代宗教与伦理：儒家思想的根源》，北京：生活·读书·新知三联书店，2009年版，第13—14页。

② 谭佳著：《断裂中的神圣重构：〈春秋〉的神话隐喻》，广州：南方日报出版社，2010年版，第6—7页。

③ （汉）班固撰，（唐）颜师古注：《汉书》，北京：中华书局，1962年版，第2614页。

和，“心和”“气和”“形和”“声和”则“天地之和”自然相应，风调雨顺，甘露降临，五谷丰登，六畜兴旺，就会出现嘉禾、朱草、麟凤、龟龙等各种瑞应。汉代君臣普遍把灾异视为上天的警告，把祥瑞视为上天的赞赏。一旦发生灾异，时不时有大臣上疏，或指斥帝王，或检举妄为的臣子与后妃。一些皇帝遭逢灾异还会自我检讨。如果有官员上报凤凰、甘露、芝草、神雀、嘉禾、醴泉之类的祥瑞，经过皇帝认可之后，这些“祥瑞”就会载入史册。祥瑞观念深入地方，武梁祠的祥瑞画像、《西狭颂》配附的《五瑞图》以及其他众多祥瑞画像佐证了祥瑞观念的“无远弗届”。毕竟像王充这类把灾变视为“气自为之”的自然现象的知识分子太少了。即便是王充，他也相信瑞应的存在。

在中国古代社会中，神话思维是一种主流的思维方式。它贯穿古代中国历史，一直延续到清末。1881—1882年，有数颗彗星临近地球。清朝官方天文机构钦天监观测到彗星，连连奏报，帝师翁同龢对此异象十分忧虑，他在日记中写道:“司天言星出六甲，紫微垣内，主水主刀兵。”[①]清廷也发布谕令要求清理庶狱、禁侵挪钱粮、核定关税厘金、考察官吏等，并要求大臣“破除成见，宏济艰难”“凡有言者尤当直言无隐”。[②]1907年，丹尼尔彗星临近地球。观测到丹尼尔彗星的钦天监向清廷上呈了占测报告，报告称“彗见度数如以上者，主民讹言、国易政、宫中有乱、奸臣在君侧、兵起”。[③]慈禧太后传谕军机大臣省过自湔以消弭天变。一些接触过西学的知识分子的天文观念发生了动摇，转而相信传统星占术的合理性。1907年至1910年，彗星相继出现。革命党人利用星占信仰编造了“彗星东西现，宣统二年半”之类的谣言，造成人心浮动，可见传统星占信仰仍拥有一定的社会基础。[④]

在关于神话的诸种定义中，卡西尔关于神话的一段话为笔者所欣赏:“神

① ［清］翁同龢著，陈义杰整理:《翁同龢日记》(第三册)，北京：中华书局，第1583页。

② ［清］翁同龢著，陈义杰整理:《翁同龢日记》(第三册)，北京：中华书局，第1584页。

③ 陈旭麓、顾廷龙、汪熙主编:《辛亥革命前后·盛宣怀档案资料选辑》，上海：上海人民出版社，1979年版，第65页。

④ 陈婷、吕凌峰:《革命与星命——清末乱局中的彗星》,《科学文化评论》，2014年第2期，第78—89页。

话的真正基质不是思维的基质而是情感的基质。神话和原始宗教绝不是完全无条理性的，它们的条理性更多地依赖于情感的统一性而不是依赖于逻辑的法则。”[①]在这一意义上，“天人合一”的中国思维方式属于一种神话思维方式。“天人合一”的中国思维方式绝不是说中国人的思维还停留在原始思维阶段，或者说是原始思维的一个变种，“天人合一”的思维方式只是说明中国人体认“天人之道”时情感的统一。“天人合一”源于天人交通的巫史传统，即使经历了“王官失守，道术为天下裂”——所谓“轴心时代”的突破——“天人合一”的思维方式依然以新的形态出现：儒家的“天人合德”、道家的“天人为一”、阴阳家或方士化儒生的“天人感应”。[②]

通过文献梳理，我们可以认为巫史传统是中国文化的一个重要源头。中国神话历史与巫史传统存在着密切关系。观星望气、推算吉凶、敬拜祈禳之类的观念与仪式在中国文化中生生不已。“轴心时代”的提法可以悬置不用，因为外来概念的采用必然涉及是否适合本土文化的问题，还不如沿用固有名称，本土固有名称恰恰说明了“地方性知识”。

第二节　以《后汉书》为中心的知识地图

圣人虽不语怪神，百姓却日用而不知。中古时代仍然是一个需要神话并制造神话的时代。对于笔者来说，较切近的神话历史就是神话思维（或者说神话宇宙观）如何进入历史文本及如何建构历史，《后汉书》等中古正史为我们提供了一个观察的窗口。

---

① ［德］恩斯特·卡西尔著：《人论》，甘阳译，上海：上海译文出版社，1985年版，第104页。

② “天人合德”“天人为一”“天人感应”三种形态采用张亨之说，张亨关于“天人感应”的界定为：“阴阳家及董仲舒以气化之天为主，杂以传统的神性之天乃至世俗的神秘信仰揉而为一。以人之形体与天象类比，谓之天人一也。又以阴阳灾异之变与人事相应。”见张亨：《“天人合一”的原始及其转化》，载张亨著：《思文之际论集：儒道思想的现代诠释》，北京：新星出版社，2006年版，第215页。

一、《后汉书》研究概况

本书所说的《后汉书》指的是中华书局1965年版的《后汉书》，即集范晔《后汉书》与司马彪的《续汉志》为一体的《后汉书》。

（一）范晔《后汉书》研究概况

范晔（公元398—445年），顺阳人。其父祖皆曾任官，算是世家子弟。范晔少时好学，博览经史，善作文章，且能隶书，晓音律。惜因谋反伏诛，《宋书》有其传。

范晔之前的东汉史料颇丰，编年体有张璠《后汉纪》、袁宏《后汉纪》、孔衍《后汉春秋》，纪传体有刘珍等《东观汉记》、谢承《后汉书》、薛莹《后汉纪》、司马彪《续汉书》、刘义庆《后汉书》、华峤《汉后书》、[①]谢忱《后汉书》、张莹《后汉南纪》、袁山松《后汉书》、孔衍《后汉尚书》。[②]范晔被贬为宣城太守后，"不得志，乃删众家《后汉书》为一家之作"。[③]范晔尚未全部写完《十志》，先将所撰《十志》托付给谢俨保管，谢俨因范晔谋反事发，就将《十志》用蜡封装然后用覆车之法毁弃，宋文帝派徐湛之搜寻手稿，最终没有找到。直至梁代，刘昭取司马彪《续汉书》之《志》，补足范晔《后汉书》之阙，并作注，共一百二十五卷。据学者考辨，刘昭汇编并作注的《后汉书》是范晔《后汉书》与司马彪《续汉志》合刊的第一个合编本。至北宋，出现了范晔《后汉书》与司马彪《续汉志》合刊的第二个合编本。在第二个合编本中，《后汉书》纪传的作注者为李贤，志之作注者为刘昭。[④]

① 《隋书·经籍志》记为"《后汉书》十七卷"，注曰"晋少府卿华峤撰"，周天游《八家后汉书》记为"华峤《汉后书》"。

② 关于范晔之前的东汉史料参见张越主编：《〈后汉书〉〈三国志〉研究》，北京：中国大百科全书出版社，2009年版，第48、55页。

③ （梁）沈约撰：《宋书》，北京：中华书局，1974年版，第1802页。刘知幾《史通》谓范晔"广集学徒，穷览旧籍，删烦补略，作《后汉书》。"见（唐）刘知幾撰，（清）浦起龙释：《史通通释·采撰篇》，上海：上海古籍出版社，1978年版，第116页。

④ 罗炳良：《范晔〈后汉书〉纪传与司马彪〈续汉书〉志分合考辨》，《华中科技大学学报》（社会科学版），2005年第4期，第101—107页。

唐代刘知幾在《史通》中对范晔《后汉书》有多处评论。他在《史通·论赞》中认为，自司马迁、班固、荀悦以降，史书论赞大多华胜于实、理少于文，如果硬要“择其善者”，那么可推举干宝、范晔、裴子野所撰史书，但他又反对范晔《后汉书》篇终有赞，认为这过于繁复；在《史通·序例》中，刘知幾认为范晔“遗弃史才，矜炫文彩”，并反对范晔给《后妃》《列女》《文苑》《儒林》作序；在《史通·书事》中，刘知幾认为范晔《后汉书》博采众书，颇有奇工，但是《方术列传》及诸蛮夷传，竟然收录王乔、左慈、廪君、槃瓠诸事，“言唯迂诞，事多诡越”。刘知幾以为，“怪力乱神，宣尼不语”，王乔凫履、左慈羊鸣等怪异之事不书可也，写入史书实在是“秽莫大焉”。刘知幾对“宣尼不语”之事书之于史真可谓是严词厉色了，但这只是刘知幾的一家之言。李慈铭在《越缦堂读书记》中为范晔申辩，他指出，范晔本来就在《方术列传·华佗传》传末写明：“汉世异术之士甚众，虽云不经，而亦有不可诬，故简其美者列于传末。”《华佗传》后面的二十二位方术异士本来就不是与华佗相提并论的，所以“不足为蔚宗病也”。[①]

钟书林在《〈后汉书〉研究史概述》一文中分两个时期梳理了研究状况：南朝刘宋时期到清朝末年，《后汉书》研究集中于文献整理，清人王先谦的《后汉书集解》堪称集大成之作；现当代时期，《后汉书》研究在年谱与选本编撰方面足以称道，但一些中国文学史方面的论著却漠视《后汉书》的文学成就。[②]钟书林未论及史学界的《后汉书》研究，《〈后汉书〉〈三国志〉研究》收录了20世纪较有代表性的史学界论文，如刘咸炘《〈后汉书〉知意：论篇体和识旨》、张述祖《范蔚宗年谱》、蓝文徵《范蔚宗的史学》、王利器《〈后汉书〉发微》诸文。张越指出，20世纪史学界的《后汉书》研究更注重研究范晔的史论，并注意结合时代背景来评析《后汉书》。[③]

---

① 李慈铭著，由云龙辑：《越缦堂读书记》，上海：上海书店出版社，2000年版，第326页。
② 钟书林：《〈后汉书〉研究史概述》，《唐都学刊》，2009年第2期，第32—35页。
③ 张越：《〈后汉书〉和〈三国志〉研究在20世纪的创获》，《南开学报》（哲学社会科学版），2009年第6期，第44—45页。

截止到2012年，关于范晔《后汉书》的博士学位论文有4篇，台湾地区有5篇硕士学位论文，大陆地区有36篇硕士学位论文。程方勇的博士论文《范晔及其史传文学》主要分析了范晔的时代、范晔的家族与家学、范晔的仕宦及悲剧结局、范晔的史学观念、《后汉书》所继承的体例及其创新、《后汉书》人物传记结构及叙事方法、《后汉书》的语言特点及范晔《后汉书》之论、序、赞。钟书林的博士论文现已出版成书，书名为《〈后汉书〉文学初探》(2010)，该书主要探讨了东汉社会风貌与范晔《后汉书》的创作，“正一代得失”的思想体系，《后汉书》的结构编撰、叙事特征、美学风格。该书较为关注《后汉书》的文学创作技巧，以《后汉书》的叙事特征为例，钟书林总结了《后汉书》的叙事手法为文眼法、伏应法、旁衬法、虚实法、缓急法。

台湾的《后汉书》研究未见有博士论文，硕士论文有5篇，例如《刘向〈列女传〉与〈后汉书·列女传〉之比较研究》《〈后汉书〉循吏酷吏研究》《从〈易经〉致用的观点看〈后汉书〉儒学教化思想》等。大陆硕士论文主要有三类研究，一是文学角度的研究，如《范晔〈后汉书〉和袁宏〈后汉纪〉之比较研究》《范晔〈后汉书〉传记艺术特质论》《范晔〈后汉书·文苑列传〉研究》《〈后汉书〉女性形象研究》等；二是语言学角度的研究，如《〈后汉书〉双音动词研究》《〈后汉书〉量词研究》《〈后汉书〉李贤注文字训诂研究》《〈后汉书〉测度问句研究》《〈后汉书〉成语研究》《〈后汉书〉核心词研究》等等；三是文献学角度的研究，如《八家后汉书与范晔〈后汉书〉史料异同之比较》《〈后汉书〉版本研究》《元大德本〈后汉书〉研究》《明正统本〈后汉书〉研究》《南宋黄善夫本〈后汉书〉研究》《论〈后汉书集解〉》《〈后汉书〉李贤注引〈三礼〉研究》等。在硕士论文中，《写“羌”与读“羌”》的学科立场与笔者相近，赵荣分析了《西羌传》的双重文学身份——少数民族文学与史传文学，并指出《西羌传》的文学特性与文本功能。在此基础上，赵荣运用诺曼·菲尔克拉夫的话语分析方法对《西羌传》作进一步的文本分析，她把《西羌传》放置于正史的历史话语系统中看待其体例结构与宗法制社会秩序及国家制度的关系，并分析了话语建构功能所对应的社会结构与文化根基，另外还分析了《西羌传》所继承的史书传统，最后对他者历史书写所建构的“羌”形象提出人类学的反思。

单篇论文中，国内研究大多是校勘考证、范晔史论、《后汉书》语言学研究之类。

（二）司马彪《续汉志》研究概况

司马彪的生平（?—306年）与著作在《晋书》《隋书》、两《唐书》俱有载，其主要著作是《续汉书》《庄子注》《九州春秋》《兵记》。不过，《续汉书》的纪传部分在宋代就已经散佚，《续汉志》因与范晔《后汉书》合刊得以留存。①

南朝梁代，刘昭为司马彪《续汉书》作注。刘勰在《文心雕龙·史传》中评论了后汉纪传，他特别褒扬了司马彪《续汉书》的“详实”。唐代学者刘知幾对《续汉书·五行志》的评语是“大较多实”，他认为这是由于司马彪、臧荣绪、沈约等史家“皆自以名惭汉儒，才劣班史，凡所辩论，务守常途”。②在《核才》篇中，刘知幾称赞司马彪之“术”，“假令其间有术同彪、峤，才若班、荀，怀独见之明，负不刊之业，而皆取窘于流俗，见嗤于朋党”。③

由宋至清，对《续汉书》的研究主要是校勘、辑佚工作，如清代姚之骃、章宗源、汪文台、王仁俊等人进行了大量的辑佚工作。在此基础上，今人周天游撰成《八家后汉书辑注》，其中包括了对司马彪《续汉书》的辑注。目前，《续汉书》的研究较为冷清，硕士论文只有3篇，其一是谢琛《司马彪〈续汉书〉研究》，其二是王钦《沈家本〈续汉书志所引书目〉研究》，其三是杨艳芳《〈后汉书·舆服志〉探析》。谢琛的硕士论文主要从文献学角度考察了《续汉书》的编撰、流传、辑佚及文献价值，并简要探讨了《续汉书》“八志”的内

① 有的学者称《续汉书·五行志》为《后汉书·五行志》，称《续汉书·天文志》为《后汉书·天文志》。其实二者同为一书。本书接受史学专家王子今先生的建议，在正文中保留原书名称。

② （唐）刘知幾撰，（清）浦起龙释：《史通通释》，上海：上海古籍出版社，1978年版，第67页。

③ （唐）刘知幾撰，（清）浦起龙释：《史通通释》，上海：上海古籍出版社，1978年版，第251页。

容与特点。王钦《沈家本〈续汉书志所引书目〉研究》属文献学研究，其所校补的沈家本《续汉书志所引书目》可作工具书备用。杨艳芳《〈后汉书·舆服志〉探析》详细考论了《续汉书》与范晔《后汉书》的分合，经过逐条考证，杨艳芳认为《后汉书·舆服志》的史料来源于蔡邕的《东观汉记·车服志》《独断》、董巴的《大汉舆服志》、东汉时期的档案文献及诸家《后汉书》。她还认为《后汉书·舆服志》具有很高的文献学价值，它不仅是研究东汉车服制度的最重要参考资料，也是研究东汉典章制度的最直接资料。

研究司马彪《续汉志》的单篇论文不多，较有代表性的论文是宋志英《司马彪〈续汉书〉考辨》、刘治立《刘昭〈续汉书·百官志注〉的文献价值》、罗炳良《范晔〈后汉书〉纪传与司马彪〈续汉书〉志分合考辨》、陶文牛《东汉人口增长和减少的演变——〈续汉书·郡国志〉户口研究资料之一》《东汉人口南北分布的演变——〈续汉书·郡国志〉户口研究资料之二》、黄黎星《后汉书律志中的易学与乐律学》。宋志英在《司马彪〈续汉书〉考辨》中指出，《续汉书》的志目在参考《东观汉记》的基础上又有所增删，《续汉书》的史料来源于《东观汉记》及其他文献档案，其重谱系、天人感应的社会史观折射出晋代史学思想的特色；黄黎星《后汉书律志中的易学与乐律学》考察了《律历志》（上）所引的京房《律术》，并论述了京房六十律的完成模式与汉代《易》学卦气说象数模式的对应关系。①

目前未见有研究《续汉书·五行志》的专论。游自勇在博士论文《天道人妖：中古〈五行志〉的怪异世界》中有若干处引用《续汉书·五行志》的史料来说明其论点。例如，东汉灵帝光和元年，皇宫中有只母鸡全身羽毛变得与公鸡一样，但鸡冠未变，蔡邕认为是妇人干政所致，鸡冠未变，是将有其事而未成之象，但几十年后，司马彪在《续汉书》中认为这一征象是张角作乱之应。由此说明“‘征’相对固定，事应则具有很强的灵活性，视解说者的知识背景、

---

① 宋志英：《司马彪〈续汉书〉考辨》，《史学史研究》，2005年第2期，第25—32页；黄黎星：《后汉书律志中的易学与乐律学》，《福建师范大学学报》（哲学社会科学版），2010年第5期，第105—110+172页。

政治立场而定”。[①]

近年来，历史书写研究成为中国中古史研究方兴未艾的一种研究范式。“历史书写研究”，又称“史料批判研究”或“史料论式的研究”。据孙正军的定义，所谓“史料批判研究”，指“通过分析史料来源、书写体例、成书背景、撰述意图等，考察史料的形成过程，以此为基础，探讨影响和制约这一过程的历史图景，并揭示史料形成所具有的历史意义”。[②]日本学者安部聡一郎致力于东汉史料批判研究，他在《后汉时代关系史料の再检讨——先行研究の检讨を中心に》一文中指出，魏晋之后成书的诸家《后汉书》《后汉纪》已混入了撰作者的思想观念，出现了史料更改以及历史解释变化的事例。在《袁宏〈后汉纪〉、范晔〈后汉书〉史料の成立过程について——刘平、赵孝の记事を中心に》一文中，安部聡一郎以《后汉纪》的刘平与赵孝事迹为考察对象，辨析《东观汉记》和诸家《后汉书》、袁宏《后汉纪》之间的叙事差异，指出袁宏《后汉纪》与范晔《后汉书》较为强调“义”，这源于史家个人意识与魏晋时代历史观念的影响。国内学者徐冲撰写了《中古时代的历史书写与皇帝权力起源》一书，选取“起元”“开国群雄传”“外戚传/皇后传”“隐逸列传”四个单元，重构历史书写的时代语境，考察历史书写与皇帝权力起源的“正当性”之间的密切关系。徐冲还撰写了《〈续汉书·百官志〉与汉晋间的官制撰述——以“郡太守”条的辨证为中心》一文，指出《续汉书·百官志》的撰述方式继承与发展了东汉以来崇重《周礼》的官制撰述新动向，其强烈的意识形态性格与魏晋时期密集的制度创革活动之间存在着“共谋”关系。[③]虽然国内外学界在中古历史书写研究已取得可喜的成果，但神话思维与中古历史书写关系的研究还有待拓展。

① 参见游自勇：《天道人妖：中古〈五行志〉的怪异世界》，首都师范大学博士学位论文，2006年，第52页；游自勇：《中古〈五行志〉的“征”与“应”》，《首都师范大学学报》（社会科学版），2007年第6期，第10—16页。

② 孙正军：《通往史料批判研究之途》，《中国史研究动态》，2016年第4期，第34—39页。

③ 徐冲：《〈续汉书·百官志〉与汉晋间的官制撰述——以“郡太守”条的辨证为中心》，《中华文史论丛》，2013年第4期，第201—238+394页。

二、中国宇宙观研究概况

天人关系是理解古代中国思维的一个重要入手点。古代典籍常用“天人之道”一词指称天人关系应遵循的理则。[①]“天人之道”其实是古代中国知识分子指称宇宙观的一种传统说法。现代中国学者常用“天人合一”“天人感应”“阴阳五行”等术语指称古代中国思维。国外学者通常用“关联思维”或“协调的思维”来形容古代中国思维的特性。郝大维与安乐哲指出，关联思维运用了类比联系，关联思维在解释事物时，首先将之置于一个按照类比关系组织起来的系统中，然后思索这些关系的含义。[②]国内外学者关于中国宇宙观的论著颇为丰富，在此基础上，我们对20世纪之后国内外的中国宇宙观研究作一个简要回顾。[③]

涂尔干、莫斯在《原始分类》中探讨了中国的分类方式。[④]葛兰言著有《中国人的思维》(1934)一书，他最早用“关联”一词来形容中国思维的特征。李约瑟沿用了葛兰言的“关联”一词，并在《中国科学技术史》中反驳了列维-布留尔的看法。列维-布留尔认为中国思维是原始思维的一个变种，而李约瑟认为中国的关联思维“并非迷信，也不是原始的迷信，而是自身特有的一种思想方式”，[⑤]它提供了一幅精妙的宇宙图景。英国汉学家葛瑞汉在《理

① 《汉书·五行志》曰:“昔殷道弛，文王演《周易》；周道敝，孔子述《春秋》。则《乾》、《坤》之阴阳，效《洪范》之咎征，天人之道粲然著矣。”参见(汉)班固撰，(唐)颜师古注:《汉书》，北京：中华书局，1962年版，第1316页;《汉书·眭两夏侯京翼李传》“赞”曰:“幽赞神明，通合天人之道者，莫著乎《易》、《春秋》。”参见(汉)班固撰，(唐)颜师古注:《汉书》，北京：中华书局，1962年版，第3194页;《隋书·经籍志》云:“说者又云，孔子既叙六经，以明天人之道，知后世不能稽同其意，故别立纬及谶，以遗来世。”参见(唐)魏徵、令狐德棻撰:《隋书》，北京：中华书局，1973年版，第941页。

② [美]郝大维、[美]安乐哲著:《期望中国：中西哲学文化比较》，施忠连、何锡蓉、马迅等译，上海：学林出版社，2005年版，第150页。

③ 参见拙文《大传统与小传统：中国宇宙观的N级编码——以东汉洛阳礼仪空间为例》,《百色学院学报》，2013年第1期，第22—27页。

④ [法]爱弥尔·涂尔干、[法]马塞尔·莫斯著:《原始分类》，汲喆译，渠敬东校，北京：商务印书馆，2012年版，第77—94页。

⑤ [英]李约瑟著:《中国科学技术史》(第二卷)，北京：科学出版社、上海：上海古籍出版社，1990年版，第304页。

性与自发性》《阴阳与关联思维的本质》（1986）《论道者：中国古代哲学论辩》等著作中详尽讨论了中国思维，他认为关联思维是人类思维的一种普遍形式。郝大维与安乐哲同意葛兰言用“关联”一词来概括中国思维的特性，但他们并不同意雅斯贝尔斯用“轴心时代”概念来评说中国文化，他们在《期望中国：中西哲学文化比较》“导言”中说：“如果比较哲学对所谓轴心时代的中国文化有所评说，那它不外是说：‘绝对’‘超越’和‘主观性’的概念在那里未必具有意义。”[①]郝大维与安乐哲区分出两种问题框架：第一问题框架（或曰类比的、关联性思维）和第二问题框架（因果性思维），第一问题框架在古代中国文化中占支配地位，第二问题框架在古代中国文化中并不显著，同时他们拒斥进化模式，反对把关联思维视为更为“原始”或更为“低级”的意识。

叶舒宪在《中国神话宇宙观的原型模式》（1988）中构拟了中国神话宇宙观的循环模式，其后在《中国神话哲学》一书中再次探讨了中国神话宇宙观问题。新近著作中，值得注意的是王爱和《中国宇宙观与政治文化》一书，她将中国宇宙观当作一种文化-政治整体来考察中国宇宙观的转变。以西汉为例，五行由相克顺序演变为相生顺序的同时，“皇权的性质从一个征伐的政治权力转变为汉儒伦理道德理想的承载体”，[②]宇宙观与皇权互动互生。她认为，宇宙观作为一种政治话语，是一种斗争的场域，其中中央集权与地方主义、自然力量与道德权威、有为与无为在彼此较量。王爱和的研究为我们提供有益的参照，不过她的研究止步于探讨《汉书·五行志》，留下了进一步探索《续汉书·五行志》的学术空间。

国内阴阳五行研究方面，《古史辨》（第五册）是讨论阴阳五行绕不开的文献，庞朴《帛书五行篇研究》、艾兰与汪涛合编的《中国古代思维模式阴阳

---

① ［美］郝大维、［美］安乐哲著：《期望中国：中西哲学文化比较》，施忠连、何锡蓉、马迅等译，上海：学林出版社，2005年版，第1页。

② 王爱和著：《中国古代宇宙观与政治文化》，［美］金蕾、徐峰译，徐峰校，上海：上海古籍出版社，2011年版，第194页。

五行说探源》、王璧寰《汉代天文学与阴阳五行说之关系》、李汉三《先秦两汉之阴阳五行学说》、孙广德《先秦两汉阴阳五行说的政治思想》、邝芷人《阴阳五行及其体系》、汪义丽《帛书〈五行篇〉思想研究》、彭华《阴阳五行研究》(先秦篇)、[①]郭国泰《秦汉思想阴阳五行》(2008)、窦福志《先秦文献中的阴阳五行研究》(2010)对阴阳五行问题皆有详尽探讨。单篇论文中，徐复观《阴阳五行及其有关文献的研究》、饶宗颐《五德终始说新探》等论文较有代表性。

古代中国天文学研究(包括古代中国星占学研究)是中国宇宙观研究的一处重要领域。国外研究成果方面，李约瑟《中国科学技术史·天文气象》、班大为《中国上古史实揭秘——天文考古学研究》已有中译本。班大为在新近著作《早期中国的星占学与宇宙观》(2013)中探讨天文学如何塑造了中国文化。孙小淳与雅克布·吉斯特梅克合著的《汉代星空》讨论了《石氏》《甘氏》《巫咸氏》三部星经和中国的天学、天区划分及其意义。

国内学者江晓原、黄一农、冯时等人的研究值得注意。《天学真原》是江晓原的成名作,《天学真原》探讨了中国天学的哲学基础，并从六个方面指出天学在中国古代具有特殊地位。[②]江晓原指出，垄断通天手段是上古王权的来源，在后世垄断通天手段成为王权的象征。在《天学真原》一书中，江晓原还探讨了历的性质、源流及文化功能，并通过天学与政治运作、天学与道德教化、天学与城市及宫殿建筑等视角解读传统文化的若干重要方面。除了《天学真原》，江晓原还撰有《星占学与传统文化》《历史上的星占学》《天学外史》《中国天文学史》等著作。黄一农本身是科学家，后转行文科。在阅读过程中，黄一农意识到，虽然李约瑟和内森·席文已认识到中国古代天文学蕴含了浓厚政治目的，但并未深入具体探究天文对政治(或社会)的影响，为此他

---

① 欲详细了解中国20世纪的阴阳五行研究状况，可以参看彭华的博士学位论文《阴阳五行研究》(先秦篇)“导论”。

② 六个方面为“在历代官史中之特殊地位”“古籍中所见上古政务中天学之特殊地位”“天学在古代知识系统中的特殊地位”“天学在古代数术中的特殊地位”“天学家以及天学机构之特殊地位”“历代对私藏、私习天学之厉禁”。

标举“社会天文学史”，[①]试图将科技史与传统历史研究紧密结合。《社会天文学史十讲》一书收纳了黄一农的重要论文，他的论文《星占、事应与伪造天象——以“荧惑守心”为例》令人印象深刻。冯时精通天文考古、甲金文、历史文献考证，他的《中国天文考古学》初步建立了中国天文考古学理论体系。在《中国古代的天文与人文》一书中，冯时从天文考古的角度探讨了古代时空观、礼天祭祖、封禅文化等主题，旨在揭示中国文明的本质特征。同类出版物还有《南阳汉代天文画像研究》《中国古代天文文物论集》等。张闻《古代天文历法论集》与汉代相关的论文为《郑玄古天文观探微》《汉初朔闰表》。卢央的《中国古代星占学》较为系统，论述了北斗星占、七曜杂星占、式占等星占类别。陶磊的《〈淮南子·天文〉研究——从数术史的角度》分“《〈淮南·天文训〉补注》述评”“《天文》内容与结构”“《天文》图局研究”“《天文》诸神考略”“《天文》述殷历说”等篇章展开论述，作者认为《淮南子·天文训》是汉初殷历家的作品，并且是传世的先秦汉初文献中保留数术最完整最丰富的一篇文献，三光（日、月、星）在古代占时数术中占有重要地位。章启群《星空与帝国——秦汉思想史与占星学》一书探讨了秦汉思想与星占学之间的关系，他认为秦汉思想受到星占学—阴阳五行学说的决定性支配。

近年来，与星占学研究相关的学位论文多从星占与政治关系入手。赵贞的博士论文《唐五代星占与帝王政治》（2004）考察了唐代星占管理体系、星变（日食、彗星见、五星凌犯及其他）对帝王政治的影响、唐代祭祀礼仪中的星官神位，论文指出星变后的天文预言是帝王参政的重要依据，星变无形中提供了一种帝王政治的监督机制，彗星出现对帝王政治的影响较为明显，星变后的

① “社会天文学史”一词见黄一农《通书——中国传统天文与社会的交融》（载黄一农著：《社会天文学史十讲》，上海：复旦大学出版社，2004年版，第311页），黄一农写道：“笔者在此文中，尝试呈现中国传统天文学浓厚的人文精神及其丰富的社会性格。笔者姑且将此一新的方向之为社会天文学史”。黄一农在《中国天文学的新探索》把“天文学的社会史研究”界定为“把天文学当作一种社会现象，当作一种意识心态，来研究它在发展中与政治、经济、宗教以及各种文化之间的关系，这属于科学社会史的范围，我姑且把它叫做天文学的社会史研究。”黄一农还建有个人网页（http://vm.rdb.nthu.edu.tw/ylh）。

"修禳"礼仪，凸显了大唐礼仪和佛道祈禳的实用功能。韦兵《星占历法与宋代政治文化》（2006）论文共八章，着重探讨天文历法与政治的互动。譬如以徽宗朝的异常天象为例，探讨了皇帝、权臣、星占术士三方之间的政治博弈；以五星聚奎天象为个案，探讨了宋代文治之运；以天申节为中心，寻绎出当时社会的复杂情况，如宋金民族关系、中央与地方关系、利益集团之间的争夺等等；从儒家历与历家历之争中解读出唐宋变革的丰富内涵；最后考察了天文历法知识的确立中折射出的利益斗争与妥协。台湾地区郑志敏的博士论文《中古天文星占与政军关系研究》以三国时代至隋唐为中古，其研究路径也是社会天文学史的路向，论文以天文机构与天文官员为中心，探讨了天文星占与当时军事、政治及社会各阶层之间的相互关系。焦海燕的硕士论文《星占学与两汉文化研究》探讨了星占学与两汉政治、两汉民俗、汉代纪传体史学的关系，不过论文是从整体上论述两汉，没有把东汉析出论述，有些论述过于简略，如"五星占"论及东汉只有襄楷上疏一例，这为本论文留下了进一步探讨的空间。焦海燕的论文还探讨了星占学与司马迁、班固史传笔法的关系，但没有论及星占学与《后汉书》史传的关系，笔者将补足这方面的研究，更加强调"神话历史"的分析视角。

单篇论文中，孙小淳《北宋政治变革中的"天文灾异"论说》指出，"天文灾异"的学术传统有三：《春秋》灾异学、易学灾异学、五行灾异学，北宋经学中灾异观有所转变，该文还以王安石变法时发生的彗星天象为中心，考察了天象异变所引起的论争。赵贞就隋唐五代星占发表了一系列论文。[①]沃尔弗勒姆·埃伯哈德《中国汉代天文学及天文学家的政治职能》（或译《汉代天文学与天文学家的政治功能》）从中国皇权是否受到制度性制约这一问题出发，通过对汉代灾异的统计数据分析以及对历法政治性的考察，他认为以统治者为

① 譬如赵贞：《敦煌遗书中的唐代星占著作：〈西秦五州占〉》，《文献》，2004年第1期，第55—67页；赵贞：《唐五代官方星占中的星官占卜》，《洛阳师范学院学报》，2006年第3期，第114—117页；赵贞：《两唐书〈天文志〉日食记录初探》，《史学史研究》，2010年第1期，第94—101页；赵贞：《中国古代的星官命名及其象征意义——以〈隋书·天文志〉为中心》，《石家庄学院学报》，2012年第5期，第5—12页。

首的政府需要为灾异负责，有时灾异信仰被用于政治斗争，同时政治利益也妨碍了中国星占学没有发展成为真正的科学。①

三、两汉魏晋南北朝神话研究概况

汉代神话研究包括汉赋神话研究、汉代纬书神话研究、汉代神话图像研究等方面。汉代神话图像研究逐渐成为研究热点。

神话研究通论方面，袁珂《中国神话史》关于汉代神话的梳理主要是在第四章与第五章，他所举出的神话材料主要来自《淮南子》《世本》《尔雅》《说文》《纬书》《吴越春秋》《越绝书》《蜀王本纪》《六韬》《风俗通义》《神异经》《十洲记》等等。在《神话与中国社会》第十章至第十二章中，田兆元探讨了汉代神话的历史变迁，其着眼点是意识形态斗争，他认为汉代神话有两件大事，一是以太一为最高神，二是以黄帝为共祖。武帝建立的以太一为上帝、五帝后土为辅神的祀礼体系形成了王朝的主流神话，在对地方神话的处理上，一是利用整理，如长沙国的一些神话进入到国家神话，一是打击，如排斥淮南国的伏羲女娲神话。在谶纬分析上，他认为谶纬神学是武帝以后最大的一场神话运动，西汉时反对势力利用谶纬来反对皇权，东汉时皇权利用谶纬来保障统治，光武帝取孔子谶而废太一谶，因为太一是异端势力之神。他还认为西汉末年的“祠西王母”热背后有外戚母党推手。田兆元指出《淮南子》反映了中央与地方的意识形态分歧，这一点与王爱和的分析有一致之处。王爱和认为，董仲舒和刘安二人的理论针锋相对，体现了宇宙观之争与皇权模式之争。在宇宙观方面，同样是讲感应，董仲舒讲的是道德感应，刘安讲的是“物类相动，本标相应”的自然感应；董仲舒讲“道之大原出于天”，刘安讲“道覆天载地”；董仲舒认为阳为主、阴为佐，刘安则认为阴阳不存在主次关系。在皇权模式上，董仲舒主张有为而治，刘安主张无为而治。在中央与地方关系上，董仲

① 沃尔弗勒姆·埃伯哈德：《中国汉代天文学及天文学家的政治职能》，载［美］费正清编：《中国的思想与制度》，郭晓兵、王琼、张晓丽等译，沈中明校，北京：世界知识出版社，2008年版，第4—47页。

舒主张大一统，刘安维护地方自主与多元政治。黄悦则认为《淮南子》体现的是特定社会条件和文化氛围所造就的不同神话系统，而非有意制造的对立意识形态体系。同类探讨有李艳洁的硕士论文《汉代神话流变的时代特征及动因》。[①]

汉代神话专论方面，黄震云、孙娟的《汉代神话史》是国内第一部汉代三国神话史专著，内容上避开了袁珂已讨论过的大部分神话材料，依次讨论了汉代文学神话、汉代学术著作神话、汉代帛画神话、汉代画像石神话，该书有较详细的个案研究，如对墓主升天帛画、成仙帛画、太一出行图等汉代帛画的探讨较为细致。杨显的博士论文《汉代神话研究》（2012）主要讨论传世文献和出土文物中的汉代神话、汉代思想与神话、汉代神话的特点及影响，她认为太一神话的确立、神性的消解、神话英雄化、神话仙话化、神话谶纬化是汉代神话的主要特点。鲁惟一《汉代的信仰、神话和理性》第四章“自然的秩序”到第十章“巫师和灵媒”等章节中描绘了汉代的知识与信仰状况，不过其叙述的重点偏重于西汉。以“占卜和启示”一节为例，本节共34段，只有3段提到东汉，王充、王景、张衡各占一段。在“征兆和奇迹”一节中，全节正文共27段（不包括引文），只在最后一段提到王充。这其实也反映了学界目前流行的一种态度，把东汉视为西汉的尾巴，把浓墨重彩留给西汉，对东汉只是轻飘飘地一笔带过。

汉代纬书神话专题研究方面，冷德熙《超越神话》认为纬书政治神话是一种再生形态的文明神话，纬书政治神话体系包括创世记神话、圣王神话、圣人（孔子、素王）神话、天人关系神话等内容。台湾学者王淑雍《汉代纬书中感生神话之研究》主要讨论汉代纬书感生神话的缘起、内容、特性，她认为从内部机制上说，中国神话有“历史神话化”的主流趋向，从外在背景看，汉代

---

① 田兆元著：《神话与中国社会》，上海：上海人民出版社，1998年版，第192—269页；王爱和著：《中国古代宇宙观与政治文化》，［美］金蕾、徐峰译，徐峰校，上海：上海古籍出版社，2011年版，第210—237页；黄悦著：《神话叙事与集体记忆：〈淮南子〉的文化阐释》，广州：南方日报出版社，2010年，第32页；李艳洁：《汉代神话流变的时代特征及动因》，延边大学硕士学位论文，2005年。

存在崇巫尚豪的风气、汉儒的阴阳家倾向，二者的共同作用促成了纬书帝王感生神话的诞生。在对纬书感生神话内容分析的基础上，她总结出纬书感生神话的思维结构特征为直观的思维模式、主客体的混融、以五行为核心母题，最后还分析了感生神话的政治功能与哲学向度。论文胜在分析缜密。李中华《纬书与汉代文化》从创世神话、历史人文神话、圣人神话三个方面对纬书神话展开讨论。

汉赋神话研究方面，单篇论文中较多的是宏观分析，宏观分析主要集中在探讨汉赋与神仙观念的关系以及汉赋的神话世界，微观分析较少。硕士论文有郭静《汉赋神话意象研究》、郑明璋《汉代文化视角下的汉赋研究》。

汉代神话图像研究方兴未艾，代表性著作为李立《汉墓神画研究》、陈履生《神画主神研究》。过文英的博士论文《论汉墓绘画中的伏羲女娲神话》先考察了伏羲女娲形象的生成，重点探讨了帛画、壁画、石刻画像中的伏羲女娲形象，辨析了伏羲女娲石刻画像的地域性特征，然后对汉代以后伏羲女娲图像的流布与影响作了梳理。过文英认为，伏羲女娲图像具有护佑死者灵魂、调和阴阳、促进子孙繁衍等功能。汉代的阴阳五行说、神仙思想为伏羲女娲画像增添了日月、嘉禾、灵芝、羽化等元素，地域文化也赋予伏羲女娲画像不同的表现。巫鸿在《武梁祠》中探讨了东汉武梁祠画像所描绘的征兆、神仙世界及人类历史，他认为武梁祠画像既表现了当时流行的宇宙观念，又揭示了武梁的个体知识背景与政治信仰。有的硕士论文探讨汉代神话图像的装饰艺术，还有一些硕士论文就伏羲女娲、西王母、九头人面兽等形象展开探讨。①

单篇论文个案研究中探讨伏羲女娲、牛女神话、西王母神话的较为突出，且汉代神话图像研究的比重较大。例如，郑先兴《汉画牛郎织女神话的原型分析》、侯佩锋《“牛郎织女”神话与汉代婚姻》、李立《汉代牛女神话世俗化演

① 王闻：《汉代神话传说题材的装饰艺术研究》，苏州大学硕士学位论文，2006年；韩炜炜：《河南汉画像石和画像砖墓神话类形象解析》，郑州大学硕士学位论文，2012年。

变阐释》《牛郎织女神话叙事结构的艺术转换与文学表现》《从牛女神话、董女传说到天女故事》、黄震云《汉乐府和汉画像石中牛郎织女及董永神话传说通考》等论文探讨了牛女神话。西王母神话方面，有郑先兴《汉画中的西王母神话与西王母崇拜》，李东峰、杨文艳《汉代西王母与东王公的历史考察》，朱存明《汉画像西王母的图文互释研究》，王兴芬《唐前西王母形象的演变及其文化意蕴》等。其他个案探讨，如高梓梅《汉画“马头娘”神话涵容的文化信息》、王卉《东汉画像镜上的“王子乔”与“赤松子”》《东汉镜铭中的“黄帝”与“伯牙”》、孙周勇《陕北汉代画像石神话题材》、刘静晶《徐州汉画像石的神话研究》、赵成甫《南阳汉画像石中的神话画像》、霍巍《四川汉代神话图像中的象征意义》、杨伟微《汉代造型图像与嫦娥奔月传说》、李凇《汉代铜镜所见有关道教和神话的图像》等。①

与汉代神话研究相比，魏晋南北朝神话研究成果相对逊色一些。袁珂先生在《中国神话史》一书中用了两章的篇幅讨论魏晋南北朝神话，其研究对象包括《古小说钩沉》《搜神记》《搜神后记》《博物志》《异苑》《述异记》《拾遗记》《列子》《华阳国志》等典籍中的神话。王青在《魏晋南北朝时期的佛教信仰与神话》一书中探讨了弥勒信仰与观世音信仰相关神话。田兆元、胡祥琴、梁力等学者探讨了魏晋南北朝时期的帝王感生神话与政治神话。田兆元探讨了魏晋南北朝时期民族融合与神话的关系，他认为神话的认同与归宗是民族融合的关键，表现为三个方面：一是共同的帝王神话模式与母题，二是共同祀典的选择，三是归依同一祖先。李丰楙专注于道教神话探讨，其研究对象包括魏晋神女神话、西王母五女神话、六朝上清经派方位神话以及《汉武内传》《十洲记》《洞仙传》等道教典籍研究。日本学者小南一郎曾考察《神仙传》的“新神仙思想”与魏晋思想遭受挫折之间的关系，他还考察了《汉武帝内传》的形成。

① 韩炜炜《河南汉画像石和画像砖墓神话类形象解析》在绪论中用一页半篇幅列出了汉画神话类研究论文，但不作点评，可参看，有心者或可作一汉画神话研究索引。

第三节　通过天人之道而思

史书的记述具有叙事性。现实纷繁复杂，任何一本史书都不可能充分完整地记录历史现实，任何一种历史叙事都是选择性的记述。中古正史中通过本纪、列传、志等体例记录的历史文本都具有叙事性。事件因其重要性而被记录下来。每一桩被记录的事件背后都隐藏着作者的叙事意图。人类学家列维-斯特劳斯指出，历史学家自称从历史记录中找到历史延续性是凭借历史学家强加于历史记录的欺骗性纲领而获得的，为了取得故事的一致性就必须按照故事模式要求来剪裁“事实”。在这一意义上，列维-斯特劳斯指出：“明察秋毫的历史试图导致另一种状况，而这种努力是值得的，也不可或缺。然而，尽管如此，像精明的实践者所不得不承认的，历史还是不可能完全脱去神话的性质。”①

按照列维-斯特劳斯所说，历史从未完全脱离神话的性质。这一说法是就历史文本的叙事性而言的。这种说法较为宽泛。本书在更严格的意义上使用“神话历史”一词。本书所谓“神话历史”指渗透着神话思维的历史叙事。何谓“神话思维”？不同的学者有不同的界定。卡西尔指出，神话观念“始于对事物内部固有的神秘效验、神秘力量的一种仍旧全未分化的直观”；②“神话的所有范畴都遵循这独特的法则：神话思维中关系之构件的共生或对应”，③这些范畴包括整体—部分范畴、属性范畴、相似性范畴等；“神话物类的统一性其实根本上是神秘始源的统一”。④据此，“天人感应”思维具有神话思维性质。在神

① ［法］克洛德·列维-斯特劳斯著：《神话学：生食与熟食》，周昌忠译，北京：中国人民大学出版社，2007年版，第21页。

② ［德］恩斯特·卡西尔著，柯礼文校：《神话思维》，黄龙保、周振选译，北京：中国社会科学出版社，1992年版，第18页。

③ ［德］恩斯特·卡西尔著，柯礼文校：《神话思维》，黄龙保、周振选译，北京：中国社会科学出版社，1992年版，第71页。

④ ［德］恩斯特·卡西尔著，柯礼文校：《神话思维》，黄龙保、周振选译，北京：中国社会科学出版社，1992年版，第202页。

话思维看来，宇宙的规则是人类行动不可违背的法则。古代中国灾异论认为，君主须顺时施政，如果违背时令施政就会出现灾异。中古《五行志》的违时灾异叙事属于神话思维性质的历史书写。

一、研究思路

中古史书不是纯粹客观的实录。其中不少叙事打上了官方意识形态的烙印，一些叙事还掺杂着传说色彩。还要看到中古史书虽标明了最终修撰者，但其成书是层累而成的结果。不同时代的修撰者对史料的选择与解释存在差异。

毋庸置疑，中古历史叙事渗透着神话思维。相比于《史记》《汉书》的研究，《后汉书》研究还有很多进一步拓展的空间，对司马彪《续汉志》与范晔《后汉书》的研究较为冷清。因此，采用“神话历史”视角解读《后汉书》等中古史书是一种较为可行的尝试。本书先选取司马彪《续汉志》与范晔《后汉书》为研究对象，追问哪些具体文本体现了神话思维，进一步分析这些史书中神话历史叙事的思维机制、文本生成方式、文本意涵。在此基础上，进一步分析中古神话历史叙事传统的承继。

天人关系是古代中国思想的重要关注点，也是古代中国历史书写的一个重要关注点。“天”字的甲骨文为。《殷墟甲骨文字通释稿》释“天”:“从人。一示其首。隶为天，通作大。……天，本有头顶之颠意。”[①]甲骨文“天”字字形显示出商人观念中天与人的紧密关系。考古发现，早在5 000多年前，仰韶文化的居民已经关注天象。河南郑州青台遗址发现按北斗九星排列的九个陶罐。以《春秋》为代表的先秦史书奠定了灾异书写的叙事传统。司马迁创立《史记·天官书》，这一史书体例体现了其“通天人之际，究古今之变，成一家之言”的史学意图。班固创立《汉书·五行志》，意在效法《春秋》，记录灾异，显明天人之道。中古史书大多设立《天文志》与《五行志》，这些历史叙

---

① 朱歧祥著:《殷墟甲骨文字通释稿》，台北：文史哲出版社，1989年版，第23页。

事是探讨神话思维与中古历史书写关系的重要考察对象。

祥瑞与中古政治关系密切。祥瑞被认为是天命的赐予或是上天对执政者社会治理的一种认可。中古正史祥瑞书写制造了一种政治神话。《宋书·符瑞志》《南齐书·祥瑞志》《魏书·灵征志下》等中古正史祥瑞志也是探讨神话思维与中古历史关系的重要考察对象。

上古时，巫医不分，巫是天人沟通的重要媒介；周朝时，祝史是掌管天人关系事务的重要官员；阴阳家是战国时研究天人之道的重要群体；两汉时方士活动较为活跃。方术之学研究范围包括两方面：① 对大宇宙，即“天道”或“天地之道”的认识；② 对小宇宙，即“生命”“性命”或“人道”的认识。[①]《汉书·艺文志》“数术略”收录数术类著作一百九十家（计二千五百二十八卷），仅此可见当时数术文献之丰富。受《史记·日者列传》启发，范晔设立《后汉书·方术列传》。东汉谶纬之说流行，“民间禨祥禁忌之俗亦多，巫祝形法方士神仙之说，后世所行者，皆自东汉而盛”，[②]这是范晔设立《方术列传》的客观原因。中古史书为术士或医者作传的篇章还有《三国志·魏书·方技传》《魏书·术艺传》《晋书·艺术传》等。这些叙事不乏神异之事，它们也是探讨神话思维与中古历史书写关系的重要考察对象。

本书主体部分共八章。

第一章梳理“神话历史”“轴心时代”“巫史传统”等概念，分析《后汉书》等中古史书研究现状，提出研究思路与研究方法。

第二章探讨《续汉书·五行志》的结构、灾异诠释以及灾异叙事主题。

第三章先探讨《续汉书·天文志》的编纂及其性质，再探讨《续汉书·天文志》星占叙事的认知机制，最后考察《续汉书·天文志》所关联的文化语境，如星占知识如何建构王朝意识形态及其政治实践、星占知识的社会流通、知识分子的星命信仰、社会所共享的怪祥观念。

---

① 李零著：《中国方术正考》，北京：中华书局，2006年版，第14页。

② 刘咸炘语，转引自张述祖：《范蔚宗年谱》，见张越主编：《〈后汉书〉〈三国志〉研究》，北京：中国大百科全书出版社，2009年版，第28页。

第四章探讨《后汉书·方术列传》的性质及其编撰，并通过勾勒汉代风角术的大体状况，再分析风角术的宇宙观基础，进而解读《后汉书·方术列传》风角叙事的文化内涵。

第五章总结范晔《后汉书》神异叙事的类型，再具体分析《后汉书》志梦叙事。

第六章先分析中古正史祥瑞书写的历史语境，指出祥瑞与中古政治的密切关系以及祥瑞信仰的民间根基，接着具体分析《宋书·符瑞志》《南齐书·祥瑞志》《魏书·灵征志下》，指出这些祥瑞志参与了政治神话的构建，这些政治神话包含感生、谶应、天书、梦兆等母题。

第七章以《宋书·五行志》为例说明中古《五行志》叙事传统的承继，指出《宋书·五行志》的史料来源于灾异记录与奏报及前人撰作之史书与笔记小说，其灾异解释具有政治性与神话思维性质。本章还指出，不应否认一些灾异记录的历史真实性，历史研究者可以根据出土文物等史料给予评判与阐释。

第八章以《宋书·天文志》《南齐书·天文志》《魏书·天象志》为例说明中古《天文志》书写传统的承继，先指出星占与中古政治的密切关系，接着指出中古《天文志》的政治意涵，包括正统论的建构与政治秩序话语的建构等。

结语部分得出总体性认识。

二、研究方法

本书所使用的研究方法主要是文献法。本书所使用的文献包括传世文献、出土文献、人类学田野资料以及文物图像资料，学界称之为“四重证据”。

传世文献的重要性自不待言，可惜不少传世文献染上个人色彩与时代色彩，甚至存在着造伪的可能。虽说古代中国文献非常丰富，但古史研究者难免遇到文献不足征的困难。殷墟甲骨文发现之后，历史研究发生了翻天覆地的变化。王国维先生提出了“二重证据法”，主张以“地下之新材料”补正“纸上之材料”。随着考古工作的进展，越来越多的出土文献展现在世人眼前，更新了研究者的观念与视野。20世纪前期，一方面受西方古典人类学思想影响，另一方面承继“礼失求诸野”的本土学术观念，许多学者尝试运用人类学（或民俗学）田野调查资料或人类学理论展开国学研究。闻一多、茅盾、郑振铎等学者的研究较有代表性。闻一多先生的弟子孙作云提出“三层证明法”，这是“三重证据法”的先声。相比于文字，图像更为直观。图像证史成为国内外研究的一种趋势。综合运用四重证据，可以立体地呈现出历史图景。

第二章

天人之道与东汉历史：《续汉书·五行志》的灾异叙事

关于《续汉书·五行志》，目前的研究成果并不算多。眼见所及，只有宋抵、黄启书、陈业新三位学者对《续汉书·五行志》做过较有针对性的探讨。宋抵对《续汉书·五行志》的13首童谣分别作了解说，肯定了这些童谣的史料价值；黄启书对《续汉书·五行志》的体例与撰作做了较为细致的考辨，他推测《续汉书·五行志》的撰述多承蔡邕之说，司马彪取谯周之作为底本而以应劭之书参校，在体例上，《续汉书·五行志》将《汉书·五行志》独立叙述的五行、五事相混编纂，同时将星孛、陨石之类改隶于《天文志》；陈业新则肯定了《续汉书·五行志》在历史灾害、历史气候、灾异思想等研究领域的文献价值。[①]要承认的是，连《五行志》的研究整体上都未成气候，那么《续汉书·五行志》这种“少人问津”的研究现状就可以理解了。本章拟从文本结构、认知机制、主题三个方面探析《续汉书·五行志》的灾异叙事。

第一节 《续汉书·五行志》的结构

《五行志》是中国古代史学家以阴阳五行学说为思想核心而建构出来的一种灾异叙事。从神话思维如何建构历史叙事的视角来看，《续汉书·五行志》可以说是一种典型的“神话历史”叙事。《五行志》史书体例的首创者是班固，自《汉书·五行志》创立之后，《五行志》便成为中国历代正史不得不面对的一种史书传统。二十五史中有“志”的史书共十七部，这十七部中有十三部采

① 参见宋抵：《〈后汉书五行志〉中的童谣与东汉政治》，《北华大学学报》，1987年第2期，第30—32页；黄启书：《试论〈续汉书·五行志〉撰作及其体例因革之问题》，《政大中文学报》，2011年第15期，第197—230页；陈业新：《两〈汉书〉“五行志”关于自然灾害的记载与认识》，《史学史研究》，2002年第3期，第43—48页。

用了《五行志》记录灾异的史书传统，只不过在结构编排上有些史书略有调整罢了。《续汉书 · 五行志》对《汉书 · 五行志》的体例有所因革损益，在借鉴前人时贤研究成果的基础上，本节试图用"表层结构"与"深层结构"这对概念来把握《续汉书 · 五行志》的结构。"表层结构"与"深层结构"之说本是语言学的概念，后来这对概念被挪用于其他领域。按照语言学家乔姆斯基的说法，"一种语法的句法部分必须详细说明每个句子的深层结构和表层结构，前者决定句子的语义解释，后者决定句子的语音解释"。[①]就历史叙事而言，笔者所谓"表层结构"指的是容易为读者所察知的文本内容编排结构，所谓"深层结构"笔者指的是隐藏在文本内容编排结构之下的深层意义结构。

一、《续汉书 · 五行志》的表层结构

《续汉书 · 五行志》开篇云："《五行传》说及其占应，《汉书 · 五行志》录之详矣。"此处所提到的《五行传》指的是《洪范五行传》，司马彪接着说："故泰山太守应劭、给事中董巴、散骑常侍谯周并撰建武以来灾异。今合而论之，以续《前志》云。"[②]《续汉书 · 五行志》的结构编排看起来十分简单，先是引用《五行传》的一段传文，然后再附以事例，即"传 + 事例"的结构。事物的意义是在差异中显现的，在与《汉书 · 五行志》细致比对之后可以发现，《续汉书 · 五行志》的结构与《汉书 · 五行志》存在着较有意思的差异。

首先，《汉书 · 五行志》的结构编排是先引"经曰"一段，再引"传曰"一段，接着引"说曰"一段，最后是引春秋及西汉的灾异事例，即"经 + 传 + 说 + 事例"的结构，《晋书 · 五行志》就采用了这种结构，显得更为郑重其事。相比之下，《续汉书 · 五行志》《宋书 · 五行志》《隋书 · 五行志》则采用了"传 + 事例"的结构。"传 + 事例"的结构显得简单得多，出现这种情况的原因也许是为了避免重复。《续汉书 · 五行志》"传 + 事例"结构类似寓言，在讲述

---

① ［美］诺姆 · 乔姆斯基著：《句法理论的若干问题》，黄长著、林书武、沈家煊译，北京：中国社会科学出版社，1988年版，第15页。

② （晋）司马彪撰，（梁）刘昭注补：《后汉书志》，北京：中华书局，1965年版，第3265页。

完一段故事之后总结道德教训，带有明显的“以传解经”色彩。

其次，还存在着第二个重要差别，那就是《汉书・五行志》的五行（木火水金土）、五事（貌言视听思）是独立的，而《续汉书・五行志》的五行、五事混合在同一段。以“木不曲直”为例，《汉书・五行志》先是引“传”“说”对“木不曲直”的解释，再引据鲁成公十六年正月木冰的事例：

> 传曰：田猎不宿，饮食不享，出入不节，夺民农时，及有奸谋，则木不曲直。
>
> 说曰：木，东方也。于《易》，地上之木为《观》。其于王事，威仪容貌亦可观者也。……若乃田猎驰骋不反宫室，饮食沉湎不顾法度，妄兴繇役以夺民时，作为奸诈以伤民财，则木失其性矣。盖工匠之为轮矢者多伤败，乃木为变怪，是为木不曲直。①

而《续汉书・五行志》的写法是：

> 《五行传》曰:“田猎不宿，饮食不享，出入不节，夺民农时，及有奸谋，则木不曲直。”谓木失其性而为灾也。又曰:“貌之不恭，是谓不肃……惟金沴木。”说云：气之相伤谓之沴。②

在“木不曲直”与“貌之不恭”的传文之后，《续汉书・五行志》接着引证以“貌不恭”为主题的各类事例。《续汉书・五行志》把五行与五事混合在一起的原因也许是为了简化结构，因为《续汉书・五行志》只有“火不炎上”“水不润下”有例可证，而“木不曲直”“金不从革”“稼穑不成”都没有事例可以引据。

① （汉）班固撰，（唐）颜师古注:《汉书》，北京：中华书局，1962年版，第1318—1319页。
② （晋）司马彪撰，（梁）刘昭注补:《后汉书志》，北京：中华书局，1965年版，第3265页。

再次，《汉书·五行志》的“五行”顺序为木火土金水，采用的是五行相生的顺序，而《续汉书·五行志》五行的顺序是木金火水土，采用的是五行相克的顺序。一般说来，五行相生代表了一种道德化的宇宙观，五行相克代表了一种崇尚武力征服的宇宙观。秦始皇一统天下之后，在王朝运次上采用水德，其依据就是五行相克的宇宙观：“始皇推终始五德之传，以为周得火德，秦代周德，从所不胜。方今水德之始，改年始，朝贺皆自十月朔。”①秦始皇的逻辑是周为火德，水克火，因此秦为水德。汉初承袭秦的水德，在武帝时又改为土德，遵从的还是五行相克顺序，到东汉初遵从图谶之说才正式确立汉为火德，采用五行相生的顺序。其理论源头是刘向与刘歆的五行相生理论：“刘向父子以为帝出于《震》，故包羲氏始受木德，其后以母传子，终而复始，自神农、黄帝下历唐、虞三代而汉得火焉。”②不过，《续汉书·五行志》在五行的编排上采用相克顺序应该不是出于认同以武力征服得天下，其原因可能是依从《洪范》原文五事的顺序，没有什么特别的深意。五行相生的王朝运次在东汉之后已成为定式，《续汉书·五行志》文本采用五行相克顺序并不等于认同王朝运次上的五行相克顺序。要指出的是，《隋书·五行志》五行部分也采用五行相克顺序（木金火水土），五事则遵从《洪范五行传》貌、言、视、听、思的顺序，而隋为火德，唐为土德，王朝运次上采用五行相生顺序，这也说明《五行志》的五行相克顺序不能等同于承认王朝运次的五行相克顺序。

最后，《汉书·五行志》“皇极”事例中包括日食、日月之变、星陨如雨、星孛、陨石，而《续汉书·五行志》“皇极”事例中只包括日食、日抱、月食非其月等与日月相关的天变，星陨如雨、星孛、陨石则归入《天文志》。按照《洪范五行传》，“日月乱行，星辰逆行”都应该纳入“皇之不极”，而《续汉书·五行志》“皇之不极”显然只收录了与“日月乱行”相关的事例。黄启书

① （汉）司马迁撰，（宋）裴骃集解，（唐）司马贞索隐，（唐）张守节正义：《史记》，北京：中华书局，1959年版，第237页。

② 西汉是否实行过火德是个聚讼不休的问题，与题旨无关，此处不作辨析。

认为，司马彪的做法可能是受到蔡邕的影响。[①]《续汉书·天文志》刘昭注引蔡邕《表志》云:“宜博问群臣，下及岩穴，知《浑天》之意者，使述其义，以裨《天文志》。撰建武以来星变彗孛占验著明者，续其后。”[②]也就是说，蔡邕把“星变彗孛”归入《天文意》。《续汉书·五行志》的这一体例变动影响了其后《天文志》的写法，在《南齐书》《晋书》《隋书》中，不仅“星变彗孛”归入《天文志》，连日食也收录到《天文志》里。《新唐书》把日食、月象、彗孛也收入《天文志》中，不过在《五行志》中还保留了虹蜺、天鸣、陨石等天变事例。可以说，《续汉书·五行志》开创了把“星变彗孛”归入《天文志》的风气。

通过《汉书·五行志》与《续汉书·五行志》的结构对比，我们似乎可以说《续汉书·五行志》的表层结构由两部分交织而成，即以“(五行+五事)+皇极”为经与以“传+事例”为纬，经纬相错交织而成(如表2-1所示)。

表2-1 《汉书·五行志》与《续汉书·五行志》表层结构[③]

<table>
<tr><th colspan="2">《汉书·五行志》</th><th colspan="2">《续汉书·五行志》</th></tr>
<tr><td colspan="2">经+传+说+事例</td><td colspan="2">传+事例</td></tr>
<tr><td>五行</td><td>木不曲直
火不炎上
稼穑不成
金不从革
水不润下</td><td rowspan="2">五行
+
五事</td><td rowspan="2">木不曲直·貌之不恭
金不从革·言之不从
火不炎上·视之不明
水不润下·听之不聪
稼穑不成·思心不容</td></tr>
<tr><td>五事</td><td>貌之不恭
言之不从
视之不明
听之不聪
思心不容</td></tr>
<tr><td>皇极</td><td>日月乱行、星辰逆行</td><td>皇极</td><td>日月乱行</td></tr>
</table>

---

① 黄启书:《试论〈续汉书·五行志〉撰作及其体例因革之问题》,《政大中文学报》，2011年第15期，第197—230页。

② (晋)司马彪撰,(梁)刘昭注补:《后汉书志》，北京：中华书局，1965年版，第3217页。

③ 本表受游自勇“‘五行志’模式结构表”启发而改作，参见游自勇:《天道人妖：中古〈五行志〉的怪异世界》，首都师范大学博士学位论文，2005年，第30页。

二、“一贯三为王”:《续汉书·五行志》结构的生成

《续汉书·五行志》的表层结构衍生自《汉书·五行志》。那么《汉书·五行志》为什么如此编排呢？关于《汉书·五行志》的命意，班固在《汉书·叙传》中自陈:“《河图》命庖,《洛书》赐禹，八卦成列，九畴逌叙。世代寔宝，光演文武,《春秋》之占，咎征是举。告往知来，王事之表。述《五行志》第七。”[①]根据古代传说，伏羲时，黄河浮出一匹龙马，龙马献《河图》于伏羲；大禹时，洛水浮出一只神龟，神龟献《洛书》于大禹，故《易经·系辞》云：“河出图，洛出书。”据说,《河图》衍生出八卦,《洛书》衍生出《洪范》。按照《尚书·洪范》之说，武王克商之后，亲自向箕子虚心求教治国大道。箕子授之以《洪范》，并向武王讲述了《洪范》的神圣起源：

> 我闻在昔，鲧堙洪水，汩陈其五行，帝乃震怒，弗畀《洪范》九畴，彝伦逌斁。鲧则殛死，禹乃嗣兴，天乃锡禹《洪范》九畴，彝伦逌叙。[②]

在《尚书·洪范》的叙事中,《洪范》乃天赐圣书，得之者昌，失之者亡。《洪范》包括九类大法，排在第一位的是五行，鲧就是因为不懂五行之性而“汩陈其五行”，因此天帝震怒，未赐予鲧《洪范》，鲧死之后，上天赐予大禹《洪范》，混乱的世界才恢复秩序。在《洪范》的叙事中，箕子接着对《洪范》九畴作了解释：

> 初一曰五行；次二曰羞用五事；次三曰农用八政；次四曰叶用五纪；次五曰建用皇极；次六曰艾用三德，次七曰明用稽疑；次八曰念用庶征；次九曰乡用五福，畏用六极。[③]

① （汉）班固撰,（唐）颜师古注:《汉书》，北京：中华书局，1962年版，第4243页。
② 李学勤主编:《尚书正义》，北京：北京大学出版社，1999年版，第298页。
③ （汉）班固撰,（唐）颜师古注:《汉书》，北京：中华书局，1962年版，第1316页。

这段话共六十五字，在《汉书·五行志》中，班固还相信《洪范》中的这六十五个字就是《洛书》的原文。刘起釪认为，今本《尚书·洪范》为层累而成，其原本成于商代，其后在周代流传过程中不断增订。[①]由于《尚书》的文字佶屈聱牙，这里需要对“五行”“五事”“皇极”“庶征”“六极”稍作解释，至于与《汉书·五行志》结构不相关的“八政”“五纪”“三德”“稽疑”“五福”则不赘述。五行即是水、火、木、金、土，为民所行用，故称之为“行”。《洪范》原文中五行的排列顺序为水、火、木、金、土。五行各有其性，水性润下，火性炎上，木可以揉曲直，金可以改更，土可以种庄稼。[②]五事是貌、言、视、听、思，人主必须在五事方面遵行法度：“貌曰恭，言曰从，视曰明，听曰聪，思曰睿。恭作肃，从作乂，明作哲，聪作谋，睿作圣。”[③]也就是说，治国者貌必须恭，貌能恭则心肃敬；言辞须可从，言辞可从则政有条理；观察应该清审，能清审则能洞察物情；倾听意见应该聪察是非，聪察是非则集思广益，获得善谋；思虑应当通微，思通微则成圣。“皇极”，班固解释“皇”为“君”，“极”为“中”，孔颖达释“皇极”为“大中之道”。“庶征”即各种效验，可以分为“咎征”与“休征”。如果人君行不善之政，就会招致不好的效验（“咎征”）。反之，人君行善政就会获得吉祥的效验（“休征”）。“曰肃，时雨若。曰艾，时旸若。曰哲，时燠若。曰谋，时寒若。曰圣，时风若。”[④]也就是说，如果人君行敬、政治、照哲、谋当、通圣，雨、旸、燠、寒、风就会按时而来。反之，人君狂妄，就会常常下雨（“曰狂，恒雨若”）；人君行为有僭差，就会常常干旱（“曰僭，恒旸若”）；人君逸豫，就会常常暖燠（“曰豫，恒燠若”）；人君行急，就会常寒（“曰急，恒寒若”）；人君昏聩，就会常常刮风（“曰蒙，恒风若”）。“六极”为凶短折、疾、忧、贫、恶、弱。

班固创立《汉书·五行志》的目的就是想效法《易》《春秋》《洪范》，敷

① 刘起釪：《〈洪范〉成书时代考》，《中国社会科学》，1980年第3期，第155—170页。
② 李学勤主编：《尚书正义》，北京：北京大学出版社，1999年版，第301页。
③ 李学勤主编：《尚书正义》，北京：北京大学出版社，1999年版，第303页。
④ 李学勤主编：《尚书正义》，北京：北京大学出版社，1999年版，第320页。

陈天人之道。在《五行志》中，班固清楚地表明了自己的想法：

> 汉兴，承秦灭学之后，景、武之世，董仲舒治《公羊春秋》，始推阴阳，为儒者宗。宣、元之后，刘向治《谷梁春秋》，数其祸福，传以《洪范》，与仲舒错。至向子歆治《左氏传》，其《春秋》意亦已乖矣；言《五行传》，又颇不同。是以揽仲舒，别向、歆，传载眭孟、夏侯胜、京房、谷永、李寻之徒，所陈行事，讫于王莽，举十二世，以傅《春秋》，著于篇。①

《汉书·五行志》结构的直接渊源为《洪范五行传》，其内容则包括了董仲舒、刘向、刘歆、京房、谷永、眭孟、李寻等人的灾异解说。《洪范五行传论》，又称《五行传记》，共十一篇。据《汉书·刘向传》，刘向见《尚书·洪范》，乃"集合上古以来历春秋六国至秦汉符瑞灾异之记，推迹行事，连传祸福，著其占验，比类相从，各有条目，凡十一篇，号曰《洪范五行传论》"。②《洪范五行传论》衍自《洪范五行传》，采用了"五行、五事、皇极"的灾异分类体系。其书今虽已亡佚，但由于《汉书·五行志》承袭其结构与主要内容，故仍可推测其大体面貌。应该是先引《洪范》经文，再述《洪范五行传》传文，接着展开刘向的解说（"说曰"），并按照"五行、五事、皇极"的类别，列举历史上的灾异事例以及刘向的具体解说。据统计，《汉书·五行志》中，刘向的灾异事例解说共144条。其中，春秋事例最多，共100条，约占灾异事例总数七成。刘向的春秋灾异事例解说以《谷梁传》之说为主，兼用《左传》与《公羊传》之说。刘向解释春秋灾异事例之所以以《谷梁传》为主，是因为他受学的是《谷梁春秋》："会初立《谷梁春秋》，征更生受《谷梁》，讲论五经于石渠。"③《汉书·五行志》中，五事灾异事例又以"火不炎上"类最多。兹举

① （汉）班固撰，（唐）颜师古注：《汉书》，北京：中华书局，1962年版，第1316—1317页。
② （汉）班固撰，（唐）颜师古注：《汉书》，北京：中华书局，1962年版，第1950页。
③ （汉）班固撰，（唐）颜师古注：《汉书》，北京：中华书局，1962年版，第1929页。

“成公三年新宫灾”灾异解说为例,《汉书·五行志上》:

> 成公三年“二月甲子，新宫灾”。《谷梁》以为宣宫，不言谥，恭也。刘向以为时鲁三桓子孙始执国政，宣公欲诛之，恐不能，使大夫公孙归父如晋谋。未反，宣公死。三家谮归父于成公。成公父丧未葬，听谗而逐其父之臣，使奔齐，故天灾宣宫，明不用父命之象也。……董仲舒以为成居丧亡哀戚心，数兴兵战伐，故天灾其父庙，示失子道，不能奉宗庙也。一曰，宣杀君而立，不当列于群祖也。[①]

在汉儒的理论中，贯通“天人之道”的关键角色是人君。董仲舒在《春秋繁露》中认为“王”的古义就是参通天地人的“圣者”:“古之造文者，三画而连其中，谓之王。三画者，天地与人也，而连其中者，通其道也。取天地与人之中以为贯而参通之,非王者孰能当是?”[②]《说文解字》对董仲舒的看法表示认同，还引据“一贯三为王”之语为证。学界关于“王”字的甲骨文本义意见颇杂，或认为“王”字意为“盛”“大”；或认为“王”为“往”字初文；或认为“王”字像男性生殖器之形；或认为“王”字像冠之形；或认为“王”字像人端坐之形；或认为“王”字像斧钺之形。[③]笔者倾向于“王”字像斧钺之形这一说法，这与董仲舒的王者参通天地人观念并不冲突。石斧是新石器时代常见的一种器具。石钺、

图2-1　二里头文化青铜钺

① （汉）班固撰，（唐）颜师古注:《汉书》，北京：中华书局，1962年版，第1324页。

② 苏舆撰，钟哲点校:《春秋繁露义证》，北京：中华书局，1992年版，第328—329页。

③ 朱彦民:《从甲骨文“王”字看帝王观念的起源》,《中国社会科学院院报》，2008年1月31日第3版，第1页。

玉钺、铜钺在不同时期的考古遗址均有发现。玉钺可见于庙底沟文化、红山文化、凌家滩文化、良渚文化。藏于上海博物馆的一件二里头青铜钺，用绿松石镶嵌了两个同心圆，外圈布列的十二枚绿松石象征十二个月，内圈六枚绿松石有阴阳历月之意。①这件青铜钺象征王者垄断天文历法，垄断地天之通，这也是王者的权力之源。商代君王不仅是政治领袖，同时也是群巫之长，甲骨文卜辞常有“王贞”“王占曰”之辞，王于龟卜之外也会行用筮占，作为效验的筮占似乎只由商王亲自施行，这显示了商王在群巫中的独特地位。②

我们还可以进一步联想到《国语·楚语》里重、黎“绝地天通”的著名故事，楚昭王对《周书》中重、黎使天地不通的记载产生了疑问：如果不是重、黎断绝了天地通道，黎民百姓岂不是都能登天？观射父向楚昭王讲述了重、黎“绝地天通”的本末：少皞氏衰落之时，九黎乱德，民神混杂，没有区别，家家都可祭祀，人人皆可为巫史，黎民匮于祭祀却不得其福，神灵习以为常而不蠲其为。颛顼氏受位后，“乃命南正重司天以属神，命火正黎司地以属民，使复旧常，无相侵渎，是谓绝地天通”。③观射父对“绝地天通”的神话作了“半历史化”的推原，在观射父看来，“绝地天通”的含义是颛顼命重掌管天事，命黎掌管地事，民神异业，不相杂糅。也就是说，王者垄断了通天的特权。在《续汉书·天文志》中，我们还可以理出掌握通天权的“天官”脉络：重、黎——羲仲、和仲——昆吾——巫咸——史佚、苌弘、子韦、唐蔑、梓慎、裨灶、石申夫、甘公。《周髀算经》云“知地者智，知天者圣”，马王堆帛书《四行》云“知人道曰知，知天道曰圣”。我们可以说，不管是观射父的“绝地天通”解释还是董仲舒的“王”之古义解说都是对“圣王”掌握“天人之道”记忆的一种重述。

董仲舒的《春秋繁露·五行五事》与《洪范》存在着思想联系，董仲舒描述了“王者”如何感通天地：王者与大臣无礼，貌不肃敬，则木不曲直，夏

① 冯时：《〈尧典〉历法体系的考古学研究》，《文物世界》，1999年第4期，第48—52页。
② 冯时著：《中国天文考古学》，北京：社会科学文献出版社，2001年版，第67页。
③ （春秋）左丘明撰，鲍思陶点校：《国语》，济南：齐鲁书社，2005年版，第275页。

季多暴风；王者言不可从，则金不从革，秋季多霹雳；王者视不清明，则火不炎上，秋季多雷电；王者听不聪察，则水不润下，春夏多暴雨；王者心不能容，则稼穑不成，秋季多雷。[①]这是典型的"天人感应"思维，更准确地说，这是以王权为中心的"天人感应"，这与《淮南子·览冥训》凡是"专精厉意，委务积神"之人就能感天动地不同。在《淮南子·览冥训》的叙事中，师旷弹奏《白雪》，招来神物与暴风雨，晋平公为之生病，晋国因之大旱；齐国庶女叫天喊冤，招来雷电，击毁齐景公之台，击伤齐景公肢体，海水为之大出。瞽师与庶女，位贱权轻，但是"专精厉意，委务积神"，就可感通九天。[②]《淮南子·览冥训》接着举武王平定波涛、鲁阳挥戈而日避三舍、雍门子以哭见孟尝君、蒲且子连鸟、詹何钓龟五个事例来说明"精诚"感应之道，《淮南子·览冥训》的感应论是一种多元模式的感应论，这种感应与权威、社会地位无关。[③]

不管是"曰狂，恒雨若""曰僭，恒旸若"还是"貌不肃敬，则木不曲直，而夏多暴风"，都显示了一种视王者之身关乎大宇宙的天人感应观念。《礼记·月令》与《淮南子·时则训》同样展示了王者之服色、饮食、音乐、号令与大宇宙紧密关联的观念。譬如，孟夏之时，王者须"衣赤衣，乘赤骝，服赤玉，建赤旗，食菽与鸡，服八风水"，[④]颁行与孟夏相应的政令。如果王者之服色、饮食或政令等出现错乱，相应地，自然秩序也会出现错乱。这种观念与《金枝》所说的祭司王观念似乎相符，国王的人身被看作宇宙的中心，他的一举一动都会立即影响并可能严重扰乱自然的某一部分，"他是世界平衡的支点，他身上任何极微小的不合常规的地方，都会打破这种微妙的平衡"。[⑤]下几内亚

① 苏舆撰，钟哲点校：《春秋繁露义证》，北京：中华书局，1992年版，第387—389页。

② 何宁撰：《淮南子集释》，北京：中华书局，1998年版，第443—444页。

③ 王爱和著：《中国古代宇宙观与政治文化》，［美］金蕾、徐峰译，徐峰校，上海：上海古籍出版社，2011年版，第218页。

④ 何宁撰：《淮南子集释》，北京：中华书局，1998年版，第395—396页。

⑤ ［英］詹姆斯·乔治·弗雷泽著：《金枝——巫术与宗教之研究》，徐育新、汪培基、张泽石译，汪培基校，北京：大众文艺出版社，1998年版，第254页。

帕德隆角附近沙克岬地方的祭司王不能近女色，不能离开自己的住宅甚至是座椅，他必须坐在椅子上睡觉，如果他躺下，风就停息，航运被迫终止。古代的爱尔兰国王必须遵守一些禁忌，如果他们严格遵守这些禁忌，他们就不会遇到不幸或灾祸，可以活到九十多岁，在位期间也不会发生瘟疫或大规模死亡，并且风调雨顺，五谷丰收，反之，若国王不遵守禁忌，则国内将暴发瘟疫、饥荒、水旱之灾。[①]中国历史上也有类似的记载，鲁成公十六年，单襄公见晋厉公视远步高，就预言说晋国将有大乱，过了两年，晋人杀了晋厉公。鲁昭公十一年，周单子会于戚，视下言徐，叔向预言单子将死，当年十二月单成公卒。

通过以上例子，笔者想说明的是，不管是《汉书·五行志》的“五行、五事、皇极”结构，还是《续汉书·五行志》“（五行 + 五事）+ 皇极”结构，都是一种以王者为中心的话语建构，这种以王者为中心的话语既为王权辩护，同时也监督王权。陆贾《新语》指出，世衰道失，不是上天所为，而是君国者所自取，“恶政生恶气，恶气生灾异。螟虫之类，随气而生；虹蜺之属，因政而见。治道失于下，则天文变于上；恶政流于民，则螟虫生于野”。[②]在以王者为中心的灾异话语中，王者需要为灾异负责，需要下罪己诏。“朕躬有罪，无以万方；万方有罪，罪在朕躬”“永思厥咎，在予一人”“灾异屡见，咎在朕躬，忧惧遑遑，未知其方”这些说法典型地体现了以王者为中心的灾异话语。接下来，笔者想进一步说明《续汉书·五行志》的深层结构，并说明“王者”在深层结构中也处于中心地位。

三、《续汉书·五行志》的深层结构

王爱和认为，《汉书·五行志》整体结构的构建依据的不是《洪范》九畴，也不是五行五畴，而是地、天、人三界。[③]受王爱和研究启发，笔者拟从天人

① ［英］詹姆斯·乔治·弗雷泽著：《金枝——巫术与宗教之研究》，徐育新、汪培基、张泽石译，汪培基校，北京：大众文艺出版社，1998年版，第256—262页。

② 王利器撰：《新语校注》，北京：中华书局，1986年版，第155页。

③ 王爱和著：《中国古代宇宙观与政治文化》，［美］金蕾、徐峰译，徐峰校，上海：上海古籍出版社，2011年版，第183—194页。

关系角度探讨《续汉书·五行志》的深层结构。要说明的是，王爱和认为《五行志》“传曰”所引的《五行传》出自伏生，笔者对此持保留态度。学界关于《洪范五行传》作者主要有三说，即伏生说、刘向说、夏侯始昌说。持伏生说者，如孔颖达《尚书正义》言“《五行传》，伏生书也”，清代诸多《尚书大传》辑本及王鸣盛、王谟、陈寿祺、俞正燮、王闿运、皮锡瑞等学者持其说，现代学者如李学勤、冯浩菲等也沿袭此说。赵翼、缪凤林、徐复观等学者持夏侯始昌说。[①]笔者对《五行传》的作者持“不争论”态度，径直称引《五行传》。另外，《续汉书·五行志》在开篇就提到《汉书·五行志》中《五行传》说及其占应较为详细，《续汉书·五行志》不过是接续前志而已，但由于司马彪在行文中没有援引《五行传》之“说”，故本文不作讨论。

王爱和没有说明划立地、人、天三界宇宙观的依据，笔者拟稍作补充。萨满教宇宙观把世界分成三界：天界、地界、地下世界，这三界通过一个中心轴连接。通过这个中心轴，神能够下界，死者可以进入地下世界，萨满则通过这一中心轴飞到天界或下降到地下世界。[②]这种天下三分的神话宇宙观在马王堆1号汉墓T形帛画里也有反映，帛画可分为三个部分：天界、人界、地下世界，天界部分画有烛龙、鸟、豹、金乌（代表太阳）、九日、蟾蜍（代表月亮），人界部分画有墓主夫人及侍从，地下世界部分画着一位巨人托地，巨人立于两条大鳌头部，旁有异兽。[③]古代的玉琮也能说明古代的宇宙观，琮的方象征着地，琮的圆象征着天，中间的穿孔象征天地间的沟通，从孔中穿过的棍子象征着天地柱，琮上刻画的动物图像意味着巫师在动物的协助下通过天地柱沟通天地。因此，张光直认为琮是中国古代宇宙观与通天行为较有代表性的象征物。[④]王爱和所说的三界并不涉及地下世界部分，更类似于《易经》所说的“三才”：

① 相关考辨参见游自勇：《天道人妖：中古〈五行志〉的怪异世界》，首都师范大学博士学位论文，2006年，第16页；徐兴无：《经典阐发与政治术数——〈洪范五行传〉考论》，《古典文献研究》，2012年第15辑，第28—62页。

② Eliade, M.. *Shamanism*. New York: Pantheon Books, 1964, p.259.

③ 傅举有、陈松长编著：《马王堆汉墓文物》，长沙：湖南出版社，1992年版，第19—21页。

④ ［美］张光直著：《考古学专题六讲》，北京：文物出版社，1986年版，第10页。

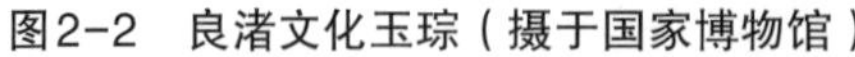

图2-2　良渚文化玉琮（摄于国家博物馆）

图2-3　龙山文化玉琮（摄于国家博物馆）

“立天之道曰阴曰阳，立地之道曰柔曰刚，立人之道曰仁曰义，兼三才而两之，故易六画而成卦。”[①]

五行属自然界，对应着三才结构中的“地”。五行的一个重要思想来源是西周晚期兴起的五材观，五材是“六府”的简化。[②]《大戴礼记·四代》称“水、火、金、木、土、谷”为“六府”，舍去“谷”，便成五材。《国语·鲁语》记载鲁国大夫展禽论祀典祭祀对象之言：“及天之三辰，民所以瞻仰也；及地之五行，所以生殖也；……非是不在祀典。”[③]这里“天之三辰”与“地之五行”并举，五行属地之意晓然明白。《左传》也有同类说法，昭公三十二年赵简子问史墨为什么季氏出其君而莫之或罪，史墨的答话中也提到了“天有三辰，地有五行”：“物生有两，有三，有五，有陪贰。故天有三辰，地有五行，体有左右，各有妃耦。王有公，诸侯有卿，皆有贰也。天生季氏，以贰鲁侯，为日久矣。”[④]五行属地是一个较为流行的观念，不限于鲁国与晋国，在郑国也有持“地之五行”观念者。鲁昭公二十五年，赵简子问子大叔周旋揖让之礼，子大叔回答说，礼是国民效法的天地之经，子大叔的答话中五行不仅与“地之性”相关（“则天之明，因地之性，生其六气，用其五行”），而且还与五味、

① 李学勤主编：《周易正义》，北京：北京大学出版社，1999年版，第326页。
② 范毓周：《“五行说”起源考论》，见［美］艾兰等：《中国古代思维模式与阴阳五行说探源》，南京：江苏古籍出版社，1998年版，第118—132页。
③（春秋）左丘明撰，鲍思陶点校：《国语》，济南：齐鲁书社，2005年版，第81页。
④ 李学勤主编：《春秋左传正义》，北京：北京大学出版社，1999年版，第1528页。

五色、五声、五声相连。

《洪范五行传》对五行进一步发挥，将五行与政治相关联。虽然很难推察这种关联的原意，不过郑玄的解释可以参考。在郑玄的解释中，这种关联的逻辑似乎是星象对应着人事。天上星辰可分为五宫，“木不曲直”对应着逆东宫之政，“金不从革”对应着逆西宫之政，“火不炎上”对应着逆南宫之政，“水不润下”对应着逆北宫之政，“稼穑不成”一条刘昭注未引郑玄之说。以“木不曲直”为例,《洪范五行传》的解释为“田猎不宿，饮食不享，出入不节，夺民农时，及有奸谋，则木不曲直。”郑玄的解释是，角主天兵，对应“田猎”；角为天门，房有三道，对应“出入”；房、心为农时之候，对应“农时”；亢为朝廷，房、心为明堂，对应“谋事出政”。郑玄的解释可备一说，笔者勉强能推测出的逻辑联系是，木对应着春，春为农时；火对应着离卦，与礼相关;“治宫室，饰台榭”对应着兴土功；金对应着秋、战争，因此《传》文认为“好战攻，轻百姓，饰城郭，侵边境，则金不从革”；水对应冬天，冬为万物收藏之时，宗庙为收藏魂气之所，故《传》文认为“简宗庙，不祷祠，废祭祀，逆天时，故水不润下”。我们可以说，通过《洪范五行传》,《续汉书·五行志》确立了“地之五行”与王者政事的关联。

五事涉及道德领域，对应着三才结构中的“人”。《洪范》中的“五事”与“庶征”组合成一个关联系统，构建了一个以王者为中心的话语体系。如果说《洪范》中的“庶征”中还保留着“休征”的话,《五行志》所引的《洪范五行传》则剔除了“休征”，只保留了“咎征”，构建了一个纯粹的灾异话语体系。《洪范五行传》的灾异不仅涵盖了《洪范》所言的风、寒、旸、雨、阳、燠、阴等气候现象，还涵盖了范围更广的自然异象（鸡祸、羊祸、犬祸等）与社会异象（诗妖与服妖）。以“言之不从”为例,《洪范五行传》的灾异包括了罚、极、妖、孽、祸、眚、祥、沴：

言之不从，是谓不艾。厥咎僭，厥罚恒阳，厥极忧。时则有诗妖，时则有介虫之孽，时则有犬祸，时则有口舌之痾，时则有白眚、白祥、惟木沴金。[1]

《五行传》“说”中灾异责任主要指向以君王为中心的政治。譬如，“厥咎僭”指执政者的号令不顺民心，其过失在于僭差；“恒阳”的原因是“刑罚妄加，群阴不附”；诗妖的原因是人君炕阳暴虐，大臣畏刑而钳口不言，于是怨谤之气发于歌谣。在《洪范五行传》的灾异系统中，灾异程度逐级递升，“妖”的灾异程度尚微，至六畜之“祸”灾异已较为显著，至“人痾”灾异越来越严重，最严重的灾异为五行之气相伤（“沴”）。“时则有”意为其时可能出现某种灾异。不过，灾异不一定齐全，如《续汉书·五行志》“言之不从”类目下就没有“犬祸”“口舌之痾”“白眚”“白祥”“木沴金”的相关事例。另外，《续汉书·五行志》采刘歆之说，改“介虫之孽”为“毛虫之孽”，记载了2例“狼食人”。

“皇极”涉及天象方面的灾异（“日月乱行，星辰逆行”与“恒阴”），也包括“射妖”“龙蛇之孽”“马祸”“下人伐上之痾”等怪异。其中，“恒阴”“射妖”“龙蛇之孽”“马祸”“下人伐上之痾”“日月乱行，星辰逆行”构成了一组关于天与王者的意象群。“皇”释为“君”，“极”意为“中”，“皇极”为“五事”的延伸，人君貌言视听思五事皆失，则丧失了所谓“大中之道”。天之气混乱，则经常出现阴蒙天气（“恒阴”）；班固认为，大射之礼以顺阳气，上微弱则下奋动，故有射妖，郑玄则认为王者之政效法射箭，求大中之道；龙与王者相关，蛇为小龙，故有龙蛇之孽；《周易正义·说卦》里乾为马，故有马祸；君王昏聩，不免有觊觎王位之人，下人伐上之乱将作；在星占话语中，“日月乱行，星辰逆行”是王者失政的突出表现。《续汉书·五行志》特地指出“不言沴天”，也就是说，不像“金木水火沴土”那样说“五行沴天”，是由于天为最尊，在价值观上需要否定以下犯上的做法。譬如，鲁成公元年，周王军队讨伐茅戎，吃了败仗，《春秋》书为“王师败绩”，王者无敌，打了败仗只好以自败为文。不过，这也说明“皇极”对应着三才结构中的“天”。

① （汉）班固撰，（唐）颜师古注：《汉书》，北京：中华书局，1962年版，第1376页。

因此，可以说《续汉书·五行志》的表层结构是以“天人交感”的深层结构为基础，而其中转换生成的逻辑则是关联思维。王者参通天人之道，“一贯三为王”形象地道出《续汉书·五行志》结构的生成奥秘（如表2-2所示）。

表2-2 《续汉书·五行志》深层结构

<table>
<tr><th colspan="7">天　人　交　感</th></tr>
<tr><th colspan="6">地＋人</th><th>天</th></tr>
<tr><td>五行</td><td>木不曲直</td><td>金不从革</td><td>火不炎上</td><td>水不润下</td><td>稼穑不成</td><td rowspan="2">皇极</td></tr>
<tr><td>五事</td><td>貌之不恭</td><td>言之不从</td><td>视之不明</td><td>听之不聪</td><td>思心不容</td></tr>
<tr><td>咎</td><td>狂</td><td>僭</td><td>舒</td><td>急</td><td>霿</td><td>眊</td></tr>
<tr><td>罚</td><td>恒雨</td><td>恒阳</td><td>恒燠</td><td>恒寒</td><td>恒风</td><td>恒阴</td></tr>
<tr><td>极</td><td>恶</td><td>忧</td><td>疾</td><td>贫</td><td>短折</td><td>弱</td></tr>
<tr><td>妖</td><td>服妖</td><td>诗妖</td><td>草妖</td><td>鼓妖</td><td>脂夜之妖</td><td>射妖</td></tr>
<tr><td>孽</td><td>龟孽</td><td>毛虫之孽</td><td>羽虫之孽</td><td>鱼孽
介虫之孽</td><td>嬴虫之孽</td><td>龙蛇之孽</td></tr>
<tr><td>祸</td><td>鸡祸</td><td>犬祸</td><td>羊祸</td><td>豕祸</td><td>牛祸</td><td>马祸</td></tr>
<tr><td>痾</td><td>下体生
上之痾</td><td>口舌之痾</td><td>目痾</td><td>耳痾</td><td>心腹之痾</td><td>下人伐
上之痾</td></tr>
<tr><td>眚</td><td>青眚</td><td>白眚</td><td>赤眚</td><td>黑眚</td><td>黄眚</td><td rowspan="2"></td></tr>
<tr><td>祥</td><td>青祥</td><td>白祥</td><td>赤祥</td><td>黑祥</td><td>黄祥</td></tr>
<tr><td>沴</td><td>金沴木</td><td>木沴金</td><td>水沴火</td><td>火沴水</td><td>金木水火
沴土</td><td>日月乱行</td></tr>
</table>

第二节　图式与认知:《续汉书·五行志》的灾异诠释

《洪范五行传》为《续汉书·五行志》的灾异认知与灾异诠释提供了一个典范图式，不过，如果历史事件不赋予图式以血肉，图式只是一具不堪入目的骨架而已。幸运的是,《续汉书·五行志》为现代读者提供了一幅引人入胜的历史画卷。当然，一个有独立思想的历史书写者，他在诠释历史事件的时候应该会有自己的见解。《续汉书·五行志》是怎么把历史给定的“先见”与自己的个人见解融合在一起呢?

一、《续汉书·五行志》的灾异归类

严格来说，“灾”与“异”有别。《春秋繁露》云:“天地之物，有不常之变者，谓之异。小者谓之灾。灾常先至而异乃随之。灾者，天之谴也；异者，天之威也。”[①]也就是说，从程度上讲，灾小异大；从时间顺序上讲，灾先异后；从态度上讲，“灾”的警告显得相对“柔和”，“异”的警告显得相对“严厉”。“灾”与“异”之间没有绝对的界限，《春秋公羊传》中旱灾时间长就称之为“异”。《春秋公羊传》中，“灾”包括“西宫灾”“雉门及两观灾”“蒲社灾”、大水等，“异”则包括陨霜杀菽、星孛、日食等。还有一种区分“灾”“异”的方法是以是否“害物”为评判标准，《太平御览·咎征部一》引《洪范五行传》曰:“凡有所害谓之灾，无所害而异于常谓之异。”[②]

在探讨《续汉书·五行志》的结构时，我们已简要提到灾异按等级程度可分为妖、孽、祸、痾、眚、祥、沴，并可进一步细分。以“妖”为例，妖包括服妖、诗妖、草妖、鼓妖、脂夜之妖、射妖。这里涉及人类学中的民间分类问题。福柯在《词与物——人文科学考古学》开篇谈及博尔赫斯作品，作品中博尔赫斯引用了所谓的“中国某部百科全书”。据说在这部中国百科全书中，动物可以划分为“① 属皇帝所有，② 有芬芳的香味，③ 驯顺的，④ 乳猪，⑤ 鳗螈，⑥ 传说中的，⑦ 自由走动的狗，⑧ 包括在目前分类中的，⑨ 发疯似地烦躁不安的，⑩ 数不清的，⑪ 浑身有十分精致的骆驼毛刷的毛，⑫ 等等，⑬ 刚刚打破水罐的，⑭ 远看像苍蝇的”。[③]博尔赫斯所谓的“中

---

① 苏舆撰，钟哲点校:《春秋繁露义证》，北京：中华书局，1992年版，第259页。

② （宋）李昉等撰:《太平御览》，北京：中华书局，1960年版，第4008页。

③ ［法］米歇尔·福柯著:《词与物——人文科学考古学》，莫伟民译，上海：上海三联书店，2001年版，第1页。

国某部百科全书”纯属虚构，不过却使我们意识到灾异分类的“地方性知识”特性。

关于“妖”的界定,《汉书·五行志》引汉儒之说云“草物之类谓之妖”,似乎说“妖”包括草妖和物妖。《说文解字·示部》释“祅”曰“地反物为祅”。《说文解字·虫部》释“孽”又云:“衣服、歌谣、草木之怪，谓之妖。”这恰恰对应着《五行志》中的服妖、诗妖、草妖。《五行志》中，“妖”的种类很多，包括服妖、诗妖、草妖、鼓妖、脂夜之妖、射妖，分别对应人类行为方面的欠缺，如貌之不恭、言之不从、视之不明、听之不聪、思心不容、皇之不极。

何谓“服妖”?《汉书·五行志》云:“风俗狂慢，变节易度，则为剽轻奇怪之服，故有服妖。”[①]“服妖”观念的产生与“礼”相关。在“守礼”的语境下，服饰必须合乎社会地位或生理性别，“非其人不服”；必须合乎时节环境，非其时不服；必须合乎民族习俗，非我族之服不服。反之，稍有变易，容易引人注目，讥之者目之为“服妖”。“服妖”的判定常夹杂着主观判断，含有道德与政治色彩。《续汉书·五行志》记载，更始军队将领们过洛阳时，“皆帻而衣妇人衣绣拥䯰”，智者以为“服之不中，身之灾也”。更始诸将穿着女性服装固然奇怪，但史家选择这条材料入史未必没有“成王败寇”的思想。《后汉书·光武本纪》也将更始诸将的穿着与刘秀手下的穿着及观感作了对比，更始诸将的穿着引起百姓嘲笑，而吏士们对刘秀手下的穿着则喜不自胜，有“复见汉官威仪”之评。

何谓“诗妖”?《汉书·五行志》云:“君炕阳而暴虐，臣畏刑而柑口，则怨谤之气发于歌谣，故有诗妖。”[②]“诗妖”为“非常之言”，诗妖包括童谣（或称“谣妖”）、讹言、谶谣、妖言等。“诗妖”在性质上属于一种社会舆论，春秋时已存在通过歌谣以观政治治乱的事例。如晋献公伐虢，他向卜偃询问战事

① （汉）班固撰,（唐）颜师古注:《汉书》，北京：中华书局，1962年版，第1353页。
② （汉）班固撰,（唐）颜师古注:《汉书》，北京：中华书局，1962年版，第1377页。

吉凶，卜偃对以一首童谣，预言晋军将会取胜。古代苏美尔人存在着类似观念，一则苏美尔箴言云："一首城市歌谣即为其预兆。"①东汉官府重视民间舆论，并以"举谣言"作为选拔官吏的一个途径。关于童谣的起因，汉代流行一种说法：童谣源于荧惑星的操弄。王充也认同这一看法："世谓童谣，荧惑使之，彼言有所见也。"②《搜神记》还记载了荧惑星化身异儿与一群童子游戏的故事，荧惑留下一首内容为"三公鉏，司马如"的童谣，随后化为白练上天。《续汉书·五行志》共收录了13首歌谣，其中12首是童谣。③东汉一些童谣与政治现象的关联出自解释者的牵合附会，还有一些童谣则可能出自有心之人的造作，如更始之时南阳流行一首童谣："谐不谐，在赤眉。得不得，在河北。"其政治宣传意味较为明显。

"草妖"是草木异象，其原因是赏罚不明，政治舒缓，诛罚出自臣下，"繇臣下则杀不以时，故有草妖"。④《续汉书·五行志》中木生人状、槐树自拔、竹柏有伤之类为草妖。

《汉书·五行志》云："君严猛而闭下，臣战栗而塞耳，则妄闻之气发于音声，故有鼓妖。"⑤如《续汉书·五行志》中的冬雷、无云而雷、山鸣如牛呴之类。

"脂夜之妖"于《续汉书·五行志》无载。"射妖"源于君上微弱而臣下奋动。顾名思义，"射妖"为与"射"相关的异象，如灵帝时夜龙以弓箭射北阙。

"孽"，《汉书·五行志》云："虫豸之类谓之孽。"古代观念中，有足谓之虫，无足谓之豸。《说文解字·虫部》云："禽兽、虫蝗之怪，谓之孽。"据此，

---

① Annus, Amar (ed.). *Divination and Interpretation of Signs in The Ancient World*. Chicago: The Universtity of Chicago, 2010, p.230.

② 黄晖撰：《论衡校释》，北京：中华书局，1990年版，第941页。

③ 谣言研究在国内学界是一个方兴未艾的学术话题，可参见吕宗力、李永平、施爱东、张敦福等人的研究。吕宗力著：《汉代的谣言》，杭州：浙江大学出版社，2011年版，第155—162页；李永平：《文学人类学视野下的谣言、流言及叙述大传统》，《思想战线》，2014年第2期，第23—29页。

④ （汉）班固撰，（唐）颜师古注：《汉书》，北京：中华书局，1962年版，第1405页。

⑤ （汉）班固撰，（唐）颜师古注：《汉书》，北京：中华书局，1962年版，第1421页。

"孽"指的是动物界的怪异。不过，《洪范五行传》所说的"华孽"与《说文解字》"孽"的定义不符。《续汉书·五行志》之"孽"包括了龟孽、毛虫之孽、羽虫之孽、介虫之孽、鱼孽、蠃虫之孽、龙蛇之孽，剔除了华孽。《续汉书·五行志》还采用刘歆之说，改动《洪范五行传》"介虫之孽""蠃虫之孽"与"五事"的对应。"言之不从"改为与"毛虫之孽"对应，"视之不明"改为与"羽虫之孽"对应，"听之不聪"添加了与"介虫之孽"的对应，"思心不容"改为与"蠃虫之孽"对应。《续汉书·五行志》"孽"的名目体现了我国汉代以来惯用的动物分类，即毛虫、羽虫、鳞虫、介虫、蠃虫。银雀山汉墓竹简《五令》篇划分了五类政令：德令、义令、惠令、威令、罚令，德令失则羽虫为灾，义令失则毛虫为灾，惠令失则蠃虫为灾，威令失则介虫为灾，罚令失则鳞虫为灾。[①]

《汉书·五行志》认为，貌不恭则恒雨，"水类动，故有龟孽"。《续汉书·五行志》无"龟孽"类事例。"毛虫之孽"为野兽造成的祸害，如狼食人之类。"羽虫之孽"如五色大鸟、爵斗怀陵之类，"羽虫之孽"入《五行志》似与鸟情占相关。五色大鸟貌似凤凰，史家认为政治不明之时出现五色大鸟为羽孽。安帝之后政治不明，五色大鸟自然定性为羽孽。听之不聪则恒寒，"寒气动，故有鱼孽"。"鱼孽"事例如灵帝时东莱海出大鱼，长大约八九丈，高大约二丈多，可能是鲸鱼。"介虫之孽"为蝗虫（《春秋》称为螽）之类的灾异。据蔡邕之说，蝗虫为贪苛所致，蝗虫之害在《续汉书·五行志》中有19例之多。"蠃虫之孽"在《续汉书·五行志》中有3例，皆为螟虫之害。"龙蛇之孽"为龙死、黄龙见、青蛇见御座之类的异象。安帝时黄龙出现，史家判定为龙蛇之孽。

鸡祸、犬祸、羊祸、豕祸、牛祸、马祸为六畜之祸。《说文解字·示部》云："祸，害也，神不福也。"鸡为羽虫，按理应与"视之不明"相配，在《五

---

① 银雀山汉墓竹简整理小组编：《银雀山汉墓竹简》（二），北京：文物出版社，2001年版，第226页。

行传》中却与“貌之不恭”相配。《汉书·五行志》认为鸡有冠距，属貌，貌气毁故有鸡祸；“犬以吠守”，言气毁故有犬祸，因此与“言之不从”相配；羊眼睛大却看不清，视气毁故有羊祸，因此与“视之不明”相配；猪耳朵大听力差，故与“听之不聪”相配；牛心大却不动脑子，因此与“思心不容”相配；马力气大好使唤，君气毁有马祸，因此与“皇之不极”相配。《续汉书·五行志》中犬祸、豕祸无事例，雌鸡化雄归入鸡祸，马生人、马啮杀人、惊马逸象之类归入马祸，牛疫归入牛祸。

“痾”为与人有关的异象，包括下体生上之痾、口舌之痾、目痾、耳痾、心腹之痾、下人伐上之痾等。《续汉书·五行志》中没有与“五事”对应之“痾”类事例，只有“皇之不极”有“人痾”“死复生”“人化为鼋”等事例与之对应。“人痾”如河内妇食夫、寺壁黄人、两头共身之类。“死复生”如桓氏死复生、李娥死复生。“人化为鼋”如汉灵帝时江夏黄氏之母浴而化为鼋，据说这只鼋再出现时，还有人看见鼋首上有银钗。“人化为鼋”是鲧化为黄能的故事翻版。“生非类曰化”，这种化为异类的变化思维在古代并不另类。《礼记·月令》就保存了生物化形的观念，如仲春之月鹰化为鸠、季春之月田鼠化为鴽、季夏之月腐草化为萤、季秋之月爵入大水化为蛤之类。除了鲧化为黄能之外，《论衡·无形篇》还提到了另一则人化为异类的事例，即公牛哀生病，七日化为虎。不过，把人化为异类的神幻故事纳入《五行志》是司马彪的首创。

“眚”原指眼睛生翳，引申出“过”与“灾”之意。“祥”在《五行志》中有“妖怪”之意。“眚”与“祥”有别，“眚”为自生异物，“祥”来自外部。“眚”与“祥”二者通常连用，并可与五色搭配。《续汉书·五行志》只有青眚有事例：桓帝时，光禄勋吏舍墙壁下夜有青气，察看后发现了一件玉钩与一件玉玦。玉钩、玉玦不会无端出现，可能是有心之人所为，又或者可能是文物出土。记史者把玉钩、玉玦判定为青眚，并根据五行的术数原理将这件事与梁冀秉政专恣联系：钩长七寸二分，玦周五寸四分，由于七寸二分为商数，五寸四分为徵数，商为臣，徵为事。史家认为这件事对应着决事大臣将有祸，其时梁冀专政，后四年梁冀被诛。这一解释在现代人看来近于过度想象，却活生生地展现了史家如何运用关联思维来解读玉玦的象征意义。

“气相伤”谓之“沴”，包括金沴木、木沴金、水沴火、火沴水、金木水火沴土、日月乱行星辰逆行，采用的是五行相克原理。木沴金、水沴火、火沴水在《续汉书·五行志》中没有事例。金沴木表现为屋自坏，如太学门无故自坏、南宫平城门内屋顿坏、长安市门无故自坏之类。金木水火沴土表现为与土相关的灾异，如地震、山崩、地裂之类,《五行传》用“惟金木水火沴土”来表明这是较为严重的灾异,《续汉书·五行志》记录了东汉49次地震。日月乱行星辰逆行表现为日食、投蜺、日月无光之类的天变。《续汉书·五行志》较为详细的日食记录有69次。

“五事”中还有恒雨、恒阳、恒燠、恒寒、恒风、恒阴之罚。《汉书·五行志》云:“上嫚下暴，则阴气胜，故其罚常雨也。”恒雨表现为淫雨，如灵帝建宁元年夏霖雨六十余日。恒阳表现为大旱。政弛缓则恒燠，表现为暖冬之类。政促迫则恒寒，表现为大寒或下冰雹，如献帝初平四年六月风寒如冬，养奋对策曰:“当温而寒，刑罚惨也。”《汉书·五行志》云:“雨旱寒燠，亦以风为本，四气皆乱，故其罚常风也。”恒风表现为大风拔树之类，如灵帝建宁二年大风拔树，拔出十围以上大树上百株，其后迎气黄郊，大风刮掉车盖，灵帝半途而返。“恒阴”为“皇之不极”之罚，表现为持续的阴霾天气。

除了“五事”“皇极”中的灾异之外，五行失性也会成灾。火灾属于“火不炎上”,《续汉书·五行志》中记录了24次火灾。严格来说，火与灾有别，大火称为“灾”，火势小称为“火”。如顺帝元年恭陵着火,《续汉书·五行志》书为“恭陵庑灾，及东西莫府火”，太尉李固认为火灾的起因是奢僭。水灾、水变色属于“水不润下”,《续汉书·五行志》记录了大水25次，河水清2次。通常把黄河水变清看作祥瑞，但是皇帝若没有与祥瑞相配的德行，祥瑞反而会被视为妖异，因此《续汉书·五行志》将黄河水变清归入灾异。如桓帝延熹八年济北黄河水变清，延熹九年四月济阴等地黄河水变清，司马彪认为这是灵帝登位之征。

《洪范五行传》的灾异图式为《续汉书·五行志》的灾异归类提供了一个基本的认知模式，有了这个基本认知模式，史家就可以筛选史料。我们注意到，史家筛选史料带有个人主观色彩，如明帝、章帝统治时期没有服妖、诗妖、草妖、鼓妖、射妖、蝗灾、大水、冰雹、旱、淫雨、山崩、地裂方面的事例。其实细查史书，明帝、章帝在位时出现过旱灾，这不是史家的疏忽而是史家有意忽略。据《宋书·符瑞志》记载，章帝元和二年以来至章和元年，凤凰出现了139次，这些事例未必不可归入“羽虫之孽”。《续汉书·五行志》记录了东汉49次地震，明帝在位期间一条记录都没有，章帝在位期间只有1条记录，难道真的是进入地震间歇期了吗？显然，史家出于美化明帝与章帝的政治需要，有意忽略了这一时期的地震记录。

二、《续汉书·五行志》灾异诠释的话语资源引据

灾异的归类只是《续汉书·五行志》编撰的初步工作，如何诠释灾异是关键的一步。《续汉书·五行志》的编撰建立在应劭、谯周、董巴撰作的基础上，司马彪对他们的诠释应该有所吸收。除此之外，司马彪还引用典籍和前人的灾异诠释作为话语资源。对此，我们将作进一步探析。

首先，考察《续汉书·五行志》与应劭、谯周、董巴著作的关系。《续汉书·五行志》没有标明应劭、谯周、董巴的灾异诠释，谯周、董巴的创作与《续汉书·五行志》因资料缺乏已很难考论。不过通过比勘王利器搜集的《风俗通义》佚文，可以掌握《续汉书·五行志》与《风俗通义》所言灾异相同者有20条。《风俗通义》作者应劭博学多闻，除撰写《汉仪》《汉官礼仪故事》《中汉辑序》之外，还撰有《风俗通》，“以辩物类名号，释时俗嫌疑。文虽不典，后世服其洽闻”。[①]《风俗通义》现存“服妖”史料9条，为《续汉书·五行志》所采用者7条。7条材料分别为：桓帝元嘉时京都妇女作愁眉、啼妆、堕马髻、折要步、龋齿笑；五常侍纵其奸慝；延熹中，京师长者皆著木屐；灵

① （宋）范晔撰，（唐）李贤等注：《后汉书》，北京：中华书局，1965年版，第1614页。

帝建宁中，京师长者以苇方笥为妆；灵帝好胡服、胡帐、胡床；灵帝好胡舞；灵帝好驾四白驴。《续汉书·五行志》在《风俗通义》的基础上加以修订，兹举“以苇方笥为妆”条为例：

> 《风俗通义》：孝灵帝建宁中，京师长者皆以苇辟方笥为妆，其时有识者窃言：苇方笥，郡国谳箧也，今珍用之，天下皆当有罪，谳于理官也。后党锢皆谳廷尉，人名悉苇方笥中，斯为验矣。[①]
>
> 《续汉书·五行志》：灵帝建宁中，京都长者皆以苇方笥为妆具，下士尽然。时有识者窃言：苇方笥，郡国谳箧也；今珍用之，此天下人皆当有罪谳于理官也。到光和三年癸丑赦令诏书，吏民依党禁锢者赦除之，有不见文，他以类比疑者谳。于是诸有党郡皆谳廷尉，人名悉入方笥中。[②]

“方笥”为方形的盛衣服、卷轴、竹简、食物等物件之器，功能不限于盛案卷，否则不会用作嫁妆。不过却有想象力丰富的“识者”指出以苇方笥为妆乃不吉之兆，应劭与司马彪都承袭了这一看法。

“诗妖”方面，《风俗通义》有6条材料为《续汉书·五行志》所采用，分别为“直如弦”谣、“车班班”谣、“游平卖印”谣、“茅田”谣、“董逃”歌、“千里草”谣；“草妖”1条，为“陈留诸郡草生作人状”；“射妖”1条，为夜龙射宫阙；“羽孽”1条，为雀斗怀陵；“马祸”1条，为司徒长史冯巡马生人；“人痾”3条，分别为寺壁黄人、白衣妄入宫掖、洛阳女子生两头共身儿。

其次，我们将考察《续汉书·五行志》的编撰所引据的历史当事人之说，《续汉书·五行志》引李固之说4条，蔡邕5条，襄楷3条，周群1条，莫嗣1条。

李固是东汉著名大臣，官至太尉，最后被枉杀，天下冤之。《续汉书·五行志》引李固对策4条，分别为阳嘉二年夏之旱、阳嘉元年狼食人、阳嘉元年

---

① （汉）应劭撰，王利器校注：《风俗通义校注》，北京：中华书局，1981年版，第568页。

② （晋）司马彪撰，（梁）刘昭注补：《后汉书志》，北京：中华书局，1965年版，第3271—3272页。

恭陵庑灾、顺帝阳嘉二年洛阳地裂。安帝永初元年地震所引李固之说非李固的针对性评论，故不计入。阳嘉二年，有地动、山崩、火灾之异，公卿推举李固对策，《后汉书·李固传》记载了李固对策详细内容，不过，《续汉书·五行志》所引李固之言（“阴类专恣，将有分离之象，所以附郊城者，是上帝示象以诫陛下也”“地者阴也，法当安静”）皆不载于范晔《后汉书》。

蔡邕是东汉著名的文学家，其实他还精通数术、天文、音律。《续汉书·五行志》所引5条蔡邕之说分别为雌鸡化雄、黑气堕温明殿东庭中、白衣入德阳殿门、蝗灾连年、平城门内屋自坏，皆出自蔡邕“对灾异诏问八事”。灵帝光和元年，各种异象连续出现，灵帝忧惧，特旨密问蔡邕、光禄大夫杨赐、谏议大夫马日磾、议郎张华、太史令单飏五人。蔡邕认为黑气堕温明殿是天投蜺，雌鸡化雄与天投蜺皆为妇人干政所致，白衣入德阳殿门预示有人想要效法王莽篡位，蝗虫为贪苛所致，平城门屋自坏的根源是小人显位乱法。值得注意的是，蔡邕的对策还引据了京房《易传》和纬书。针对“蝗虫至冬踊”（冬天出现蝗虫），蔡邕回答：“臣闻《易传》曰：‘大作不时，天降灾，厥咎蝗虫来。’《河图秘征篇》曰：‘帝贪则政暴而吏酷，酷则诛深必杀，主蝗虫。’蝗虫，贪苛之所致也。”[①]

襄楷是民间的有识之士，“好学博古，善天文阴阳之术”。《续汉书·五行志》所引3条襄楷之说分别为河内龙死、河清及太学门自坏。桓帝延熹九年时襄楷曾经诣阙上书，襄楷的首次上疏先谈到天文方面的异象：荧惑入太微、太白入房、岁星久守太微，其次提到延熹七年冬天洛阳城旁竹柏之叶枯伤，指出原因在于政治上诛罚太酷，并为刘质、成瑨、李云之死鸣冤。之后，襄楷提到了延熹七年河内野王山有龙死、河清及太学门自坏。所谓“河内龙死”，可能死的是一只巨蟒。襄楷以为，“龙能变化，蛇亦有神，皆不当死”。[②]襄楷提到，王莽之时出现过“黄山宫有死龙”的流言，其后光武复兴。襄楷的言下之意很

① （晋）司马彪撰，（梁）刘昭注补：《后汉书志》，北京：中华书局，1965年版，第3319—3320页。

② （宋）范晔撰，（唐）李贤等注：《后汉书》，北京：中华书局，1965年版，第1078页。

明显，龙死属于改朝换代的征兆。关于河清及太学门自坏，据襄楷分析，黄河对应着诸侯，清属阳，浊属阴，黄河水通常呈浑浊状，却忽然变清，这是诸侯欲为帝之征；太学为天子教化之宫，太学门无故自坏，预示着文德将丧与教化将废。襄楷进而指出，“今天垂异，地吐妖，人厉疫，三者并时而有河清，犹《春秋》麟不当见而见，孔子书之以为异也”。①

《续汉书·五行志》引用了1条周群之说，其事为建安七年越巂有男化为女子，周群上言指出，汉哀帝时也出现过类似怪异，这意味着将有改朝换代之事。周群生平不载于范晔《后汉书》，不过《三国志》记载了他的事迹。周群的父亲周舒是杨厚弟子，杨厚精通图谶之学及天文推步之术，周群从小跟父亲学习占候。周群专门在院子里建了小楼以观测天象，常让家奴上楼察看，云气一有变化就立刻告诉周群，周群马上亲自上楼观测，不避晨夜。因此，周群对天象了如指掌，故《三国志》称周群“所言多中”。

《续汉书·五行志》还引用了1条莫嗣之说：汉献帝建安中，男性服饰流行长躬而下甚短，女性服饰流行长裙而上甚短，益州从事莫嗣视之为“服妖”，他认为这是“阳无下而阴无上”，天下未平之征。②

有些历史见证者英雄“无名”，《续汉书·五行志》用“时，智者见之”（1条）、“时有识者窃言”（1条，如“服妖”之“以苇方笥为妆”）、“时以为”（4条）、“或以为”（2条）、“记者以为”（1条）的写法记录。不过4条“时以为”全是用来充当反面教材的，“或以为”则是提出不同意见，如安帝元初三年，“有瓜异本共生，八瓜同蒂，时以为嘉瓜。或以为瓜者外延，离本而实”。③

除了引用历史当事人的评论，《续汉书·五行志》还会对权威之说采取“拿来主义”，通过引用权威之说加强灾异认知。引用最多的是京房《易传》，明言引用京房《易传》计有10次。另外，蔡邕有3次引用《易传》，不过他没有说明引用的是哪一家《易传》，笔者推测，以京房《易传》的可能性为最大。

---

① （宋）范晔撰，（唐）李贤等注：《后汉书》，北京：中华书局，1965年版，第1080页。
② （晋）司马彪撰，（梁）刘昭注补：《后汉书志》，北京：中华书局，1965年版，第3273页。
③ （晋）司马彪撰，（梁）刘昭注补：《后汉书志》，北京：中华书局，1965年版，第3298页。

京房《易传》之外，《续汉书·五行志》还引用董仲舒之说（1条）、刘向之说（1条）、谷永之说（1条）、《易》（1条）、《诗》（1条）、谶纬之说（《春秋汉含孳》1条、《日蚀说》1条、《谶》1条、《乐叶图征》1条）、“儒说”（7条）。引用权威之说属人之常情，在新亚述时期的宫廷占卜报告中，报告者亦常引用古代名人之说。以一份致亚述王亚述巴尼拔（公元前669—627年）的奏疏为例，报告者阿库拉努认为雨水不足是一个吉兆。这个论调乍听起来不免显得怪异，因此，报告者引用了一份来自巴比伦王马尔杜克-纳丁-阿基的首席星占师伊亚-穆萨利姆的报告，这份报告比阿库拉努的时代还要早400多年。①

为什么引用京房《易传》与谶纬之说的次数较多？一个因素是理论的权威性，另一个因素是灾异认知的可操作性。

京房长于易学，因说灾异得罪石显、五鹿充宗遭弃市，但京氏《易》跻身官学之林，成为儒家灾异论的重要理论资源。《汉书·艺文志》著录有《孟氏京房》（11篇）与《灾异孟氏京房》（66篇）。京房师承焦延寿，《汉书》云：“其说长于灾变，分六十四卦，更直日用事，以风雨寒温为候：各有占验。房用之尤精。”②从《汉书·五行志》与《续汉书·五行志》所引的京房《易传》来看，京房《易传》建立了一套灾异分类体系和阐释体系，并且具有儒家价值取向。以《续汉书》引文为例：

> 君不正，臣欲篡，厥妖狗冠出。③
>
> 君将无道，害将及人，去之深山以全身，厥妖狼食人。④
>
> 上不俭，下不节，盛火数起，燔宫室。⑤

---

① Jean, Cynthia. “Divination and Oracles at The Neo-Assyrian Palace: The importance of signs in royal ideology”, in *Divination and Interpretation of Signs in the Ancient World* (ed. A. Annus), Chicago: The Oriental Institute of the University of Chicago, 2010, pp.268-269.

② （汉）班固撰，（唐）颜师古注：《汉书》，北京：中华书局，1962年版，第3160页。

③ （晋）司马彪撰，（梁）刘昭注补：《后汉书志》，北京：中华书局，1965年版，第3271页。

④ （晋）司马彪撰，（梁）刘昭注补：《后汉书志》，北京：中华书局，1965年版，第3285页。

⑤ （晋）司马彪撰，（梁）刘昭注补：《后汉书志》，北京：中华书局，1965年版，第3292页。

王德衰，下人将起，则有木生人状。[①]

颛事有知，诛罚绝理，厥灾水。[②]

山崩，阴乘阳，弱胜强也。[③]

地裂者，臣下分离，不肯相从也。[④]

上亡天子，诸侯相伐，厥妖马生人。[⑤]

君君臣臣、阳尊阴卑、上下有节、刑德并用体现了儒家的价值主张。京房《易传》的灾异体系较为完备，易于认知。这种"征"与"应"容易对号入座的灾异言说模式显然可操作性较强。以旱灾为例，京房《易传》构建了一个一目了然的图式（如表2-3所示）：

表2-3　京房《易传》旱灾"征"与"应"

旱灾原因	旱灾归类	旱灾灾象
欲德不用	张	阴云不雨，变而赤，因四阴
众出过时	广	不生
上下皆蔽	隔	天赤三月，时有雹杀飞禽
上缘求妃	僭	三月大温亡云
君高台府	犯	万物根死，有火灾
庶位逾节	僭	泽物枯，为火所伤

京房把引起旱灾的原因分为"张""广""隔""僭""犯"，并有相应的灾象。《续汉书·五行志》旱灾记录共19条，有11条只简单记录了某年夏旱，8条做了解释。带有解释的5条旱灾原因为"僭"，另外3条旱灾原因为军多过时（"广"）、"不用德"（"张"）、冤囚。《洪范五行传》云"言之不从，是谓不艾。

① （晋）司马彪撰，（梁）刘昭注补：《后汉书志》，北京：中华书局，1965年版，第3299页。
② （晋）司马彪撰，（梁）刘昭注补：《后汉书志》，北京：中华书局，1965年版，第3308页。
③ （晋）司马彪撰，（梁）刘昭注补：《后汉书志》，北京：中华书局，1965年版，第3332页。
④ （晋）司马彪撰，（梁）刘昭注补：《后汉书志》，北京：中华书局，1965年版，第3332页。
⑤ （晋）司马彪撰，（梁）刘昭注补：《后汉书志》，北京：中华书局，1965年版，第3375页。

厥咎僭，厥罚恒阳”，“旱灾”与“僭”在《洪范五行传》关联系统中为同一类。在京房《易传》中，“上缘求妃”“庶位逾节”都归类为“僭”，东汉政治上的外戚秉政、宦官专政、军阀专权恰恰是“僭”的表现，因此《续汉书·五行志》很自然地把旱灾溯源于窦宪兄弟、梁冀夫妇、常侍、黄门、李傕、郭汜。

《续汉书·五行志》在灾异诠释中还引据了谶纬之说。如安帝永初元年：“郡国四十一水出，漂没民人。谶曰：‘水者，纯阴之精也。阴气盛洋溢者，小人专制擅权，妒疾贤者，依公结私，侵乘君子，小人席胜，失怀得志，故涌水为灾。’”[①]谶纬形成于西汉之末，兴盛于东汉。史载光武帝刘秀平定天下之后，校定图谶，颁布于天下。谶纬融合了儒学与数术，是儒家灾异话语的又一重要理论资源。除了大量的天象占验知识外，谶纬还包含了其他自然界异象以及社会异象的灾异诠释。例如：

土跃沙城，后党盛也。[②]（《春秋运斗枢》）

四方烦扰，小民失恩，虎衔鱼。[③]（《春秋运斗枢》）

人主以不孝仁之名，侵犯大道，则豕生鹿。[④]（《春秋运斗枢》）

国大旱，冤狱结。旱者阳气移，精不施，君上失制，奢淫僭差，气乱感天，则旱征见。（《春秋考异邮》）[⑤]

旱之言悍也，阳骄蹇所至也。[⑥]（《春秋考异邮》）

河水逆流，怨气盛也。[⑦]（《春秋潜谭巴》）

女子化为丈夫，贤人去位，君独居。丈夫化为女子，阴气淖，小人

① （晋）司马彪撰，（梁）刘昭注补：《后汉书志》，北京：中华书局，1965年版，第3309页。
② （清）赵在翰辑，钟肇鹏、萧文郁点校：《七纬》，北京：中华书局，2012年版，第494页。
③ （清）赵在翰辑，钟肇鹏、萧文郁点校：《七纬》，北京：中华书局，2012年版，第494页。
④ （清）赵在翰辑，钟肇鹏、萧文郁点校：《七纬》，北京：中华书局，2012年版，第509页。
⑤ （清）赵在翰辑，钟肇鹏、萧文郁点校：《七纬》，北京：中华书局，2012年版，第565页。
⑥ （清）赵在翰辑，钟肇鹏、萧文郁点校：《七纬》，北京：中华书局，2012年版，第565页。
⑦ （清）赵在翰辑，钟肇鹏、萧文郁点校：《七纬》，北京：中华书局，2012年版，第610页。

聚。[①]（《春秋潜谭巴》）

由于谶纬在东汉具有权威话语权，且魏晋只是禁止民间私藏或私学，谶纬影响余音未绝，故《续汉书》在灾异诠释中也保留了一些谶纬之说。

三、神话思维与历史认知：《续汉书·五行志》灾异诠释的取象比类

一个社会，不管其文明程度多高，出于渴望提前知道未来的心理，都会留心征兆。

古代美索不达米亚人相信，诸神通过祭献的动物、植物、动物的行为方式、天体运行以及梦显示征兆。美索不达米亚学者将自然视为一本需要破解其秘密的天书，内脏占卜者将肝脏称为“诸神之碑”，而太阳神萨玛什负责在肝脏上留下印迹。美索不达米亚星占师将天象称为“天书”，新亚述时期的国王特别留心征兆及其解释。在一封信中，史官巴拉斯对新近发生的一次征兆做了解释。巴拉斯认为，地震是一个不祥之兆，但是幸运的是，诸神也创造了祛除不吉的仪式。巴拉斯接着强调了地震的儆戒之义——即使行用了所有的禳除仪式，国王还是应该谨慎。[②]在另一封信中，巴鲁·纳布-泽-黎希特什尔致信给国王：“我记录了诸种征兆，无论它们是来自天空、大地、地下世界，有多少记多少。我在萨玛什之前详述了这些征兆。”[③]

古代凯尔特人的征兆可以分成两类：偶然性征兆与诱发征兆。凯尔特人的大量偶然性征兆为鸟叫或鸟的飞行迹象。据一则普林尼所记录的凯尔特传说，一群迷路者跟随着一只飞鸟安全返回。凯尔特人还认为，乌鸦与鹤预示着邪恶潮汐。战场上的乌鸦往往会让凯尔特人联想到死亡与灾难。诱发征兆中，排在

---

① （清）赵在翰辑，钟肇鹏、萧文郁点校：《七纬》，北京：中华书局，2012年版，第611页。

② Jean, Cynthia. “Divination and Oracles at The Neo-Assyrian Palace: The importance of signs in royal ideology”, in *Divination and Interpretation of Signs in the Ancient World* (ed. A. Annus), Chicago: The Oriental Institute of the University of Chicago, 2010, p.270.

③ Hooke, S. H.. “Omens, Ancient and Modern”, *Folklore*, Vol. 66, No. 3 (Sep., 1955), pp.330-339.

第一位的是烟火征兆。凯尔特人通过观测烟火的方向来占测战事吉凶。①

根据田野调查，生活在非洲东部的卡古鲁人将怪异现象归因于神、祖灵、巫师、恶灵以及与某些难以解释事件的瓜葛。卡古鲁人又把难以解释的事件分成四类：*ndege*、*kwinja*、*mauliso*以及*chigego*，这四类怪异现象偏离正常秩序的程度逐级递增。在卡古鲁语或斯瓦里语中，*ndege*兼有“鸟”与“征兆”二义。当意为“征兆”时，与其说*ndege*指的是一种生物或物件，不如说*ndege*指的是某种情境。*kwinja*指的是道德上或生理上的偏离，道德上的偏离，如通奸、性侵幼童、兽交、与熟睡的妇女发生性关系等；生理上的偏离，如犬夜吠、鸡夜鸣或者是同性动物交配，要指出的是，这些动物主要是家禽或家畜。出现*kwinja*现象后，需要求助占卜者解释其意义。譬如，公鸡夜鸣预示着该地可能出现疾病、死亡、火灾等。*Mauliso*预示着即将来临的更为严重的不幸。打个比方，*kwinja*像是在用信件传递讯息，*Mauliso*像是在用电报传送讯息。*Mauliso*与人的道德或驯化动物无涉，这些现象或者是一只猫头鹰或夜鹰入室，或者是一棵树无故自倒，或者是*Igwalangwa*（一种虫子）的出现，等等。*Chigego*意为“异常儿”，如双胞胎、臀位难产儿、生来就有牙齿的婴儿、先掉上牙的儿童。*Chigego*被视为异常聪明、强壮、精力充沛，会给家族带来破败。通过灾异归类，卡古鲁人确立了关于异常现象的观念。他们相信，虽然自然世界与社会世界并不完美，虽然会出现异常现象，但世界终将回归正常秩序。②

征兆解释往往贯穿着神话思维，而神话思维的一个基本逻辑是类比。古代征兆文献中存在着大量的类比思维例证。③以美索不达米亚征兆文本为例，一则肝脏占卜文辞云：

如果兆象像字形TAR，国王用餐时一个碟子将会碎掉，掌灯人将颤

① Ettlinger, Ellen. “Omens and Celtic Warfare”, *Man*, Vol. 43 (Jan. - Feb., 1943), pp.11-17.

② Beidelman, T. O. “Kaguru Omens: An East African People’s Concepts of the Unusual, Unnatural and Supernormal”, *Anthropological Quarterly*, Vol. 36, No. 2 (Apr., 1963), pp.43-59.

③ 俞建章、叶舒宪著：《符号：语言与艺术》，上海：上海人民出版社，1988年版，第125—131页。

抖，或者斟酒人手中的杯子将会摇晃。

在楔形文字中，TAR读为ḫaš，意为“碎掉”，它是动词*ḫepû*的同义词，所以可以引申出国王的碟子将会碎掉。TAR又与苏美尔文字*tarāru*（颤抖、摇晃）同义，故又引申出“斟酒人手中的杯子将会摇晃”。[①]

再以南婆罗洲伊班人或沿海达雅克人的征兆解释为例。有冠樫鸟的急速鸣叫声像炭火燃烧时发出的噼啪响，因此预示着烧草肥田工作将顺顺利利；特罗公的惊叫如同动物被杀时嘶哑的喘气声，这预示着狩猎将满载而归；另外一种特罗公的“笑声”是商队出行的吉兆；而棕啄木鸟的惊叫与砍刀的声音相似，故被视为摆脱了妨害农作物的恶鬼之兆。[②]

《续汉书·五行志》并不对所有的灾异作出解释，但凡是有解释之处并不脱离史实。我们可以把灾异现象称为“征”，把关于灾异所指涉的历史事件称作“应”。如游自勇所说，“征”属于天道范畴，“应”属于人事范畴。[③]“征”与“应”之间的逻辑关联是天人感应思维，这是典型的神话思维，或者如国外汉学家所说的“关联思维”，受此支配的历史叙事也就成为典型的神话历史。不管是《洪范五行传》还是京房《易传》及其他灾异话语，都遵循了天人感应的思维方式。《续汉书·五行志》的灾异诠释亦遵循了天人感应这一大原则，接续前述的灾异归类与灾异话语引据考察，可以进一步揭示《续汉书·五行志》灾异诠释的具体思维方式。游自勇认为《五行志》存在着三种解说方式，即直解、转释和反说，颇有启发。[④]笔者则试图结合取象比类思维，特别是隐喻思维和类推思维来进一步探析《续汉书·五行志》的灾异诠释。

---

① Frahm, Eckart. “Reading The Tablet, The Exta, and The Body”, in *Divination and Interpretation of Signs in the Ancient World* (ed. A. Annus), Chicago: The Oriental Institute of the University of Chicago, 2010, pp.106-107.

② ［法］列维-斯特劳斯著:《野性的思维》，李幼蒸译，北京：商务印书馆，1987年版，第64页。

③ 游自勇:《中古〈五行志〉的“征”与“应”》，《首都师范大学学报》（社会科学版），2007年第6期，第10—16页。

④ 游自勇:《中古〈五行志〉的“征”与“应”》，《首都师范大学学报》（社会科学版），2007年第6期，第10—16页。

取象比类是中国传统思维方式的一个重要特征，《续汉书·五行志》灾异诠释较为明显地体现了这一思维方式。《周易·系辞》说："是故易者，象也。象也者，像也。"[①]"是故夫象，圣人有以见天下之赜，而拟诸其形容，象其物宜，是故谓之象。"[②]取象其实也可以称为立象，在仰观俯察万物的基础上（观象）而后立象。《周易·系辞》曰："古者包牺氏之王天下，仰则观象于天，俯则观法于地，观鸟兽之文，与地之宜，近取诸身，远取诸物，于是始作八卦，以通神明之德，以类万物之情。"[③]八卦的创立体现了取象比类思维。《续汉书·五行志》中"象"字共出现24次，人之象如"河者诸侯之象""头，元首，人君之象""日者，太阳之精，人君之象"，物之象如"葆旅宫中之象"，人事之象如"上下无别，二头之象"，抽象观念之象如"陵者，高大之象"等等，可谓包罗万象。

"兆见曰象"，《续汉书·五行志》的解释带有占卜文化的特点。譬如，延光元年八月，汉景帝陵园（阳陵）寝殿着火。解释者认为，凡是灾发于先陵都属于太子将废之象。"象"的启示者为天，"天垂象，示吉凶"，人需观象以领悟天意。顺帝阳嘉二年六月雒阳宣德亭地坼，长八十五丈，这个地方邻近郊地。李固对策，他认为这是上天示象，告诫皇帝阴类专恣。《续汉书·五行志》的取象带有拟诸其形容的特点。以木屐为例，木屐绑带的样子像人被拘系的样子，汉灵帝延熹年间流行穿木屐，《续汉书·五行志》认为这是党锢之祸的征象："长少妇女皆被桎梏，应木屐之象也。"解释者注意到了木屐与囚犯绑缚的相似性，产生了联想，并将之归入"服妖"。这种联想虽然提出了自证的理由，但是这种联想带有随机性，好比儿童抓周，抓到什么，人们就会说这小孩长大会做什么，又好比抽签，签语的解释全凭解释者的灵机。这种联想（或曰灵感）有高下之分，牵强与圆通之别。

事象的解释具有多义性。同一件事，有的解释者视之为祥瑞，有的解释者

① 李学勤主编：《周易正义》，北京：北京大学出版社，1999年版，第303页。
② 李学勤主编：《周易正义》，北京：北京大学出版社，1999年版，第293页。
③ 李学勤主编：《周易正义》，北京：北京大学出版社，1999年版，第298页。

视之为灾异。如汉安帝元初三年，出现连体瓜，八瓜同蒂。这在当时被视为祥瑞,《宋书·符瑞志》也记载了这一件事。但另有解释者视之为“草妖”，并将之与阎皇后和外戚耿宝进谗言废太子并迎立济北王这一事件相联系。解释者之所以将之与阎皇后相联系，是因为瓜外延结果，有“女子外属之象”。又如汉桓帝永兴二年，有人发现光禄勋舍壁下有青气，并在该处拾得一件玉钩与一件玉玦。此事亦记载于《宋书·符瑞志》。《续汉书》则视之为“青祥”之异，并运用术数思维将之与梁冀遭诛灭相联系。

什么是比类?《文心雕龙·比兴》曰:“‘比’者，附也……附理者，切类以指事……附理，故‘比’例以生。”[①]《说文解字·犬部》释“类”为“种类相似”。据段玉裁注释，犬相似为“类”，后引申为所有相似之称。取象比类是中医思维方式的一个重要特点,“比类”在《黄帝内经》一书中多次出现，如“夫圣人之治病，循法守度，援物比类，化之冥冥”[②]“不知比类，足以自乱，不足以自明”。[③]“比类”一词在其他典籍中也有出现。《国语》云:“象物天地，比类百则。”[④]《史记·乐书》曰:“比类以成其行。”[⑤]比类综合了比拟、取象、类比之意。汉字中的会意字就体现了“比类”思维:“会意者，比类合谊，以见指㧑。”刘向编撰《洪范五行传论》也运用了“比类”法。《尚书·洪范》记载了箕子向武王讲述五行阴阳休咎之应。受《洪范》启发，刘向收集了春秋六国至秦汉关于符瑞灾异的记载,“推迹行事，连传祸福，著其占验，比类相从，各有条目”，编撰为《洪范五行传论》。《洪范五行传论》与《续汉书·五行志》有一脉相承的关系,《续汉书·五行志》的“服妖”“诗妖”“草妖”等名目就是“比类相从”的结果。这些名目的特点用《易经·系辞》的话来说是“其称名也小，其取类也大”。

---

① 周振甫著:《文心雕龙今译》，北京：中华书局，1986年版，第321页。
② 田代华整理:《黄帝内经·素问》，北京：人民卫生出版社，2005年版，第193页。
③ 田代华整理:《黄帝内经·素问》，北京：人民卫生出版社，2005年版，第195页。
④（春秋）左丘明撰，鲍思陶点校:《国语》，济南：齐鲁书社，2005年版，第49页。
⑤（汉）司马迁撰，（宋）裴骃集解，（唐）司马贞索隐，（唐）张守节正义:《史记》，北京：中华书局，1959年版，第1211页。

取象比类的一个重要方面是隐喻思维的运用。隐喻与转喻本是修辞学术语，不过在20世纪70年代之后，语言学研究主要转向认知领域，特别是乔治·莱可夫和马可·约翰逊合著的《我们赖以生存的隐喻》问世之后，隐喻就正式纳入了认知研究领域。隐喻基于相似性的认知机制，转喻基于邻近性的认知机制。隐喻作为一种思维方式，其类型可分为方位隐喻、本体隐喻、结构隐喻[①]。

方位隐喻指参照空间方位而组建的一系列隐喻概念，如“上/下”“前/后”“内/外”“深/浅”“远/近”等。以“上下”为例，上下可以对应君臣、尊卑。例如，延熹中，洛阳流行系戴上短下长的帻，《续汉书·五行志》联想到国家人事方面的上短下长。又如献帝时流行一首童谣：“千里草，何青青。十日卜，不得生。”这首童谣把董卓姓名用拆字法自下而上拆解，解释者把自下而上的拆解视为“以臣陵君”之象。

《续汉书·五行志》还有一种类比思维是用动物、人来比拟国体、执政者、君王。它既可以表达抽象的思想、情感及活动，同时也可用于比拟具象事物。譬如，汉灵帝喜欢在宫中西园驾四白驴，公卿贵戚纷纷仿效，以至于互相侵夺，驴价与马齐。《续汉书·五行志》在执政者与驴之间发现了相似性：“凡执政者皆如驴也。”又如汉灵帝熹平年间，宫中流行“冠狗带绶”。汉代服饰有等级之分，士才能戴冠，庶人只能戴巾，没想到有一只狗跑入司徒府。汉之司徒相当于古代的宰相，因此《续汉书·五行志》在尸位素餐的宰相与狗之间建立了关联：“今在位者皆如狗也，故狗走入其门。”[②]

再如灵帝时，洛阳女子生了连体婴儿，两头、异肩、共胸。《续汉书》认为这是“政在私门，上下无别，二头之象”。[③]异常儿或者动物的异常出生在美索不达米亚同样具有特殊意义，其解释亦运用了类比思维。譬如，“当一个妇

① Lakoff, George & Mark Johnson. *Metaphors We Live By*. Chicago: University of Chicago Press, 1980.

②（晋）司马彪撰，（梁）刘昭注补：《后汉书志》，北京：中华书局，1965年版，第3272页。

③（晋）司马彪撰，（梁）刘昭注补：《后汉书志》，北京：中华书局，1965年版，第3347页。

女生下长着狮头的婴儿，这块土地将拥有一个强力的国王……当一个妇女生下长着蛇头的婴儿，这是蛇神宁吉兹达将吞噬土地的征兆，吉尔伽美什将压迫这块土地的征兆；这是一个国王将挥舞铁尺统治这块土地的征兆”。①

结构隐喻是通过一个结构清晰的概念来建构一个结构模糊的概念，相当于类与类之比。天上的星辰在现代人看来是没有什么象可言的，《汉书·天文志》却认为天上星辰“皆有州国官宫物类之象”。星占话语中的“天官”就是以人世的官僚制度比拟天上星象，建构出一个职司分明的天上世界。《续汉书·五行志》云“安帝永初元年三月二日癸酉，日有蚀之，在胃二度。胃主廪仓”，这就体现了把胃宿视为仓库的结构隐喻思维。按照映射论的隐喻观，天人同构思维就是以天为源域、以人为目标域的一种映射。

取象比类的另一个重要方面是类推思维的运用。从取象比类角度看，《续汉书·五行志》对京房《易传》、谶纬之说的引据就体现了类推思维。京房所说的“君不思道，厥妖火烧宫”可以理解为一种判例，凡是火烧宫就说明了“君不思道”。对京房《易传》话语的引用就相当于援引判例。灵帝中平二年二月南宫云台发生火灾，《续汉书·五行志》就援引了“君不思道，厥妖火烧宫”之语批评灵帝，因为灵帝在黄巾之乱后还不思悔改，兴发民役，史家罗列了灵帝种种“君不思道”的表现：“曾不克己复礼，虐侈滋甚，尺一雨布，驺骑电激，官非其人，政以贿成，内嬖鸿都，并受封爵。”②

神话思维的类比模式并没有完全排斥史家自由解释的空间。以山崩的解释为例，《续汉书·五行志》共记载了11次山崩，有6次山崩有解释。和帝永元元年七月会稽南山崩，《续汉书·五行志》引用了京房《易传》“山崩，阴乘阳，弱胜强”之语。“阴”可以指臣下，“阳”指君王，关键是寻找出具体的“阴”，是女主干政、宦官专权还是盗贼寇起？史料解释需要史家谙熟历史事件并作出判断。司马彪指出了当时的“阴”：窦太后摄政及窦宪专权。永元十二

① Hooke, S. H.. “Omens, Ancient and Modern”, Folklore, Vol. 66, No. 3 (Sep., 1955), pp.330−339.

② （晋）司马彪撰，（梁）刘昭注补：《后汉书志》，北京：中华书局，1965年版，第3297页。

年夏，南郡秭归山崩，此时窦太后已去世，和帝亲政，史家认为山崩的事应是第二年的蛮夷反叛。殇帝延平元年河东垣山崩，史家根据史实给出事应：邓太后专政及殇帝崩。由此看来，史家的解释有一定的自由度，史家只需注意当时的政治形势即可作出灾异解释。

可见，《续汉书·五行志》的灾异诠释是以天人感应原则为指导，在前人灾异记录的基础上对灾异史料进一步归类，或引据经典灾异话语，或独立作出阐释。《续汉书·五行志》的灾异诠释体现了取象比类的神话思维。这样的历史编纂学模式在正史中反复出现，构成"中国神话历史"的独特景观，也是"神话中国"命题的生动参照例证。反过来对信从西方哲学家"轴心时代""哲学突破"等范式以解析中国历史的做法，构成一个严峻的挑战。

第三节 《续汉书·五行志》的灾异叙事主题

《续汉书·五行志》的叙事主题是什么？一般说，史家在本志开篇会交代作志的缘起，《续汉书·五行志》作志缘起只有寥寥数语："《五行传》说及其占应，《汉书·五行志》录之详矣。故泰山太守应劭、给事中董巴、散骑常侍谯周并撰建武以来灾异。今合而论之，以续《前志》云。"[①]此语非常平淡，只是表达了因袭守常之意而已。《晋书·司马彪传》也没有给出司马彪为何作《五行志》的具体原因。看来，只能通过梳理灾异话语传统并结合东汉灾异话语实践、文本细读来读解《续汉书·五行志》的叙事主题。

天人关系问题是古代中国思想的一个核心问题。司马迁"究天人之际，通古今之变"是一句颇具豪气的壮语。这句话不仅道出了司马迁撰作《史记》的雄心，其实也可以用来形容《五行志》所显露出的史学传统与文化精神。在这句话中，我们可以捕捉到中国文化心灵的宇宙意识。孔门弟子子贡感叹："夫

---

① （晋）司马彪撰，（梁）刘昭注补：《后汉书志》，北京：中华书局，1965年版，第3265页。

子之文章，可得而闻也；夫子之言性与天道，不可得而闻也。”[①]其实孔子何尝不言天道，只不过他的宗风别具一格罢了：与其袖手谈论心性与天道，“不如见诸行事之深切著明”。天道至隐，故善言天者必有验于人。孔子是怀有天命意识之人，自云:“天生德于予，桓魋其如予何?”(《论语·述而》)。[②]与孔子皆有密切关系的两部经典——《易》与《春秋》——就是载道之书（“《易》与《春秋》,天人之道也”)。[③]《易》与《春秋》都是史官所守之典籍。班固曾经从圣人与经典的角度来梳理《五行志》的话语渊源，但如果从文化角度来看，经典生成于文化母体，“天人之道”不过是巫史传统的文化表征罢了，巫史传统与《五行志》之间是源与流的关系。

一、《续汉书·五行志》灾异叙事的巫史渊源

原始的“史”其实出自巫。《说文解字·史部》释“史”为“记事者”，在没有文字以前应该有过口传记事阶段。人类学田野调查发现，不少民族的巫师和萨满不仅会通神治病，同时也是本民族神话传说故事的歌手，如藏族的神授艺人唱诵《格萨尔传》，又如独龙族巫师在祭祀天鬼仪式上唱诵《创世记》。云南阿昌族祭司赵安贤，既主持祭祀仪式及行巫术驱鬼治病，又是演唱史诗的一把好手。《苗族古歌》歌手杨昌炎本身是一个巫师，既会行巫术，又会唱史诗。壮族史诗《布洛陀》和瑶族史诗《密洛陀》的演唱者是布麽和师公。这种巫师兼任史诗歌手的情况在我国南方哈尼族、彝族、纳西族、佤族、景颇族等少数民族中普遍存在。据说古代突厥族群有一个名叫阔尔库特的大萨满，他演唱的关于部落生活、部落英雄故事的《先祖阔尔库特书》是突厥语民族的经典。[④]

《礼记·礼运》曰:“王前巫而后史，卜巫瞽侑皆在左右。”[⑤]巫史是周王的左膀右臂。《礼记·礼运》中“巫史”并称:“祝嘏辞说，藏于宗祝巫史，非礼

---

① （清）刘宝楠撰，高流水点校:《论语正义》，北京：中华书局，1990年版，第184页。
② （清）刘宝楠撰，高流水点校:《论语正义》，北京：中华书局，1990年版，第273页
③ （汉）班固撰，(唐）颜师古注:《汉书》，北京：中华书局，1962年版，第981页。
④ 郎樱:《萨满与口承文化》,《学术探索》，2006年第3期，第88—90页。
⑤ 李学勤主编:《礼记正义》，北京：北京大学出版社，1999年版，第705页。

也，是谓幽国。”[①]这种用法亦见于其他典籍，如《国语》“夫人作享，家为巫史，无有要质”[②]，又如《易》巽卦九二“用史巫纷若”。“史”掌管典籍、筮占、祭祀、星历、灾异解说诸事。《左传·昭公二年》记载韩宣子观书于太史氏，可见史掌管典籍。据《周礼》，掌管典籍的史官有详细分工，如“大史掌建邦之六典”[③]“小史掌邦国之志，奠世系，辨昭穆”。[④]史掌祭祀，负责向神祷告，如《左传》记载庄公三十二年有神降于莘，虢公“使祝应、宗区、史嚚享焉”。又如《左传·闵公二年》记载狄人俘虏了史华龙滑与礼孔，二人说：“我太史也，实掌其祭。”史还主管筮占，《左传》中记载了不少史官参与卜筮之事，如史苏卜嫁伯姬于秦，又如哀公九年晋赵鞅卜救郑，“遇水适火，占诸史赵、史墨、史龟”。史还职掌天文星历。《国语》有句名言：“吾非瞽史，焉知天道？”[⑤]可以反映出当时观念中瞽史是知天道之人。《左传》记载襄公三十年，有一绛县人不知道自己年龄，只知道自己正月甲子朔日生，已经历四百四十五甲子，师旷推定其年龄为七十三，史赵也推算出这位绛县人的日数。司马谈曾经学天官于唐都，天官即星象学。《左传》中记载了史解释灾异诸事，如内史过解释“有神降于莘”、内史叔兴解释六鹢退飞、蔡墨解释“龙见于绛郊”等 。《续汉书·百官志》“太史令一人六百石”条本注详细说明东汉太史令的职责：“掌天时、星历。凡岁将终，奏新年历。凡国祭祀、丧、娶之事，掌奏良日及时节禁忌。凡国有瑞应、灾异，掌记之。”[⑥]东汉太史令不仅掌星历之事，还负责记录祥瑞灾异。

《续汉书·五行志》的灾异记录与灾异释读其实体现我国古代史学“闻异则书”的史学传统。《春秋》堪称灾异记录的鼻祖，刘向如数家珍地总结了《春秋》二百四十二年间的灾异记录：

① 李学勤主编：《礼记正义》，北京：北京大学出版社，1999年版，第679页。
② （春秋）左丘明撰，鲍思陶点校：《国语》，济南：齐鲁书社，2005年版，第275页。
③ 李学勤主编：《周礼注疏》，北京：北京大学出版社，1999年版，第692页。
④ 李学勤主编：《周礼注疏》，北京：北京大学出版社，1999年版，第699页。
⑤ （春秋）左丘明撰，鲍思陶点校：《国语》，济南：齐鲁书社，2005年版，第44页。
⑥ （晋）司马彪撰，（梁）刘昭注补：《后汉书志》，北京：中华书局，1965年版，第3572页。

> 日食三十六，地震五，山陵崩阤二，彗星三见，夜常星不见，夜中星陨如雨一，火灾十四。长狄入三国，五石陨坠，六鹢退飞，多麋，有蜮、蜚，鸲鹆来巢者，皆一见。昼冥晦。雨木冰。李梅冬实。七月霜降，草木不死。八月杀菽。大雨雹。雨雪雷霆失序相乘。水、旱、饥、蝝、螽、螟蜂午并起。当是时，祸乱辄应，弑君三十六，亡国五十二，诸侯奔走，不得保其社稷者，不可胜数也。[①]

刘向所举的还是自然界的怪异现象，《左传》在《春秋》基础上更是踵事增华。《左传》中关于龟卜的记录至少有55例，用《周易》卜筮有19例，梦占计有29例[②]。范晔的祖父范宁对《左传》有“其失也巫”之评。清代学者汪中在《述学·左氏春秋释疑》一文解释了《左传》神异叙事的缘由：

> 问者曰:“天道、鬼神、灾祥、卜筮、梦之备书于策者，何也?”
>
> 曰:“此史之职也。其在《周官》，大史、小史、内史、外史、御史，皆属春官。若冯相氏、保章氏、眡祲，司天者也。大祝、丧祝、甸祝、司巫、宗人，司鬼神者也。大卜、卜师、龟人、菙氏、簭人，司卜筮者也。占梦，司梦者也。与五史皆同官。周之东迁，官失其守，而列国又不备官，则史皆得而治之。其见于典籍者，曰瞽史，曰祝史，曰史巫，曰宗祝巫史，曰祝宗卜史，明乎其为联事也。”[③]

《周官》即《周礼》，汪中的解释移用来解释《续汉书》之《天文志》及《五行志》的灾异记录渊源也是颇为合适的。不过灾异记录是一回事，灾异释读又是另一回事，为此我们选取战国以来特别是汉代儒家灾异之说话语交融的

① （汉）班固撰，（唐）颜师古注:《汉书》，北京：中华书局，1962年版，第1936—1937页。

② 王旭送:《春秋时期史官的修养》,《红河学院学报》，2006年第1期，第28—37页；陈彦辉：《〈左传〉“其失也巫”辨析》,《学术交流》，2004年第11期，第170—172页。

③ （清）汪中著，田汉云点校:《新编汪中集》，扬州：广陵书社，2005年版，第384页。

角度，以解释《续汉书·五行志》灾异叙事的“天人之道”主题。

战国时王官失守，道术为天下裂，百家争鸣。按照班固的说法，儒家出自司徒之官，道家出自史官，阴阳家出自羲和之官，法家出自理官，墨家出自清庙之守，各家皆有长短。儒家长于礼，“列君臣父子之礼，序夫妇长幼之别”是其所长；阴阳家长于阴阳之术，“序四时之大顺”是其所长。儒家知识背景主要是六经，阴阳家知识背景主要是方术。战国时儒家与阴阳家之间已有互相取长补短的现象，如思孟一派儒家引入“五行”来加强宇宙论框架，又如阴阳家邹衍言五德转移与大九州，但其学说的落脚点最终还是“仁义节俭，君臣上下六亲之施”。

值得注意的是，墨家思想中亦包含“天人感应”与五行观念。《墨子·天志》中的“天”是道德性的“天”:“天子为善，天能赏之。天子为暴，天能罚之。”[①]因此应该顺从天意，兼爱天下百姓，毋妄攻伐。《墨子·尚同》指出，当天下“尚同”于天子而未“尚同”于天时，将会出现天罚，如寒热不节、雨雪不时、五谷不熟、六畜不长、疾疫等各种灾异[②]。《墨子·非攻》透露了墨家的祥瑞灾异思想。《非攻》指出，禹征有苗、汤伐桀、武王伐纣为正义的战争，谓之为“诛”：三苗作乱时，出现了雨血三朝、龙生于庙、犬哭于市、夏冰、地坼泉涌等异象，于是大禹奉天命征伐有苗；夏桀时，日月不时，寒暑错乱而至，五谷焦死，鹤鸣于国而十日不止，于是汤奉天命诛伐夏桀；商纣王时，天雨土于亳，九鼎迁止，妇妖宵出，有鬼宵吟，女人化为男人，天雨肉，荆棘生于国道，于是天命文王与武王伐纣。[③]

儒家思想方面，章太炎曾经从达名、类名、私名三个方面考察“儒”字之义。[④]从达名角度来看，“儒”为术士之通称，道家方士也可称为儒。《说文解字·人部》对“儒”的解释是“儒，柔也，术士之称，从人需声”。《易经》有

① （清）孙诒让撰，孙启治点校：《墨子间诂》，北京：中华书局，2001年版，第198页。
② （清）孙诒让撰，孙启治点校：《墨子间诂》，北京：中华书局，2001年版，第82页。
③ （清）孙诒让撰，孙启治点校：《墨子间诂》，北京：中华书局，2001年版，第146—152页。
④ 章太炎撰：《国故论衡》，上海：上海古籍出版社，2003年版，第104—107页。

“需”卦（䷄），其象为云上于天，而儒需要知天文、识旱潦。从类名角度而言，“儒”为知礼乐御射书数者。从私名而言，“儒家者流，盖出于司徒之官，助人君顺阳阳明教化者也”。[①]徐中舒认为甲骨文中的“需”字即儒字，其字象斋戒沐浴之形，从甲骨文中儒师、丘儒、儒人等名称来看，儒在殷代是宗教组织性的神职人员。[②]杨向奎在胡适、章太炎诸家之说基础上参引民族学资料，他认为早期的儒者可能起源于殷商，职业相当于彝族的毕摩，参与巫祝活动，长于相礼。[③]在此基础上，我们不妨说，儒出于巫。战国之时，儒分为八，并且在灾异观上存在着分歧，可将战国儒家灾异观分为两派。其中一派明于天人之分，注重人事，把灾异之礼视为文饰，这一派以荀子为代表。《荀子·天论》认为，星坠木鸣是“天地之变，阴阳之化”，并不足畏，可畏的是“人祆”。另一派儒家对灾异持谨慎的态度，既注重人事，又注重行灾异之礼。上海博物馆楚简《鲁邦大旱》中的“孔子”言语反映了这一派的灾异观：鲁国大旱，鲁哀公向孔子询问对策，孔子认为大旱的原因是“失诸刑与德”，解救旱灾既要“正刑与德”，又要“毋爱圭璧币帛于山川”，向山川献祭以求雨。上海博物馆楚简《竞建内之》与《鲍叔牙与隰朋之谏》亦是体现战国儒家灾异观的重要文献。《鲍叔牙与隰朋之谏》的大意为：齐国出现日食，齐桓公向鲍叔牙与隰朋咨询日食之故。鲍叔牙认为，日食意味着兵患：“将有兵，有忧于公身。”齐桓公听了鲍叔牙与隰朋的进谏后，采取整顿祭祀之举，并采取免除老弱之刑、修路、造桥等各种举措。[④]上海博物馆楚简《三德》篇包含了天人相关思想。所谓“三德”，指的是“天供时，地供材，民供力，明王无思”。其开篇明确指出“忌而不忌，天乃降灾。已而不已，天乃降异”以及“喜乐无期度”“食饮无量

① （汉）班固撰，（唐）颜师古注：《汉书》，北京：中华书局，1962年版，第1728页。

② 徐中舒：《甲骨文中所见的儒》，见徐中舒著，徐亮工编：《川大史学·徐中舒卷》，成都：四川大学出版社，2006年，第194—208页。

③ 杨向奎著：《宗周社会与礼乐文明》，北京：人民出版社，1997年版，第414页。

④ 臧克和：《楚简中的儒家弭灾仪式》，见叶舒宪、唐启翠编：《儒家神话》，广州：南方日报出版社，2011年版，第239—244页；李学勤：《试释楚简〈鲍叔牙与隰朋之谏〉》，《文物》，2006年第9期，第90—96页。

计”“宫室过度”“衣服过制”“骤夺民时”等行为会招致灾异。

杂家著作以《吕氏春秋》为代表,《吕氏春秋》亦含有灾异思想。《吕氏春秋》“十二纪”中阐明了若不按时施政将会出现的灾异。《吕氏春秋·明理》亦有一段集中论述至乱之事的各种异象。《吕氏春秋·明理》认为,至乱之世,人道纲纪沦坏,君臣相贼、长少相杀、弟兄相诬、知交相欺、夫妻相嫉,云气将呈现出象犬、马、白鹄、众车之类的形状,或者是出现天衡、云旍、滑马、蚩尤之旗,或者出现日斗食、日珥、众日并出、白昼昏暗等异常天象,或者是出现菟生雉、雉生鴳,或者出现螟虫之灾、牛马开口说话、猪与狗交配、狼入都城、市有舞鸱、马生角、雄鸡五足、猪生狗等各种怪异之事。[①]

值得注意的是,《山海经》中存在着52处关于物占的论述,这是战国时逐渐丰富的博物知识与物怪祯祥说结合的结果。譬如,蛮蛮(或胜遇、蠃鱼、软软、合窳、夫诸、长右等)出现预示着大水,出现颙、獙獙、鲑鱼等动物预示着大旱,出现文鳐鱼(或是当康、狡)预示着天下大穰,出现絜钩、蜚、跂踵等动物就会出现瘟疫。

汉初,陆贾《新语》中表现出对阴阳五行思想的吸收。《新语》开篇阐明天地人之功德:“(天)张日月,列星辰,序四时,调阴阳,布气治性,次置五行,春生夏长,秋收冬藏,……改之以灾变,告之以祯祥,动之以生杀,悟之以文章。”[②]不过吸收阴阳五行进入理论框架,把“天人之道”阐述得最为充分的理论家以董仲舒为代表,《汉书·五行志》说董仲舒“始推阴阳,为儒者宗”。

“天”“阴阳”“五行”是理解董仲舒非常重要的关键词。仅就篇目而论,《春秋繁露》现存79篇中,有10篇篇目采用“天”字,如《官制象天》《人副天数》《循天之道》《天辨在人》等等;有5篇采用“阴阳”二字入题,如《阴阳位》《阴阳终始》《阴阳义》等;有9篇采用“五行”二字入题,如《五行相

① 许维遹撰,梁运华整理:《吕氏春秋集释》,北京:中华书局,2009年版,第148—153页。
② 王利器撰:《新语校注》,北京:中华书局,1986年版,第2页。

生》《五行相胜》《五行顺逆》等。毫不夸张地说，这些篇目浓缩了董仲舒的思想主旨。天是万物之祖，天道是人道的宇宙论依据，人道应效法天道。天道之大者在阴阳，阴阳二气在天为暖清寒暑，在人为好恶喜怒。天有春夏秋冬，人顺四时，故春修仁，夏修德，秋修义，冬修刑，“志意随天地，缓急仿阴阳。然而人事之宜行者，无所郁滞，且恕于人，顺于天，天人之道兼举，此谓执其中”。[①]董仲舒还把五行与四时相配，水为冬，金为秋，土为季夏，火为夏，木为春。在《五行顺逆》篇中，董仲舒进而把五行与政治举措搭配，这与《洪范五行传》有异曲同工之处。以不按火行施政为例，对比如下：

> 《春秋繁露·五行顺逆》：火者夏，成长，……如人君惑于谗邪，内离骨肉，外疏忠臣，至杀世子，诛杀不辜，逐忠臣，以妾为妻，弃法令，妇妾为政，赐予不当，则民病血，壅肿，目不明。咎及于火，则大旱，必有火灾，摘巢探鷇，咎及羽虫，则飞鸟不为，冬应不来，枭鸱群鸣，凤凰高翔。[②]
>
> 《洪范五行传》：弃法律，逐功臣，杀太子，以妾为妻，则火不炎上。

从对比中可以看出，《洪范五行传》堪称“简化版”的五行顺逆。由于《洪范五行传》的作者存在争议，很难断定《洪范五行传》与《春秋繁露·五行顺逆》究竟是谁影响了谁，但可以肯定的是董仲舒的“天谴论”、同类相动理论影响了《续汉书·五行志》。

汉武帝册问曰：“三代受命，其符安在？灾异之变，何缘而起？”董仲舒对策中说：“臣谨案《春秋》之中，视前世已行之事，以观天人相与之际，甚可畏也。国家将有失道之败，而天乃先出灾害以谴告之，不知自省，又出怪异以警惧之，尚不知变，而伤败乃至。以此见天心之仁爱人君而欲止其乱也。”[③]在董

① 苏舆撰，钟哲点校：《春秋繁露义证》，北京：中华书局，1992年版，第464页。
② 苏舆撰，钟哲点校：《春秋繁露义证》，北京：中华书局，1992年版，第373—374页。
③（汉）班固撰，（唐）颜师古注：《汉书》，北京：中华书局，1962年版，第2498页。

仲舒那里，天是有人格、有意志的天，灾异是天的谴告，天对人君是非常爱护的，人君失道，天会一而再、再而三地警告人君。人君上承天意，应当任德不任刑，这样祥瑞就会毕至。

董仲舒认为祥瑞灾异遵循着同类相动原理。《易传》认为同声相应、同气相求，水流湿、火就燥、云从龙、风从虎遵从的是“各从其类”之理，这种感应被荣格称为“共时性”。所谓“共时性”现象指的是两种或两种以上事件的意味深长的巧合，譬如有些人做梦，梦中出现的场景过几天果真在真实世界中见到。[①]董仲舒认为“美事召美类，恶事召恶类，类之相应而起也”，因此帝王将兴，祥瑞先出现，同样，帝王将亡，妖孽出现。以《续汉书·五行志》为例，殇帝延平元年五月，郡国三十七大水，司马彪认为这是因为邓太后专政，并引用了董仲舒之语“水者，阴气盛也”，司马彪的这条灾异解释遵循的就是同类相动原理。其实，可以说《续汉书·五行志》所有的灾异解释遵循的都是同类相动原理。以羽孽为例，桓帝元嘉元年有五色大鸟出现于济阴，时人以为是凤凰，可能是一些阿谀之辈指鹿为马，也可能是以讹传讹。不管怎样，在后人看来，桓帝朝是一个政治衰缺的时代，因此司马彪判定为羽孽，其实根据的就是“恶事召恶类”之理。

董仲舒还根据同类相动原理发明了求雨与止雨之术。以求雨为例，春、夏、季夏、秋、冬各有一套求雨之法，如春旱求雨，在水日祭社稷山川，家人祀户，曝巫聚尪，设坛祭共工，还要放五只水蛤蟆在社池中，埋死人骨等等。值得注意的是神秘数字“八”，如坛方八尺，苍缯八，祭以生鱼八条，大苍龙长八丈居中央，小龙七条相去八尺，小童八人青衣而舞。求雨总的原则是“四时皆以水日，为龙，必取洁土为之，结盖，龙成而发之。四时皆以庚子之日，令吏民夫妇皆偶处。凡求雨之大体，丈夫欲藏匿，女子欲和而乐”。[②]从董仲舒的求雨术中，我们更能清楚地认识到同类相动原理的巫术性。求雨运用的是顺

---

① 张宁著：《自己写自己》，北京：作家出版社，1998年版，第387页。

② 苏舆撰，钟哲点校：《春秋繁露义证》，北京：中华书局，1992年版，第436—437页。

势巫术或模拟巫术中的相似律，即根据同类相生或果必同因，古人把雨视为阴阳和合的结果，所谓“云雨”也，因此要求庚子日夫妇偶处，同时又把水视为阴类，所以求雨时男性要回避（同理，欲止雨则女性需回避）。求雨时要曝巫与童男作舞，《论衡》认为是儿童与巫皆含阳气，曝巫与童巫可以通过增加阴气来与阳气和合（“倍阴合阳”）。当然，曝巫可能还有另外一层较为原始的含义，即认为巫师控制了天气，止住了雨，巫师应该作为替罪羊。蛤蟆在求雨中也扮演了重要角色，因为蛤蟆属于阴类。弗雷泽提到与蛤蟆求雨类似的例子，当缺雨时，马德拉斯的卡普和雷迪两个族姓的妇女就抓一只青蛙，把它绑在一只新簸箕上，撒些树叶，拿着它挨家挨户唱歌：“青蛙夫人要想洗澡。啊，雨神！哪怕给她一点点水也好！”屋里的女人便给青蛙洒上一点水并送上一些施舍，据说这样就会带来倾盆大雨。①

董仲舒的“天谴论”与同类相动理论是《续汉书·五行志》灾异叙事的重要理论渊源。当然从董仲舒灾异说到《续汉书·五行志》之间有一个长期的演变过程，如京房、谷永、刘向、刘歆、班固、襄楷、蔡邕等人的灾异说，其间的演进大势可以描述为儒家吸收方术知识并旁衍发皇的过程，天谴论与同类相动的思想伴随其始终。

《白虎通》论“灾变谴告之义”云：“天之所以有灾变何？所以谴告人君，觉悟其行，欲令悔过修德，深思虑也。”②《续汉书·五行志》中共出现3次“天戒若曰”、2次“天意若曰”，“天诫若曰”与“若曰”各1次。这一用法承袭自《汉书·五行志》。《汉书·五行志》共出现31次“天戒若曰”，③“天戒若曰”用法主要出自刘向。《续汉书·五行志》中该用法次数明显减少，但其“天谴”主题并未有所弱化。例如：

---

① ［英］詹姆斯·乔治·弗雷泽著：《金枝——巫术与宗教之研究》，徐育新、汪培基、张泽石译，汪培基校，北京：大众文艺出版社，1998年版，第111页。

② （清）陈立撰，吴则虞点校：《白虎通疏证》，北京：中华书局，1994年版，第267页。

③ 参见游自勇：《天道人妖：中古〈五行志〉的怪异世界》，首都师范大学博士学位论文，2006年，第81页。

> “桓帝元嘉中，京都妇女作愁眉、啼妆、堕马髻、折要步、龋齿笑……天诫若曰：兵马将往收捕，妇女忧愁，踧眉啼泣，吏卒掣顿，折其要脊，令髻倾邪，虽强语笑，无复气味也。到延熹二年，举宗诛夷。”①

又如中平二年，南宫云台、乐成门、嘉德殿、和欢殿相继着火。史家认为，这是“天戒若曰：放贤赏淫，何以旧典为”？②再如中平三年，怀陵有万余雀自相残杀。史家认为，这是“天戒若曰：诸怀爵禄而尊厚者，还自相害至灭亡也”。③天不曾言，“天戒若曰”只是史家代天立言，这有点类似于巫的传达神谕。“若曰”通常理解为如此说、这么说，甲骨文、金文中经常出现“若曰”，如《毛公鼎》“王若曰：‘父厝，丕显文武，皇天引厌厥德，配我有周，膺受大命’”。④除此之外，甲骨文还有“贞若”“贞曰之若”“贞不若”“王惟中立若”“王其舞若”“王步若”等众多与“若”字相关之词。⑤一些学者认为，“王若曰”与通神语境相关。甲骨文“若”字（[illegible]）字形为一人双手上举，头发飘扬，整个人似乎进入通神状态，云南晋宁石寨山出土铜饰中巫师通神状态也如此形，现代一些基督教徒表示响应神的呼召也会双手上举。金文“若”字与甲骨文类似，有些金文“若”字增“口”（[illegible]）字。日本学者白川静认为“[illegible]”为载书的器具，象征祷祠或祈祷文。如此说来，“王若曰”表明王传达的是上天旨意，王代天立言。“天戒若曰”其实是代天立言，传达上天的警告，这一用法具有深远的巫史渊源，通过分析我们可以意识到《续汉书·五行志》灾异叙事的巫史性质。

① （晋）司马彪撰，（梁）刘昭注补：《后汉书志》，北京：中华书局，1965年版，第3270—3271页。
② （晋）司马彪撰，（梁）刘昭注补：《后汉书志》，北京：中华书局，1965年版，第3297页。
③ （晋）司马彪撰，（梁）刘昭注补：《后汉书志》，北京：中华书局，1965年版，第3298页。
④ 王辉著：《商周金文》，北京：文物出版社，2006年版，第259页。
⑤ 参见叶舒宪：《神圣言说（续篇）——从汉语文学发生看“神话历史”》，《百色学院学报》，2009年第4期，第15—23页；辛怡华：《试释金文中的“王若曰”》，《华夏文化》，2002年第4期，第11—12页。

二、"替罪羊"机制与《续汉书·五行志》的灾异指向

游自勇把《五行志》的怪异指向分为四类：第一类指向君主帝王，表现为威仪不肃、祭奠失时、怠于国政等等；第二类指向权臣、小人，表现为外戚大臣专权、奸小弄权、臣下谋反等；第三类是外寇战事，包括不同政权间的战争等；第四类为女主干政。游自勇所说的"怪异"主要指的是"五事"，据他统计,《续汉书·五行志》怪异指向人君比例最高，占38%，指向臣子比例占33%，指向女主干政占13%。[1]笔者把"五行"与"皇极"包括在内进行统计（共187例灾异解释），比例稍有变化，指向人君比例占35%，指向臣子占30%，指向女主干政占13%。

灾异责任指向与"替罪羊"机制相关。按照古犹太风俗，住棚节前五天为赎罪日（七月十日），这一日由大祭司举行赎罪祭，杀死两只公羊，以赎民众之罪，并放逐一只公羊到旷野中去，由这只"替罪羊"承担民众之罪。《圣经》中还记载了上帝考验亚伯拉罕的故事，当亚伯拉罕听从上帝之命欲杀子献祭时，上帝阻止了亚伯拉罕，让他用羊代替以撒献祭。弗雷泽在《金枝》中指出，原始社会或野蛮社会的国王具有神性，他列举了一些民族杀死神人的习俗，整个民族的不幸与罪孽都由将死之神人承担。除杀死神人之外，还存在着以临时国王或王子献祭的替代性风俗。弗雷泽提到了一则希腊传说，国王阿塔玛斯统治之地发生灾荒，国王派使者到德尔菲神庙求神谕，国王的第二任妻子贿赂了使者，把神谕改为把国王前妻的孩子献给宙斯就可得到赦免，一只金毛山羊救了男孩弗里克索斯，弗里克索斯生有一子库提索鲁斯。此后，当阿塔玛斯要充作赎罪祭时，库提索鲁斯拯救了阿塔玛斯。弗雷泽还列举了众多转嫁灾祸的方法，如转嫁给无生命物体、动物、人。

索福克勒斯的《俄狄浦斯王》一剧就再现了"替罪羊"主题，忒拜城发

① 游自勇:《天道人妖：中古〈五行志〉的怪异世界》，首都师范大学博士学位论文，2005年，第117页。

生瘟疫，神谕指示要寻找出玷污城邦的罪犯，最后俄狄浦斯发现自己杀父娶母，在刺瞎双眼后自我放逐。费格生认为俄狄浦斯形象提供了替罪羊的一切条件，即被逐的国王或神的形象条件。[①]法国文论家勒内·基拉尔（或译“勒内·吉拉尔”）在《替罪羊》一书中指出，当社会发生危机时，人们倾向于选择带有特殊标记的个体或边缘弱势群体作为“替罪羊”，这些特殊标记可能是生病、精神错乱、残疾、遗传畸形等。当危机结束时，“替罪羊”往往被圣化为“拯救者”。基拉尔对俄狄浦斯故事进行了改写，把俄狄浦斯故事置于中世纪背景：“作物歉收，母牛流产，人群不和……这是个跛脚人，事情很明朗，他在作恶……谁也不知道他来自何方……他竟敢娶了村上最富有的女继承人，并生下两个孩子。他们家里似乎很平静，但大家怀疑这个外地人谋害了他妻子的前夫。”[②]一个晴天，村上的小伙子忍不住了，他们举起长杈，迫使这位令人不安的人离开村庄。改写后的文本，显现出原本隐藏着的集体迫害和替罪羊机制。郑振铎在《汤祷篇》中就运用了《金枝》的“祭司王”理论对商汤祷于桑林的故事进行了改写，指出古代帝王不仅是“君”还是“师”，兼任行政领袖与宗教领袖，汤祷的故事不过是中国古代社会中的一个例子而已。

在《续汉书·五行志》的灾异解释中，一方面我们似乎可以察觉到“祭司王”的文化脉动，另一方面也可以察觉到寻找“替罪羊”的心理机制依然在起作用。按照现代人的“科学”看法，灾异的发生与在上位者（君王、女主、外戚、宦官）之言行并不存在因果关系，但在《续汉书·五行志》的灾异解释中，上位者必须为灾异负责。以旱灾为例，阳嘉二年夏旱，《续汉书》引李固对策作解释，李固认为旱灾是奢僭所致。桓帝元嘉元年夏旱，史家认为是梁冀之宠逾节，虽然梁冀确实飞扬跋扈，但若按照“天行有常，不为尧存，不为桀亡”的逻辑来看，梁冀之宠与旱灾不存在关联。因而可以说，史家的灾异解释

① ［美］F·费格生：《俄狄浦斯王——悲剧行动的旋律》，董衡巽译，载叶舒宪选编：《神话-原型批评》，西安：陕西人民出版社，1987年版，第301页。

② ［法］勒内·吉拉尔著：《替罪羊》，冯寿农译，北京：东方出版社，2002年版，第37页。

与寻找“替罪羊”的心理微妙相通。

三、君臣之道:《续汉书·五行志》灾异叙事的政治主题

读《续汉书·五行志》，能够明显感受到史家对君臣之道的重视。关于君臣之道，孔子说过一句非常著名的话:“君君，臣臣，父父，子子。”君要有君的样子，臣要有臣的样子。对此，齐景公心领神会:“善哉！信如君不君，臣不臣，父不父，子不子，虽有粟，吾得而食诸?”(《论语·颜渊》)[①]《续汉书·礼仪志》也认为礼仪的目的在于“与君臣，序六亲”，如果君无君之威，臣无臣之仪，结果将导致上替下陵的大乱，殃及群生。[②]君臣需各自安分守礼，在灾异话语中，“君无德”与“臣僭乱”皆是灾异之源。

在灾异话语中，臣子弄权与女主干政可以归入同一类“阴侵阳”，与地震、大水、日食关系较为密切。在《洪范五行传》中，《木传》《金传》《火传》《水传》《土传》及《皇极》的批评对象都指向皇帝。但在《续汉书·五行志》中，批评对象不一定都指向皇帝，这就给我们的分析带来某种程度上的困难。兹以灵帝为中心来分析“君失道”，以女主干政及外戚宦官专权为中心来分析“阴盛阳衰”。

(一)君失道:君不君

在董仲舒那里，人道效法天道的落脚点是君道效法天道。《春秋繁露·王道通三》专门论述了王道(君道)如何效法天道:“天常以爱利为意，以养长为事，春秋冬夏皆其用也。王者亦常以爱利天下为意，以安乐一世为事，好恶喜怒而备用也。”[③]王者不仅要效法天的爱利养长，还要效法天的喜怒哀乐。春为天之喜，夏为天之乐，秋为天之怒，冬为天之哀。明王应该端正自己的喜怒哀乐，使自己的好恶喜怒“必当义乃出”，就像四时运行没有差错一样，这样就

① (清)刘宝楠撰，高流水点校:《论语正义》，北京:中华书局，1990年版，第499页。
② (晋)司马彪撰，(梁)刘昭注补:《后汉书志》，北京:中华书局，1965年版，第3101页。
③ 苏舆撰，钟哲点校:《春秋繁露义证》，北京:中华书局，1992年版，第330页。

可以称得上“参天”。《春秋繁露·五行五事》则论述了王者顺逆五行、五事的利害，譬如貌不肃敬，则木不曲直，夏多暴风，若王者能肃敬则春气得；言不从则金不从革，王者能治则秋气得。在董仲舒的论述里，我们能清楚地感受到王者的“祭司王”特性。

在《续汉书·五行志》里，汉灵帝是王者貌不肃敬的典型。熹平五年，灵帝年已21岁，按常理应该具备了独立的思考判断与行为自控能力，不像建宁元年或建宁二年时只是一个懵懂少年（十三四岁）。但从《五行志》的记载看来，灵帝喜欢玩乐，行为举止不像一国之君，倒是像今日喜好玩乐的“富二代”。灵帝在宫中西园驾四白驴，亲自赶驴，并给狗戴上官帽。他还喜欢角色扮演游戏，如让宫女充当店老板，自己扮成行旅商人饮酒玩乐。除此之外，他还喜欢胡服、胡笛、胡舞、胡箜篌。另据范晔《后汉书》记载，在中平五年，灵帝33岁时，他自称“无上将军”，耀兵于平乐观。按照弗洛伊德的术语来说，灵帝的行为遵循的是快乐原则而非道德原则，其本我力量大于超我。他的玩乐，是在不得意的政治生活之外寻求一种补偿。

灵帝也是王者“皇之不极”的典型。君失大中之道，就会出现射妖、龙蛇之孽、马祸、人痾、日月乱行。灵帝在位时“皇之不极”的诸类灾异颇为齐全。灵帝光和中，有个叫夜龙的洛阳人用弓箭射北阙。据查问，夜龙自陈是因为家贫无以聊生才买弓箭射北阙以泄愤，这是“射妖”一类的灾异。又如熹平元年四月青蛇现御座，杨赐上书，他指出皇极不建则有蛇龙之孽。《诗经》上说“惟虺惟蛇，女子之祥”，所以灵帝应该“思乾刚之道，别内外之宜，崇帝乙之制，受元吉之祉，抑皇甫之权，割艳妻之爱”。[①]不过杨赐的指刺还需细加辨别，“抑皇甫之权”如果指的是抑宦官之权还有道理，但“割艳妻之爱”如果指的是宋皇后的话则有打错巴掌之嫌，范晔《后汉书》是为宋皇后鸣冤的。《续汉书·五行志》认为其事应为灵帝委任宦官，王室微弱。“马祸”一类的怪异，如灵帝光和元年司徒长史冯巡家马生人。按照现代科学眼光，马生人是不

① （宋）范晔撰，（唐）李贤等注：《后汉书》，北京：中华书局，1965年版，第1776页。

可能发生之事，但时人深信不疑。应劭在《风俗通》还有独家细节披露：养马的胡苍头“奸此马以生子”。《续汉书·五行志》中，灵帝朝人痾方面的灾异有7例，如光和二年洛阳上西门外有女子生连体婴儿，司马彪认为这是朝廷“政在私门，上下无别，二头之象”。日食也是“皇之不极”的征象，《续汉书·五行志》记录了灵帝朝11例日食，如光和元年二月与十月各发生了1次日食，十月份的日食方位“在箕四度”。在星占话语中，箕宿主后宫口舌，因此司马彪认为这是灵帝听信谗言废宋皇后之象。

熹平四年六月，弘农与三辅闹螟虫之灾。《续汉书·五行志》认为灾异指向灵帝听信谗言，禁锢党人。熹平五年，灵帝自己办了一件大事：永昌太守曹鸾为党人辩护，灵帝大怒，下令逮捕曹鸾送入槐里狱掠杀，并下诏，州郡凡是党人门生故吏父子兄弟在位者皆免官禁锢，同时株连及五属。曹鸾的书奏在范晔《后汉书》中没有记载，从《全上古三代秦汉三国六朝文》中可以得知其内容:“夫党人者，或耆年渊德，或衣冠英贤，皆宜股肱王室，左右大猷者也。而久被禁锢，辱在泥涂。谋反大逆，尚蒙赦宥，党人何罪，独不开恕乎？所以灾异屡见，水旱荐臻，皆由于斯，宜加沛然，以副天心。”[①]曹鸾只不过是借灾异为党人说好话而已，何故触及灵帝逆鳞？范晔在《宦者列传》中有所提示，原来是宦官平时常说党人图谋不轨，但灵帝自身的偏听偏信要负更大责任。同时，他在偏听偏信上也暴露了他的不安全感，灵帝常登永安候台，宦官怕灵帝看见自己的高楼府邸，就骗他说:“天子不当登高，登高则百姓虚散。”[②]灵帝居然相信，从此不再登台，此之谓听之不聪、思心不容。

灵帝的自控能力与自我反思能力较差。平定黄巾起义以后，灵帝不吸取教训，在宦官鼓动之后，下令天下每亩田税收十钱以修宫室，正当天下疲敝之时，还在修南宫、玉堂殿、造万金堂、铸铜人、黄钟；身为皇帝，却喜欢聚敛钱财，在宦官之处寄存钱财数千万，并留下一句“名言”:“张常侍是我公，赵

---

① （清）严可均辑:《全上古三代秦汉三国六朝文》，北京：中华书局，1958年版，第909页。
② （宋）范晔撰，（唐）李贤等注:《后汉书》，北京：中华书局，1965年版，第2536页。

常侍是我母。”《续汉书·五行志》认为“河间姹女工数钱，以钱为室金为堂”的童谣就是为灵帝而发，因为灵帝之母永乐太后好聚金为堂，并教灵帝卖官受钱。灵帝喜欢聚敛钱财，也暴露了他的恐惧心理与不安全感，他之所以要聚敛钱财，据说是因为“宿贫”，这种心理俗称“穷怕了”。总的来说，灵帝性格特点为偏听偏信、喜欢玩乐、缺乏自控能力与自我反思能力、缺乏安全感。按照君道理论来说，灵帝“君德不修”。《续汉书·五行志》认为中平二年南宫云台大火就是对灵帝不思君道、不克己复礼的天谴。中国古代谥号中“乱而不损曰灵”，灵帝的谥号其实含有贬义，灵帝之“灵”名副其实。

除灵帝之外，《续汉书·五行志》还对其他皇帝提出了批评。以桓帝为例，《续汉书·五行志》批评桓帝奢侈淫祀、诛杀过差、宠幸亳后、宠幸小人：“永康元年八月，六州大水，勃海海溢，没杀人。是时，桓帝奢侈淫祀，其十一月崩，无嗣。”[①]“桓帝延熹四年五月己卯，京都雨雹，大如鸡子。是时，桓帝诛杀过差，又宠小人。”[②]即使是光武帝、明帝、章帝也不能免于批评。建武二十二年五月发生日食，方位在柳七度，柳宿为谷仓，柳宿又接近鬼宿，鬼宿为宗庙，因此，司马彪认为这是上天批评光武帝奉祖宗之道有阙。明帝永平十八年牛疫死，这一年窦固征西域，班师后西域随即叛乱，明帝大怒，欲再次发兵征讨，司马彪认为牛疫死是明帝思心不容之象。明帝永平三年八月发生日食，方位在氐二度，氐为宿宫，司马彪认为这是上天对明帝修建北宫的批评。章帝建初四年冬天，洛阳牛疫流行，其时窦皇后搬弄口舌，讥毁宋贵人，章帝不知道窦皇后不怀好意，司马彪认为牛疫说明章帝有霿乱之咎。

《续汉书·五行志》可以视为一种对君权的神话意识形态监督，这种监督延续了董仲舒、班固等人的思路。貌曰恭、言曰从、视曰明、听曰聪、思曰睿是从正面对君德提出要求，貌之不恭、言之不从、视之不明、听之不聪、思心不容是从反面对君王提出警告。从理论上来说，这种监督好比一把双刃剑，既

① （晋）司马彪撰，（梁）刘昭注补：《后汉书志》，北京：中华书局，1965年版，第3312页。
② （晋）司马彪撰，（梁）刘昭注补：《后汉书志》，北京：中华书局，1965年版，第3314页。

赋予君权以神圣性与正当性，又对君权的逾矩之处提出批评。但是，从东汉历史来看，灾异话语并未阻止外戚干政与宦官专权。司马彪在《续汉书·五行志》的灾异解释中也对女主干政、外戚与宦官专权给予了贬斥。

（二）阴盛阳衰：臣不臣

在灾异话语中，阴阳、君臣、尊卑概念之间存在着映射关系，“阳尊阴卑”“君亢阳”等说法都表明了这种对应观念。董仲舒在《春秋繁露·精华》中说：“大旱者，阳灭阴也。阳灭阴者，尊厌卑也，固其义也，虽大甚，拜请之而已，敢有加也。大水者，阴灭阳也，阴灭阳者，卑胜尊也，日食亦然，皆下犯上，以贱伤贵者，逆节也，故鸣鼓而攻之，朱丝而胁之，为其不义也，此亦春秋之不畏强御也。”[①]按照同类相动原理，君为阳，臣为阴，阴盛阳衰对应着君弱臣强。《春秋》记载，鲁成公五年秋大水。董仲舒与刘向难得意见一致，他们都认为成公幼弱，政在大夫，大水是“阴胜阳”之征。

东汉自章帝崩后，窦太后临政，窦太后兄弟窦宪与窦固各擅威权，自此开始了女主与外戚干政的历史。窦太后、邓太后、梁太后是东汉著名的三个临朝听政太后。梁冀则是最为飞扬跋扈的外戚，汉顺帝为了除掉专政的梁冀不得不与宦官联手，因而外戚方除，宦官专权又至。诛除外戚不与大臣谋而与宦官谋实是相权遭到削弱的结果，清代学者华湛恩在《后汉三公年表序》有精彩的分析。华湛恩认为三代之时没有外戚宦官之祸是因为朝廷有重臣在，而在东汉，光武帝“不任三公，政归台阁”的做法埋下了祸根，他语气沉痛地写道：

> 夫同姓外戚之臣，其枝党必盛……因以窃国者比比也。……人主欲起而诛之，而无一二重臣以为倚赖，……势必与左右之近臣谋之……于是近臣遂以得志……其所为必多不法，必与外廷之臣为仇……而外廷受祸愈

① 苏舆撰，钟哲点校：《春秋繁露义证》，北京：中华书局，1992年版，第86—87页。

> 惨。于是忠臣烈士……奋不顾身，以与左右之臣为难。夫人主方与左右之臣为一，而举天下与之为难，则人主亦不能以独全，遂至于溃败灭裂，不可得救……[①]

不妨尖锐地说，西汉亡于外戚，东汉亡于宦官，一部东汉史就是阴盛阳衰的历史。在《续汉书·五行志》中，司马彪批评女主干政、外戚奢僭、宦官专权的主题较为突出。

以“水不润下”为例，《续汉书·五行志》记录了28个案例，有12个案例有解释，有10个案例的解释指向臣子。《续汉书·五行志》记载的第一个水灾案例就指向外戚。和帝永元元年大水，在分析中司马彪引用了京房《易传》，这一点应该是受到《汉书·五行志》的影响。不同的是，班固是在“传说”中引用京房《易传》。京房《易传》曰：“颛事有知，诛罚绝理，厥灾水。其水也，雨杀人，陨霜，大风，天黄。饥而不损，兹谓泰，厥水水杀人。辟遏有德，兹谓狂，厥水水流杀人，已水则地生虫。归狱不解，兹谓追非，厥水寒杀人。追诛不解，兹谓不理，厥水五谷不收。大败不解，兹谓皆阴，厥水流入国邑，陨霜杀谷。”[②]司马彪认为水灾对应着窦太后摄政，窦宪兄弟显贵，作威暴虐。又如桓帝建和二年洛阳大水，司马彪认为水灾对应着梁冀枉杀太尉李固、杜乔。再如永寿元年洛阳大水，水溢至津阳城门，司马彪再次把矛头指向梁冀，认为水灾对应着梁冀残害忠良，威权震主。

梁冀是东汉最臭名昭著的外戚。他是大将军梁商之子，梁皇后之兄，“鸢肩豺目”，口吃，粗通文字，对六博、蹴鞠、弹棋等游戏却很精通，喜好斗鸡走狗，劣迹斑斑。汉质帝曾背地送给梁冀一个绰号“跋扈将军”，梁冀得知后怀恨在心，用毒饼害死了年仅9岁的质帝。桓帝除掉梁冀后，梁冀的家产充公（合计三十余亿），为此减免了全国一半税租。《续汉书·五行志》共有

① （清）华湛恩撰：《后汉三公年表·自序》，载二十五史刊行委员会编：《二十五史补编》，北京：中华书局，1955年版，第1949页。

② （晋）司马彪撰，（梁）刘昭注补：《后汉书志》，北京：中华书局，1965年版，第3308页。

18条灾异记录指向梁冀，约占《续汉书·五行志》具体灾异指向的10%。梁冀是大臣“貌之不恭”的典型，梁冀兄弟喜欢驾马狂奔，类似于今日的飙车，即使到了自家府邸，还是驱驰入门，百姓称之为“梁氏灭门驱驰”。梁冀枉杀太尉李固、杜乔，百姓愤愤不平，京都为此流传一首童谣:“直如弦，死道边。曲如钩，反封侯。”建和年间的大水、德阳殿大火、天雨肉、地裂、雷震宪陵寝屋、日食，司马彪都把批评的矛头指向梁冀，如建和三年四月日食，方位在东井二十三度，东井主法，司马彪的解释是梁冀枉杀公卿之举触犯天法。

《续汉书·五行志》对女主干政也是持批评态度。“水不润下”中有3条批评邓太后，有2条批评梁太后。邓太后是和帝皇后，和帝死后，大臣们想立和帝之子刘胜为皇帝，邓太后没有答应，把自己的亲生儿子殇帝扶上皇位。殇帝刚出生一百多天，邓太后临朝听政。殇帝延平元年大水，按照董仲舒的理论，“水者，阴气盛也”，司马彪把大水归咎于邓太后专政。殇帝不到2岁就夭折了，大臣们再次提出立刘胜为帝，邓太后担心因最初没有策立刘胜为帝，怕刘胜会有怨恨之心，便以刘胜有病为由不允，立清河王之子刘祜为帝。安帝刘祜即位后，司空周章密谋废掉安帝，事情暴露后，周章等人被诛。司马彪再次把大水归咎于邓太后。安帝继位后，灾害不断，永初元年三月日食，六月河东地陷，先零羌叛乱，永初元年、二年、三年每年都有雹灾、大水，永初六年河东池水颜色变赤如血。按照灾异理论，日食的起因是阴侵阳，雹灾是阴胁阳之征（刘向之说），地震是阴类动荡之象，因此邓太后顺理成章地成了灾异的“替罪羊”。其实邓太后摄政期间较为俭省，为朝政殚精竭虑，只不过权力的诱惑太大，迟迟不肯归政于安帝，因而惹得安帝猜疑太后有废立之谋。杜根就因建议太后还政，在殿上被当场扑杀，这可以说是一种赤裸裸的杀鸡儆猴，安帝不可能不记恨在心。邓太后死后，安帝听信乳母王圣与中黄门等人诬告尚书邓访等谋废立，于是邓氏宗族皆免官，邓骘与邓遵自杀。《续汉书·五行志》也为邓太后鸣不平，建光元年，郡国三十五地震，司马彪指出其事应为安帝不能明察，听信宫人及乳母王圣等人谗言，“破坏邓太后家，于是专听信圣及宦者，中常侍江京、樊丰等皆得用权”。[①]

梁太后是汉顺帝皇后。顺帝崩，年仅2岁的冲帝继位，尊梁皇后为太后。梁太后临朝听政，冲帝不到五个月即夭折，梁太后与兄梁冀迎立刘缵为帝，是为质帝。质帝本初元年，海水泛滥，乐安郡与北海郡受灾，司马彪归因于梁太后专政。质帝被梁冀毒死后，梁太后与梁冀又迎立刘志为帝，是为桓帝。桓帝建和三年八月，洛阳大水，《续汉书·五行志》曰："是时梁太后犹专政。"不仅把大水归咎于太后专政，还表达了对太后长期把持朝政的不满，因为建和二年桓帝已经行过冠礼，按理太后应该还政于桓帝。梁太后的一大过错是听任梁冀枉杀李固、杜乔。李固、杜乔之死，使东汉士林之气为之一挫。《续汉书·五行志》多次表达了扼腕叹息之意，不仅梁冀受到批评，梁太后也连带受指责。如桓帝建和三年六月乙卯，雷震宪陵寝屋，司马彪指出应是梁太后纵容梁冀枉杀李固与杜乔。同年四月丁卯晦日食，方位在东井二十三度，司马彪再次强调其事应是“梁太后听兄冀枉杀公卿”。这种以人事解释天象天灾的做法，昭示的是神话历史的因果逻辑。

宦官专权也是《续汉书·五行志》的重要批评主题，指涉宦官的灾异记录不少于15次。延熹二年，桓帝诛梁冀，得益于宦官之力，单超、徐璜、具瑗、左悺、唐衡俱封为万户侯，所谓“五侯”。桓帝又封小黄门刘普、赵忠等八人为乡侯，从此宦官专权，朝政日乱。“五侯”子弟宰制州郡，鱼肉百姓，“海内愠曰：一将军死，五将军出”。当时京都包头的帻流行颜短耳长，《续汉书·五行志》认为这对应着朝政“上短下长”。灵帝即位后，窦武与陈蕃试图废宦官，反而被宦官先发制人，窦武兵败自杀，司马彪认为当时夏日阴雨连绵与此事相关。陈蕃、窦武失败后，宦官加官鬻爵，更加猖獗。灵帝建宁四年二月癸卯地震，在灾异话语中，地属阴，地震很容易与女主专政、百姓扰动、大臣制命、宦官专权联系，司马彪认为“是时，中常侍曹节、王甫等皆专权”。与宦官专权相对应的灾异类别涵盖了服妖、大水、大旱、淫雨、日食、赢虫之孽、地

① （晋）司马彪撰，（梁）刘昭注补：《后汉书志》，北京：中华书局，1965年版，第3329页。

震、雹、羽孽、龙蛇之孽，兹举灵帝朝指涉宦官的灾异为例：

> 光和五年夏，旱。六年夏，旱。是时，常侍、黄门僭作威福。①
>
> 光和四年六月，雨雹，大如鸡子。是时，常侍、黄门用权。②
>
> 光和元年二月辛未，地震。四月丙辰，地震。灵帝时宦者专恣。③
>
> 熹平二年十二月癸酉晦，日有蚀之，在虚二度。是时中常侍曹节、王甫等专权。④

灵帝朝出现众多与宦官有关的灾异记录，不能不说司马彪批评宦官的意识相当强烈，其意识已潜移默化在灾异叙事中。东汉时有识之士已对宦官专权愤懑不满，并借灾异之机抨击宦官。桓帝末年（永康元年）窦武就上书桓帝，抨击宦官“常侍黄门续为祸虐，欺罔陛下，竞行谲诈，自造制度，妄爵非人，朝政日衰，奸臣日强”，请求桓帝“抑夺宦官欺国之封，案其无状诬罔之罪，信任忠良，平决臧否”。⑤上书之后，桓帝虽然没有剥夺宦官的爵号，不过还是稍微采纳了窦武的建议，让一些“罪行”较轻的党人出狱。灵帝即位后，窦武辅政，与陈蕃在诛除宦官问题上意见一致，可惜窦武功败垂成。朱瑀偷看窦武奏本，先下手为强，纠集亲信宦官歃血为盟。曹节矫诏发兵讨伐窦武，窦武兵败自杀，太后被迁至南宫，陈蕃、尹勋、刘瑜、冯述被夷族。灵帝光和二年灾异连连，先是疫病流行，然后是二月份洛阳地区地震，四月份日食。郎中审忠认为灾异是朱瑀等宦官罪恶所感，审忠重提建宁元年旧事——当时朱瑀抢夺皇帝玉玺，胁迫灵帝，在陈蕃、窦武、尹勋等人死后自相封赏，亲信遍布，位高权重，政营私门，广积财宝，所修府邸连里竟街，还盗取御水钓鱼，车马服玩比于皇帝。审忠指出，在朱瑀淫威之下，大臣们噤若寒蝉，莫敢有言，而州牧郡

---

① （晋）司马彪撰，（梁）刘昭注补：《后汉书志》，北京：中华书局，1965年版，第3280页。
② （晋）司马彪撰，（梁）刘昭注补：《后汉书志》，北京：中华书局，1965年版，第3315页。
③ （晋）司马彪撰，（梁）刘昭注补：《后汉书志》，北京：中华书局，1965年版，第3332页。
④ （晋）司马彪撰，（梁）刘昭注补：《后汉书志》，北京：中华书局，1965年版，第3370页。
⑤ （宋）范晔撰，（唐）李贤等注：《后汉书》，北京：中华书局，1965年版，第2240页。

守拍马奉承，在举荐人才上弄虚作假，导致蝗灾、叛乱、日食、地震，这些灾异都是上天在谴戒人主，“欲令觉悟，诛鉏无状”。审忠表示他愿与朱瑀当面对质，若有不实，甘愿受诛罚，尽管如此，审忠的奏章还是没有得到回应，朱瑀病卒之后其养子照样继承了侯位。

在东汉灭亡之后，指斥宦官已无顾忌，没有性命之忧。宦官专政确实是造成东汉灭亡的重要原因，没有宦官专政也许黄巾之乱就不会爆发。范晔在《后汉书·宦者列传》中认为：西汉亡于外戚，东汉亡于宦官。鉴于东汉灭亡的教训，曹丕未称帝之前，下令宦官“不得过诸署令”，并把这条命令藏于石室。匈奴后裔刘渊即汉王位在诏书中也指出东汉灭亡的原因之一是宦官专政：“黄巾海沸于九州，群阉毒流于四海，董卓因之肆其猖勃，曹操父子凶逆相寻。”[①] 在儒家灾异观念中，宦官的男性生殖器残缺，已被归入妇人之流，宦官专政如同妇人干政一样令人厌恶。借用勒内·基拉尔的摹仿欲望说，人的欲望不是天生的，人的欲望来自对他人欲望的摹仿，来自一个或是楷模或是竞争对手的介体，主体、介体、客体构成了欲望三角关系。我们也可以说，女主干政、宦官专权都来自对皇帝欲望的摹仿，当欲望愈演愈烈时，欲望之间的冲突就不可避免了，社会危机随之爆发。

总而言之，《续汉书·五行志》在灾异分类的基础上作出解释，其思维方式属于神话思维的“取象比类”，其灾异叙事具有深厚的巫史文化背景。《续汉书·五行志》灾异叙事主要批评对象是“君不君”“臣不臣”，如批评失道之君、女主干政、外戚与宦官专权等政治现象。通过灾异解释，在叙述东汉灾异历史的同时，它也建构了一种“君臣之道”的意识形态。

① （唐）房玄龄等撰：《晋书》，北京：中华书局，1974年版，第2649页。

第三章

天事恒象:《续汉书·天文志》的星占叙事

夜幕降临，浩瀚的星空最能激起人的神秘情愫。“七月流火”“三星在户”“跂彼织女，终日七襄。虽则七襄，不成报章”。至今，一谈及星空，《诗经》中的星空意象还能引发现代人的共鸣。在旧石器时代晚期，人类已经对天文现象产生了兴趣。旧石器时代晚期墓葬遗址中，死者遗体的朝向表明当时人们已持有与太阳出没相关的信仰。举一个著名的例子，位于苏丹北部杰贝勒·撒哈巴史前遗址，距尼罗河东岸不到1千米处的一处墓地（年代在公元前12000—10000年之间）共有58具遗骸，遗骸朝向日出之处。在新石器时代，由于农业生产的需要，人类更加注意季节变化。据研究，英国与埃及的巨石阵具有天文观测用途，埃及纳巴塔·普拉亚的巨石阵是世界上最早的巨石阵，年代为距今4800年。如此看来，观星算得上地球上最古老的一门职业了，观星家们彻夜不眠地守望着星空，试图解读出星象的神秘含义。正如“一千个读者有一千个哈姆雷特”，不同的民族各有不同的天文神话和星象文化。“明月皎皎照我床，星汉西流夜未央”，古汉语所说的“星汉”（银汉、银河、云汉）在西方文化中称为“milkway”，与天后赫拉乳汁流淌神话相关。就文化多样性而言，《续汉书·天文志》为我们提供了一份精彩的文化个案。

第一节 《续汉书·天文志》的撰作及其史学旨趣

当前学界对《天文志》的研究主要集中在两个方向：其一是抛弃其星占部分，对《天文志》的天象记录展开天文分析，这一方向的研究已在超新星遗迹、太阳活动、地球自转方面取得了一些成果，较早的著作如天文学家朱文鑫的《十七史天文诸志之研究》，近著如天文学家刘次沅的《诸史天象记录考证》

运用现代天文计算方法检验中国正史中的天象记录；其二是《天文志》的文献校勘，如高纪春、彭益林、刘黎明等学者对一些断代史的《天文志》所作的校正。不可否认，前贤对《天文志》的文献检验与文献校勘非常精到专业，在古代天象记录精确性的辨析方面做出了不可磨灭的贡献。不过，还要看到，中国正史特别是中古正史中的天文志并不仅仅记录天象，它还解释天象的占应，这种解释具有神话思维性质。《天文志》为何如此书写？神话思维又是如何参与历史书写呢？从现代学术视野来看，《续汉书·天文志》的意涵不仅仅限于为现代天文研究保存了一份历史记录，它还建构了一套“显天戒，明王事”的神话意识形态。

一、《续汉书·天文志》的撰作

《续汉书·天文志》虽说是司马彪著作，但其天象记录却非成于一人一时之手，可以说是东汉时期天文观测机构集体力量的结晶。

东汉有专门的天文机构，其名称疑为“太史部”。[①]《续汉书·百官志》云：“太史令一人，六百石……丞一人。明堂及灵台丞一人，二百石。”[②]太史令掌记祥瑞灾异，其中包括天象上的祥瑞灾异。太史令还掌管明堂与灵台。灵台负责观测日月星气，灵台待诏共有四十一人，有专业分工，观测记录要存档，称为“日月宿簿”“星度课”。在《续汉书·律历志》有“问典星待诏姚崇、井毕等十二人”之语，可知灵台待诏中掌候星之人又称“典星待诏”（如表3-1所示）。

表3-1　灵台人员职掌表

灵台待诏41人					
候星14人	候日2人	候风3人	候气12人	候晷景3人	候钟律7人

① 东汉天文机构名称未在史书中明文标出，笔者认为，《续汉书·律历》有“甲辰，诏属太史部郎中刘固、舍人冯恂等课效，复作《八元术》，固等作《月食术》，并已相参”之语，故推知机构名为“太史部”。《续汉书·律历》此句下文有“太史令修、部舍人张恂”之语，是东汉天文机构名为“太史部”之又一佐证。

②（晋）司马彪撰，（梁）刘昭注补：《后汉书志》，北京：中华书局，1965年版，第3572页。

太史有报告天变之责。光武时，太史奏客星犯御坐甚急。安帝时，太史言星变逆行。顺帝阳嘉四年日食，张衡时为太史令，报告说朔方看到日食，朔方郡可能会有战事（“今年三月朔方觉日食，此郡惧有兵患”）。[①]桓帝时，太史令上言客星经帝坐。延熹元年，太史令陈授向皇帝报告灾异日食之变，咎在梁冀。延熹二年史官上言“月经阳道，晕五车，宜有赦命”，[②]于是桓帝下诏赦免了李固的儿子李燮。献帝时，太史望气，言当有大臣戮死者。不过，史官的报告会受到政治形势的影响，或隐瞒不报，或畏于权势而避重就轻。

在《续汉书·天文志》之前的东汉史书有三部:《东观汉记》、谢承《后汉书》、薛莹《后汉记》。《东观汉记》与薛莹《后汉记》为纪传体。谢承《后汉书》虽有《五行志》等诸志，但现存内容中没有《天文志》。不过，曾经参与编撰《东观汉记》的伏无忌所著的《伏侯注》含有天象记录。顺帝时，伏无忌就曾与黄景共同校定中书《五经》、诸子百家及艺术。桓帝时，桓帝诏令伏无忌与黄景、崔寔等共撰《汉记》，伏无忌又“自采集古今，删著事要，号曰《伏侯注》”。《伏侯注》又称《伏侯古今注》，记事年限上至黄帝，下至汉质帝，内容分为帝号、陵寝、祭祀、汉制、天文、郡国、灾异、瑞应等。《续汉书·天文志》刘昭注引用《伏侯古今注》居多。

在《伏侯古今注》之后，蔡邕与谯周又相继撰作东汉天象记录。蔡邕是著名文学家，《后汉书·蔡邕传》说他“好辞章、数术、天文，妙操音律”。蔡邕曾与卢植、马日磾、韩说等人补撰《后汉记》(即东汉国史《东观汉记》)，后因与司徒刘郃不和而获罪，流放朔方。他上书自陈，希望能够放还以完成国史撰作。上书之后第二年，蔡邕即被赦还本郡，蔡邕在书奏中陈述了大体构思："有《律历意》《礼意》《乐意》《郊祀意》《天文意》《车服意》《朝会意》《五行

---

① （晋）司马彪撰，（梁）刘昭注补:《后汉书志》，北京：中华书局，1965年版，第3367页。

② 《全上古三代秦汉三国六朝文》“月晕上书请赦命”条引《华阳国志》“延熹二年，梁冀诛后，月经阳道，晕五车，史官上书，于是下书赦固子燮”，是为桓帝朝之事，见（清）严可均辑：《全上古三代秦汉三国六朝文》，北京：中华书局，1958年版，第993页。《太平御览》所记载时间与之不同，记为灵帝即位后之事，参见（宋）李昉等撰:《太平御览》，北京：中华书局，1960年版，第2915页。

意》。”[1]蔡邕在《天文意》中指出，古代关于天体结构的观点有三家：盖天说、宣夜说、浑天说。盖天说见于《周髀算经》，当时史官已弃而不用。蔡邕认为，宣夜说“绝无师法”，只有浑天说“近得其情”。东汉太史机构虽存有候天铜仪，可惜“官有其器而无本书”，蔡邕希望自己能够精心揣摩浑天仪的道理，著书立说，并希望“撰建武以来星变彗孛占验著明者”以补续《汉书·天文志》。在内容上，《续汉书·天文志》并未论述浑天说，但是采用了蔡邕的星验记录。《续汉书·天文志》刘昭注引谢忱《后汉书》曰：“蔡邕撰建武已后，星验著明，以续《前志》，谯周接续其下者。”[2]《晋书·天文志》亦云：“蔡邕、谯周各有撰录，司马彪采之，以继前志。”[3]

谯周字允南，巴西西充国人（今四川南充），幼孤，既长，耽古笃学，研精六经，尤善《书》《礼》，颇晓天文。《三国志》作者陈寿曾受学于谯周。《晋书·五行志》把谯周刻画成一个先知先觉者。据说蜀汉景耀五年，宫中大树无故自折。谯周在柱上写了十二个字：“众而大，其之会。具而授，若何复。”[4]蜀先主名“备”，蜀后主名“禅”，“具”与“备”、“禅”与“授”意相近，经过一番转换，“具而授”暗指蜀亡。也就是说，大树自折乃蜀亡之征。其后，蜀后主刘禅听从谯周之策，向邓艾投降，谯周受魏封为阳城亭侯。谯周卒于晋武帝泰始六年（271年），享年七十余，谯周曾删定《东观汉记》，并撰有《法训》《五经论》《古史考》等百余篇。[5]清代学者姚振宗认为，《续汉书·天文志》所载建安时事源自谯周《东观汉记》之文。[6]

综上所述，《续汉书·天文志》的天象记录源自史官原始观测资料，在史

① （清）严可均辑：《全上古三代秦汉三国六朝文》，北京：中华书局，1958年版，第859页。

② （晋）司马彪撰，（梁）刘昭注补：《后汉书志》，北京：中华书局，1965年版，第3215页。

③ （唐）房玄龄等撰：《晋书》，北京：中华书局，1974年版，第278页。

④ （唐）房玄龄等撰：《晋书》，北京：中华书局，1974年版，第858页。

⑤ （唐）房玄龄等撰：《晋书》，北京：中华书局，1974年版，第2142页。《晋书·司马彪》又云：“汉氏中兴，讫于建安，忠臣义士亦以昭著，而无良史，记述烦杂，谯周虽已删除，然犹未尽，安顺以下，亡缺者多。”参见（唐）房玄龄等撰：《晋书》，北京：中华书局，1974年版，第2141页。

⑥ （清）姚振宗撰：《三国艺文志》，载《二十五史补编》，北京：中华书局，1955年版，第3220页。

官记录基础上，蔡邕、谯周相继撰作《天文志》，最后由司马彪进一步修订而成，可以说是层累而成的历史记录。

二、《续汉书·天文志》的史学旨趣与书写模式

《续汉书·天文志》的体例承继《汉书·天文志》，其渊源可进一步追溯至《史记·天官书》。《史记·太史公自序》云:“星气之书，多杂禨祥，不经；推其文，考其应，不殊。比集论其行事，验于轨度以次，作天官书第五。”[①]《史记·天官书》内容主要以星占理论为主，其所举天象事应只有10例。司马迁之后，刘向撰《洪范五行传论》。刘向之书今不存于世，但根据《汉书·五行志》所引刘向之说，我们可以推知《洪范五行传论》“皇之不极”条目下载有天象记录。《洪范五行传》云:“皇之不极，是谓不建。厥咎眊，厥罚恒阴，厥极弱，时则有射妖……则时有日月乱行，星辰逆行。”[②]从《汉书·五行志》可以析出刘向《洪范五行传论》的天象释例，如隐公三年二月己巳日食，刘向认为其事应为“戎执天子之使”“郑获鲁隐、灭戴”以及“卫、鲁、宋咸杀君”。自班固改《天官书》之名为《天文志》，历代正史多沿用《天文志》名目，惟《魏书》《新五代史》《辽史》别立异名，分别称之为《天象志》《司天考》《历象志》。二十五史中有“志”的18部都延续了保存天象记录的传统，即便在刘知幾提出删废《天文志》之后，《天文志》还是保存在《旧五代史》之后的正史中。

刘知幾提出删废《天文志》的理由是古今之天没有什么不同:“古之天犹今之天也，今之天即古之天也，必欲刊之国史，施于何代不可也?”[③]刘知幾认为，即使要记录天象，也只应该记录当时之事，记载当时“彗孛氛祲，薄食晦明，裨灶、梓慎之所占，京房、李郃之所候”就可以了，而不应该记载太阳、月亮的行度以及黄道、紫宫之分野。刘知幾的批评未免对天文学过于隔膜。其实一

① （汉）司马迁撰，（宋）裴骃集解，（唐）司马贞索隐，（唐）张守节正义:《史记》，北京：中华书局，1959年版，第3306页。

② （晋）司马彪撰，（梁）刘昭注补:《后汉书志》，北京：中华书局，1965年版，第3341页。

③ （唐）刘知幾撰，（清）浦起龙释:《史通通释》，上海：上海古籍出版社，1978年版，第58页。

方面由于岁差的存在，古之天并不完全就是今之天；另一方面随着天文学的发展与交流，天文学家对日月行度、星宿经度的认识也日趋精密，观测仪器也是越来越先进。《明史・天文志》对《天文志》的存废持论较为允当，著者指出古今天象虽然没有什么不同，但是“谈天之家，测天之器，往往后胜于前”，如果不记录，“使一代制作之义泯焉无传，是亦史法之缺漏也。至于彗孛飞流，晕适背抱，天之所以示儆戒者，本纪中不可尽载，安得不别志之”。[①]《明史・天文志》为存立《天文志》提出两个理由：一是测天之器日益先进，若不记录则违背史法；二是天变异象是上天的儆戒，本纪无法完全收录，需要另立《天文志》。这后一理由表明神话历史的历代沿革均有星占信仰为背景。

记录天变以存儆戒人君之义是《天文志》的重要史学精神传统。《天官书》云：“日变修德，月变省刑，星变结和。”[②]《天官书》还认为，国君强而有德就会兴旺，国君弱小虚伪就会灭亡，假如出现天变，最好的办法是“修德”，其次是“修政”，再次是“修救”，再差一等的是“修禳”，最不可取的是什么事都不做。天变与政事休戚相关，“修德”“修政”“修救”“修禳”颇符“恐惧修省”之义。据说司马迁曾闻学于董仲舒，因此《天官书》的天变理论近于董仲舒的灾异谴告论无需惊诧。即便司马迁闻学于董仲舒之说不成立，我们也可以从星占理论传统，解释司马迁的天变修救理论与董仲舒灾异谴告论的相似性。《左传・昭公七年》记载，晋侯问士文伯《诗经》“彼日而食，于何不臧”之义。士文伯回答说，这句诗是在批评不善之政，国政不善，就会导致日月之灾，因此要慎重政事，抓住三个要害：“择人”“因民”“从时”。春秋时期的星占观念中，天变已指涉政事，延至战国，“候星气察机祥”之风尤浓。《管子》云：“圣王日食则修德，月食则修刑，彗星见则修和，风与日争明则修生。”[③]从历代正史《天文志》序言中，我们可以注意到“记录天变以存儆戒人君之义”

① 中华书局编辑部编：《历代天文律历等志汇编》，北京：中华书局，1975年版，第2243页。

② （汉）司马迁撰，（宋）裴骃集解，（唐）司马贞索隐，（唐）张守节正义：《史记》，北京：中华书局，1959年版，第1351页。

③ 黎翔凤撰，梁运华整理：《管子校注》，北京：中华书局，2004年版，第855页。

的一脉相传，兹举数例：

> 政失于此，则变见于彼，犹景之象形，乡之应声。是以明君睹之而寤，饬身正事，思其咎谢，则祸除而福至，自然之符也。(《汉书·天文志》)①
>
> 今绍《汉书》作《天文志》，起王莽居摄元年，迄孝献帝建安二十五年，二百一十五载。言其时星辰之变，表象之应，以显天戒，明王事焉。(《续汉书·天文志》)②
>
> 是故政教兆于人理，祥变应乎天文，得失虽微，罔不昭著。(《晋书·天文志》)③
>
> 然则明晦晕蚀，疾余犯守，飞流欻起，彗孛不恒，或皇灵降临，示谴以戒下，或王化有亏，感达於天路。(《魏书·天象志》)④
>
> 五纬入房，启姬王之肇迹；长星孛斗，鉴宋人之首乱，天意人事，同乎影响。(《隋书·天文志》)⑤
>
> 天于人君有告戒之道焉，示之以象而已。(《宋史·天文志》)⑥
>
> 司天之说尚矣，《易》曰"天垂象，见吉凶，圣人象之"。又曰"观乎天文，以察时变"。自古有国家者，未有不致谨于斯者也。(《元史·天文志》)⑦

把《续汉书·天文志》放在《天文志》的整体史学大传统中，我们会明显地察觉到《续汉书·天文志》的政治性质，史家通过记录天象、阐释天象以供"资治通鉴"。在天人感应的文化语境中，人君需要通过各种途径（如观天或通天）以获知天意。无独有偶，亚述王亚述巴尼拔所收藏的星占类泥版文书与

---

① （汉）班固撰，（唐）颜师古注：《汉书》，北京：中华书局，1962年版，第1173页。
② （晋）司马彪撰，（梁）刘昭注补：《后汉书志》，北京：中华书局，1965年版，第3215页。
③ （唐）房玄龄等撰：《晋书》，北京：中华书局，1974年版，第277页。
④ 中华书局编辑部编：《历代天文律历等志汇编》，北京：中华书局，1975年版，第419页。
⑤ 中华书局编辑部编：《历代天文律历等志汇编》，北京：中华书局，1975年版，第541页。
⑥ 中华书局编辑部编：《历代天文律历等志汇编》，北京：中华书局，1975年版，第795页。
⑦ 中华书局编辑部编：《历代天文律历等志汇编》，北京：中华书局，1975年版，第1183页。

《天文志》相映成趣。米歇尔·拜隽《巴比伦征兆集》一书收录了370条占卜资料，其中星占文献占了大约四分之一，其性质大多为“军国星占”。亚述人已经可以推算月食，并将之与君王福祉相联系：

> 本月14日将有一次月蚀发生，将为祸于依兰及阿哈鲁，但有利于我主陛下，愿我主陛下龙颜大悦。太白将没；启奏陛下:“将有月蚀”。

亚述星占观念中，岁星与火星相会为凶象：

> 若岁星位在火星之前，有刈谷、兵事，或有一支大军兵败受屠……若火星靠近岁星，将有大破败。若岁星与某星相遇，所居之地受殃。若火星与岁星相近，牲畜死亡。火星已靠近岁星。当火星靠近岁星，阿卡德王将亡，将有大丰收。①

我们还注意到，《天文志》的天象记录存在着两种书写模式：一种是记录天象并解释天象，天象的“征”“应”俱全，我们可称之为“天文志”模式，《续汉书·天文志》属于此种模式；另一种是纯粹记录天象而不作解释，有“征”无“应”，我们可称之为“天象志”模式。

“天文志”模式主要存在于《史记》至《旧唐书》的历代正史中，以《晋书·天文志》《隋书·天文志》为代表。《晋书·天文志》的作者是唐代著名天文学家李淳风，传说《推背图》即为李淳风与袁天罡所作。《晋书·天文志》对天体、仪象、天文经星、中宫、二十八舍等天文知识均有详细的阐说，其天象解释主要见于“史传事验”，如惠帝元康二年，天西北大裂，李淳风认为这对应着当时人主昏乱及妃后专制。《续汉书·天文志》也属于“天文志”模式。与《续汉书·五行志》不同的是，《续汉书·天文志》的每一条天象记录都有

① Krupp, E. C.. *Skywatchers, Shamans & Kings*. New York：John Wiley & Sons, Inc., 1997, p.229.

历史事件与之对应，而《续汉书·五行志》只对部分灾异记录作解释。在现代人看来，对每一条天象记录作解释不免有强作解人之讥。其实，解释天象展现了话语权力的运作。

《南齐书·天文志》中已出现采用“天象志”书写模式的迹象，自《新唐书·天文志》之后，《天文志》天象记录的书写模式就完成了向“天象志”书写模式的转变。《新唐书》与《新五代史》的作者都是欧阳修，欧阳修在《新五代史·司天考》序言中试图解释本纪中“书人而不书天”的立场：

> 然则天果与于人乎？果不与乎？曰：“天，吾不知，质诸圣人之言可也。”《易》曰：“天道亏盈而益谦，地道变盈而流谦，鬼神害盈而福谦，人道恶盈而好谦。”此圣人极论天人之际，最详而明者也。其于天地鬼神，以不可知为言，其可知者人而已……其果与于人乎，不与于人乎，则所不知也。以其不可知，故常尊而远之；以其与人无所异也，则修吾人事而已。人事者，天意也。[①]

欧阳修认为天地鬼神不可知，可知者唯人，尽管是否“天与人”不可知，但从《谦》卦卦辞可知天地鬼神之道与人道一样，都是“恶盈而好谦”，与人无所异，修人事即是顺天意。《春秋》记载了日食星变，但孔子并没有为之作解，《新五代史》本纪“书人不书天”文辞虽与《春秋》不同，其意却与圣人一致。欧阳修认为三辰五星常动不息，肯定会出现赢缩差忒之变，而星占有中有不中，不可奉为常法，立《司天考》之意在于记录“三辰五星逆顺变见”，聊以备考而已。因此，《司天考》的书法呈现出“著其灾异而削其事应”的特色，如“开平二年夏四月辛丑，荧惑犯上将。甲寅，地震。四年十二月庚午，月有食之”，像一本流水账，不仅削去事应，还削去了占辞，明面上持灾异事应不可知态度，但实际上已否认了灾异事应。在继后的官修史书《新唐书·天

① 中华书局编辑部编：《历代天文律历等志汇编》，北京：中华书局，1975年版，第787—788页。

文志》，虽然恢复了收录占辞，但还是保留了删去事应的做法，之后的《宋史》《金史》《元史》《明史》都是只记录天象而不作事应解释。

从《天文志》的两种书写模式可以看出，不仅记录天变体现了一种话语权力，解释天变也体现了一种话语权力。《续汉书·天文志》既记录天象，又解释天象，恰恰说明了天人感应的神话宇宙观对历史的建构。

三、《续汉书·天文志》的巫史之根

虽然《天文志》体例始于《史记·天官书》，不过，《续汉书·天文志》却信奉一个更绵长的星官之书谱系。在司马彪的传承谱系中，黄帝时代已出现了星官之书："轩辕始受《河图斗苞授》，规日月星辰之象，故星官之书自黄帝始。"[①]其实，《河图斗苞授》为纬书，原文现仅存"弟感苗裔出应期"一语。[②]司马彪如数家珍地介绍了上古至秦汉的星官之书谱系：

……星官之书自黄帝始。至高阳氏，使南正重司天，北正黎司地。唐、虞之时羲仲、和仲，夏有昆吾，汤则巫咸，周之史佚、苌弘，宋之子韦，楚之唐蔑，鲁之梓慎，郑之裨灶，魏石申夫，齐国甘公，皆掌天文之官……至汉兴，景、武之际，司马谈，谈子迁，以世黎氏之后，为太史令，迁著《史记》，作《天官书》。成帝时，中垒校尉刘向，广《洪范》灾条作五纪皇极之论，以参往行之事。孝明帝使班固叙《汉书》，而马续述《天文志》。[③]

无独有偶，《晋书·天文志》也罗列了星官之书的谱系，并以黄帝《星传》为首：

黄帝创受《河图》，始明休咎，故其《星传》尚有存焉。降在高阳，

① （晋）司马彪撰，（梁）刘昭注补：《后汉书志》，北京：中华书局，1965年版，第3214页。
② ［日］安居香山、中村璋八辑：《纬书集成》，石家庄：河北人民出版社，1994年版，第1161页。
③ （晋）司马彪撰，（梁）刘昭注补：《后汉书志》，北京：中华书局，1965年版，第3214—3215页。

乃命南正重司天，北正黎司地。爰洎帝喾，亦式序三辰。唐虞则羲和继轨，有夏则昆吾绍德。年代绵邈，文籍靡传。至于殷之巫咸，周之史佚，格言遗记，于今不朽。其诸侯之史，则鲁有梓慎，晋有卜偃，郑有裨灶，宋有子韦，齐有甘德，楚有唐昧，赵有尹皋，魏有石申夫，皆掌著天文，各论图验……及汉景武之际，司马谈父子继为史官，著《天官书》，以明天人之道。其后中垒校尉刘向，广《洪范》灾条，作《皇极论》，以参往之行事。及班固叙汉史，马续述《天文》，而蔡邕、谯周各有撰录，司马彪采之，以继前志。①

上述《续汉书·天文志》《晋书·天文志》其实也可以视为一个行业祖师谱系。《续汉书·天文志》的谱系为：

黄帝——重、黎——羲和——昆吾——巫咸——史佚、苌弘、子韦、唐蔑、梓慎、裨灶、石申夫、甘公——司马迁——刘向——班固、马续

《晋书·天文志》也把黄帝视为司天之祖，不过黄帝创受之书为《河图》而不是《河图斗苞授》。②另外，《晋书·天文志》在高阳氏与唐虞之间添加了一个祖师“帝喾”，其谱系为：

黄帝——重、黎——帝喾——羲和——昆吾——巫咸——史佚、苌弘、子韦、唐蔑、梓慎、裨灶、石申夫、甘公——司马迁——刘向——班固、马续——司马彪

类似谱系亦出现于《史记·天官书》《宋史·天文志》《金史·天文志》。《史记·天官书》开出了一个“昔之传天数者”谱系：

---

①（唐）房玄龄等撰:《晋书》，北京：中华书局，1974年版，第277—278页。

② 刘歆之说为伏羲受《河图》。

> 昔之传天数者：高辛之前，重、黎；於唐、虞，羲、和；有夏，昆吾；殷商，巫咸；周室，史佚、苌弘；於宋，子韦；郑则裨灶；在齐，甘公；楚，唐眛；赵，尹皋；魏，石申。[①]

在《天学真原》中，江晓原考论了《史记·天官书》“昔之传天数者”的身份行事，其结论为古代的天文学家由上古通天巫觋演变而来。在江晓原文献考论基础上，笔者试图进一步结合考古资料和人类学资料来说明《续汉书·天文志》的巫史之根。

与《史记·天官书》“昔之传天数者”相比，《续汉书·天文志》的祖师谱多了一个“黄帝”。司马迁对黄帝是否应该进入司天祖师谱持模棱两可的态度。《史记·历书》承认“黄帝考定星历”：“太史公曰：‘神农以前尚矣。盖黄帝考定星历，建立五行，起消息，正闰余，于是有天地神祇物类之官，是谓五官。各司其序，不相乱也。’”[②]《史记·五帝本纪》说黄帝迎日推策，用水火材物划分时节。篇末语气一转，又云“百家言黄帝，其文不雅驯，荐绅先生难言之”，黄帝在《史记·天官书》“昔之传天数者”的缺席显然是经过整饬（“择其雅者”）的结果。东汉时期，谶纬流行，黄帝名正言顺地进入祖师谱。胡适说：“历史上有许多有福之人。一个是黄帝，一个是周公，一个是包龙图。上古有许多重要的发明，后人不知道是谁发明的，只好都归到黄帝的身上，于是黄帝成了上古的大圣人。……这种有福的人物，我曾替他们取了个名字，叫‘箭垛式的人物’。”[③]按照胡适的说法，“星官之书自黄帝始”也是“箭垛式人物”的一个典型案例。

黄帝之后的“传天数者”为重、黎。重、黎也是传说中的人物。关于重、

① （汉）司马迁撰，（宋）裴骃集解，（唐）司马贞索隐，（唐）张守节正义：《史记》，北京：中华书局，1959年版，第1343页。

② （汉）司马迁撰，（宋）裴骃集解，（唐）司马贞索隐，（唐）张守节正义：《史记》，北京：中华书局，1959年版，第1256页。

③ 胡适：《〈三侠五义〉序》，载欧阳哲生编：《胡适文集》（第四册），北京：北京大学出版社，1998年版，第368页。

黎的家系,《山海经》与《史记》的记载不一致。《山海经》的记载中，颛顼生老童，老童生重、黎。如此，重、黎为颛顼之孙。《史记·楚世家》中，重、黎为帝颛顼高阳之曾孙:“高阳生称，称生卷章，卷章生重黎。”[①]不管重黎的家系如何，重黎“绝地天通”则是公认之事,《山海经·大荒西经》《国语·楚语》及《史记·历书》均有记载。《山海经》云:“帝令重献上天，令黎邛下地。”[②]《国语》记载了一段观射父与楚昭王的对话，观射父对重、黎“绝地天通”之事作了历史化的解释。在观射父看来，“绝地天通”指的并不是隔离天地，而是指垄断天地交通的祭祀权。据说少皞衰落之时，民神杂糅，家为巫史，颛顼继位之后，“乃命南正重司天以属神，命火正黎司地以属民，使复旧常，无相侵渎，是谓绝地天通”。重、黎此后成为“世叙天地”的家族。按照江晓原的话来说，重、黎是古代专业化通天巫觋的始祖或首席代表。

重、黎之后的“传天数者”为羲和。司马彪《续汉书》所说的“唐、虞之时，羲仲、和仲”之说，源自《尚书·尧典》“乃命羲和，钦若昊天，历象日月星辰，敬授人时”。“羲和”一语有多种含义：① 主日月之女神名，如《山海经·大荒南经》中的羲和为帝俊之妻，职掌日月出入；② 典天地四时之官职名，如《史记·历书》云:“尧复遂重黎之后，不忘旧者，使复典之，而立羲和之官。”[③]《尚书·尧典》孔安国传亦云“重黎之后,羲氏、和氏世掌天地四时之官”，韦昭甚至认为羲和为重、黎之后裔；③ 人名，其数或一人、或二人（羲、和）乃至四人（如《尚书·尧典》中的羲仲、羲叔、和仲、和叔）。江晓原认为羲和与重、黎身份一样，都是通天之巫觋。江晓原先生还认为帝俊与通天彻地之女巫羲和结婚为上古王巫结合之遗迹，与重、黎一样，羲和其实也可以视为一个巫觋家族，时日既久，羲和遂成为掌天地四时之官职名，衍生出

① （汉）司马迁撰,（宋）裴骃集解,（唐）司马贞索隐,（唐）张守节正义:《史记》，北京：中华书局，1959年版，第1689页。

② 袁珂校注:《山海经校注》，上海：上海古籍出版社，1980年版，第402页。

③ （汉）司马迁撰,（宋）裴骃集解,（唐）司马贞索隐,（唐）张守节正义:《史记》，北京：中华书局，1959年版，第1257—1258页。

“羲和之官”一词[①]。

昆吾为夏之“传天数者”。《山海经》《左传》《史记》等典籍中多处出现“昆吾”。“昆吾”亦有多义：① 神名。如《山海经·大荒西经》云，龙山有三泽水，名为“三淖”，为昆吾所食之处。[②]《山海经·大荒南经》云，白水山生“白渊”，白渊为昆吾之师沐浴之处。② 地名。或为丘名，《山海经·海内经》记有九丘，其中之一为“昆吾之丘”；或为山名，《山海经·中山经》记有“昆吾之山”，山上多赤铜。[③]③ 人名，为陆终之子。《史记·楚世家》云，重、黎之弟吴回生陆终，陆终生子六人，其一为昆吾，昆吾氏在夏朝时为侯伯，夏桀之时汤灭之。[④]昆吾之父吴回为重、黎之后，故昆吾亦为巫觋家族之后。传说夏桀作瓦室，昆吾作陶。④ 石之次玉者，亦作“琨珸”。

巫咸为商汤之时有名的“传天数者”，顾名思义，其身份为巫自不必言。其实，典籍中巫咸的年代不限于商代，巫咸的活动时间还有四种说法：① 黄帝时。《太平御览》引《归藏》云，黄帝与炎帝争战于涿鹿之野，大战之前，黄帝请巫咸行筮占，巫咸曰：“果哉而有咎。”② 神农时。《路史·后纪三》曰：“神农使巫咸作筮。”③ 帝尧时。《太平御览》引《世本》言：“巫咸，尧臣也，以鸿术为帝尧之医。”④ 殷中宗时。《楚辞·离骚》王逸注曰：“巫咸，古神巫也，当殷中宗之世。”[⑤]丁山曾指出巫咸为巫觋之共名，江晓原亦推论说，殷帝太戊时，有一巫名咸者极为著名，巫咸遂成为巫觋之共名。丁江二人之说甚是。《山海经·海外西经》记有一“巫咸国”，位于女丑北登葆山，群巫从之上下。《山海经·大荒南经》有一灵山，巫咸等十巫从此升降，亦可证巫咸为群巫之首，成为“箭垛式人物”，故国以巫咸名。

① 江晓原著：《天学真原》，沈阳：辽宁教育出版社，1991年版，第92—96页。

② 袁珂校注：《山海经校注》，上海：上海古籍出版社，1980年版，第400页。

③ 袁珂校注：《山海经校注》，上海：上海古籍出版社，1980年版，第122页。

④（汉）司马迁撰，（宋）裴骃集解，（唐）司马贞索隐，（唐）张守节正义：《史记》，北京：中华书局，1959年版，第1689页。

⑤（宋）洪兴祖撰，白化文、许德楠、李如鸾等点校：《楚辞补注》，北京：中华书局，1983年版，第36页。

史佚是周文王与周武王之时的太史，苌弘为周朝大夫，二人为周朝“传天数者”之代表人物。据《周礼·春官》记载，包括太史在内的一些职位皆与天学事务有关：

占梦掌其岁时，观天地之会，辨阴阳之气，以日、月、星、辰占六梦之吉凶。

眡祲掌十煇之法，以观妖祥，辨吉凶。……掌安宅叙降。正岁则行事；岁终则弊其事。

大史，掌建邦之六典……正岁年以序事，颁之于官府及都鄙，颁告朔于邦国。

冯相氏掌十有二岁、十有二月、十有二辰、十日、二十有八星之位，辨其叙事，以会天位。冬夏致日，春秋致月，以辨四时之叙。

保章氏掌天星，以志星辰、日月之变动，以观天下之迁，辨其吉凶。以星土辨九州之地，所封封域，皆有分星，以观妖祥。以十有二岁之相，观天下之妖祥。以五云之物，辨吉凶、水旱、降丰荒之祲象。以十有二风察天地之和，命乖别之妖祥。凡此五物者，以诏救政，访序事。[①]

占梦、眡祲、保章氏主要负责通过观测日月星辰、望气、风角来察辨吉凶，太史、冯相氏所负责的天学事务主要在历法方面。《周礼》成书年代不明，但多少保留了一些周朝制度资料。《左传》中记载了不少苌弘、梓慎、裨灶、史赵、史墨、内史叔服、内史叔兴根据天象占断吉凶之事，可与《周礼》之记载参看，兹以梓慎为例：

二十八年春，无冰。梓慎曰：“今兹宋、郑其饥乎？岁在星纪，而淫于玄枵，以有时灾，阴不堪阳。蛇乘龙。龙，宋、郑之星也，宋、郑必

① 李学勤主编：《周礼注疏》，北京：北京大学出版社，1999年版，第652—709页。

饥。玄枵，虚中也。枵，耗名也。土虚而民耗，不饥何为？”（《左传》襄公二十八年）[①]

梓慎为鲁大夫，其职务可能为史官，主要活动于鲁襄公与鲁昭公在位期间。《左传》中共记载了8则梓慎的占例，包括梦占、彗星占、云气占、日食占等等。周鲁之历建子，按此推算，襄公二十八年春实为夏历冬季，水没有结冰显得天气怪异，梓慎结合星象断为宋、郑二国将有饥荒。梓慎的判定运用了十二星次与四象二十八宿理论，这种分野理论在《周礼》冯相氏与保章氏的职责中也能见到。十二星次为：寿星、大火、析木、星纪、玄枵、娵訾、降娄、大梁、实沈、鹑首、鹑火、鹑尾。“岁在星纪而淫于玄枵”说明岁星超辰，本无足怪，但由于春秋之时尚未认识到岁差，故以为岁星走得过快。当年春无冰，在《五行志》里属“恒燠”，为暖冬，阴弱于阳（“阴不堪阳”）。玄枵配女、虚、危三宿，虚危二宿在四象中属玄武，为蛇，岁星为青龙，岁星超辰而位于虚危下，故云“蛇乘龙”。岁属东方，东方苍龙七宿的对应分野为宋、郑二国，“玄枵”之“枵”为虚耗之意，故岁星在玄枵预示着宋郑将有饥荒。

梓慎也是望气高手，《左传》中记录了3例梓慎望气之事，如昭公十五年春，鲁国准备向鲁武公举行禘礼，梓慎曰：“禘之日，其有咎乎！吾见赤黑之祲，非祭祥也，丧氛也。其在涖事乎？”[②]“祲”为阴阳之气相侵。据梓慎预测，应在涖事之人身上。叔公为主祭之人，果然籥入而卒。

再以周大史望气为例，哀公六年，“有云如众赤鸟，夹日以飞三日”，楚昭王派使者向周大史询问吉凶。《周礼·春官》“眡祲”条言，眡祲负责观测日旁云气，云气分为十类。其中第二类为“象”，“象”即云气如赤鸟，为不祥之兆。周大史判断，此兆应在楚昭王身上，但如果举行“禜”祭以转罪移祸，可以嫁祸给令尹或司马。楚昭王谢绝说，有罪就应该受罚，何必嫁祸于股肱大

① 李学勤主编：《春秋左传正义》，北京：北京大学出版社，1999年版，第1070—1072页

② 李学勤主编：《春秋左传正义》，北京：北京大学出版社，1999年版，第1341页。

臣，遂不行“禜”祭。[①]

司马迁曾指出，观星望气之风在战国之时尤为浓厚，尹皋、唐蔑、甘公、石申夫之书中，其占验凌杂米盐。至此，通过粗略的文献考论，我们已梳理出《续汉书·天文志》的巫史之根。其实，从人类学资料与考古资料来看，观星望气的巫史之根也可以得到说明。

目前，最早根据星象进行占卜的文字线索发现于美索不达米亚。一块泥板记录了国王古地亚（在位于公元前2122—前2102年）的一个梦。国王梦中听到有人告诉他需要建一座神庙。他看见一位妇女在平整一块地，她正在研究一块记录星宿的泥板。在女神南瑟的庙宇里，国王被告知那位妇女就是女神尼萨巴，她研究记录星宿的泥板是为了根据星象来建庙。旧巴比伦时期的一块泥板（年代在公元前1800年左右）“夜空之神祈祷文”提到了不同星神的名字：“愿伟大的夜空之神——明亮的火星……弓星、轭星……车星、公羊星、公羊-鱼星、蛇星——降临，并在我正在祈福的羊脏上显示一个吉兆。”[②]这段祈祷文不仅显示了星神主宰人事的观念，还显示了应用内脏进行占卜的观念。一些巴比伦泥板后来为亚述国王亚述巴尼拔所拥有，亚述巴尼拔还继承了其父亲的一些征兆资料。研究显示，亚述王拥有御用星占师，这些星占师来自祭司阶层，拥有“宫廷星占师”的称号。证据显示，在公元前6世纪时，宫廷星占师曾经为查理丁国王解释过与星象有关的梦兆，其首席星占师拥有“月首”之称，这个称号说明亚述首席星占师还负责制定历法。

彝族的巫师“毕摩”除掌握仪式、医学、历史知识外，还掌握天文知识。原始时代的彝族巫师不仅是部落首领，还是宗教首领。彝族先民称王为“信”，王后为“信么”，王太后为“师摩矣”。这与哀牢山彝语称巫师为“西”，凉山彝语称巫师为“西”，称氏族部落首领和奴隶主为“西”或“色”相应。高明的彝族巫师能知天象、断阴晴。凉山著名白彝巫师诺尔梯哈既会作法念咒、赶

① 李学勤主编：《春秋左传正义》，北京：北京大学出版社，1999年版，第1636页。

② Barton, Tamsyn. *Ancient Astrology.* London: Routledge, 1994, p.11.

鬼驱邪、理疗和推拿，还知天文、观星宿、断阴晴，其他彝族巫师如西昌沙马邪哈、昭觉马达仁、美姑曲比夫达也擅长恒星观测。[①]

16世纪时，加利福尼亚地区的楚曼奇印第安人大约有18 000人，其领地包括圣巴巴拉峡群岛、大陆海岸以及西至圣瓦金谷的众多山谷。负责楚曼奇人宗教事务的是一个称为"安塔普"的小群体，其中包括楚曼奇萨满。楚曼奇萨满既会治病，又负责主持群体仪式、指导青年、监督历法运作等事务。楚曼奇萨满中的观星师又称"alchuklash"，他们负责计算月亮运行周期、二至、恒星观测及参与新生儿命名。在楚曼奇人的宇宙观中，冬至临近之时，危机也随之而来，楚曼奇人为此举行了一个称作"Kakunupmawa"的冬至仪式。Kakunupmawa意为"冬至日新生儿之光"，其意与太阳年复一年的新生有关。在仪式筹备委员会中选出13位村落首领来辅助仪式举行，其中1人充当"太阳之影"，另外12人充当"太阳之光"。在仪式上他们竖起一杆"太阳杖"，好让运行至南方的太阳重新回到北方。[②]

在西非马里与沃尔特河上游地区，现在大约有25万多贡人过着传统村落生活。多贡村落的领导权主要掌握在长老特别是村里的最年长者（多贡人称为"hogon"）手中，长老们掌握了多贡人复杂的哲学与宗教思想。多贡人的宇宙观既体现在他们的谷仓传统形制中，也展现在多贡占卜师的占卜图中。多贡人的谷仓底部呈圆形，顶呈方形，方形屋顶上立有一根螺旋形杆。在多贡人观念中，圆底象征太阳，方顶象征天空，杆的圆底象征月亮，螺旋形杆则对应着多贡人至上神阿玛之柱。谷仓北边的楼梯与仙女座对应，南边楼梯与猎户座之带对应，东边楼梯与晨星对应，西边楼梯与猎户座之剑对应。多贡占卜师在沙上或地上画上占卜图，占卜师留下花生诱使狐狸走入占卜图，狐狸留在图上的踪迹成为占卜师预测的依据。占卜图为矩形，由12部分组成，这十二部分象征着

① 陈久金、卢央、刘尧汉著：《彝族天文学史》，昆明：云南人民出版社，1984年版，第47—53页。

② 楚曼奇人与多贡人的民族志材料参见E. C. 克鲁普（E. C. Krupp）所撰的《观星师、萨满与国王》一书，Krupp, E. C.. *Skywatchers, Shamans & Kings*. New York: John Wiley & Sons, Inc., 1997, pp.154-167.

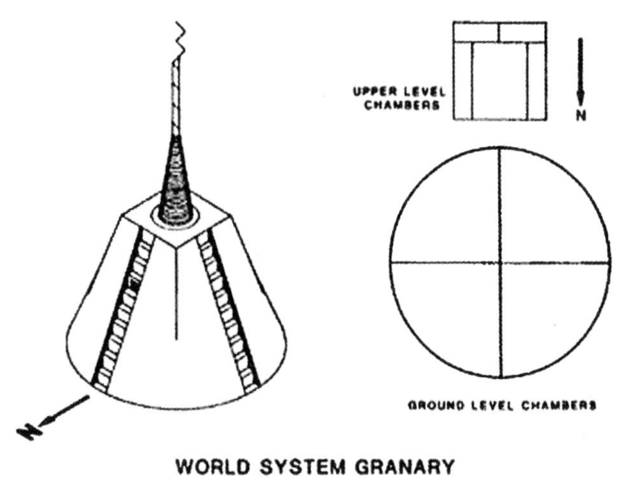

图3-1　多贡人谷仓示意图（图片来源：《观星师、萨满与国王》第164页）

12个月。计算月相、追踪启明星位置以及观测恒星是多贡人天文学的重要组成部分。多贡人能够认识266颗星，在康噶巴村，与多贡人文化相近的马林克人每隔7年就要重建一座神殿，并在墙上绘上266个星的符号，多贡人把这266个符号称为“创造之符”。这些符号被认为是阿玛神传授思想的第一要径，而且是一切知识之源。266相当于妊娠期，因此，既与天相关，又与人的繁衍相关。知识就是权力，需要深刻理解这些符号的意义才能成为多贡人的长老。

美国达科他州夏延印第安人的马苏姆仪式具体诠释了萨满式宇宙观与仪式、神话之间的关系。夏延人自称为“我们”。人类学家卡尔·施莱西尔《天狼：夏延萨满教、典礼及史前起源》一书认为在还没自称为“西斯西斯塔斯”（意为“我们”）之前，夏延人是史前加拿大北阿尔冈昆针叶林区的狩猎者，并且保存了公元前8000年左右来自西伯利亚的宗教传统与宇宙观。马苏姆仪式共举行5天，先砍伐一棵白杨并放置于马苏姆营地中央，白杨剩下7条分枝，象征着宇宙的7个部分：地下世界，中土的四区，两层天空。数字7也与夏延神话中七兄弟有关，在其他阿尔冈昆人故事中，七兄弟即北斗七星。布置好中央梁柱后，又在四角立4根杆，然后再插上24根杆，最后盖好做成帐篷。在仪式的第二天，萨满独自走进帐篷，坐在宇宙树的西边，并扮演创世主角色。首先，他用右拇指在中间按了一个小手印，然后又在四周按了四个手印，从中间挖出的土在四周堆成四小堆，接着他用白石膏画一个十字架，西南方与东南方撒上红颜料，东北方与西北方撒上黑色粉料。帐篷外面画上太阳、月亮、野牛及其他事物。完成之后，三人扮成神灵走进帐篷，他们分别是红狼、白狼、黄发女人。红狼即“狼人”，他是天上红色的毕宿五；白狼是“老妇”，她是天上的白天狼星；黄发女人是参宿七。三个神灵开始了狩猎表演，更多的演员化妆成动物，顺着仪式沿小道走进围栏，然后被象征性杀死。整个仪式与星象紧密相关，夏延人心目中，参宿七是蓝色的，蓝色象征在仪式中随处可见，最后在仪式结束的那一天，萨满在天空中寻找毕宿七。

马苏姆仪式建构了夏延人的文化身份。施莱西尔认为，夏延人马苏姆帐篷即狼之居，狼的角色含义与夏延人的一则起源神话有关，故事中“狼人”与“老妇”救了萨满“甜药”及其伙伴。萨满“甜药”与伙伴出远门，可是异乡的动物不愿意成为猎物，因此萨满与伙伴饥肠辘辘。他们走向山顶准备一死了之，伙伴被一条带角的大水蛇抓走。在“狼人”与“老妇”的帮助下，萨满从水中救回了伙伴，还杀死了大蛇。他们返回到狼人之居，“甜药”用一种帐篷仪式治好了伙伴。两个神灵给他们食物吃，并向他们展示了四方的动物，还让“狼人”的女儿与他们一起回家。“狼人”的女儿成了曾被水蛇抓走的那个伙伴的妻子，她是野牛之灵的化身，长着黄头发。她与夏延人一起待了八年，因此，夏延人可以视野牛为猎物，但由于每次野牛猎物被带回夏延人营地，她总忍不住怜悯之情，最终被父母带走。她离去后，萨满带着一些部落民众来到熊山——“狼人”和“老妇”的住处，在那里，他们第一次举行了马苏姆仪式。①

如果说在发现确切的考古证据之前，我们对《续汉书·天文志》所说的黄帝、高辛氏、唐、虞、夏、商各时代的天象观测还只能存“姑妄言之，姑妄

① Krupp, E. C.. *Skywatchers, Shamans & Kings*. New York: John Wiley & Sons, Inc., 1997, pp.212-217.

听之”的态度，那么，陕西神木石峁遗址玉璇玑、河南濮阳西水坡墓葬蚌塑星象、陶寺观象台与圭尺等考古发现，则为勾勒上古时代天象观测图景提供了实物证据。

石峁遗址是我国目前规模最大的史前遗址，石峁石城面积大约在400万平方米以上，其年代最早可上溯至龙山时代中期或略晚，兴盛于龙山时代晚期，毁弃于夏朝。陕西历史博物馆藏有一件石峁遗址玉人头像，这件玉人头像为侧面造型，头顶突出，似在强调其通天本领，一目，鹰钩鼻，大耳，两颊穿孔。关于石峁玉人形象看法不一，或认定为《山海经》中的“一目国”之人，或认为是石峁先民崇拜的神灵祖先形象。笔者认为，该玉像也有可能为巫师形象。辽宁牛河梁遗址第十六号地点四号墓曾出土一件玉人，双目微闭，大耳，双手抱于胸前，学者通常视之为巫师通灵作法形象，安徽凌家滩也曾出土数件双手抱于胸前的玉人像。当然，遽然断定石峁玉人像为巫师形象证据尚为不足，不过，似乎可以由此玉人像推断出神灵信仰的存在。陕西历史博物馆另藏有一件玉璇玑，清人吴大澂《古玉图考》定名为“璿玑”，为天文仪器，夏鼐则反对吴大澂之说，定名为“牙璧”。《天文考古通论》一书则认为玉璇玑与古人想象中的北极星精灵有关。笔者认为，石峁玉璇玑应为一种与天文有关的器物，只不过其器物功能尚无法断定。

河南濮阳西水坡M45发掘出一组蚌塑龙虎北斗图，墓穴形制为南圆北方，墓内埋葬四人，墓主为一壮年男性，头南足北，身高1.84米，另外三人分别摆放在墓的东、西、北三面向外突出的小龛内。荷兰同位素研究中心测定贝壳年代距今6 465±45年，但是依据该所经验，淡水贝壳测年往往会比实际年代早1 000～1 500年，因此，扣除误差后，河南濮阳西水坡的蚌塑年代最早距今5 000年。张光直认为墓主为巫师，龙、虎为巫师的动物伙伴（“蹻”）。冯时辨析出墓葬中的铲形贝塑为北斗，蚌塑龙虎北斗为一幅星象图，墓主可能是早期巫觋或部族首领，墓中出现的三位殉人分别代表春分神、秋分神和冬至神。M45旁另有两组遗迹，一组位于M45之北，为蚌塑龙、虎、鹿和蜘蛛，在这一组遗迹以南25米处还有另一组遗迹，为奔虎及人骑飞龙图，在龙虎腹下及

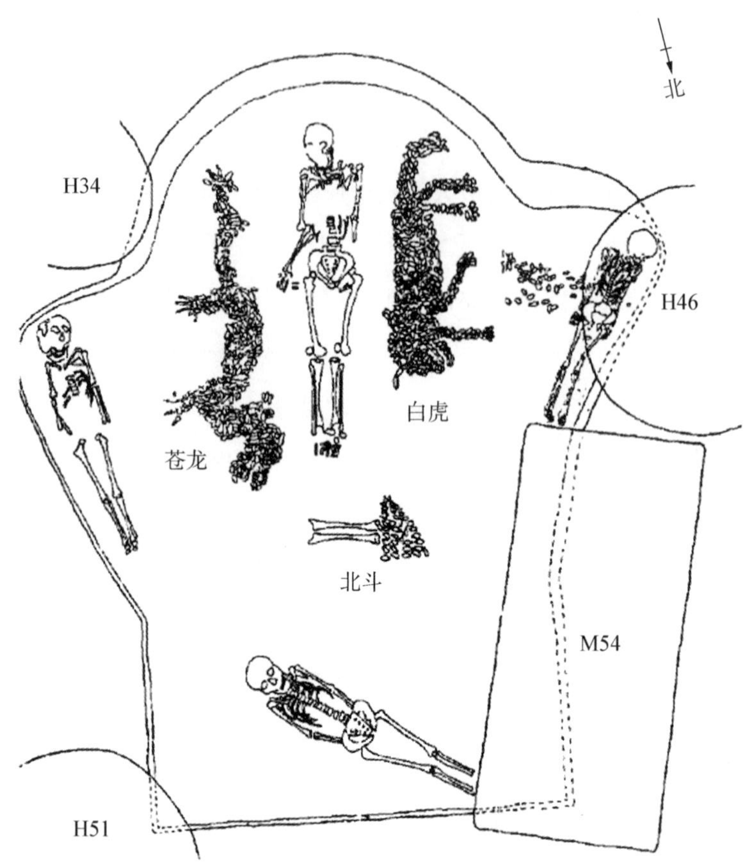

图3-2　濮阳西水坡45号墓平面图（图片来源：《文物》1988年第3期）

东西两面各有一堆圆形蚌塑，蚌塑图像四周零零星星撒放着贝壳，象征着满天繁星，这一组遗迹似乎描绘了墓主御龙升天的场景。联系到西汉马王堆汉墓帛画，西水坡M45墓主人所拥有的三组遗迹同样呈现了一幅秩序井然的升天图。[①]《庄子》描绘了一则死后灵魂升天化为星星的神话："傅说得之……奄有天下，乘东维，骑箕尾，比于列星。"[②]天文上有傅说星，在尾宿，箕尾二宿恰是东方苍龙七宿的组成部分，《楚辞·远游》有"奇傅说之托辰星兮"之句。古代埃及金字塔文本也持有国王死后化为星星的信仰："祝你升到天国，祝天国像猎户座一样

① 冯时著：《中国天文考古学》，北京：社会科学文献出版社，2001年版，第275—301页。
② （清）郭庆藩撰，王孝鱼点校：《庄子集释》，北京：中华书局，1961年版，第247页。

诞生你”“噢，国王，你这伟大的猎户座的伴星”。濮阳西水坡墓葬“人骑飞龙”蚌塑表现了人死后灵魂升天的观念，或许还表现了亡魂化为星星的观念。

1987年，在浙江余杭瑶山发现一处良渚文化祭坛，祭坛顶部偏西处，考古人员发现了以挖沟填筑方式修建的回字形灰色土框。1991年，在距瑶山西南约7公里的汇观山，考古人员发现了一处祭坛，并在祭坛顶面偏西处发现了回字形灰色土框。经测量，瑶山祭坛与汇观山祭坛回字形土框的四角所指方向一致，东北角、东南角、西南角、西北角方向分别为45度、135度、225度、305度。通过实地观测，可以推知瑶山祭坛和汇观山祭坛可能用于太阳观测和测年。①

1999年以来，考古工作者在山西襄汾陶寺遗址进行新一轮发掘，发现陶寺早期小城、中期大城、中期小城、祭祀区、宫殿遗址等遗迹。大型建筑ⅡFJT1位于陶寺城址中期小城内，与大城南城墙Q6相接，形制为半圆，朝向东南，面积约1740平方米。ⅡFJT1遗址兴建于陶寺中期（公元前2100～2000年），毁于陶寺晚期。考古学家与天文专家认为，ⅡFJT1遗址为集祭祀与天文观测功能为一体的建筑。在第三层台基发掘出10道残深4～17厘米的缝隙，在第二层台基北侧发现两道缝隙，共12道观测缝，并发现了观测点夯土基础。天文测量分析发现，在公元前2100年前后，太阳升起一半时，夏至太阳位于东12号缝（E12缝）中部，冬至太阳位于东2号缝（E2缝）正中。②也就是说，当时的观测者可能是以东12号缝判断夏至，并以东2号缝判断冬至。天文学家还猜测，东7号缝可用以判断春分日的到来。据“陶寺史前天文台的天文学研究”项目组观测，2009年春分日时观测到太阳从复原后的东7号缝升起并在缝的正中与山脊相切，猜想得到验证。③刘次沅认为，东1号缝可能用于观测“月南至”。有意思的是，由于《帝王世纪》有“尧都平阳”之说，一些研究者甚至认为陶寺遗址即为尧都之所在，还有学者结合彝族文献《土鲁窦吉》一书认为陶寺观

① 刘斌：《良渚文化的祭坛与观象测年》，《中国文物报》，2007年1月5日第7版。

② 武家璧、陈美东、刘次沅：《陶寺观象台遗址的天文功能与年代》，载《〈中国科学〉G辑：物理学、力学、天文学》，2008年第9期，第1265—1272页。

③ 徐凤先：《“陶寺史前天文台的考古天文学研究”项目组春分观测纪行》，《中国科技史》，2009年第2期，第265—268页。

图3-3 陶寺观象台遗址（图片来源：《山西日报》，2004年7月1日）

象台表明尧时使用着一种一年分为20个节气的历法，也有学者则认为陶寺遗址为黄帝及帝喾之都。[①]虽然存在诸多争议，但毋庸置疑的是，陶寺观象台遗址的考古发现证明了中国古代观象授时的悠久传统。

2002年，陶寺遗址ⅡM22发现一根漆杆ⅡM22：43。漆杆残长171.8厘米，复原后长度为187.5厘米，漆杆颜色为黑绿相间色段并以粉红色带分割。考古专家何驽认为漆杆是用以测量日影的“圭尺”，制作年代大约是陶寺文化中期偏晚。陶寺王族墓地M2200曾出土一根红色木杆，年代大约为陶寺文化早期，复原后长度为225厘米，冯时推测为测影之表。《周髀算经》记载，夏至日影长一尺六寸，冬至日影长一丈三尺五寸，结合ⅡM22出土的测影附件景符ⅡM22：23、垂悬ⅡM22：128以及M2200测影之表等信息，可以断定陶寺漆杆ⅡM22：43具有测影功能。陶寺漆杆ⅡM22：43的发现使陶寺文化中期的天文观测图景显得更加丰富饱满。[②]

至商代时，与日食、月食、祭祀大火星相关的占卜活动在甲骨文中清晰可辨。商人关注日食，日食未发生之前，卜官多次卜问是否将发生日食，日食发生之后，还向祖灵报告。公元前1161年10月31日（殷历为乙巳日）出现日食，时值殷王武丁在位。乙巳日食之前54天为壬子日，商人已经开始占问甲寅日是

① 陈久金：《试论陶寺祭祀遗址揭示的五行历》，《自然科学史研究》，2007年第3期，第324—333页；潘继安：《陶寺遗址为黄帝及帝喾之都考》，《考古与文物》，2007年第1期，第56—61页。

② 何驽：《山西襄汾陶寺城址中期王级大墓ⅡM22出土漆杆“圭尺”功能试探》，《自然科学史研究》，2009年第3期，第261—276页；何驽：《陶寺圭尺补正》，《自然科学史研究》，2011年第3期，第278—287页。

否发生日食（“壬子卜，贞：日蚀于甲寅?”），甲寅日并未发生日食，壬子日后14天再次卜问日食（“乙丑贞：日有蚀，其告于上甲？……其六牛？不用。”），乙丑日还是未发生日食。乙丑日之后又多次反复卜问，直至乙巳日，日食终于发生，当天晚上为此告祭先王上甲，并祭献了九牛。甲骨文中关于商人祭祀大火星的占卜记录也很丰富，如“七日己巳夕壹，[庚午]侑、新，大星，并火”。[①]也就是说，庚午日晚上天空放晴，大火星见于夜空，卜官行“并”祭祀大火星。商人祭祀大火星的名目繁多，有侑、燎、陟、并、用、祓、奏等各种形式，祭献品有羔羊、牡猪乃至人牲。商人不仅崇祭大火星，而且还注意观察大火的偕日升，如卜辞云:“辛酉卜，火以？一[月]。”（《殷墟文字甲编》1074）从文字记录传统看，甲骨文中的天象占卜记录可谓《续汉书·天文志》的先声，而陶寺观象台等则为史前文化传统的滥觞。

第二节　观象玩占:《续汉书·天文志》星占叙事的认知机制

人是一种制造符号并使用符号的动物。本来天空是混沌无名的，就像伊甸园里的亚当给万物命名一样，人也给天空中的繁星起名。希腊人给天空中的星星起了各种各样的名字——大熊、猎户、巨蟹、赫拉克勒斯（武仙座）、阿尔戈（船底座）等等。中国人也给天空中的星星起名，譬如角、亢、氐、房、心、尾、箕等等。通过命名，人创造了一个有意味的神话星空世界。

概念是推理的前提，对星空的命名也是星占的前提。《续汉书·天文志》星占的基本前提是一个后世称为“三垣二十八宿”的星官概念，而其星占推断方式主要为两种：分野占与星官占。考察“三垣二十八宿”概念的命名方式

① 这一则卜辞通常释为“七日己巳夕壹，[庚午]（有）新大星并火”，此处采用冯时之说。参见冯时著:《中国天文考古学》，北京：社会科学文献出版社，2001年版，第138—144页。

以及“三垣二十八宿”概念在《续汉书·天文志》的星占运用是本节的主要任务。

一、“三垣二十八宿”的“名”与“象”

“三垣”分别是紫微垣、太微垣、天市垣，指的是环绕着北极和比较靠近头顶天空的星象。《说文解字·土部》云：“垣者，墙也。”在古人眼里，紫微垣、太微垣、天市垣各有东西两蕃，如同墙垣一般。紫微垣、天市垣之称可见于《开元占经》所辑录的《石氏星经》。紫微垣即紫宫垣。《续汉书·天文志》记载：“（灵帝熹平）二年四月，有星出文昌，入紫宫，蛇行，有首尾无身，赤色，有光炤垣墙。”①可见《续汉书·天文志》已有紫宫称“垣”的观念。太微垣之称“垣”可见于《魏书·天象志》“（世宗景明四年）三月辛酉，月晕轩辕、太微西垣帝座”。②

《史记·天官书》中已有相当于紫微垣、太微垣、天市垣的概念：紫宫、太微、天市。《史记·天官书》曰：“中宫天极星，其一明者，太一常居也；旁三星三公，或曰子属。后句四星，末大星正妃，余三星后宫之属也。环之匡卫十二星，藩臣。皆曰紫宫。”③紫宫象征皇宫，故有三公、正妃、后宫之属、蕃臣相配。《史记·天官书》曰：“衡，太微，三光之廷。匡卫十二星，藩臣：西，将；东，相；南四星，执法；中，端门；门左右，掖门。门内六星，诸侯。其内五星，五帝坐。后聚一十五星，蔚然，曰郎位；傍一大星，将位也。”④太微象征天子之廷、天帝南宫，故有将、相、执法、端门、掖门、诸侯、五帝座等相配。《史记·天官书》曰：“旗中四星曰天市，中六星曰市楼。”⑤张守节《正

① （晋）司马彪撰，（梁）刘昭注补：《后汉书志》，北京：中华书局，1965年版，第3258页。
② 中华书局编辑组编：《历代天文律历等志汇编》，北京：中华书局，1975年版，第458页。
③ （汉）司马迁撰，（宋）裴骃集解，（唐）司马贞索隐，（唐）张守节正义：《史记》，北京：中华书局，1959年版，第1289页。
④ （汉）司马迁撰，（宋）裴骃集解，（唐）司马贞索隐，（唐）张守节正义：《史记》，北京：中华书局，1959年版，第1299页。
⑤ （汉）司马迁撰，（宋）裴骃集解，（唐）司马贞索隐，（唐）张守节正义：《史记》，北京：中华书局，1959年版，第1296页。

义》曰："天市二十三星，在房心东北，主国市聚交易之所，一曰天旗。"①《石氏星经》认为天市垣有五十六星，可见天市垣所含星座有变化。襄楷上桓帝书有"天官宦者星不在紫宫而在天市"之语，可以确定的是，东汉星官体系中天市包括宦者星。

二十八宿又称二十八舍、二十八次、二十八星。二十八宿通常与四宫、四象相配，东宫苍龙辖角、亢、氐、房、心、尾、箕，南宫朱雀辖井、鬼、柳、星、张、翼、轸，西宫白虎辖奎、娄、胃、昴、毕、觜、参，北宫玄武辖斗、牛、女、虚、危、室、壁。设立二十八宿的目的可能是试图通过参照月亮在天空中的位置，进而推断太阳的位置。《吕氏春秋》说："月躔二十八宿，轸与角属，圜道也。"②《史记·律书》引《尚书》称二十八宿为"二十八舍"，并指出"舍"为"日月所舍"之意。③《论衡·谈天》中说："二十八宿为日月舍，犹地有邮亭为长吏廨矣。"④一个恒星月为27.33天，如果是为记录月亮在天空中的位置，只需把天球均分为28份，但是二十八宿所辖的度数并不相同。井宿所辖度数最大，占33度（古度），觜宿所辖度数最小，占2度，这说明设立二十八宿并不仅仅是为了确定月亮的位置。

二十八宿作为总称，最早见于《周礼》一书。《周礼·春官》记载："冯相氏掌十有二岁、十有二月、十有二辰、十日、二十有八星之位，辨其叙事，以会天位。"⑤关于二十八宿的形成年代说法不一，文献学考证的一般结论为二十八宿形成于战国时代，如郭沫若以为二十八宿年代制定于战国初年（公元前5世纪），钱宝琮以为二十八宿体系建立在战国中期。⑥陈邦怀从商代金文中

---

①（汉）司马迁撰，（宋）裴骃集解，（唐）司马贞索隐，（唐）张守节正义：《史记》，北京：中华书局，1959年版，第1296页。

② 许维遹撰，梁运华整理：《吕氏春秋集释》，北京：中华书局，2009年版，第79页。

③（汉）司马迁撰，（宋）裴骃集解，（唐）司马贞索隐，（唐）张守节正义：《史记》，北京：中华书局，1959年版，第1243页。

④ 黄晖撰：《论衡校释》，北京：中华书局，1990年版，第484页。

⑤ 李学勤主编：《周礼注疏》，北京：北京大学出版社，1997年版，第700页。

⑥ 资料出自夏鼐：《从宣化辽墓的星图论二十八宿和黄道十二宫》，《考古学报》，1976年第2期，第35—58页。

整理出二十八宿中的十二个星宿名，沈建华也试图从甲骨文中寻绎出二十八宿，但目前真正使人确信为星名的资料并不多。①《诗经》中已出现八宿名称（火、箕、牵牛、织女、定、昴、毕、参），《尔雅·释天》出现十七宿名称，《礼记·月令》出现了二十五宿名称，《吕氏春秋》《逸周书》《史记·律书》中已有完整的二十八宿名称。曾侯乙墓漆箱盖星象图已出现完整的二十八星宿名，这表明二十八宿至少在公元前433年已经形成。赵永恒、李勇根据二十八宿与黄道、赤道相合的宿数、月舍宿数、对偶宿数进行天文学推算，他们认为二十八宿的形成年代在公元前5670年前后。②考虑到轸宿的命名，公元前5670年前后是否有车还是一个问题。因此，这个结论还需进一步论证。

二十八宿的命名体现了古人关于星宿方面的想象思维，东宫苍龙七宿较为典型。角宿为龙角，《史记·天官书》曰："杓携龙角。"③亢宿为龙之咽颈，《说文解字》曰："亢，人颈也。"引申为龙颈。氐宿为龙首或龙足。《尔雅·释天》曰："天根，氐也。"④"氐"与"柢"通，有根柢之意。冯时以氐为龙首，刘操南以氐为龙足，二说皆可通。曾侯乙墓出土漆箱盖"房"作"方"。冯时以为"房"为龙腹，郑张尚芳以为"房"为龙之胸肋。心宿为龙心，尾宿为龙尾。箕宿四星，状如簸箕，因簸箕的一端开口，类似人之多言，又因箕有簸扬与受物两种功用，故《史记·天官书》曰："箕为敖客，曰口舌。"郑张尚芳以箕宿为龙之后足，冯时以为箕宿名称与龙体无关，但从"龙"字的甲骨文与金文字形上看，箕宿已作为龙尾融入苍龙之象。⑤

① 陈邦怀：《商代金文中所见的星宿》，载陈邦怀：《一得集》，济南：齐鲁书社，1989年版，第54—63页；沈建华：《甲骨文所见廿八宿星名初探》，《中国文化》，1994年第10期，第77—87页；冯时著：《百年来甲骨文天文历法研究》，北京：中国社会科学出版社，2011年版，第34—79页。

② 赵永恒、李勇：《二十八宿的形成与演变》，《中国科技史杂志》，2009年第1期，第110—119页。

③（汉）司马迁撰，（宋）裴骃集解，（唐）司马贞索隐，（唐）张守节正义：《史记》，北京：中华书局，1959年版，第1291页。

④ 李学勤主编：《尔雅注疏》，北京：北京大学出版社，1999年版，第175页。

⑤（宋）刘操南：《二十八宿释名》，《社会科学战线》，1979年第1期，第153—161页；郑张尚芳：《二十八宿取名新释》，《文史知识》，2012年第12期，第77—81页；冯时著：《中国天文考古学》，北京：社会科学文献出版社，2001年版，第306—307页。

南宫朱鸟七宿中，井、鬼二宿名称似与鸟无关。沈括《梦溪笔谈·象数》说："天文家'朱鸟'，乃取象于鹑。故南方朱鸟七宿，曰鹑首、鹑火、鹑尾是也。"[①]十二星次中有鹑首、鹑火、鹑尾。柳、星、张、翼四宿为朱鸟的核心部分。《尔雅·释天》曰："咮谓之柳。柳，鹑火也。"[②]柳宿为鸟咮，即鸟口。《史记》曰："柳为鸟注，主木草。"[③]《汉书·天文志》曰："柳为鸟喙，主木草。"都指的是柳为鸟口。"七星"为鸟颈，《史记·天官书》曰："七星，颈，为员官，主急事。"[④]"员官"为喉咙，《索隐》："宋均云：……物在喉咙，终不久留，故主急事。"[⑤]张为鸟嗉，《史记·天官书》曰："张，嗉，为厨，主觞客。"[⑥]翼宿为朱鸟之翼，《史记·天官书》曰："翼为羽翮，主远客。"[⑦]曾侯乙墓漆箱盖上二十八宿名"轸"书作"车"，传说黄帝曾造指南车，二里头遗址宫殿区大路上已发现车辙痕迹，目前我国最早的实物车为发现于殷墟的商代晚期马车，可知商代的天文神话想象已具备把地上的车投射到天上星象的条件。《史记·天官书》说："轸为车，主风。"[⑧]《史记索隐》引宋均之说云："轸四星居中，又有二星为左右辖，车之象也。"[⑨]又据宋均之说，轸宿与巽卦同位，故轸宿又主风。

西宫白虎实为后起之说，在《史记·天官书》与《汉书·天文志》中，西宫称为"咸池"，白虎只是指觜、参二宿而已。不过西方与白虎相配也有悠久

① （宋）沈括著，侯真平校点：《梦溪笔谈》，长沙：岳麓书社，2002年版，第57页。

② 李学勤主编：《尔雅注疏》，北京：北京大学出版社，1999年版，第176页。

③ （汉）司马迁撰，（宋）裴骃集解，（唐）司马贞索隐，（唐）张守节正义：《史记》，北京：中华书局，1959年版，第1303页。

④ （汉）司马迁撰，（宋）裴骃集解，（唐）司马贞索隐，（唐）张守节正义：《史记》，北京：中华书局，1959年版，第1303页。

⑤ （汉）司马迁撰，（宋）裴骃集解，（唐）司马贞索隐，（唐）张守节正义：《史记》，北京：中华书局，1959年版，第1303页。

⑥ （汉）司马迁撰，（宋）裴骃集解，（唐）司马贞索隐，（唐）张守节正义：《史记》，北京：中华书局，1959年版，第1303页。

⑦ （汉）司马迁撰，（宋）裴骃集解，（唐）司马贞索隐，（唐）张守节正义：《史记》，北京：中华书局，1959年版，第1303页。

⑧ （汉）司马迁撰，（宋）裴骃集解，（唐）司马贞索隐，（唐）张守节正义：《史记》，北京：中华书局，1959年版，第1304页。

⑨ （汉）司马迁撰，（宋）裴骃集解，（唐）司马贞索隐，（唐）张守节正义：《史记》，北京：中华书局，1959年版，第1304页。

的历史，河南濮阳西水坡蚌塑星象图中白虎即位于西方，因而白虎才得以脱颖而出，成为与西宫相配的经典形象。《淮南子·天文训》云："咸池者，水鱼之囿也。"[①]据高诱注，水鱼为天神。也就是说，咸池是天神水鱼的苑囿。《汉书·天文志》曰："奎曰封豨。"奎宿为大野猪之象。娄宿也是猪之象，十二星次中有降娄，对应奎、娄二宿，又有豕韦（诹訾），疑皆与猪有关。胃宿为天仓，郑张尚芳、伊世同皆以胃宿为刺猬之象，可备一说。[②]曾侯乙墓漆箱盖上"昴"书作"矛"，《史记·律书》书作"留"："北至于留。留者，言阳气之稽留也，故曰留。"[③]郑张尚芳以为昴字有兽网之象。昴有团簇之义，昴宿又称昴星团，《汉书·天文志》曰："昴曰旄头，胡星也，为白衣会。"毕为田猎之网，引申为弋猎，《汉书·天文志》认为毕宿主边兵与弋猎。觜宿三星，角锐，像鸟嘴，引申为虎首，主葆旅事。参宿的主体为中央三星。《汉书·天文志》认为，参为白虎，并认为连成直线的三星有衡石之象，其下锐形三星主斩艾事，其外四星象白虎的左右肩股。[④]

北宫最初与鹿或熊相配，其后才转变为与玄武相配。在濮阳西水坡星象图、小山星象图、虢国四象铜镜及曾侯乙墓漆箱盖星象图上皆发现了鹿的形象，这说明四象未定型之前，北宫与鹿相配。在北宫与玄武相配定型之前，还存在着北宫与熊相配的现象。汉代一件陶鼎鼎盖上刻画着四神图，东方为苍龙，西方为白虎，南方为朱雀，北方之位的图像却为一只舞蹈状的熊。无独有偶，古巴比伦人与古希腊人都曾经将北斗星系称为大熊星座。[⑤]《汉书·天文志》中，北宫七宿之象多与宗庙之事相关：南斗为庙，牵牛为牺牲，女为织女，虚为哭泣之事，危为盖屋，营室为清庙。这与《汉书·五行志》的思想一致，北方主收藏，"其于人道，命终而形藏，精神放越，圣人为之宗庙以收魂

① 何宁撰：《淮南子集释》，北京：中华书局，1998年版，第201页。
② 伊世同：《天文与人文——四象——龙虎凤龟》，《广西民族学院学报》（自然科学版），2006年第2期，第43—48页。
③ （汉）司马迁撰，（宋）裴骃集解，（唐）司马贞索隐，（唐）张守节正义：《史记》，北京：中华书局，1959年版，第1247页。
④ （汉）班固撰，（唐）颜师古注：《汉书》，北京：中华书局，1962年版，第1278页。
⑤ 叶舒宪著：《金枝玉叶》，上海：复旦大学出版社，2012年版，第160—162页。

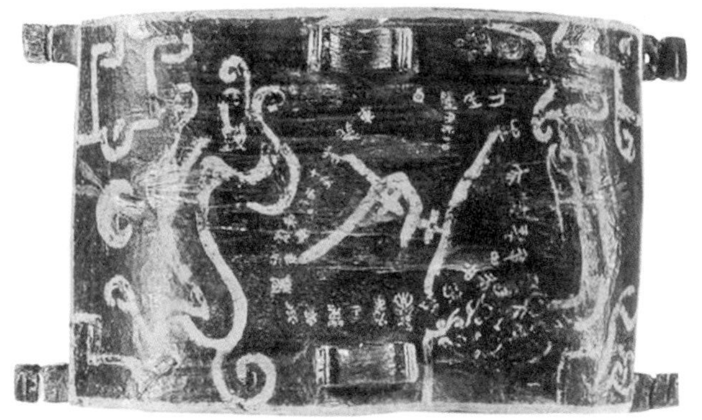

图3-4　曾侯乙墓漆箱盖天文图

图3-5　靖边渠树壕东汉壁画墓天文图

气，春秋祭祀，以终孝道”。[①]

《汉书 · 天文志》认为星宿“皆有州国官宫物类之象”。这是星占的观念前提。汉代天文图可见于陕西西安交通大学西汉壁画墓、河南洛阳尹屯西汉壁画墓以及陕西靖边渠树壕东汉壁画墓。其中，靖边渠树壕东汉壁画墓天文图要素齐全，较为完整地描绘了星形、星数、星宿意象、题名。譬如，其西宫七宿旁

① （汉）班固撰，（唐）颜师古注:《汉书》，北京：中华书局，1962年版，第1342页。

边写着题名:“奎”“娄”“卯”“毕”“觜戈”“参”，并分别描绘着蛇、猪、兔、猎人执网、鹰、虎首这些图像。[①]“三垣二十八宿”的“名”与“象”体现了古人对宇宙的神话理解，同时这种理解又具有浓厚的社会性。正如恩斯特·卡西尔所说:“如果人首先把他的眼光指向天上，那并不是为了满足单纯的理智好奇心，人在天上所真正寻找的乃是他自己的倒影和他那人的世界的秩序。”[②]结合《汉书》之《天文志》与《地理志》，我们整理出“二十八宿星官与分野表”(如表3-2所示)。需要指出,《汉书》的二十八宿分野体系具有明显的华夏中心主义色彩。在这一体系中，只有毕宿与昴宿可用于占测异族动向，异族在分野体系中处于边缘位置。

表3-2 《汉书》二十八宿星官与分野表

<table>
<tr><td>角</td><td>理、将</td><td rowspan="3">沇州</td><td rowspan="3">韩地</td><td rowspan="7">东宫苍龙</td><td>井</td><td>水事</td><td rowspan="2">雍州</td><td rowspan="2">秦地</td><td rowspan="7">南宫朱鸟</td></tr>
<tr><td>亢</td><td>宗庙，主疾</td><td>鬼</td><td>舆鬼，鬼祠事</td></tr>
<tr><td>氐</td><td>天根，主疫</td><td>柳</td><td>鸟喙，主木草</td><td rowspan="3">三河</td><td rowspan="3">周地</td></tr>
<tr><td>房</td><td>天府</td><td rowspan="2">豫州</td><td rowspan="2">宋地</td><td>星</td><td>颈，员宫，主急事</td></tr>
<tr><td>心</td><td>明堂</td><td>张</td><td>嗉，为厨，主觞客</td></tr>
<tr><td>尾</td><td>九子、君臣</td><td rowspan="2">幽州</td><td rowspan="2">燕地</td><td>翼</td><td>羽翮，主远客</td><td rowspan="2">荆州</td><td rowspan="2">楚地</td></tr>
<tr><td>箕</td><td>敖客、后妃之府</td><td>轸</td><td>车，主风</td></tr>
<tr><td>奎</td><td>沟渎</td><td rowspan="3">徐州</td><td rowspan="2">鲁地</td><td rowspan="7">西宫咸池</td><td>斗</td><td>庙</td><td>江、湖</td><td>吴地</td><td rowspan="7">北宫玄武</td></tr>
<tr><td>娄</td><td>聚众</td><td>牛</td><td>牺牲</td><td rowspan="2">扬州</td><td rowspan="2">粤地</td></tr>
<tr><td>胃</td><td>天仓</td><td></td><td>女</td><td>天女孙</td></tr>
<tr><td>昴</td><td>白衣会</td><td rowspan="2">冀州</td><td rowspan="2">赵地</td><td>虚</td><td>盖屋</td><td rowspan="2">青州</td><td rowspan="2">齐地</td></tr>
<tr><td>毕</td><td>边兵，主弋猎</td><td>危</td><td>哭泣之事</td></tr>
<tr><td>觜</td><td>虎首，主葆旅事</td><td rowspan="2">益州</td><td rowspan="2">魏地</td><td>室</td><td>清庙</td><td rowspan="2">并州</td><td rowspan="2">卫地</td></tr>
<tr><td>参</td><td>白虎</td><td>壁</td><td></td></tr>
</table>

① 段毅、武家璧:《靖边渠树壕东汉壁画墓天文图考释》,《考古与文物》，2017年第1期，第78—88页。

② [德]恩斯特·卡西尔著:《人论》，甘阳译，上海：上海译文出版社，1985年版，第62页。

“三垣二十八宿”的“名”与“象”所体现的想象与类比思维在其他民族的星空文化中也可找到类似案例。古埃及的神庙或墓室穹顶往往刻画着天文图，森穆特墓墓顶天文图是埃及最古老的天文图。穹顶分为南北两个部分，北面的上部刻画了十二个时轮，每个轮子划分为24个区。画面中央上部为一个鹰首神手持一杆长矛指着一牛首，牛首旁有一女神与之平行，女神顶上有一圆轮。其下为一长柱，柱子右侧为一只像人一般两腿直立的母河马，一只鳄鱼趴在她的肩膀上，河马左手拄着一鳄鱼，右手拄着一短杖。长柱两侧共有十六位神，左侧7位，右侧9位。据西方学者研究，牛首象征着大熊座（北斗），母河马的手掌为北极星，母河马相当于天龙座，她拄的短杖相当于小熊座。手持长矛指着牛首的鹰首神的位置相当于天鹅座与武仙座之间，不过这一点学界尚未达成共识。顶上有圆轮的女神为处女座。图像上还画着一只长着鳄鱼尾的狮子，狮身应为狮子座，其尾巴可能为巨蟹座。狮子下方画着一只鳄鱼，它相当于“九头蛇”。狮子上方的鳄鱼相当于双子座。①

在芬兰乌戈尔人文化或其他西伯利亚文化中，银河与候鸟相关。他们称银河为“野鸭之路”“南方鸟之路”“鸟路”“鸟梯”，这些名字与秋天的银河有关，他们认为银河是水鸟通往南方过冬之路。因此，他们把银河里的一些星取名为“天鹅”，因为天鹅座在夜里也是向南运行。乌戈尔人的“天鹅座”命名还与更深广的文化背景相关，在乌拉尔语族神话中，候鸟只在夜里迁徙，银河给它们指示方向，但它们不只是飞往南方，它们还飞往“鸟之国土”，在那里它们死去，直到春天它们才复活并飞往北方。在沃古尔人（属乌拉尔语族）观念中，他们的至高神“世界守护者”化身为天鹅并护送死者的灵魂到另一个世界去，当冬天来临，“世界守护者”就陷入死一般的熟睡，如同萨满进入通灵状态一样。②

---

① Magli, Giulio. *Mysteries and Discoveries of Archaeostronomy*. New York: Praxis Publishing Ltd, 2009, p.93.

② Selin, Helaine & Sun Xiaochun. *Astronomy Across Cultures*. London: Kluwer Academic Publishers, 2000, pp.20–22.

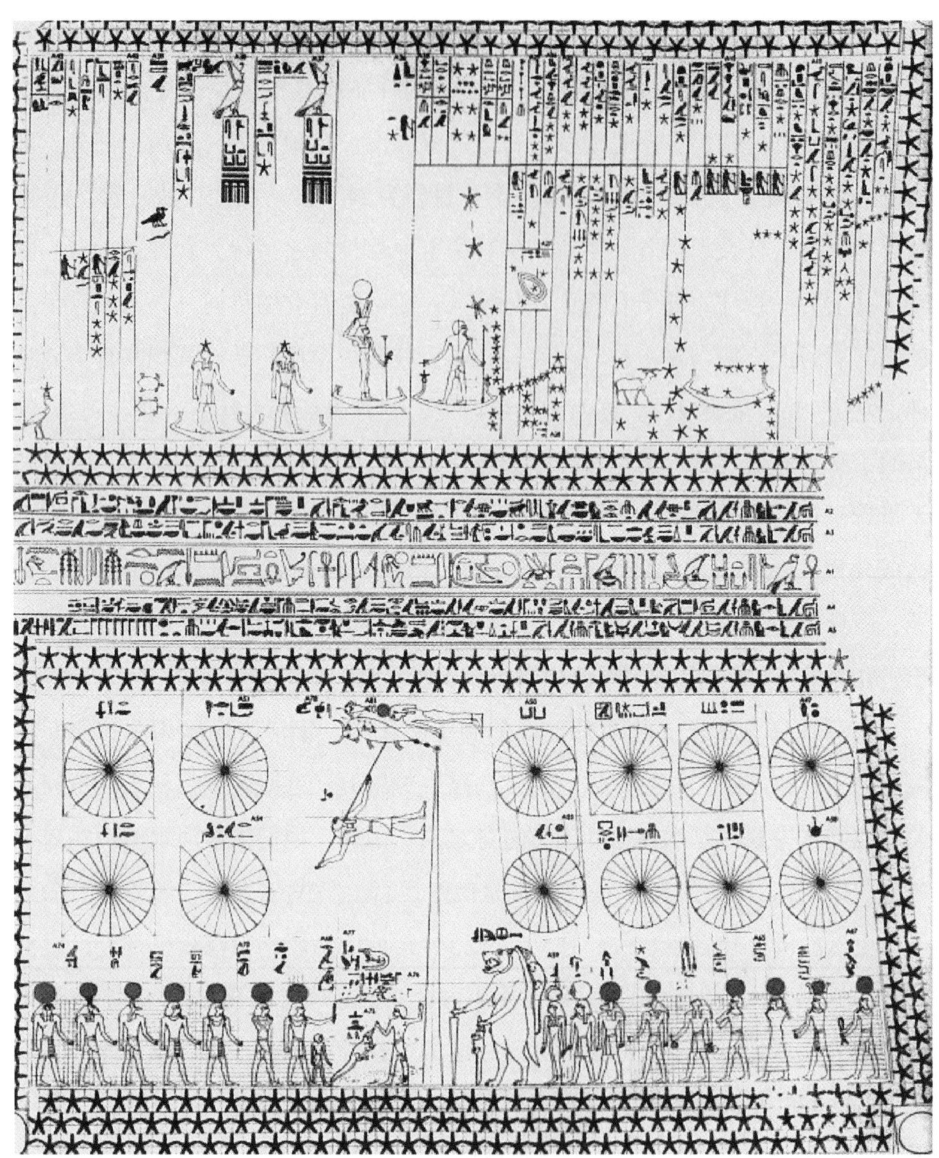

图3-6　埃及森穆特墓天文图

古代中国天文观念中，斗为帝车。类似观念在欧洲文化中也能发现，意大利人、匈牙利人、盎格鲁-撒克逊人及其他欧洲人都称北斗为车。希腊人虽然称北斗为大熊座，但也认同它为车。盎格鲁-撒克逊人称北斗为日耳曼神“伊尔米之车”，北欧称北斗为“沃坦之车”，加洛林王朝时期的法兰克人称北斗为

"查理曼之车"，条顿人称北斗为"卡尔之车"，英国康沃尔人称北斗为"亚瑟之车"。埃及人则把北斗比作开口仪式上用的钩，北斗对埃及人来说意味着永生与天上权力。埃及的殡葬祭司在开口仪式上代表着荷鲁斯。埃及一个贵族墓墓壁上就画着荷鲁斯用钩触碰死者的嘴，好让死者重新开口说话和呼吸。在埃及神话中，塞特与荷鲁斯发生了一场争斗，抓住北斗——"塞特之腿"——就意味着荷鲁斯的胜利及王朝的更新。[①]

再以昴宿为例，我国凉山彝族称昴宿为"一群六只山羊"或"一群雏鸡"；佤族称昴宿为鸡窝星，中间那颗星为母鸡森木衣努布；拉祜族称昴宿为小鸡星川木哥阿也奇；黎族称昴宿为"多兄弟星"；鄂伦春族称昴宿为"那达里那"，意为"七仙女"。传说妖精玛恩企图追上七仙女并要求同她们结婚，可是只要他一追，一只猪（毕宿）就会回过头拱它。玛恩非常生气，用箭（参宿）射那只猪，可是箭没有瞄准猪头，因此老是射不着，也就追不上七仙女。[②]古希腊人与古罗马人把昴宿称为"七姐妹"。奥利安（猎户座）爱上七姐妹，追了七年，可是一直追不上，后来宙斯把七姐妹变为星星。大部分澳大利亚土著把昴宿视为一群年轻妇女（通常为七个），澳洲土著关于昴宿的传说通常为这些年轻妇女被一个男人追逐。纳瓦霍印第安人称昴宿为Dilyéhé，与黑神相关。黑神掌管月份和季节，他的面具上有一张圆月般的嘴，他的前额长着新月。在纳瓦霍人的想象中，昴宿表现了七个老人正在掷骰子的场景，同时昴宿也表现了掷骰子的结局——输的那个男人领着妻子和儿女回家。同时，在纳瓦霍观念中，昴宿与农业有关。[③]印度星占学称昴宿为Kṛttikā，意为"剃刀"，其主神为火神，与愤怒与固执相关。

① Selin, Helaine & Sun Xiaochun. *Astronomy Across Cultures*. London: Kluwer Academic Publishers, 2000, pp.20-28.

② 王胜利、邓文宽：《鄂伦春族天文历法调查报告》，载《中国天文学史文集》编辑组编：《中国天文学史文集》（第二集），北京：科学出版社，1981年版，第66—67页。

③ Selin, Helaine & Sun Xiaochun. *Astronomy Across Cultures*. London: Kluwer Academic Publishers, 2000, pp.280-287.

二、《续汉书·天文志》星占释例

若从星占对象方面划分，星占可分为五星占、日占、月占、北斗星占、彗星占等。若从星占解释方式划分，星占可分为星官占与分野占。为了探讨《续汉书·天文志》的星占叙事机制，我们选择从星占解释方式入手。

（一）《续汉书·天文志》中的星官占

《汉书·天文志》以为，“经星常宿中外官……皆有州国官宫物类之象”。星官占就是根据天上星宿与人间社会在“官宫之象”上的映射关系来断定吉凶的一种星占方式。通过分析三垣二十八宿的“名”与“象”可以看出，天上世界是人间社会在天上的投影。与西方星座名称相比，中国星官名称具有非常浓厚的官方气息，李约瑟指出：“由于农业封建性质在中国古代文明中占压倒优势，因而产生了一整套以人间的统治等级制为蓝本的星名。”[①]因此，在天人感应思维的影响下，史官就可以根据天象作出人事上的吉凶预测，史家也可以运用星官占解释天象与历史事件。

1. 太白入太微

> 四年秋，太白在太微中，烛地如月光。太白为兵，太微为天廷。太白赢而北入太微，是大兵将入天子廷也。[②]

时为王莽地皇四年（公元23年）。太白为金星，太白是较为明亮的星，正常情况下亮度如天狼星。“烛地如月光”，相当夸张地形容了太白的亮度。《汉书·天文志》曰：“太白，兵象也。”太微，象征天子廷。超舍而前称为“赢”，退舍而后称为“缩”。太白入太微，于星占而言为“兵入天子之廷”之征。史

① ［英］李约瑟著：《中国科学技术史》（第四卷），《中国科学技术史》翻译小组译，北京：科学出版社，1975年版，第232页。

② （晋）司马彪撰，（梁）刘昭注补：《后汉书志》，北京：中华书局，1965年版，第3219页。

家给出的事应是当年王莽兵败，汉兵攻破宣平城门，王莽在渐台被杀。另外，更始入长安、赤眉立刘盆子为天子都属于大兵入宫廷。

《续汉书·天文志》中还记录了另一次“太白入太微”天象：

> 孝灵帝建宁元年六月，太白在西方，入太微，犯西蕃南头星。①

时为灵帝建宁元年（公元168年），刚刚即位的灵帝才13岁，陈蕃任太傅，窦太后之父窦武任大将军。陈蕃与窦武都对宦官专权不满，共谋诛除宦官，窦武于是安排尹勋、刘瑜等一些志同道合的人担任要职。建宁元年五月丁未朔曾经出现过一次日食，“诏公卿以下各上封事”，陈蕃劝窦武借日食之机“斥罢宦官，以塞天变”。窦武遂说服窦太后诛除管霸、苏康，但此后在诛曹节一事上，太后一直拿不定主意。同年六月，太白出西方，精通星占的刘瑜觉得是不祥之兆，上书皇太后:“太白犯房左骖、上将星，入太微，其占宫门当闭，将相不利，奸人在主傍。愿急防之。”②太白犯房左骖、上将星，预示对将相不利，于是刘瑜致信陈蕃、窦武二人，建议速做决断:“星辰错缪，不利大臣，宜速断大计。”但由于朱瑀偷看窦武奏本，先下手为强，纠集亲信宦官歃血为盟。曹节矫诏发兵讨伐窦武，窦武兵败自杀，太后迁至南宫，陈蕃、尹勋、刘瑜、冯述被夷族。如果范晔《后汉书》的记载无误，时局的发展似乎验证了刘瑜的星占判断，史家自然而然地会认为“太白入太微”的事应为陈蕃、窦武之死。不过，且不论范晔《后汉书》的历史书写是否为“事后诸葛亮”，在“太白入太微”与“兵入天子之廷”相关的思维定式下，司马彪的解释也合乎星占逻辑。

2. 荧惑入太微

“荧惑入太微”为乱臣在廷中之象。如顺帝永和三年闰月己酉、永和四年

① （晋）司马彪撰，（梁）刘昭注补:《后汉书志》，北京：中华书局，1965年版，第3258页。

② （宋）范晔撰，（唐）李贤等注:《后汉书》，北京：中华书局，1965年版，第2243页。中华书局版《后汉书》断句为“太白犯房左骖，上将星入太微”，标点似有误，笔者略作修改。

八月己酉以及恒帝永寿元年八月己巳共出现三次“荧惑入太微”，《续汉书·天文志》都指出其事应是梁氏专政。桓帝末年时也曾多次出现“荧惑入太微”：

> 壬午，荧惑入太微右执法。……九月辛亥，荧惑入太微西门，积五十八日。永康元年正月庚寅，荧惑逆行入太微东门，留太微中百一日出端门。[①]

荧惑为火星，火星有顺行逆行，一般顺行354天后，逆行72天，再顺行354天。荧惑由顺行转为逆行或由逆行转为顺行称为“留”。荧惑为罚星，荧惑逆行为不祥之兆，《汉书·天文志》云：“荧惑为乱为贼，为疾为丧，为饥为兵，所居之宿国受殃。”[②]在指出“荧惑入太微为贼臣”之后，《续汉书·天文志》特别指出“荧惑留太微中百一日”预示桓帝之崩：“荧惑留太微中百一日，占为人主。”

3. 流星过、入紫宫，彗星入紫宫

> 二年九月甲寅，流星过紫宫中，长数丈，散为三，灭。十二月戊寅，彗星出娄三度，长八九尺，稍入紫宫中，百六日稍灭。[③]

时为汉章帝建初二年（公元77年）。古人将彗星出现视为不祥，彗星出现预示着战争、改朝换代、饥荒及自然灾害等灾难。《晏子春秋》记载齐景公见彗星出而泣，《春秋》记载“彗星三见”，二书的记载都表明了古人视彗星出现为不祥的观念。马王堆三号墓帛书的一幅彗星图描绘了29种彗星图像，每一种彗星图都有相应占辞，如“是是帚彗，有内兵，年大孰（熟）”“蒲彗，天下

---

① （晋）司马彪撰，（梁）刘昭注补：《后汉书志》，北京：中华书局，1965年版，第3257页。
② （汉）班固撰，（唐）颜师古注：《汉书》，北京：中华书局，1962年版，第1281页。
③ （晋）司马彪撰，（梁）刘昭注补：《后汉书志》，北京：中华书局，1965年版，第3232页。

疾”等等。[①]紫宫为天子之宫，彗星经过紫宫或是进入紫宫，星占上通常解释为“除宫之象”，预示着皇帝（或皇后）之崩或是人主易位。建武三十年（公元54年）曾经出现过一次“彗至紫宫西蕃”的天象，史家将之与三年后的刘秀之死联系在一起。因此，《续汉书 · 天文志》说“流星过，入紫宫，皆大人忌”，并认为建初二年“流星过、入紫宫”对应着明德皇后（马皇后）之崩。

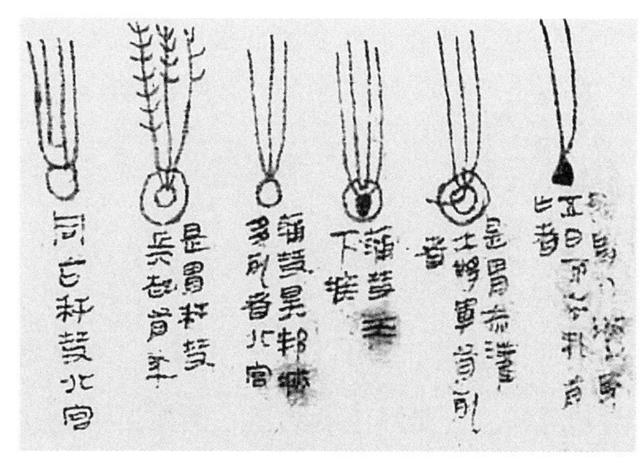

图3–7　马王堆汉墓帛书彗星图（局部，图片来源：《马王堆汉墓文物》，第160页）

4. 彗入天市

> 四年十月，孛星出两角间，东北行入天市中而灭。占曰:“彗除天市，天帝将徙，帝将易都。”是时上在长安，后二年东迁，明年七月，至雒阳，其八月，曹公迎上都许。[②]

时为汉献帝初平四年（公元193年）。《续汉书 · 天文志》中，“彗出天市”通常对应着战争，“客星见天市”对应着贵人之丧，“彗入天市”意味着迁都。献帝于初平元年（公元190年）车驾入长安，建安元年（公元196年）七月至洛阳，八月迁都许城。《续汉书 · 天文志》还有一个“彗入天市”天象：光和元年八月，一颗彗星从亢宿北出发，入天市中，又经历十余宿，八十余日后才消失，《续汉书 · 天文志》认为这是献帝初平元年迁都长安之兆。由这种星象为因、人事变动为果的解释学机制，历史叙事自然变成神话历史。

---

① 席泽宗:《马王堆汉墓帛书中的彗星图》,《文物》，1978年第2期，第5—9页；刘乐贤著:《马王堆天文书考释》，广州：中山大学出版社，2004年版，第135页。

②（晋）司马彪撰，（梁）刘昭注补:《后汉书志》，北京：中华书局，1965年版，第3261页。

5. 彗星见昴，入营室，犯离宫

> 十五年正月丁未，彗星见昴，稍西北行入营室，犯离宫，三月乙未，至东壁灭，见四十九日。①

时为建武十五年（公元39年）。彗星见昴，《续汉书·天文志》对此作出两种解释：一是对应着兵事，例如当年十一月定襄都尉阴承叛反，但很快被镇压；二是对应着狱事，当时大司徒欧阳歙因为受贿罪被收押，建武十五年十一月死在狱中。《汉书·天文志》中，营室为清庙之象。不过根据《汉书·五行志》中关于汉高后七年（公元前181年）的一次日食记录可以看出，营室亦有宫室与女主之象："七年正月己丑晦，日有食之，既，在营室九度，为宫室中。时高后恶之，曰：'此为我也！'明年应。"②故《续汉书·天文志》释营室为"天子之常宫"。离宫为营室的附座，为妃后居所之象。因此，《续汉书·天文志》视"彗星入营室，犯离宫"为除宫室之象，对应着建武十七年废除郭皇后与立阴贵人（阴丽华）为皇后。

6. 荧惑守心

> 孝安永初元年五月戊寅，荧惑逆行守心前星。③

荧惑由顺行转为逆行或由逆行转为顺行，速度变慢，往往会在2度左右停留一个月时间，这在古代天文学称为"守"某宿或某心，④"荧惑守心"就是指荧惑在心宿停留一段时间的天文现象。《史记·天官书》与《汉书·天文志》都认为荧惑为残贼、疾、丧、饥、兵等不祥之兆，由于心为明堂，"荧惑守心"

① （晋）司马彪撰，（梁）刘昭注补：《后汉书志》，北京：中华书局，1965年版，第3222页。
② （汉）班固撰，（唐）颜师古注：《汉书》，北京：中华书局，1962年版，第1501页。
③ （晋）司马彪撰，（梁）刘昭注补：《后汉书志》，北京：中华书局，1965年版，第3238页。
④ 刘次沅、吴立旻：《古代"荧惑守心"记录再探》，《自然科学史研究》，2008年第4期，第507—520页。

被视为是对国君而言的大凶之象，《史记·天官书》曰："火犯守……房、心，王者恶之也。"[①]据《汉书·天文志》记载，秦始皇与汉高祖驾崩之前均出现"荧惑守心"。不过据天文学史专家黄一农推算，高祖驾崩那年春天，荧惑由壁宿顺行至毕宿，因此不能称为"守心"。据推算，汉安帝永初元年（公元107年）五月确曾发生过"荧惑守心"。[②]《续汉书·天文志》认为，永初元年的"荧惑守心"对应着司空周章密谋废立。和帝崩逝之后，邓太后以长子刘胜有疾为由而扶立三个月大的幼子刘隆（即汉殇帝）。汉殇帝在位仅八个月就夭折，大臣们主张立刘胜为帝，邓太后担心刘胜有怨恨之意——因为邓太后最初没有立刘胜——再次否定群臣之议，迎立清河王之子刘固为安帝。安帝未临朝，由邓太后摄政，邓太后兄弟皆显贵，秉国势。司空周章愤愤不平，于是图谋废皇太后，封安帝为远国王，改立刘胜为帝，事情败露，周章自杀。灵帝中平三年四月也曾发生"荧惑守心"，《续汉书·天文志》书曰"后三年而灵帝崩"，明确肯定"荧惑守心"与灵帝崩逝存在着关联。

（二）《续汉书·天文志》中的分野占

古代星占"分野说"认为，天上某个区域对应着地上某个区域，根据天上的星象变化可以占卜其所对应区域的世事吉凶，我们把以"分野说"为主要依据的星占法称为分野占。分野观念起源较为古老，一种看法认为中国早期分野思想的形成可以上溯至公元前3000年，最早的分野形式为北斗分野，[③]后来又出现了十二次分野、二十八宿分野、单星分野及五星分野等分野形式。星占分野说持有一种"神话地理学"观念。我国古代称银河为天汉，将之拟作天上的汉水。古代加尔底亚人把银河拟作底格里斯河与幼发拉底河。在古巴比伦时代，地上世界就依据它与天上世界的关系分为四个不同区域：阿克达印南巴比

---

① （汉）司马迁撰，（宋）裴骃集解，（唐）司马贞索隐，（唐）张守节正义：《史记》，北京：中华书局，1959年版，第1298页。

② 黄一农：《星占、事应与伪造天象——以"荧惑守心"为例》，《自然科学史研究》，1991年第2期，第120—132页。

③ 冯时著：《中国天文考古学》，北京：社会科学文献出版社，2001年版，第76—80页。

伦，由木星统治和守护；西部的阿姆鲁由火星统治；北部和东部的苏巴吐和伊拉由昴星团和英仙座统治①。

“分野说”似乎与图腾观念有关。图腾观念相信，每一种图腾都会把各种各样的力量赋予属于该图腾的个体。在澳洲的甘比尔山部落、沃乔巴卢克部落和维多利亚北部部落中，存在着一种观念：一个个体可以被认为是某颗星，一个胞族、姻族或者氏族也可以被认为属于某颗星。沃乔巴卢克人的亲族沃伊伍龙人相信，Bunjil（胞族名）与其儿子一同升入天空，化为星星，Bunjil为北落师门星，他有两个儿子分别是南十字星中的α星和β星。在南昆士兰的米库隆人中，靠近南十字星的星云属于鹂鹋氏族，猎户的腰带分给了Marbarugal氏族，而流星则属于Jinbabora氏族。在阿兰达人观念中，太阳是一个Panunga姻族的女人，与太阳有关的宗教典礼由Panunga-Bulthara胞族来负责，月亮与负鼠氏族有关，晨星则属于Kumara姻族。②古代中国传说中，阏伯与实沉兄弟不和，阏伯主辰，商人崇拜辰星，而实沉主参，唐人崇拜参星。由于人们不可能同时看到参星与商星，故有“人生不相见，动如参与商”之说。目前已有学者试图运用图腾观念来解释四象、十二星次与二十八分野的由来，有些说法较有启发，如玄枵之名源于黄帝适子玄嚣，但总体看来，能够令人信服的解释并不多见。譬如说牛女二宿在分野上对应越地，但用越地男耕女织的社会状况来解释牛女分野则较为牵强。③

《续汉书·天文志》中的分野占主要运用的是二十八宿分野，兼及十二次分野。兹举数例：

---

① ［德］恩斯特·卡西尔著，柯礼文校：《神话思维》，黄龙保、周振选译，北京：中国社会科学出版社，1992年版，第105页。

② ［法］爱弥尔·涂尔干、［法］马塞尔·莫斯著：《原始分类》，汲喆译，渠敬东校，北京：商务印书馆，2012年版，第33—37页。中译本《原始分类》对Bunjil等族名未作翻译，故本书此处引述也不翻译这些族名。

③ 陈久金：《华夏族群的图腾崇拜与四象概念的由来》，《自然科学史研究》，1992年第1期，第9—22页；陈久金：《中国十二星次、二十八宿星名含义的系统解释》，《自然科学史研究》，2012年第4期，第381—395页。

✦ 王莽地皇三年十一月，有星孛于张，东南行五日不见。[①]

地皇三年（公元22年）在张宿出现的是一颗彗星。史书记为“有星孛于张”，含有深意。《续汉书·天文志》曰：“孛星者，恶气所生，为乱兵，其所以孛德。”潜台词为王莽统治不得民心，也不得天心。当时天下大乱，四方多有“盗贼”攻城略地。王莽也注意到这一天象，多次询问太史令宗宣，诸术数家都不敢说真话，用“天文安善，群贼且灭”之辞敷衍应付，王莽心内稍安。张宿的东南方向为翼宿与轸宿。在分野上，张宿对应周地，翼、轸二宿对应楚地，因此，《续汉书·天文志》认为“星孛于张，东南行五日”对应着周、楚两地将有兵乱。刘秀与其兄刘伯升于舂陵起兵，攻破南阳，应合了“星孛于张”天象。同时，更始与光武都定都洛阳，洛阳为周地，也应合了“星孛于张”的除秽布新之象。河南南阳王寨曾出土一幅彗星图，有论者认为图画表现的是王莽地皇三年“星孛于张”天象，可备一说[②]。

✦（永平）九年正月戊申，客星出牵牛，长八尺，历建星至房南，灭见至五十日。[③]

明帝永平九年（公元66年）正月有客星出牵牛，《古今注》记载得更详细：“历斗、建、箕、房，过角、亢，芒东指。”[④]《续汉书·天文志》认为这个天象对应着广陵王刘荆与楚王刘英分别叛逆之事。广陵王刘荆本为山阳王，他曾以东海王舅舅的名义写信劝东海王刘彊谋反。刘彊上交了这封信，事发后，刘荆徙封为广陵王，但不思悔改，后有司举奏广陵王命巫祝行诅咒之事。永平十年（公元67年），广陵王自杀。楚王刘英少时喜好招揽宾客，晚年又喜好黄老

① （晋）司马彪撰，（梁）刘昭注补：《后汉书志》，北京：中华书局，1965年版，第3218页。

② 长山、仁华：《试论王寨汉墓中的彗星图》，《中原文物》，1982年第2期，第26—27页；张维华：《南阳汉画像石中的“蚩尤旗”》，见韩玉祥主编：《南阳汉代天文画像石研究》，北京：民族出版社，1995年版，第55—56页。

③ （晋）司马彪撰，（梁）刘昭注补：《后汉书志》，北京：中华书局，1965年版，第3230页。

④ （晋）司马彪撰，（梁）刘昭注补：《后汉书志》，北京：中华书局，1965年版，第3230页。

之说，奉行佛教斋戒祭祀之事。永平十三年（公元70年），有人告发刘英图谋叛逆，刘英所封之国被夺，刘英转徙至丹阳，其后自杀。楚王刘英逆谋之事牵连甚广，达数千人。在分野上，牵牛主吴、越，广陵属吴，故“客星出牵牛”对应着广陵王刘荆的叛逆；又房、心为宋，彭城为古宋地，因此客星“历建星至房南”对应着楚王刘英的谋逆。

✦（永和）四年七月壬午，荧惑入南斗犯第三星。[①]

永和二年（公元137年）八月曾出现“荧惑犯南斗”，南斗主吴地，《续汉书·天文志》以为永和二年“荧惑犯南斗”对应两件事：一是吴郡太守行丞事羊珍等人的叛乱，二是九江人蔡伯流等数百人攻掠广陵及九江。永和四年（公元139年）七月出现“荧惑入南斗”，这一天象可从两个方面解析：一是在朝之象，斗为贵相，“荧惑犯入南斗”为兵丧，故可解为大将军梁商之薨；二是州国之象，《汉书》中斗主吴地，东汉设十三部，九江、丹阳、庐江、会稽、吴郡、豫章属扬州，《续汉书·天文志》以为斗为扬州，故永和四年“荧惑入南斗”对应着永和六年（公元141年）九江、丹阳人周生、马勉等起兵攻没郡县。灵帝熹平元年（公元172年）十月再次出现“荧惑入南斗”，南斗主吴地。《后汉书·孝灵帝纪》中与吴地有关的历史记载为“十一月，会稽人许生自称‘越王’，寇郡县，遣扬州刺史臧旻、丹阳太守陈夤讨破之”。[②]《续汉书·天文志》以为，熹平元年“荧惑入南斗”对应着许昭聚众自称大将军并攻破郡县。

✦ 建安五年十月辛亥，有星孛于大梁，冀州分也。时袁绍在冀州。其年十一月，绍军为曹公所破。七年夏，绍死，后曹公遂取冀州。[③]

建安五年（公元200年），有星孛于大梁，这则天象记录使用的是十二星次

① （晋）司马彪撰，（梁）刘昭注补：《后汉书志》，北京：中华书局，1965年版，第3246页。
② （晋）司马彪撰，（梁）刘昭注补：《后汉书志》，北京：中华书局，1965年版，第334页。“杨州”即“扬州”。
③ （晋）司马彪撰，（梁）刘昭注补：《后汉书志》，北京：中华书局，1965年版，第3261页。

分野。大梁主冀州，星孛为乱兵之象。当时割据冀州者为袁绍，建安五年袁绍与曹操在官渡相持，官渡之战以袁绍兵败告终。袁绍兵败之后发病呕血，死于建安七年（公元202年）五月。

在《续汉书·天文志》中，还有一例天象记录使用了十二次分野："（建安）十二年十月辛卯，有星孛于鹑尾。"[①]鹑尾为荆州分野，当时占据荆州者为刘表，星孛预示兵丧等不祥，因此，知晓天文的周群认为荆州牧将死而失土。建安十三年（公元208年），刘表背部疽发而卒。继位者为刘表少子刘琮，曹操征荆州，刘琮投降，应合了周群的预言。

三、《续汉书·天文志》星占叙事中的神话思维

《续汉书·天文志》的星占叙事类似于佛教的"灵验记"，每一则天象记录与星占解释都言之凿凿地确证着星占话语的有效性。它自身是星占话语的产儿，但同时它也在进行着话语再生产。星占话语自身是神话思维性质的，它试图发现天象与人事之间的关联。《汉书·天文志》的一段话表述了中国古代军国星占学[②]星占效验的基本理论，即星宿皆有州国官宫物类之象，"其伏见蚤晚，邪正存亡，虚实阔狭，及五星所行，合散犯守，陵历斗食，彗孛飞流，日月薄食，晕适背穴，抱珥虹蜺，迅雷风袄，怪云变气：此皆阴阳之精，其本在地，而上发于天者也"。[③]如此看，缺乏对星占神话思维的认识，就难以穷究星占叙事之底蕴。在这个意义上，与其寻找单个的中国神话故事，不如从总体上认识"神话中国"。

法国学者列维-布留尔曾用互渗律来把握星占观念，如果某年秋天葡萄获得丰收，而这年夏天正遇上一颗大彗星出现，或者是日全食之后爆发了战争，那么试图在葡萄丰收与彗星出现、日全食与战争之间寻找某种关联的思维就是

---

① （晋）司马彪撰，（梁）刘昭注补：《后汉书志》，北京：中华书局，1965年版，第3261页。

② "军国星占学"，指的是根据星象来卜测军国大事的星占学，英文为judicial astrology。学界目前无统一译名，本文采用江晓原的译名。

③ （汉）班固撰，（唐）颜师古注：《汉书》，北京：中华书局，1962年版，第1273页。

以互渗律为基础的一种思维。列维-布留尔用互渗律来把握原始思维，并给互渗律下了一个定义："在原始人思维的集体表象中，客体、存在物、现象能够以我们不可思议的方式同时是它们自身，又是其他什么东西。它们也以差不多同样不可思议的方式发出和接受那些在它们之外被感觉的、继续留在它们里面的神秘的力量、能力、性质作用。"[①]在列维-布留尔看来，原始人的思维既是一种神秘的思维（就表象的内涵而言），又是一种原逻辑的思维（就表象的关联而言），他说："在神秘的互渗的复杂联系中（总的说来，在原逻辑思维中，这些神秘的互渗相当于逻辑思维的因果关系），并列关系有时起着我们叫做连续性的那种东西的作用。"[②]这种并列关系可以是空间并列，也可以是时间并列。在时间并列上，奇异的天象既可以在灾难之前，又可以在灾难之后。譬如，北美的一些印第安人在1642年看见月食后说，他们对易洛魁人这年冬天屠杀他们许多人的疑惑涣然冰释了，因为他们在月食中看到了灾祸的征兆，只不过这个征兆出现得太晚了。

中国军国星占学相信天象预示人事，体现了列维-布留尔所说的互渗律，但是我们并不接受列维-布留尔那种十分鄙视中国古代科学的看法。列维-布留尔认为概念一旦僵化，便趋向于形成一个自足的体系，这些空洞自足的概念就会被无限制地使用，中国科学就充当了概念僵化的反面教材。列维-布留尔说："中国的科学就是这种发展停滞的一个怵目惊心的例子。它产生了天文学、物理学、化学、生理学、病理学、治疗学以及诸如此类的浩如烟海的百科全书，但在我们看来，所有这一切只不过是扯淡，怎么可以在许多世纪中付出这样多的勤劳和机智而其结果却完全等于零呢？"[③]列维-布留尔的批评十分犀利、深刻，不过毕竟是一笔抹杀了中国古代科学的辉煌成就。中国星占术所体现的思维方式不是逻辑混乱的结果，在公元10世纪之前的千年光阴中，中国天文学成就还遥遥领先于世界。只不过正如李约瑟评论五行理论所言，在公元1世纪

---

① ［法］列维-布留尔：《原始思维》，丁由译，北京：商务印书馆，1981年版，第69—70页。
② ［法］列维-布留尔：《原始思维》，丁由译，北京：商务印书馆，1981年版，第276—277页。
③ ［法］列维-布留尔：《原始思维》，丁由译，北京：商务印书馆，1981年版，第447页。

还十分先进的东西，到了11世纪还勉强可说，到了18世纪就变得荒唐可厌了。

在《原始思维》中，列维-布留尔把神话思维与逻辑思维视为水火不容，这有失偏颇，埃文思-普里查德曾撰写《列维-布留尔的原始心智理论》一文与之商榷。在晚年的笔记中，列维-布留尔修正了自己的看法，他认为神秘心态和逻辑心态共存于所有社会中，只不过在原始人中更容易观察到神秘思维。列维-布留尔晚年的观点更为合理，事实上，神秘心态与逻辑心态可以共存于每一个个体中，即使是所谓的“原始人”也是如此。人们可以在现实生活中秉持理性心态，但在睡梦中其心态却是非理性的。人对现实的体验也可以怀有多种心态，同一个人既可以是科学家又可以是宗教信徒。因此，人们拥有了宗教的世界、科学的世界、神话的世界、艺术的世界乃至荒诞疯狂的世界等多重体验。哲学家卡尔-奥托·阿佩尔认为，人类有两种同等重要却不一样的认知旨趣，一种是以自然规律之洞见为基础的技术实践的必然性所决定的认知旨趣，另一种是由具有伦理意义的社会实践之必然性决定的认知旨趣。[①]在此基础上，人类学家斯坦利·杰亚拉贾·坦比亚提出两种面对世界的意向：因果性意向与互渗性意向（如表3-3所示）[②]。

表3-3　因果性意向与互渗性意向的一些特征

因　果　性	互　渗　性
自我对抗世界。自我中心。原子式个人主义。行为和反应上保持距离和中立。时空上的进化模式。行事上的工具性行为以及技术行为的绩效追求。科学知识建构上对现象的连续分割及原子化。因次归类（皮亚杰）。科学和实验。以“再现”为教条（福柯）。“解释”（维特根斯坦）。自然科学式的对象化和事件解释（阿佩尔）。	自我/人与世界同在，造化之物。时空上的不可分割、统一、整体论及连续性。传统意义上的互动理解、神话讲述、仪式制定方面的表现行为。沟通行为上的如仪。模式化认知和现象叠加。天人合一感。依据毗邻关系与互动逻辑进行群集分类（皮亚杰）。以“相似”为教条（福柯）。“生命形式”（维特根斯坦）及与此相关的全部体验。

① ［德］卡尔-奥托·阿佩尔:《哲学的改造》，孙周兴、陆兴华译，上海：上海译文出版社，2005年版，第68—69页。

② Tambiah, Stanley Jeyaraja. *Magic, Science, Religion, and the Scope of Rationality*. Cambridge: Cambridge University Press, 1990, pp.105-110.

在探讨神话意识中的时空世界结构时，恩斯特·卡西尔也注意到了神话思维与逻辑思维的联系与区别。恩斯特·卡西尔认为，神话思维揭示了与逻辑图式表达相同的过程，神话思维还表现出一种日益增长的努力，它试图把空间顺序中的全部实体和时间与命运通常顺序中的全部偶然事件连接起来，这种努力可以在占星术世界观中发现其最高的神话实现形式。①占星术的效验归根结底植根于神话的空间观，"占星术把它发展到最高的，可说是，'系统性'的结局。按照所有支配神话思维的那种基本原则，占星术能够把空间上的共存只解释为一种完全具体的共存，诸物体在空间中的一个特定位置。"②

应该说，中国军国星占术的思维方式体现了斯坦利·杰亚拉贾·坦比亚所说的互渗性意向。不管是儒家还是道家，都讲天人一体，同为一气所化。《春秋繁露·玉英》曰："故元者为万物之本。而人之元在焉。安在乎？乃在乎天地之前。"③既然天人同属一类（"以类合之，天人一也"），那么天人交感就顺理成章了："天有阴阳，人亦有阴阳。天地之阴气起，而人之阴气应之而起，人之阴气起，天地之阴气亦宜应之而起，其道一也。"④理解了董仲舒的互渗性意向，董仲舒的星占术信仰就可以得到解释了。《汉书·五行志》保留了董仲舒关于异常天象的36例解释。譬如，严公二十五年"六月辛未朔，日有食之"，董仲舒以为日食方位在毕宿，主边兵夷狄象。又如昭公十七年"冬，有星孛于大辰"，董仲舒以为大辰为心宿，心为明堂，天子之象，之后的王室大乱为其效验。关于异常天象的原因，《汉书·五行志》在"皇之不极"条中认为，君道亏伤则天气病，天气病则"日月乱行，星辰逆行"。这种解释与董仲舒"天人一也"的观念都属于同一种思维模式，《续汉书·天文志》不过是依葫芦画瓢罢了。

① ［德］恩斯特·卡西尔著，柯礼文校：《神话思维》，黄龙保、周振选译，北京：中国社会科学出版社，1992年版，第91页。

② ［德］恩斯特·卡西尔著，柯礼文校：《神话思维》，黄龙保、周振选译，北京：中国社会科学出版社，1992年版，第101页。

③ 苏舆撰，钟哲点校：《春秋繁露义证》，北京：中华书局，1992年版，第69页。

④ 苏舆撰，钟哲点校：《春秋繁露义证》，北京：中华书局，1992年版，第360页。

体现互渗性意向的观念在西方文化中也能找到其思想资源，因此不能把中国星占术视为“原始思维”的遗存。在西方科学史上，托勒密（公元100—165年）撰写的《至大论》系统完整地总结了古希腊的天文成就，可是正是作为“科学家”的托勒密撰写了星占学论著《占星四书》。托勒密认为，如果能够知道在人出生时天体的情况，就能做出预测，譬如判断个人社会地位的尊贵等要查看发光体的情况以及相关星体。托勒密用“应和”一词表达了与董仲舒“同类相动”相类似的观念。在论述太阳对地球影响的一段话之后，托勒密说：“同样，月亮作为离地球最近的天体，对尘世影响最大，因为不管是生物还是非生物，都应和着她并随之变迁；河流随着月光增减，大海伴着月亮潮涨潮落，植物和动物或部分或全体地伴她兴衰与共。”①亚里士多德曾把“以太”视为第五元素，天空由“以太”构成。托勒密认为某种源自天体的力量弥漫于地球，由于“以太”的活动，火、气、土、水四大元素随之变化，动物和植物当然也就跟着变化，这样托勒密就解释了星体影响的根源。

卡西尔指出，神话思维中的空间是结构性的，它是按照一种确定的模式构造，神话空间的全部关系都基于一种原初的同一性。用中国观念来表达，即所谓“天人同构”。中国军国星占术用地上的官僚制度与天上世界作类比，我们可以把这种类比称为“国家类比”。在古代中国经典中，“国家类比”不仅用于说明天官，还用于说明人体。《黄帝内经》中，黄帝向岐伯询问十二脏的职责，岐伯回答说：

> 悉乎哉问也，请遂言之。心者，君主之官也，神明出焉。肺者，相傅之官，治节出焉。肝者，将军之官，谋虑出焉。……肾者，作强之官，伎巧出焉。三焦者，决渎之官，水道出焉。膀胱者，州都之官，津液藏焉，气化则能出矣。凡此十二官者，不得相失也。②

---

① Barton, Tamsyn. *Ancient Astrology.* London: Routledge, 1994, p.103.

② 田代华整理：《黄帝内经·素问》，北京：人民卫生出版社，2005年版，第17页。

反过来，如果把国家（或人体）与宇宙作类比，我们可以称之为“宇宙类比”，如《吕氏春秋》曰：“天道圆，地道方。……主执圆，臣处方，方圆不易，其国乃昌。”[①]

西方思想中也常见“宇宙类比”与“国家类比”。大宇宙与小宇宙类比的观念在毕达哥拉斯的信徒中能够见到，基督教徒伊皮凡尼乌斯在论异端的信仰时指出，毕达哥拉斯把上帝或天空视为身体，并把太阳、月亮视为眼睛。神秘学家阿格里帕（1486—1535）在《神秘哲学三书》中说：“所有的柏拉图主义者一致同意，在原型世界中，所有事物都存在于所有事物中，同样，在这个有形的世界中，所有事物也都存在于所有事物之中，尽管按照其各自接纳的性质，其存在的方式是不同的。因此，元素不仅存在于这些低级物体中，也存在于上天、星星、魔鬼及天使中，最终也存在于上帝中——一切事物的创造者及原型。”[②]阿格里帕在《论神秘哲学》中把七大行星与上帝名字的七个字母、七位天使、七种鸟、鱼、动物、金属、石头、身体的七个部分、头的七窍作类比。阿格里帕认为，生物有某种天生的“知识”或者“感知”。荣格把这种先验知识称为“绝对知识”，它是一种自存的“无意识”知识，它包括意象，包括无主体的“影像”。这些意象与原型一样，能显现为幻想的形式因素。阿格里帕的同时代人帕拉塞尔苏斯深受阿格里帕思想影响。帕拉塞尔苏斯认为，哲学家在天和地找到的东西在人类身上也能够找到，医生在人身上找到的东西在天和地中也可以找到。天文学家开普勒其实也是一个星占师，他不仅相信自然与生命的力量都有一种“神圣的相似”，还认为应该在地球（土地女神）当中寻找感应的秘密。不过，需要指出的是，虽然中国和西方思想中都存在“国家类比”和“宇宙类比”，但是在倾向上却有差别，中国思想倾向于在现象中寻找实在，西方思想倾向于寻求现象之外或超乎现象的实在。[③]

---

① 许维遹撰，梁运华整理：《吕氏春秋集释》，北京：中华书局，2009年版，第78—79页。

② Jung, C. G.. *The Structure and Dynamics of The Psyche*. Princeton: Princeton University Press, 1960, p.490. 译文参见［德］卡尔·古斯塔夫·荣格著：《心理结构与心理动力学》，关群德译，北京：国际文化出版公司，2011年版，第336页。

③ ［英］李约瑟著：《中国科学技术史》（第二卷），北京：科学出版社&上海：上海古籍出版社，1990年版，第318—329页。

我们还可以使用荣格的术语“共时性”来分析星占观念。共时性（或译“同时性”“同步性”）与同时呈现的性质有关，指的是两种以上事件有意味的巧合。荣格曾举一个朋友的故事来说明共时性：朋友之父答应这个朋友，如果他通过考试，他就可以到西班牙旅行。荣格的朋友随后做了一个梦，梦中他穿过西班牙的一座城镇，有条街通向广场，广场旁耸立着一栋哥特式教堂，他随之右转，绕过拐角，走入另一条街道，碰见了一辆由两匹奶油色骏马拉挽的豪华马车。不久之后，这个朋友果真通过考试，并到西班牙旅行，在西班牙的一个城镇，他果真发现了与梦中一模一样的街道、教堂。他想起梦中碰见的马车，他很好奇地右转，进入另一条街道，果真碰见了一辆两匹奶油色骏马拉挽的马车。[①]按照西方星占学传统观点，婚姻双方星位上有日月的结合，荣格为此与莉莉安·弗莱·罗恩合作研究婚姻与星座图之间的关系，他们搜集了180对婚姻案例，结果发现日月结合的比例为10%，而正常情况下，日月结合的概率只有万分之一。

共时性原则是一种与心理现象相关的法则，可以从无意识入手探察共时性现象。共时性原理认为，事件在时空中的巧合，并不只是概率问题，它说明事件之间以及事件与观察者的主观心态间存在着特殊的互相依存关系。荣格与1945年诺贝尔奖获得者保利（或译“泡利”）合作研究，他们认为在经典物理学所说的时间、空间、因果法则之外还存在着共时性法则，共时性法则并不遵循因果法则。假设发生了一系列事件A、B、C、D，因果解释告诉我们，D之所以发生是因为发生了C，C之所以发生是因为发生了B，B之所以发生是因为发生了A。与此不同的是，共时性观点则试图表明A、B、C、D如何在同一情境以及同一地点共同呈现。荣格的共时性概念深受《易经》启发，他认为《易经》的基本假设是问者的心态与卦象之间存在着共时性的对应，他说:“《易经》的科学不是建立在因果原则基础上，而是建立在我称为同步性原

① 参见［德］荣格:《论同时性》，见荣格:《东洋冥想的心理学》，杨儒宾译，北京：社会科学文献出版社，2000年版，第234—250页；［瑞士］C. G. 荣格著:《天空中的现代神话》，张跃宏译，北京：东方出版社，1989年版，第134—204页。

则基础之上。”[①]《续汉书·天文志》的叙事者显然相信天象与人事之间存在着共时性。

《续汉书·天文志》的星占叙事其实是“选择性认知”的结果。《续汉书·天文志》并没有囊括东汉全部天象记录，如建武十六年至建武二十九年期间的天象记录就是一段空白，《古今注》则保留了这一时段的天象记录：“十六年四月，土星逆行。十七年三月乙未，火逆行，从东门入太微，到执法星东，己酉，南出端门。十八年十二月壬戌，月犯木星。……二十三年三月癸未，月食火星。”[②]查《后汉书·光武帝纪》，很难找到与上述天象对应的历史事件。因此，《续汉书·天文志》存留的只是那些似乎得到验证的天象记录，而忽略了那些并未得到验证的天象记录。人们总是相信那些自己愿意相信的观念，“巴纳姆效应”向我们说明了人们为什么会愿意相信星占术。20世纪40年代末，心理学家伯特伦·弗瑞尔在课堂上给学生每人发了一份性格描述，他让学生为这份性格描述的准确性打分，如果觉得这份性格描述还比较准确的话就可以举手。事实上，每个学生的性格描述内容都一模一样。弗瑞尔惊讶地发现，每个学生都举起了手。做完实验后，弗瑞尔告诉学生真相，并告诉他们这个实验证明了人们容易相信含糊其词的描述。三个星期后，弗瑞尔告诉学生，他不小心删除了评分表上的名字，他要求学生按照最初的评分重新圈选一次，结果发现有一半的学生认为那份性格描述说得不准，并说自己的打分本来就比较低。也就是说，有一半学生不愿面对自己容易上当受骗的事实，弗瑞尔的这个心理实验结果后来被命名为“巴纳姆效应”。

《续汉书·天文志》的占辞就存在着模糊其词的特点，它们并没有具体说明事件将发生的时间，只是说明事件发生的性质，这样就增加了解释的弹性。正如在生辰星占学中，如果一个老人星盘中有不少不利因素，再加上这个老人

① ［德］卫礼贤、［瑞士］荣格著：《金花的秘密》，邓小松译，合肥：黄山书社，2011年版，第90页。

② 刘昭注引《古今注》，见（晋）司马彪撰，（梁）刘昭注补：《后汉书志》，北京：中华书局，1965年版，第3222页。

处于疾病状态，星占师会说这个老人可能面临死亡的危险，但不会确定地说这个老人会死于何时。以灵帝中平三年天象为例，四月荧惑逆行守心后星，十月戊午月食心后星，占辞指明天象所预示事件的性质“为大丧”，并未说明何时发生，因此，史家找到的对应事件为“后三年而灵帝崩”。中平五年二月，有彗星逆行入紫宫，后三出，六十余日才消失，六月丁卯又有客星从贯索出，西南行入天市，到达尾宿后才消失，占辞曰:“彗除紫宫，天下易主。客星入天市，为贵人丧。”[①]这里，“彗除紫宫，天下易主”的言辞十分大胆，如果不是出自后世史家的编造而确实出自当时星占师手笔的话，星占师可能是凭借个人的局势分析或者是凭借荣格所说的无意识的“绝对知识”得出这一论断。“天下易主”既可以理解为改朝换代，又可以理解为灵帝即将过世，想必灵帝的健康状况不佳。“为贵人丧”言辞模糊，指涉对象广泛，保留了不少圆场余地，史家给出的历史对应事件为一年后灵帝过世。

《续汉书·天文志》天象应验的时间短则对应当年的事件，长则至十六年后才应验。如建安九年（公元204年），有星孛于东井、舆鬼二宿，入轩辕及太微，占辞曰:“彗星扫太微宫，人主易位。”[②]占辞未说明应验时间，史家给出的历史对应事件是魏文帝受禅（公元220年），距建安九年已隔十六年之久。这一事例再次说明历史解释的弹性。

第三节　《续汉书·天文志》星占叙事的文化语境

G·劳埃德曾在《心态揭秘》一书中对中国和希腊文化做过比较，如中国思想存在实用倾向，希腊思想存在寻求终极根基的倾向。其后，劳埃德和内森·席文在合著的《道与名：早期中国和希腊的科学和医学》一书中提出“文

① （晋）司马彪撰，（梁）刘昭注补:《后汉书志》，北京：中华书局，1965年版，第3260页。
② （晋）司马彪撰，（梁）刘昭注补:《后汉书志》，北京：中华书局，1965年版，第3261页。

化整体”观念，以研究中国和希腊文化中科学的产生，所谓“文化整体”不仅包括了“宇宙观、社会、制度，以及特定历史场合的科学研究的其他方面，更涵盖了把这些方面组合起来成为一个整体的相互作用关系”。这些“文化整体”包括“科学家如何谋生，他们与权力机构的关系如何，同行之间的相互关系如何，他们如何交流，以及他们使用什么概念和假设”。①《道与名：早期中国和希腊的科学和医学》分两个方面对古代中国科学和古希腊科学展开比较研究：一是社会与制度框架（包括社会分层、科学家与医生的来源、聘请资助等方面），二是基本主题（包括知识追求的目的、概念描述中的世界、现象与实在等方面）。其研究对象时间涵盖六百年（公元前4世纪～公元2世纪），属于一种“长时段”的宏观研究。受“文化整体”概念启发，我们希望在更广阔的文化语境中理解《续汉书·天文志》的星占叙事。要指出的是，我们要探讨的文化语境时间跨度为东汉初年至西晋末年，即《续汉书·天文志》从最初记录到定稿的这一段时间。

一、作为王朝意识形态的星占话语

考古发现与文献记载表明，天文观测在中国具有悠久的历史。司马迁说：“自初生民以来，世主曷尝不历日月星辰？”②历代王朝统治者之所以重视观测天象，其缘由在于“天人感应”的宇宙观在王朝意识形态中占有一席之地，特别是作为王朝意识形态的“天命观”具有星占学源头。汉代，在董仲舒的倡议下，儒家逐渐定于一尊，儒家意识形态相信“美事召美类，恶事召恶类”。一旦出现“彗孛飞流，日月薄食”之类的天象，皇帝或移过于臣下，或作出罪己之举，大臣们也会伺机上书，陈述对天象的看法。而对那些试图“取而代之”者来说，对统治者不利的天象成为他们起事的有利借口。

① ［美］内森·席文：《文化整体：古代科学研究之新路》，邢丽咏、席文译，《中国科技史杂志》，2005年第2期，第99—106页。

② （汉）司马迁撰，（宋）裴骃集解，（唐）司马贞索隐，（唐）张守节正义：《史记》，北京：中华书局，1959年版，第1342页。

儒学在东汉十分兴盛，东汉设立的五经博士共有十四家，太学在鼎盛时学生人数超过三万，这与执政者的提倡分不开。汉光武帝刘秀本为儒生，虑事深远，在天下尚未完全平定时就已讲求儒学。《后汉书·光武帝纪》记载："(建武)五年……齐地平，初起太学。车驾还宫，幸太学，赐博士弟子，各有差。"[①]在晚年(中元元年，公元56年)，光武帝又兴建明堂、灵台、辟雍及北郊兆域，宣布图谶于天下。追随光武的"云台二十八将"，也大都是儒生出身。在光武的好尚之下，东汉初期就已兴起崇尚儒学之风。明帝时行三雍之礼，飨射礼毕，明帝亲自讲经，诸儒执经问难于前，《后汉书·儒林传》夸张地说："冠带缙绅之人，圜桥门而观听者盖亿万计。"[②]章帝时大会诸儒于白虎观，论《五经》异同，章帝亲临称制，班固奉命撰成《白虎通义》。值得一提的是，作为钦定的王朝意识形态纲领，《白虎通义》理直气壮地引用了纬书。

不过，当时的儒说却掺杂了不少星占话语。《齐诗传》《韩诗外传》《春秋公羊传》及诸家《礼》学、《尚书》学、《易》学中均可以发现星占话语。

施、孟、梁丘、京房四家《易》中，京氏《易》的星占元素较为显豁。《汉书·五行志》就载有京房《易传》日食二十条，共二十四种形状，如"内臣外乡兹谓背，厥食食且雨，地中鸣。冢宰专政兹谓因，厥食先大风，食时日居云中，四方亡云"。[③]

《尚书》记载帝尧"乃命羲和，钦若昊天，历象日月星辰，敬授人时""睿玑玉衡，以齐七政"，这是后世王朝具有"法典"效力的天文观测故事。《尚书·洪范》的灾异思想与星占话语也是一脉相通。《尚书》有欧阳、大小夏侯三家，三家《尚书》学皆含有星占思想。例如：

心有所惟，意有所思。虽未形颜色而五星以之推移，阴阳为其变化。以此而观天之与人，岂不符哉！《尚书》曰："天齐乎人，假我一日。"是

---

① (宋)范晔撰，(唐)李贤等注：《后汉书》，北京：中华书局，1965年版，第40页。
② (宋)范晔撰，(唐)李贤等注：《后汉书》，北京：中华书局，1965年版，第2545—2546页。
③ (汉)班固撰，(唐)颜师古注：《汉书》，北京：中华书局，1962年版，第1480页。

其明征也。(《尚书欧阳章句·君奭》)

睿玑谓北辰，勾陈枢星也，以其魁构之，所指二十八宿为吉凶祸福，天文列舍盈缩之，古各以类为验。(《尚书大夏侯章句·尧典》)

盖言紫宫极枢，通位帝纪，太微四门，广开大道，五经六纬，尊术显士，翼张舒布，烛临四海，少微处士，为比为辅，故帝廷女宫在后。圣人承天，贤贤易色，取法于此。天官上相上将，皆颛面正朝，忧责甚重，要在得人。得人之效，成败之机，不可不勉也。(《尚书小夏侯章句·尧典》)①

在《齐诗传》《韩诗外传》《春秋公羊传》《礼记》中也可以发现星占话语。②不过，纬书中的星占思想最为丰富。谶纬的兴起与发展表明，神话思维并没有随着学术思想的发展而消退，而是深深地扎根于社会心理。③西汉末年的社会弥漫着信仰符应与谶纬的气氛，王莽建立新朝与刘秀建立东汉政权都利用了当时的社会心理，并进一步加强了社会对谶纬的信仰。

汉光武帝刘秀信谶，好读谶，乃至以谶决疑。有一次，因为日食避正殿，光武帝就在廊下读谶，因为读得太久，受了风寒。又有一次，光武帝欲以谶决定灵台建造方位，他向桓谭询问，桓谭默然良久，然后说“臣不读谶”并极言“谶之非经”，光武帝勃然大怒地说:“桓谭非圣无法，将下斩之!”④桓谭叩头流血才逃过一劫，但终究被光武帝打发到外地做官。光武帝颁布图谶于天下，明帝时又让东平王刘仓以谶为准则校正《五经》章句，谶纬成为东汉意识形态的最高权威。“上有所好，下必甚焉”，这在东汉学界中造成了争学图纬的风气。当时官方颁布的谶纬共有八十一篇，即《河图》《洛书》四十五篇与《七经纬》

① (清)马国翰辑:《玉函山房辑佚书》，转引自章启群:《星空与帝国》，北京：商务印书馆，2013年版，第170—171页。

② 章启群著:《星空与帝国》，北京：商务印书馆，2013年版，第158—191页。

③ 钟宗宪:《儒学兴起与汉代谶纬的神话思维》，叶舒宪、唐启翠编:《儒家神话》，广州：南方日报出版社，2011年版，第384—390页。

④ (宋)范晔撰，(唐)李贤等注:《后汉书》，北京：中华书局，1965年版，第961页。

三十六篇。仅就《七纬》而言，其所含的星占观念就特别丰富：

（1）《易》纬包括《易乾凿度》《易是类谋》《易稽览图》等纬书。关于宇宙的起源和演变,《易乾凿度》认为宇宙经历了四个阶段：太易、太初、太始、太素，太易之时还“未见气”，太初为“气之始”，太始为“形之始”，太素为“质之始”。《白虎通》“论天地之始”采纳了《易乾凿度》的说法，但简化为三个阶段：太初、太始、太素。《孝经钩命决》则增为五个阶段，称之为“五运”：太易、太初、太始、太素、太极。在世运演变上,《易是类谋》认为“天子亡征九，圣人起有八符”，按照卦气可分为八类：震气不效、离气不效、坤气不效、兑气不效、坎气不效、巽气不效、艮气不效、乾气不效。每一类卦气不效都有相应的灾异，以乾气不效最为典型:“八曰乾气不效，天下耀空。将元君，州每王，雌擅权，国失雄。陪孽领威，君若赘流。曾之候在巽，众变立，地陷，斗机绝绳，玉衡拨，摄提亡。五星合，狼弧张。昼视无日，虹晲煌煌，夜视无月，彗第将将。”[①]

（2）《尚书》纬包括《尚书璇玑钤》《尚书考灵曜》《尚书刑德放》等纬书。从题名来看,《尚书璇玑钤》存在着星占背景——“璇玑”既是观测天文之器，又指涉北斗七星中的天璇、天玑。《尚书璇玑钤》曰:“北斗第一星变色数赤不明，七日内日蚀。”[②]《尚书考灵曜》题名亦与星占相关,“考灵曜”意为考察日月星辰之运行，其中心思想是观象授时、按时施政，因此《尚书考灵曜》对周天度数、日月行度、二至影长、历元之始皆有记载。《尚书考灵曜》还把一年分成春、夏、季夏、秋、冬，并与五星相配，如果政事亏缺，对应的五星就会出现反常天象:“故政失于春，岁星满偃，不居其常。政失于夏，荧惑逆行。政失于季夏，填星失度。政失于秋，太白失行，出入不当。政失于冬，辰星不效其乡。五政俱失，五星不明，年谷不登。”[③]这段文字与《文子·精诚》相差无几，其实都上承古代按时施政思想。《尚书运期授》讲帝王历运，帝王之亡亦

① （清）赵在翰辑，钟肇鹏、萧文郁点校:《七纬》，北京：中华书局，2012年版，第175页。
② （清）赵在翰辑，钟肇鹏、萧文郁点校:《七纬》，北京：中华书局，2012年版，第192页。
③ （清）赵在翰辑，钟肇鹏、萧文郁点校:《七纬》，北京：中华书局，2012年版，第203页。

有天象伴随，如“苍帝亡也，大乱，彗东出”“黄帝亡也，黄星坠”。

（3）《诗》纬包括《诗推度灾》《诗泛历枢》《诗含神雾》。汉代《诗》学有“四始五际”之说，《齐诗传》有“推灾度曰建四始五际”之语。“五际”指的是卯酉午戌亥，因“五际”为阴阳终始际会之岁，此时则有变改之政。“四始”为水始、木始、火始、金始，分别对应着《诗经》的《大明》《四牡》《嘉鱼》《鸿雁》四篇。“四始五际”其实质是以阴阳消息来推算国运，与《易》卦气说原理相同，所以清代学者赵在翰有“《诗》通《易》轨”之说。《诗推度灾》在解释《诗经》方国名称时就体现出分野观念：“邶，结蝓之宿。墉，天汉之宿。卫，天宿斗衡。王，天宿箕斗。郑，天宿斗衡。魏，天宿牵牛。唐，天宿奎娄。秦，天宿白虎，气生玄武。陈，天宿大角。桧，天宿招摇。曹，天宿张弧。”[①]《诗推度灾》还以“天人感应”观念解释日食、二日相争、月食、荧惑黑圆、流星等反常天象，如“奔星之所坠，其下有兵。列宿之所坠，灭家邦。众星之所坠，万民亡”。[②]《诗泛历枢》具体解释“四始五际”，还解说了星象含义，如“房为天马，主车驾”“箕为天口，主出气”“参为大臣，霸者持正咸席之覆”。[③]《诗含神雾》记载庖犠、黄帝、颛顼、尧、舜、契等圣王的感生神话，也收录了不少星占知识，如“五纬合，王更纪”“荧惑司实”“七政星不明，各为其政不行”“彗星守味，南夷将为乱”等等。[④]

（4）《礼》纬包括《礼含文嘉》《礼稽命征》《礼斗威仪》等纬书。《礼含文嘉》持“三纲六纪”之说，如果“六纪”得正，就会出现吉祥天象，如“王者敬诸父有差，则大角光明以扬”“诸舅有仪，则轩辕东西角大张”。《礼含文嘉》还不厌其烦地列举了一些具体礼仪所对应的天象：

> 宫室之礼得，则虚危有德星应。[⑤]

① （清）赵在翰辑，钟肇鹏、萧文郁点校：《七纬》，北京：中华书局，2012年版，第239页。
② （清）赵在翰辑，钟肇鹏、萧文郁点校：《七纬》，北京：中华书局，2012年版，第241页。
③ （清）赵在翰辑，钟肇鹏、萧文郁点校：《七纬》，北京：中华书局，2012年版，第247—248页。
④ （清）赵在翰辑，钟肇鹏、萧文郁点校：《七纬》，北京：中华书局，2012年版，第261页。
⑤ （清）赵在翰辑，钟肇鹏、萧文郁点校：《七纬》，北京：中华书局，2012年版，第284页。

天子乘舟得其所，贵贱不相踰僭，则王良附，路星明，常在河中，天子寿昌，万民无疫疠之殃。[①]

居丧以礼，则德星应舆鬼。[②]

《礼斗威仪》则在日色与政事建立关联，日色至少有四不可：青中黄外、赤中黄外、白中黄外、黑中黄外。譬如，日色赤，说明君王喜怒无常，滥杀无辜，不祭祀天地，不尊敬鬼神。

（5）《乐》纬包括《乐动声仪》《乐稽耀嘉》《乐叶图征》等纬书。《乐动声仪》在五音与五星之间建立了关联，《乐动声仪》曰："角音和调，则岁星常应。"[③]"徵音和调，则荧惑日行四一二分度之一，伏五月得其度。"[④]我们可以推算出，宫、商、角、徵、羽对应着填星、太白、岁星、荧惑、辰星。

（6）《春秋》纬包括《春秋演孔图》《春秋潜潭巴》《春秋汉含孳》《春秋感精符》等纬书。汉明帝在诏书中说："日食之变，其灾尤大，《春秋》图谶所为至谴。"[⑤]可见谶纬是东汉日食理论的一个重要来源。《春秋》纬记载了不少日食占断方法，一是根据日食的干支日作出预测，《春秋潜潭巴》曰："甲子日蚀，有兵，狄强起。乙丑日蚀，大旱，大夫执纲。……壬戌日蚀，群山崩。癸亥日蚀，大人丧。"[⑥]二是根据日食的时辰占断，《春秋感精符》曰："日蚀寅卯辰木域，招谋者司徒也。日蚀巳午未火域，招谋者太子也。日蚀申酉戌金域，招谋者司马也。日蚀亥子丑水域，招谋者司空也。"[⑦]三是根据日食方位作出占断，《春秋感精符》曰："日蚀亢中，其邦君有忧。日在心而蚀，兵丧并起。……日蚀张，王者失礼，宗庙不亲，急退太常，以廷尉代之。不者不安，期在十二月

① （清）赵在翰辑，钟肇鹏、萧文郁点校：《七纬》，北京：中华书局，2012年版，第284页。
② （清）赵在翰辑，钟肇鹏、萧文郁点校：《七纬》，北京：中华书局，2012年版，第285页。
③ （清）赵在翰辑，钟肇鹏、萧文郁点校：《七纬》，北京：中华书局，2012年版，第342页。
④ （清）赵在翰辑，钟肇鹏、萧文郁点校：《七纬》，北京：中华书局，2012年版，第342页。
⑤ （宋）范晔撰，（唐）李贤等注：《后汉书》，北京，中华书局，1965年版，第111页。
⑥ （清）赵在翰辑，钟肇鹏、萧文郁点校：《七纬》，北京：中华书局，2012年版，第606—609页。
⑦ （清）赵在翰辑，钟肇鹏、萧文郁点校：《七纬》，北京：中华书局，2012年版，第532页。

与五月。”[①]四是根据日食时太阳的颜色与形相作出占断,《春秋感精符》曰:“君臣恣,则日黄无光。君臣争,则日裂。人主排斥,则日夜出。”[②]《春秋纬·补遗二十九》曰:“日黄浊布散,必有后党嬖。”[③]除此之外,《春秋》纬还大量记载彗星占、五星占、月占及二十八宿星官等星占知识。

(7)《孝经》纬包括《孝经援神契》《孝经钩命决》等纬书。《孝经援神契》认为孝行可以获得各种感应:天子行孝则四夷和平、景云见、大龙负图;庶人行孝则林泽茂盛,出现浮珍、怪草、神鱼。除此之外,《孝经援神契》还讲授一些星占知识,其中北斗占较为典型:“天子不事祠名山,不敬鬼神,则斗第一星不明。数起土工,坏决山陵,逆地理,则第二星不明;天子不爱百姓,则第三星不明;发号施令,不从四时,则第四星不明;用乐声淫泆,则第五星不明;用文法深刻,则第六星不明;不省江河淮济之祠,则第七星不明。”[④]《孝经钩命决》记载了一则关于不孝的灾异故事:周襄王对母亲不孝,导致彗入北斗。如果天子缺乏仁、智、礼、义、信五种品德中的一种,也会出现反常天象:缺乏仁德,则彗守大角;缺乏智慧,则岁星五角;失礼,彗星就会在翼宿出现;失义不德,荧惑就会逆行;缺乏信德,填星大动。

通过对《七纬》的一番粗略检视,可以发现,在“天人感应”神话观念支配下,纬书成为东汉星占话语的主要载体,纬书与儒家经书共同编织了东汉王朝意识形态之网。如果揭开纬书星占话语的意识形态面纱,可以看出,纬书星占话语是儒家之学与方术知识相互交融的产物。不可否认的是,纬书星占话语夹杂着想象的成分,然而在这想象中,我们却可以感受到一种热烈的求知欲、一种对宇宙神秘的好奇和一种穷尽天地之道的野心。

二、星占话语的政治实践

在古代中国政治文化中,星占知识与政治实践关系非常密切。像“儒家的

① (清)赵在翰辑,钟肇鹏、萧文郁点校:《七纬》,北京:中华书局,2012年版,第532—533页。
② (清)赵在翰辑,钟肇鹏、萧文郁点校:《七纬》,北京:中华书局,2012年版,第523页。
③ (清)赵在翰辑,钟肇鹏、萧文郁点校:《七纬》,北京:中华书局,2012年版,第657页。
④ (清)赵在翰辑,钟肇鹏、萧文郁点校:《七纬》,北京:中华书局,2012年版,第709—710页。

政治星象学”或是“政治天文学”这样的概念都是力图指出星占知识的政治面相。我们可以在王朝礼仪、政治斗争、天变因应等方面观察到星占话语的政治实践。

东汉的王朝礼仪包括郊礼、迎五气之礼及祭祀社稷、灵星、先农、风伯、雨师等各种礼仪。不言而喻，在王朝礼仪中，郊礼具有极其重要的意义。为了证明政权的合法性，表示政权获得“天命”支持，王者必须郑重其事。建武元年，光武即位于鄗，其举措之一便是祭告天地。建武二年，便在洛阳城南七里建立郊兆，采用元始故事。具体形制如下：

> 为圆坛八陛，中又为重坛，天地位其上，皆南乡，西上。其外坛上为五帝位。……其外为壝，重营皆紫，以像紫宫；有四通道以为门。日月在中营内南道，日在东，月在西，北斗在北道之西，皆别位，不在群神列中。八陛，陛五十八醊，合四百六十四醊。五帝陛郭，帝七十二醊，合三百六十醊。中营四门，门五十四神，合二百一十六神。外营四门，门百八神，合四百三十二神。皆背营内乡。中营四门，门封神四，外营四门，门封神四，合三十二神。凡千五百一十四神。营即壝也。封，封土筑也。背中营神，五星也，及中官宿五官神及五岳之属也。背外营神，二十八宿外官星，雷公、先农、风伯、雨师、四海、四渎、名山、大川之属也。[①]

东汉郊兆形制体现了星占话语中的天官秩序。郊坛为圆形体现了天圆地方的观念，郊坛模仿天地大宇宙的象征意味较为明显。神位以天地为中心，天地之外为五帝。五帝之外为中营，中营有日、月、北斗、五星、五官神、五岳等众神。中营之外为外营，外营有二十八宿、雷公、先农、风伯、雨师、四海、四渎、名山、大川等众神。在中元二年营建北郊坛之后，五岳、四海、四渎、

① （晋）司马彪撰，（梁）刘昭注补：《后汉书志》，北京：中华书局，1965年版，第3159—3160页。

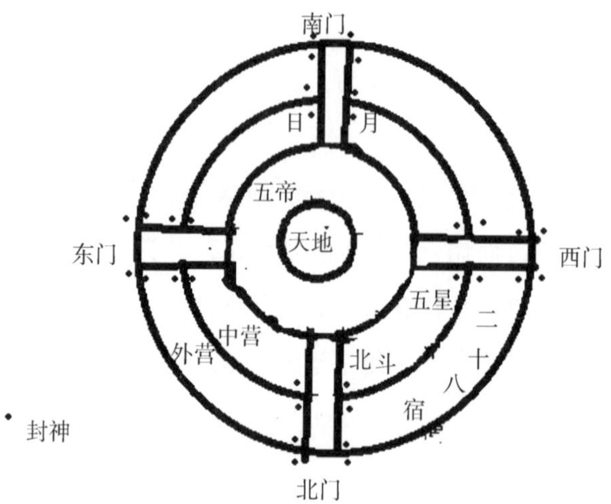

图3-8　东汉圜丘坛示意图（据杨文英《祈望和谐：周秦两汉王朝祭礼的演进及其规律》一书改作）

名山、大川等地祇就在北郊祭祀，南郊神位布局效法天官的意味更为明显。

东汉王朝礼仪中包括日食禳灾仪式，即“鼓用牲于社”。《续汉书·礼仪志》记载甚详：

> 朔前后各二日，皆牵羊酒至社下以祭日。日有变，割羊以祠社，用救日变。执事者冠长冠，衣皂单衣，绛领袖缘中衣，绛袴袜，以行礼，如故事。①

刘昭注引挚虞《决疑要注》指出，日将食，天子素服避正殿；日食发生，伐鼓闻音，侍臣戴赤帻并带剑入侍，三台令史以上都要持剑立于户前，卫尉及卿要驱驰绕宫，气氛蛮紧张，日食过后这套仪式才结束。

在政治攻心中，星占话语具有兵不血刃的奇效。苏竟的成功劝降就是一个经典案例。建武六年，延岑护军邓仲况拥兵据南阳阴县，出谋划策者为刘龚，苏竟致信刘龚，劝他投降。在信中，苏竟分析了当时的天象，并反驳了“俗

① （晋）司马彪撰，（梁）刘昭注补：《后汉书志》，北京：中华书局，1965年版，第3101页。

儒”的看法：

> 诸儒或曰：今五星失晷，天时谬错，辰星久而不效，太白出入过度，荧惑进退见态，镇星绕带天街，岁星不舍氐、房。以为诸如此占，归之国家。盖灾不徒设，皆应之分野，各有所主。夫房、心即宋之分，东海是也。尾为燕分，渔阳是也。东海董宪迷惑未降，渔阳彭宠逆乱拥兵，王赫斯怒，命将并征，故荧惑应此，宪、宠受殃。[①]

在星占话语中，“五星失晷”是乱象之征，三国时陆凯向孙皓上疏，也把五星失晷作为政乱之征:“臣窃见陛下执政以来，阴阳不调，五星失晷，职司不忠，奸党相扶，是陛下不遵先帝之所致。”[②]之所以出现“五星失晷”其实是由于当时的天文历算尚未精确掌握五星的运行规律，有些儒生将“五星失晷”天象归咎于新兴的东汉政权，苏竟则认为“五星失晷”与当时的割据势力相对应。当时荧惑可能运行于房、心、尾之间，按照分野理论，房、心为宋之分野，董宪所割据的东海郡对应着房、心二宿；尾为燕分，彭宠所割据的渔阳郡对应着尾宿。荧惑为罚星，“荧惑为乱为贼，为疾为丧，为饥为兵，所居之宿国受殃”，[③]这也就意味着董宪、彭宠灾难当头。苏竟还指出，金星与水星的“反常”运行恰恰不是坏事，反而是“圣帝应符之兆”:“太白、辰星自亡新之末，失行算度，以至于今，或守东井，或没羽林，或裴回藩屏，或踯躅帝宫，或经天反明，或潜臧久沈，或衰微暗昧，或煌煌北南，或盈缩成钩，或偃蹇不禁，皆大运荡除之祥，圣帝应符之兆也。”[④]在信中，苏竟又分析了建武六年五月甲申的天象：当时天有白虹，从子时到午时，“正临倚弥”，同时在延岑军营上空还出现了状似蚩尤旗、营头、天枪的流星，流星从奎宿出现后西北行，到

---

① （宋）范晔撰，（唐）李贤等注:《后汉书》，北京：中华书局，1965年版，第1043—1044页。
② （晋）陈寿撰，（宋）裴松之注:《三国志》，北京：中华书局，1959年版，第1404页。
③ （汉）班固撰，（唐）颜师古注:《汉书》，北京：中华书局，1962年版，第1281页。
④ （宋）范晔撰，（唐）李贤等注:《后汉书》，北京：中华书局，1965年版，第1044页。

达延岑军营上空后就散为数百而灭。蚩尤旗、营头、天枪都属于彗星之类的天象，这类天象一起出现在延岑军营上空，实在是不祥之兆，延岑于是以发兵为托辞，到武当避祸去了。苏竟的信以天文图谶为据，指出天命归于汉室，而董宪、彭宠、延岑有临头之祸，起到很好的攻心作用，邓仲况与刘龚随即归降。

赵翼《廿二史札记》指出，汉重日食。汉文帝二年十一月发生日食，文帝下诏，诏书称“日有食之，谪见于天，灾孰大焉！”[①]《后汉书》载有灾异诏书57道，与日食有关的诏书一共有21道，而按照《续汉书·天文志》的统计，东汉共发生日食72次。在诏书中，皇帝或者是表示自己“不德”“德薄”“无德”；或者要求臣僚“上封事”“极言无讳”；或者是表达自己的内疚、忧惧之意，如光武“永念厥咎，内疚于心”“谪见日月，战栗恐惧”，明帝“永览前戒，竦然兢惧”“咎在朕躬，忧惧遑遑”，章帝“忧心惨切”，桓帝“祗惧潜思，匪遑启处”，[②]所谓“汉诏多惧词”也。还有些皇帝采取“避正殿，寝兵，不听事五日”的举措，表明自己的反省之意。如建武七年三月癸亥晦日食、永平十八年甲辰晦日食、兴平元年六月日食，光武帝、章帝、献帝都采取“避正殿，寝兵，不听事五日”的举措，正所谓“太上修德”。在日食理论中，刑罚不中则民怨郁结，怨气干天则日月不光，因此有时候朝廷会采取理冤狱、大赦天下、减刑、薄征赋之举，如明帝永平十三年日食制令“刺史、太守详刑理冤”。又如延熹九年正月辛卯朔日食，桓帝下诏云“灾异日食，谴告累至”，并下令大司农免除今年调度征求及去年所调未完成者。[③]

按照日食理论，日食的原因为“阴侵阳”，而“阴”具有阐释的不确定性，可以是诸侯王、女主、外戚、后妃、宦官、小人得幸。东汉历史中，批评矛头指向外戚的奏疏以丁鸿的封事为典型。和帝时，窦太后临政，窦宪兄弟各擅威权，永宁四年发生日食，丁鸿借此上封事，疏奏中说：

---

① （汉）班固撰，（唐）颜师古注：《汉书》，北京：中华书局，1962年版，第116页。

② 这份“日食宽禁徙诏”在《全上古三代秦汉三国六朝文》中列入顺烈梁后名下，见（清）严可均辑：《全上古三代秦汉三国六朝文》，北京：中华书局，1958年版，第522页。

③ （宋）范晔撰，（唐）李贤等注：《后汉书》，北京：中华书局，1965年版，第317页。

> 臣闻日者阳精，守实不亏，君之象也；月者阴精，盈毁有常，臣之表也。故日食者，臣乘君，阴陵阳；月满不亏，下骄盈也。……宜因大变，改政匡失，以塞天意。①

丁鸿在疏奏中认为日食是“臣乘君，阴陵阳”的征象，接着引据《诗经》与《春秋》来说明“变不空生，各以类应”的道理。在历数权臣倾国的史实后，他指出，最近月满不亏，表明“臣骄溢背君，专功独行”，这次日食是上天再次告诫皇帝，因此应该有所行动。封事上达十余天之后，和帝就让丁鸿掌管兵权，担任太尉与卫尉，收了窦宪的大将军官印，窦宪兄弟前往封地，其后自杀。因日食而导致外戚垮台的史实还有一例，元初六年（公元119年）二月地震，其年十二月戊午朔日食，是时邓太后临朝听政，太后兄弟邓遵多兴师重赋，出塞妄攻，司空李郃上书指出，一年之中出现两次灾异，“祸在萧墙之内，臣恐宫中必有阴谋其阳，下图其上，造为逆也”。②李郃的书奏十分大胆，他认为祸在萧墙之内，矛头已经直指太后。他接着建议贬退太后兄弟群从内外之宠，举荐贤才。邓太后崩后，安帝收考宦官赵任等，查问出所谓的“废立之谋”，再加上乳母王圣等人的诬告，于是邓氏宗族皆免官，邓骘与邓遵自杀。

当然，大臣因日食进言并不一定都会被采纳，桓灵二帝时大臣关于日食的书奏多被置之不理。譬如，灵帝光和元年共出现两次日食，十月份丙子晦的日食从巳时持续到午时，日食过后，云雾迷蒙，卢植上书，他认为日食缘于阳失阴侵，并陈八事以消灾：用良、原禁、御疠、备寇、修礼、遵尧、御下、散利，即任用贤良、开放党禁、收葬宋后家属等等，卢植的奏章没有被采纳。书奏被置之不理已经算是幸运，更悲惨的是，因日食上奏而遭杀身之祸。如延熹元年，太史令陈授以为灾异日食之变，咎在梁冀，结果梁冀“讽洛阳令收考授”，陈授因此死于狱中。尽管不乏因日食而进言失败的案例，但我们仍可以从这些案例中窥见东汉士大夫所信仰的“天人感应”神话政治。

---

① （宋）范晔撰，（唐）李贤等注：《后汉书》，北京：中华书局，1965年版，第1265页。
② （清）严可均辑：《全上古三代秦汉三国六朝文》，北京：中华书局，1958年版，第733页。

"天人感应"神话政治在公元3世纪有突出表现。曹丕登位之前，就上演了一番劝进—推让—再劝进的精彩大戏，先是左中郎将李伏上表劝进，再是魏王侍中刘廙等大臣劝进，然后是太史令许芝劝进，接着是司马懿等人劝进，最后是汉帝在诏书中表示愿意禅让天下。尤其是许芝，他在劝进表中先是长篇累牍地列举谶纬中魏王当受命之例，然后历数各种天象"符瑞"：

> 太微中，黄帝坐常明，而赤帝坐常不见，以为黄家兴而赤家衰，凶亡之渐。自是以来四十余年，又荧惑失色不明十有余年。建安十年，彗星先除紫微，二十三年，复扫太微。新天子气见东南以来，二十三年，白虹贯日，月蚀荧惑，比年己亥、壬子、丙午日蚀，皆水灭火之象也。[①]

许芝所说的"彗扫太微"天象在《续汉书·天文志》中也有记录，其占辞为"除旧布新之象"，意味着人主易位。三国之时，魏明帝不惜民力，兴建宫殿，魏国太史令高堂隆借异象之机多次劝谏。魏明帝青龙四年（公元236年），有星孛于大辰，高堂隆就在疏奏中指出宫殿的兴建规模已经超越了礼度，而宗庙之制尚未如礼，宫人用度与军国之费相当，老百姓都很不满，皇天也通过天象发出警告："天彗章灼，始起于房心，犯帝坐而干紫微，此乃皇天子爱陛下，是以发教戒之象，始卒皆於尊位，殷勤郑重，欲必觉寤陛下。"[②]《宋书·天文志》以为，青龙四年的彗星天象是战争与丧事的预兆，即皇后毛氏之崩、讨伐公孙渊及魏明帝之崩。可见，这种"天人感应"信仰还延续至南北朝。如东晋晋元帝时，阴阳错谬，刑狱繁兴，郭璞上疏，奏疏分析了四件事：一是自己在岁首占得一卦，为既济，卦象表明"刑狱殷繁，理有壅滥"；二是去年十二月二十九日出现了太白食月，这一天象表明刑理失中；三是去秋以来长时下雨，亦是刑狱充溢，怨气所致；四是建兴四年十二月中，丞相令史淳于伯被处决时

---

① （晋）陈寿撰，（宋）裴松之注：《三国志》，北京：中华书局，1959年版，第65页。
② （晋）陈寿撰，（宋）裴松之注：《三国志》，北京：中华书局，1959年版，第711页。

血逆流长摽，虽然罪在未允，也不至于导致这种怪异现象发生，这表明皇天保佑晋朝，像告诫爱子一样屡见灾异。如果不“侧身思惧，以应灵谴”的话，只怕将来会出现“愆阳苦雨之灾，崩震薄蚀之变，狂狡蠢戾之妖”。[①]郭璞上疏后不到一个月，出现了日有黑气的天象。郭璞再次上疏，他认为日有黑气的原因是皇帝“供御之义不显，消复之理不著”，[②]应该采取赦免举措。永昌元年，皇孙诞生，郭璞又一次上疏，建议借皇孙之庆大赦天下，这次郭璞的疏奏被采纳。

三、星占家与星占知识的社会流通

在东汉，除了皇家天文观测机构成员外，一些知识分子也精通天官（如表3-4所示）。他们的社会身份或为儒师，如樊英、廖扶；或为官员，如张衡、蔡邕、郎顗等人；或为平民，如襄楷。其中一些星占家兼有儒师与官员两种社会身份，如樊英在壶山教授图纬，顺帝时官拜五官中郎将、光禄大夫。杨厚在安帝时担任过中郎，由于答问不合邓太后意旨而免归，以教授门生为业。其学生人数超过三千，学生著名者为任安、董扶。董扶也以教授学生为业，灵帝时拜为侍中。董扶似乎通晓望气之术，他告诉太常刘焉益州有天子气。于是刘焉求出为益州牧，与董扶一起入蜀。

星占知识的流通存在着师徒授受与家学承传两种方式，传授天文之学的一些知识分子还是通儒，如马融、郑玄。马融曾经上书曰：“星孛参、毕，参西方之宿，毕为边兵，至于分野，并州是也。西戎北狄，殆将起乎！宜备二方。”[③]郑玄在太学学习期间，师事第五元先，学习过《三统历》《九章算术》《京氏易》及《公羊春秋》，后来又向张恭祖与马融学习，晚年撰写过《乾象历》《天文七政论》等与天文历法相关的著作。

当然，有些星占家采取了家学承传的形式。例如，杨厚之父杨统就学于

① （唐）房玄龄等撰：《晋书》，北京：中华书局，1974年版，第1901—1903页。
② （唐）房玄龄等撰：《晋书》，北京：中华书局，1974年版，第1904页。
③ （宋）范晔撰，（唐）李贤等注：《后汉书》，北京：中华书局，1965年版，第1971页。

同郡郑伯山，学习《河洛书》及天文推步之术，杨厚自小受父亲熏陶，子承父业（“少学统业”）；任文公的父亲任文孙通晓天官风角，任文公之学得自家传（“少修父术”）；郎颉的父亲郎宗学《京氏易》，善风角、星算、六日七分，能望气占候吉凶，郎颉也是“少传父业”。女性也可以学习天文之学，如班昭。《后汉书・皇后纪》记载和熹邓后自入宫掖，就向班昭学习经书与天文算数（“从曹大家受经书，兼天文算数”）。班固去世时，《汉书・天文志》尚未完成，班昭（曹大家）与马续奉命共同续撰，可见她具有相当深厚的星占功底。

三国时期，魏国精通天官者有高堂隆、管辂，蜀国有谯周、周群，吴国有陆绩、陈训。西晋时，星占专业知识分子包括陈卓等人。

表3-4　东汉精通天官者社会身份及其知识

姓名	社会身份	知识
樊英	儒师、官员	习《京氏易》，兼明《五经》。又善风角、星算，《河》《洛》七纬，推步灾异。
郎宗	卜者、官员（吴令）	善《京氏易》、风角、星算，推步吉凶。
翟酺	卜相工、官员	好《老子》，尤善图谶、天文、历算之术。
张衡	官员（太史令等职）	善机巧，尤致思于天文、阴阳、历算。
蔡邕	官员	好辞章、数术、天文，妙操音律。
王景	官员	少学《易》，广窥众书，又好天文术数之事。
高获	与光武有旧，但不曾任职。	素善天文，晓遁甲，能役使鬼神。
廖扶	儒师	尤明天文、谶纬，风角、推步之术。
单飏	官员（太史令）	善明天官、算术。
何敞	官员	通经传，能为天官。
崔瑗	官员（济北相等职）	明天官、历数、《京房易传》、六日七分。
苏竟	官员	明《书》《易》，善图纬，能通百家之言。
杨由	官员（郡文学掾）	少习《易》，并七政、元气、风云占候。
唐檀	官员（郎中）	习《京氏易》《韩诗》《颜氏春秋》，尤好灾异星占。
郅恽	官员（长沙太守等职）	理《韩诗》《严氏春秋》，明天文历数。

（续表）

姓名	社会身份	知　识
刘瑜	官员（侍中等职）	好经学，尤善图谶、天文、历算之术。
郎𫖮	官员	少传父业，兼明经典。
李郃	官员	袭父业，游太学，通《五经》，善《河》《洛》风星。
杨统	官员（彭城令、光禄大夫等职）	善图谶，习《河洛书》及天文推步之术。
杨厚	短暂任职，以教授门徒为业。	少学统业，晓读图书。
任文公	官员（治中从事等职）	少修父术，明晓天官风角秘要。
韩说	官员（侍中、江夏太守）	博通五经，尤善图纬之学。
班昭	曹世叔妻，与闻政事。	博学高才，和熹邓后从其受经书，兼天文算数。
襄楷	平民	善天文阴阳之术
董扶	教授、侍中	图谶

四、星命信仰与灾祥观念

崔寔《四民月令》、应劭《风俗通义》及《续汉书》的《礼仪志》与《祭祀志》较为详细地记录了东汉人的礼仪风俗，其中的岁时礼仪包括岁首祭祖、正月上丁祭农神与祖先、二月祠太社、三月上巳祓禊、夏至着五彩与祭祖、六月伏日以狗御蛊、八月祭太社、冬至祭玄冥与祖先、十二月大傩驱邪等。东汉人在生老病死、婚丧嫁娶与衣食住行方面存在着宜忌观念：生子方面，王充在《论衡》中提到讳举正月子及五月子的风俗，应劭在《风俗通义》中提到民间不举寤生子、并生三子、父同月子、生鬓须子及五月五生子的风俗；婚姻方面，东汉人重视选择良辰吉日，《四民月令》认为可以在二月或八月择日结婚；丧葬方面，《葬历》主张避开九空、地臽、日之刚柔及月之奇偶；住宅方面，工伎之书主张择日动土，否则会触犯土地之神，民俗还主张“宅不益西”；出行方面，官方与民间都以“反支日”为禁忌。[1]

---

① 参见蒲慕州著：《追寻一己之福：中国古代的信仰世界》，上海：上海古籍出版社，2007年，第116—164页。

东汉人还相信存在着一个神灵世界。《风俗通义》中出现的神灵就有先农、社神、稷神、灵星、灶神、风伯、雨师、门神、祖神、司命以及各种精怪。《续汉书·礼仪志》中记载了十二位能够吞食恶鬼的神灵名字：甲作、胇胃、雄伯、腾简、揽诸、伯奇、强梁、祖明、委随、错断、穷奇、腾根。东汉的一些镇墓文也透露了一个地下官僚世界：地下二千石、地下都尉、地下击犆卿、丘丞、墓伯、魂门亭长、魂门祭酒、蒿里君、蒿里父老、蒿里伍长、塚中游击等。

东汉知识分子还持有星命信仰——上至帝王将相，下至平民百姓，每个人的命运都与星气相连。张衡在《灵宪》中说："一居中央，谓之北斗。动变挺占，实司王命……微星之数，盖万一千五百二十。庶物蠢蠢，咸得系命。"[①] 星命信仰的基础则是星气感生说。《春秋演孔图》认为"正气为帝，间气为臣，宫商为姓，秀气为人"。[②]据宋均注，所谓"正气"指五帝星之气，所谓"间气"指"不苞一行，各受一星以生"。在纬书中，黄帝、少昊、颛顼、舜、禹、汤等圣王均为感星精而生，黄帝为北斗黄神之精，少昊为感大星而生，颛顼为感瑶光而生，大禹为白帝精，汤则是其母扶都感白气贯月而生：

> 黄帝名轩，北斗黄神之精，母地祇之女附宝，之郊野，大电绕斗，枢星耀，感附宝，生轩，胸文曰：黄帝子。(《河图始开图》) [③]
>
> 黄帝时，大星如虹，下流华渚。女节梦接，意感而生朱宣。(《春秋元命苞》) [④]
>
> 在昔瑶光贯月，感女枢生颛顼，女枢见此而意感也。(《春秋元命苞》) [⑤]
>
> 山行见流星，意感栗然，生姒戎文禹。(《尚书帝命验》) [⑥]

---

① （清）严可均辑：《全上古三代秦汉三国六朝文》，北京：中华书局，1958年版，第777页。
② ［日］安居香山、中村璋八辑：《纬书集成》，石家庄：河北人民出版社，1994年版，第573页。
③ ［日］安居香山、中村璋八辑：《纬书集成》，石家庄：河北人民出版社，1994年版，第1105页。
④ ［日］安居香山、中村璋八辑：《纬书集成》，石家庄：河北人民出版社，1994年版，第590页。
⑤ ［日］安居香山、中村璋八辑：《纬书集成》，石家庄：河北人民出版社，1994年版，第660页。
⑥ ［日］安居香山、中村璋八辑：《纬书集成》，石家庄：河北人民出版社，1994年版，第369页。

扶都见白气贯月，意感，生黑帝子汤。（《河图·著明》）①

不仅圣王是星精感生，帝王身边的将相也是星宿感生，来历非凡，萧何感昴星而生，樊哙感狼星而生，周勃感亢精而生（《春秋演孔图》），东汉时已传说云台二十八将是天上二十八宿降生。

就连王充也相信星命，王充把命运分为国命、寿命、禄命，国命胜人命，寿命胜禄命，所以长平之战后四十万降俘皆死于非命，瘟疫流行时富贵贫贱都在劫难逃，项羽用兵胜过刘邦却兵败乌江，因为刘邦乃天命所归。"国命系于众星，列宿吉凶，国有祸福；众星推移，人有盛衰。"②人的富贵贫贱也像人所禀之气一样得自众星之精，人之富贵贫贱皆源于施气之星存在着尊卑小大。假如人出生时禀受了王良、造父二星之气，就会善于驾车。在东汉碑文里，可以读到赞颂碑主为星精感生的文辞：

星精一缊，冯仪哲人。我君受之，膺其淑真。研综典艺，实好斯文。（《幽州刺史朱龟碑》）③

君资天地之正气，含太极之纯精。（《荆州刺史度尚碑》）④

泰华惟岳，神曜吐精。育兹令德，既哲且明。（《武都太守耿勋碑》）⑤

穆穆杨公，命世而生。乃台吐耀，乃岳降精。（《太尉杨震碑》）⑥

乱曰：……金精大佐，实生贤兮……（《巴郡太守樊敏碑》）⑦

难怪穷困潦倒的蔡邕把自己的贫穷归咎于星命不佳，或许是带点夸张，在

① ［日］安居香山、中村璋八辑：《纬书集成》，石家庄：河北人民出版社，1994年版，第1189页。
② 黄晖撰：《论衡校释》，北京：中华书局，1990年版，第46页。
③ （清）严可均辑：《全上古三代秦汉三国六朝文》，北京：中华书局，1958年版，第1036页。
④ （清）严可均辑：《全上古三代秦汉三国六朝文》，北京：中华书局，1958年版，第896页。
⑤ （清）严可均辑：《全上古三代秦汉三国六朝文》，北京：中华书局，1958年版，第1022页。
⑥ （清）严可均辑：《全上古三代秦汉三国六朝文》，北京：中华书局，1958年版，第1023页。
⑦ （清）严可均辑：《全上古三代秦汉三国六朝文》，北京：中华书局，1958年版，第1040页。

《九惟文》中他形容自己的生活是："冬日栗栗，上下同云。无衣无褐，何以自温。六月徂暑，炎赫来臻。无絺无绤，何以蔽身？无食不饱，永离欢欣。"[①]最后无可奈何地感叹道："天之生我，星宿值贫。"

蒲慕州指出，汉代的官方宗教与民间信仰存在着相互纠结的情况，具体而言，官方宗教与民间信仰在崇拜者身份与崇拜对象两个方面存在着重叠。葛兆光也指出，在精英和经典的思想与普通的社会和生活之间，还存在个"一般知识、思想与信仰的世界"。在王朝礼仪中，存在着"素服、寝兵、不听事五日"、伐鼓救日、割羊祠社等因应举措。东汉民俗文化也存在着日月之食时饮酒作乐为禁忌的观念。《风俗通义》曰："俗说：临日月薄蚀而饮，令人蚀口。谨案：日，太阳之精，君之象也。日有蚀之，天子不举乐。里语：'不救蚀者，出行遇雨。'恐有安坐饮食，重慎也。"[②]这说明王朝礼仪与民间禁忌存在着共同的心理基础，即天人感应神话思维。在此种思维方式作用下，自然现象与人事现象归类为祥瑞与灾异，这种思维方式不仅存在于官方意识形态中，还植根于史前大传统以来一直持续不断的民间信仰中。

山东嘉祥武梁祠的征兆画像就佐证了这种怪祥观念，武梁祠是为纪念元嘉元年（公元151年）去世的儒生武梁而建造的。在武梁祠屋顶及"征兆石三"刻画着祥瑞与灾异图像，估计原有数目为四十至五十种。"祥瑞石一"计有16条榜题，刻画着"浪井""神鼎""黄龙""六足兽""白虎"等祥瑞图像；"祥瑞石二"计有20条榜题，刻画着"玉马""玉英""赤罴""木连理""比翼鸟""比目鱼"等祥瑞图像；"征兆石三"计有7条榜题，内容涵盖了祥瑞与灾异。[③]征兆图像在山东、四川、江苏、甘肃、陕西、河南、内蒙古、浙江、安徽等地均有发现，如甘肃成县摩崖石刻《西狭颂》的《五瑞图》，镌刻于东汉建宁四年（公元171年），上有榜题"黄龙""白鹿""木连理""嘉禾""甘露

① （清）严可均辑：《全上古三代秦汉三国六朝文》，北京：中华书局，1958年版，第855页。
② （汉）应劭撰，王利器校注：《风俗通义校注》，北京：中华书局，1981年版，第563页。
③ ［美］巫鸿著：《武梁祠：中国古代画像艺术的思想性》，柳扬、岑河译，北京：生活·读书·新知三联书店，2006年版，第253—263页。

降”及“承露人”。陕西绥德延家岔一号墓出土了二十五块画像石，墓大门画像有朱雀、铺首衔环、龙虎，墓前室顶画像为阳乌、月轮、蟾蜍及许多纤细小龙，前室西壁的一块画像石画有比肩兽、龙、虎、凤凰等祥瑞；延家岔二号墓墓门由五块画像石组成，扉扇画像为朱雀、铺首衔环、青龙白虎，横额画像为应龙、朱雀、福德羊、白鹿之类。浙江海宁中学东汉画像石墓出土了六十三块画像石，计有五十五幅画像，年代大约在东汉晚期至三国时期，墓门楣外侧刻画凤凰、杜衡、麒麟、桃拨，前室北壁的一块画像石刻有嘉禾、奔马、朱雀、天鹿、青龙、嘉莲、白虎等祥瑞，前室西壁的一块画像石刻有比肩兽、奔马、兔、朱雀、鹿、山产玉璧、比目鱼、灵芝草等祥瑞。[①]

图3-9　祥瑞图（作者摄于徐州汉画像石艺术馆）

不少汉墓中可以发现星象图，如西安交通大学西汉墓壁画二十八宿星图、洛阳烧沟61号西汉墓天汉图、洛阳尹屯新莽壁画墓星象图、陕西定边四十里铺东汉墓星象图、江苏盱眙东阳汉墓木刻星象图以及众多南阳汉墓星象图等。汉代墓室星象图通常位于前室墓顶、主室墓顶或前室过梁石下，具有象征天界的含义。在南阳汉墓的盖顶石上发现了较多的天文画像，如阳乌图、日月同辉图、伏羲捧日与女娲捧月图、阳乌北斗七星图、苍龙星座图、白虎星座图、牛郎织女图、彗星图等。这些天文图像为墓主营造出一种宇宙景观，同时也传达

---

① 刘洁:《汉代祥瑞文化与“天人感应”学说之关系》,《文博》, 2009年第4期，第53—58页；戴应新、李仲煊:《陕西绥德县延家岔东汉画像石墓》,《考古》, 1983年第3期，第233—237页；李林:《陕西绥德延家岔二号画像石墓》,《考古》, 1990年第2期，第176—179页；潘六坤:《浙江海宁东汉画像石墓发掘简报》,《文物》, 1983年第5期，第1—20页。

了一种祥瑞意味。目前，麒麟岗汉墓是南阳地区出土画像石最多的墓地。该墓共出土110块画像石，计有153幅画像。墓室由二大门、前室以及三个主室（南主室、中主室和北主室）组成。此汉墓画像主要以辟邪升仙、祥瑞、神兽、天神为主题。其前室墓顶为一天文图，由9块画像石组成，中为天神太一，太一四方为青龙、白虎、朱雀、玄武，画像左侧为女娲与南斗六星，画像右侧为伏羲与北斗七星。主室祥瑞包括四灵、熊、鹿、麒麟、象、芝草、凤凰、灵龟等图像。[①]由此看来，麒麟岗汉墓前室的天文图像与主室的祥瑞图像共同营造了一种吉祥的氛围。

南阳汉画像中多见金乌、蟾蜍同处一幅画面，甚至金乌所负日轮中画有蟾蜍，这是表示“日月合璧”之意。东汉人相信，天下太平会出现五星连珠或日月合璧之类的天象。苍龙星座图与白虎星座图也具有祥瑞性质。《三辅黄图》曰:“苍龙、白虎、朱雀、玄武、天之四灵，以正四方，王者制宫阙殿阁取法焉。”[②]东汉铜镜铭文中常刻有“左龙右虎辟不祥”之辞，如“尚方作竟大毋伤，巧工刻之成文章，左龙右虎辟不祥，朱鸟玄武顺阴阳，上有仸人不知老，渴饮玉泉饥食枣。永平七年九月造真镜。”[③]“泰言之止镜，青龙居左虎居右，辟去不详宜。”“尚方御竟大毋伤，巧工刻之成文章。左龙右虎辟不祥，朱鸟玄武顺阴阳，子孙备具居中央，湅治银锡清而明。长保二亲乐富昌，寿敝金石如侯王。”[④]彗星本为“妖星”，为不祥之兆，但在罐山汉墓与王寨汉墓中均有出现，或许是取彗星袚除不祥之义。如果着眼于图像所对应的实际天象，罐山汉墓中的彗星图可能刻画的是建武十五年的天象，《续汉书·天文志》视之为除宫之象，预示郭皇后被废及阴贵人立为皇后。王寨汉墓的彗星图可能刻画的是王莽地皇三年“星孛于张”的天象，这一天象通常被视为光武中兴之征。

① 牛向阳:《南阳麒麟岗汉画像石墓祥瑞画像造型图考》,《农业考古》，2011年第4期，第24—29页。

② 陈直校证:《三辅黄图校证》，西安：陕西人民出版社，1980年版，第56页。

③ 王士伦编著，王牧修订:《浙江出土铜镜》，北京：文物出版社，2006年，第52页。

④（清）严可均辑:《全上古三代秦汉三国六朝文》，北京：中华书局，1958年版，第997页。

图3-10　南阳麒麟岗汉墓前室墓顶画像（图片来源：首都博物馆南阳汉画像拓片展）

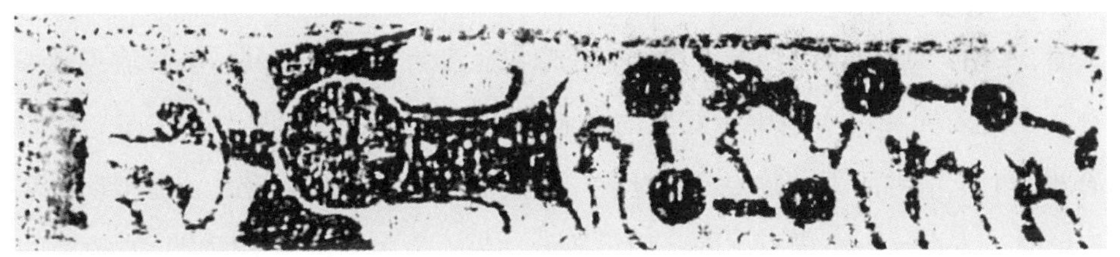

图3-11　汉画像阳乌北斗七星图（图片来源：《南阳汉代天文画像石研究》）

图3-12　南阳王寨汉墓日月彗星图（图片来源：首都博物馆南阳汉画像拓片展）

新疆尼雅遗址出土的一件汉晋时期织锦护臂，上织星、云纹、白虎、朱雀、辟邪等祥瑞纹样，并织出篆文“五星出东方利中国”。同一墓葬里还发现了一件织有“讨南羌”字样的织锦。[①]五星即木星、火星、土星、金星、水星。《史记·天官书》云：“五星分天之中，积于东方，中国利；积于西方，外国用

① 新疆文物考古研究所：《新疆民丰县尼雅遗址95MNIM8号墓地M8发掘简报》，《文物》，2000年第1期，第4—40页。

（兵）者利。”[①]这两件织品的文字暗示了“五星出东方利中国讨南羌”，可见星占观念之深入人心。

总而言之，《续汉书·天文志》是层累而成的历史叙事。“记录天变以存儆戒人君之义”是《天文志》的重要史学精神传统，体现了天人感应的神话宇宙观对历史的建构。《续汉书·天文志》的星占思维方式体现了斯坦利·杰亚拉贾·坦比亚所说的互渗性意向。如果从更广阔的文化视角来理解《续汉书·天文志》的星占叙事，我们会发现星占话语是东汉王朝意识形态的重要组成部分，当时的流行学说特别是纬书包含了丰富的星占知识。通过家学承传与师徒授受，儒家学说无时不在地灌输着“天人感应”思想观念，一些知识分子相信星命，纬书与儒家经书共同编织了一张东汉王朝意识形态之网。从政治实践来看，在洛阳的礼仪空间中，郊兆的形制体现了星占话语中的天官秩序；在政治游说中，星占话语在政治攻心具有“不战而屈人之兵”的奇效；在出现异常天象时，不少大臣会借机上奏，指出政治过失，一些皇帝也会做出反省改过的姿态。当时的王朝礼仪与民间怪祥观念存在着共同的心理基础——天人感应思维。山东嘉祥武梁祠的征兆画像、南阳汉代天文画像石及其他地方的汉画像佐证了这种神话世界观。

① （汉）司马迁撰，（宋）裴骃集解，（唐）司马贞索隐，（唐）张守节正义：《史记》，北京：中华书局，1959年版，第1328页。

第四章

《后汉书·方术列传》的志异叙事

《后汉书·方术列传》为范晔所作，主要叙说东汉方士事迹，总数共48人。由于其中记录了一些不可思议之事（如王乔与左慈诸事），唐代史家刘知幾在《史通·书事》中批评其文“言唯迂诞，事多诡越”。清代学者李慈铭则为之辩护，他认为《后汉书·方术列传》华佗传之后的二十二位方术异士本来就不是与华佗传相提并行的，“所以不足为蔚宗病也”①。

“方士”即“方术之士”，方士由早期的巫师阶层演变而来。战国时已有方士，宋玉《高唐赋》提到羡门、高溪、上成等“有方之士”。战国时，一些方士参与了《山海经》等典籍的整理。秦始皇统一六国后，曾经派方士寻找海外仙山，试图获得仙药，著名的方士徐福就在其中。方士信仰传播具有地方性，燕齐的方士较为著名。两汉方士具有相当规模，方士信仰具有一定程度的民间性质。②西汉时，方士在汉武帝时期的活动最为活跃。两汉之际，王莽伪托符命，汉光武帝好谶，促成了儒生的方士化。

秦汉方士与政治关系较为密切，方士不仅参与求仙封禅，还参与编造谶纬，不少学者就此做了梳理。顾颉刚在《秦汉的方士与儒生》一书中指出，阴阳家和方士的观念造就了秦汉的各种政治制度，并指出儒生和方士的结合是造成两汉经学的主因，顾颉刚还在书中论述了汉代经学如何转向谶纬以及谶纬的政治作用。《秦汉的方士与儒生》原名《汉代学术史略》，1935年出版后具有持续的学术影响。吕锡琛《道家、方士与王朝政治》论及秦汉方士活动对王朝政治的影响，该书对“方士的活动与秦帝国的崩溃”“汉武帝为何选择董仲舒”

① （清）李慈铭著，由云龙辑：《越缦堂读书记》，上海：上海书店出版社，2000年版，第236页。

② 汪小洋：《汉代方士信仰的民间性质辨析》，《南京大学学报》（哲学、人文科学、社会科学版），2008年第4期，第96—102页。

等问题展开了探讨。[①]陈槃《战国秦汉间方士考论》(1948)一文重点梳理了战国秦汉间方士的思想与性行。李零较为详细地梳理了战国秦汉时期的方士流派，还有一些学者分别就秦代方士与汉代方士撰写专论。[②]余英时《东汉生死观》论及方士转变神仙观念以适应求仙者的世间口味。[③]方士文化还促成了道教的产生，史海娜则试图从秦汉神仙方士文化的神学化来解释道教的产生，并以方士文化的儒学化来解释道教的功能。[④]

《后汉书·方术列传》中所提到的一些方士其实带有巫师色彩。汉代巫风浓厚，巫医盛行，巫者的社会影响不可小视。中国大陆未见专门探讨汉代巫者的论著，台湾学者林富士《汉代的巫者》的研究较为全面，书中论述了汉代巫者的政治地位、职事、社会影响力、活动范围以及汉代巫术的观念基础。高国藩《中国巫术史》一书论述了汉代模仿巫术、改火巫术、《淮南万毕术》等各种巫术。吕亚虎《战国秦汉简帛文献所见巫术研究》一书分巫术内容、巫术仪式、巫术方法、巫术灵物及其他巫术事象五大类探讨了战国秦汉间的巫术。[⑤]单篇论文中，一些学者通过考察传世史籍、汉代简帛、汉画等资料对汉代巫术

① 同类探讨还有潘良炽:《汉代方士对中央与地方政局的影响》,《青海师范大学学报》(哲学社会科学版),2002年第2期，第67—71页；王克齐:《齐地的方士文化与汉代的谶纬之学》,《管子学刊》,2004年第3期，第46—50页；王静、梁勇:《秦汉时期方术、方士与政治文化的关系》,《河北大学学报》(哲学社会科学版),第39—43页。

② 陈槃:《战国秦汉间方士考论》，见陈槃撰:《古谶纬研讨及其书录解题》，台北:"国立编译馆",1991年版，第179—256页；李零:《战国秦汉方士流派考》,《传统文化与现代化》,1995年第2期，第34—48页；张华松:《秦代的博士与方士》,《孔子研究》,1999年第1期，第96—109页；马永喜:《略论两汉方士》，西北大学硕士学位论文，2010年。

③ 余英时著，何俊编:《东汉生死观》，侯旭东等译，上海：上海古籍出版社，2005年版，第27—37页。

④ 史海娜:《秦汉神仙方士文化的神学化与儒学化——早期道教产生的两个步骤》，陕西师范大学硕士学位论文，2002年。

⑤ 关于国内外巫术的研究概况，可参见吕亚虎《战国秦汉简帛文献所见巫术研究》"有关巫术的研究概况""出土文献所见巫术资料之研究"二节，第2—18页。简言之，国内外的巫术研究专著代表性的有《巫与巫术》(宋兆麟)、《中国巫术》(张紫晨)、《巫傩与巫术》(胡健国)、《蒙昧中的智慧——中国巫术》(臧振)、《中国民俗探微——敦煌巫术与巫术流变》(高国藩)、《中国巫术史》(高国藩)、《心智的误区——巫术与中国巫术文化》(詹鄞鑫)、《民间性巫术》(宋兆麟)、《中国古代社会的巫觋》(文镛盛)、《殷商甲骨卜辞所见之巫术》(赵荣俊)。另外，吕亚虎还列举了一些在部分章节讨论巫与巫术的著作。

展开探讨。[①]孙家洲在汉代巫风研究方面用力颇勤。[②]这些学者的研究为进一步探讨《后汉书·方术列传》奠定了基础。目前国内学界虽有个别学术论文附带论及《后汉书·方术列传》，但不够系统。因此，本章试图专门探讨《后汉书·方术列传》的性质与文本生成原因，并对其中的“方术”展开文化解析。

第一节 《后汉书·方术列传》的性质及编撰

刘知幾批评《后汉书·方术列传》“言唯迂诞，事多诡越”，视之为“美玉之瑕、白圭之玷”。其实，刘知幾并不是反对记录诡越之事，他只是根据政治重要性原则，提倡记录事关王朝兴亡的怪祥之事，如吞燕卵而商生、启龙漦而周灭、江使返璧给秦始皇之类，而反对记录“州闾细事”与“委巷琐言”之类“不足挂齿”的民间故事。可是，《后汉书·方术列传》所记录的偏偏是“君子”付之一哂而“小人”津津乐道的“州闾细事”，如羊说人话、鸟化为官履之类。

假如抽绎出《后汉书·方术列传》，归入《隋书·经籍志》或者是《新唐书·艺文志》，应该归入哪一类？杂传还是小说？无论如何，必须承认此传文本掺入了超现实的叙事成分。

范晔为何撰作《后汉书·方术列传》？为何《后汉书·方术列传》掺入了

① 王子今：《汉匈西域战争中的“诅军”巫术》，《西域研究》，2009年第4期，第1—6页；吕亚虎：《〈额济纳汉简〉所见出行巫术浅析》，《殷都学刊》，2009年第2期，第41—46页；吕亚虎：《马王堆汉墓资料所见求子巫术浅析》，《历史教学》，2008年第2期，第15—19页；李真玉：《试析南阳汉画中的巫术》，载中国汉画学会、南阳师范学院汉文化研究中心编：《中国汉画学会第十届年会论文集》，武汉：湖北人民出版社，2006年版，第211—214页；李真玉：《论汉画中的升仙巫术》，载中国汉画学会、四川博物院编《中国汉画学会第十二届年会论文集》，香港：中国国际文化出版社，2010年版，第81—83页；李真玉：《南阳汉画中的祈求巫术》，载中国汉画学会、河南博物院编：《中国汉画学会第十三届年会论文集》，郑州：中州古籍出版社，2011年版，第324—327页。

② 孙家洲：《汉代民俗与巫风初探》，《世界宗教研究》，1994年第4期，第123—132页；孙家洲：《汉代巫术巫风探幽》，《社会科学战线》，1994年第5期，第110—119页；孙家洲：《汉代齐地尚巫之风考实》，《文史哲》，2003年第3期，第144—148页。

超现实的叙事成分？这就需要对撰作《后汉书·方术列传》的客观原因、叙事传统、史料来源、撰作意图等问题展开探讨。

一、《后汉书·方术列传》创立的客观原因——东汉方术文化之盛

关于《后汉书·方术列传》的编撰原因，何焯《义门读书记》认为范晔设立此传的目的在于“讥切时主崇信小数”。[①]刘咸炘则反对视此传为主文谲谏之篇，他指出范晔设立《方术列传》存在着客观原因：“东汉谶纬学盛，经生多请术数，而民间禨祥禁忌之俗亦多，巫祝形法方士神仙之说，后世所行者皆自东汉而盛，故此传不得不立。”[②]刘咸炘所论甚是，不过这里需要稍加详论。

刘秀在打天下时，他的同学彊华进献《赤伏符》，中有“刘秀发兵捕不道，四夷云集龙斗野，四七之际火为主”之语，后来刘秀果然当上天子，刘秀颇以谶为然，把谶纬当作决策参考。譬如刘秀本来不想封禅，后来读到《河图会昌符》“赤刘之九，会命岱宗”云云，遂决定封禅。刘秀信谶，好谶，谶为他的文治武功提供神话意识形态支持。在刘秀的隐秘心思中，谁胆敢质疑谶就是在质疑其“王者受命之符”，就是在质疑皇位的合法性，这是皇帝的逆鳞，绝不可碰。《后汉书·方术列传》曰：“郑兴、贾逵以附同称显，桓谭、尹敏以乖忤沦败。”《后汉书·郑兴传》记载，光武帝欲用谶来决定郊祀之事，询问郑兴之意。郑兴说：“臣不为谶。”光武大怒道：“卿之不为谶，非之也？”俗云：伴君如伴虎，一句回答不对就可能丢掉身家性命，郑兴惶恐地回答说：“臣于书有所未学，而无所非也。”光武这才消了气。[③]贾逵在永平年间曾上书明帝说《左传》与图谶相符，并为《左传》撰写了《解诂》，明帝下令藏其书于秘馆。章帝时，贾逵又上书说“《五经》家皆无以证图谶明刘氏为尧后者，而《左氏》独有明文”[④]云云，章帝嘉之，赐贾逵布五百匹、衣一袭，并下令他挑选二十个

① （清）何焯著，崔高维点校：《义门读书记》，北京：中华书局，1987年版，第406页。
② 刘咸炘语，转引自张述祖：《范尉宗年谱》，见张越主编：《〈后汉书〉〈三国志〉研究》，北京：中国大百科全书出版社，2009年版，第28页。
③ （宋）范晔撰，（唐）李贤等注：《后汉书》，北京：中华书局，1965年版，第1223页。
④ （宋）范晔撰，（唐）李贤等注：《后汉书》，北京：中华书局，1965年版，第1237页。

《公羊》学的高才生跟他学习《左传》。

桓谭与尹敏就没有这么幸运了，光武帝要修灵台，再度欲以谶决之，他向桓谭询问，桓谭极言“谶之非经”，光武大怒，欲斩桓谭。桓谭叩头流血，这才逃过一劫，最后被贬出京城，当了六安郡丞，郁郁而终。尹敏向刘秀提过谶非圣人所作的话，刘秀让他校图谶，他就在阙文上填了一句：“君无口，为汉辅。”光武虽然没有加罪于尹敏，但内心不喜，尹敏因此一直得不到升迁。

光武帝封禅以后，颁布图谶于天下，自此谶纬成为内学，在儒生当中刮起了争学谶纬之风。不过谶纬的流行，除了皇帝的提倡外，还有更广阔的文化背景，应当注意到谶纬相当多的内容由数术知识构成。所谓“数术”，包括天文、历谱、五行、蓍龟、杂占、形法，“数术”与“方技”合称为“方术”。谶纬的兴起是儒家思想与方术知识交融的结果，二者共享天人感应的宇宙观，儒家意识形态寻求方术知识的支持，而方术知识则通过响应主流意识形态的“召唤”进入话语圈。我们在分析《天文志》的星占叙事时，曾经探讨过东汉星占话语的政治实践，这里我们通过考察“历谱”之学的政治实践来说明方术知识如何进入话语圈。

在中国王朝历史上，历法问题往往是一个政治问题，改朝换代的“规定动作”是改正朔，易服色。《汉书·艺文志》关于历谱的一段话其实已经表明了历法的政治性：

> 历谱者，序四时之位，正分至之节，会日月五星之辰，以考寒暑杀生之实。故圣王必正历数，以定三统服色之制，又以探知五星日月之会。凶厄之患，吉隆之喜，其术皆出焉。此圣人知命之术也，非天下之至材，其孰与焉！①

历谱乃“圣人知命之术”，这里圣人所知的“命”是天命与国运。《论

① （汉）班固撰，（唐）颜师古注：《汉书》，北京：中华书局，1962年版，第1767页。

语·尧曰》云:“天之历数在尔躬。”清代学者刘宝楠指出,“‘历数’是岁、月、日、星辰运行之法。”[①]“天之历数在尔躬”意为按照历运应该传位于汝。但究竟如何推算历运呢?《论语》语焉不详,《易乾凿度》与《易稽览图》却详细记载了推算享国世数的方法。[②]《左传》记载,宣公三年,楚子问鼎之大小轻重。王孙满明白楚王的觊觎之意,告诉楚王,成王定鼎于郏鄏时,卜算过国运,可以传三十代,享有国运七百年,这是上天命定的,周德虽然在走下坡路,但是天命不改,“鼎之轻重,不可问也”。王孙满的一番话直接打消了楚王的念想,这说明至少春秋之时已流传着推算国运之法。公孙述与刘秀争天下时,散布汉朝气数已尽之舆论,其理由是孔子作《春秋》为汉朝立法,《春秋》只有十二公,对应着汉高祖到汉平帝十二代,“历数尽也,一姓不得再受命”,公孙述又引“废昌帝,立公孙”等谶语宣称自己才是真命天子。刘秀深以为患,专门写信反驳,他先引用《春秋谶》“汉家九百二十岁以蒙孙亡,受以丞相,其名当涂高”之语,然后说:“‘高’岂君身耶?吾自继祖而兴,不称受命。”[③]马融归顺刘秀的原因之一是有识之士云“汉承尧运,历数延长”,可见对汉王朝历运的判断决定了人心的向背。

另一个能够说明“历谱”之学进入政治话语圈的典型例子是东汉的改历。太初历使用一百多年后,出现了朔先于历的现象。建武八年(公元32年),朱浮、许淑等多次上书请求改历,光武帝因当时天下初定,无暇顾及改历之事。至元和二年(公元85年),按照《太初历》,冬至日日在牵牛五度,而实际天象是日在斗二十一度,晦朔弦望也差实际天象一日,因此汉章帝在元和二年下诏改历,施用《四分历》。诏书中引经据典地论证了改历的正当性,又指出最近政治不得、阴阳不和、灾异不息,改历既是补过的好办法,又是效仿唐尧

① (清)刘宝楠撰,高流水点校:《论语正义》,北京:中华书局,1990年版,第756页。

② 参见《易乾凿度》“推即位之术”,见(清)赵在翰辑,钟肇鹏、萧文郁点校:《七纬》,北京:中华书局,2012年版,第52—59页;《易稽览图》“推易天地人之元术”“推厄所遭法”,见(清)赵在翰辑,钟肇鹏、萧文郁点校:《七纬》,北京:中华书局,2012年版,第67—77、103—112页。

③ (晋)常璩撰,刘琳校注:《华阳国志校注》,成都:巴蜀书社,1984年版,第475页。

之举。章帝改历之后，关于历法的问题却一直争论不休，《四分历》以庚申为历元，但是一些大臣却认为应当以甲寅为历元，譬如灵帝熹平四年（公元175年），冯光、陈晃主张用甲寅为历元，二人在奏疏上说，历元不正导致“妖民叛寇益州，盗贼相续为害”。针对冯光、陈晃的看法，蔡邕提出了反对意见，指出《春秋元命苞》《易乾凿度》皆认为天地开辟至获麟年数是2 760 000年，《尚书命历序》认为获麟至汉之间为275年，冯光、陈晃的意见与《春秋元命苞》《易乾凿度》《尚书命历序》不合。在历法之争中，还有一些大臣主张重新使用《太初历》，如汉安帝延光二年，梁丰主张恢复《太初历》，太尉刘恺等八十四人也主张复用《太初历》，这些人主张复用《太初历》的理由归结起来有二：其一，颁用《太初历》的汉武帝攘夷廓境，在位时间长；其二，汉章帝颁用《四分历》后，灾异很多，没有获得善应。尚书令陈忠指出，汉哀帝与汉平帝之时承用《太初历》却妖孽不断，如果《四分历》存在错谬的话，元和年间凤鸟就不会“应历而翔集”，实际天象中冬至日在斗，而《太初历》冬至日在牵牛，《太初历》“迂阔不可复用”。最后汉安帝采纳了陈忠之言，于是改历之事平息。

如果说历运、历法及历元问题属于军国大事层面，与百姓生活相隔太远的话，那么婚丧嫁娶、祭祀祖先、沐浴、裁衣、起宅盖屋、学习书写这些事则与平民百姓日常生活息息相关，渗透在平民日常生活的择日信仰充分体现了数术观念的深远影响。按照东汉《葬历》的要求，以日吉无害、日之刚柔相得、月之奇偶相应之日为吉，不合要求之日则为凶。祭祀之历要求避开血忌月杀之日，反之，则为不吉。《沐书》认为，子日洗头招人喜爱，卯日洗头令人白头。学习写字忌丙日，因为据说造字的仓颉死于丙日。起宅盖屋方面，东汉人相信岁月所食之地必然出现死人，因此见食之家就需行用厌胜法或者是迁居。

“蓍龟”即卜筮，卜是用龟甲占卜，筮是用蓍草占卜。卜筮在东汉信仰生活中占有重要地位，参与卜筮者不分贵贱，上至王公，下至平民，就连皇帝也会参与卜卦。永平五年秋天，洛阳雨水很少，明帝上云台自己卜了一卦，翻查《周易卦林》，查得繇辞为“蚁封穴户，大雨将集”。第二天，果然下雨。皇帝选妃之前也要卜筮一番，如顺烈梁皇后十三岁入宫时，太史卜之，兆得寿房，预示其当为皇后。又筮之，得坤之比——坤卦的六五爻变为阳爻后得比卦，呈上下相应之象——因此梁氏被封为贵人。[①]平民百姓求神问卜是常见之事，特别是至亲之人生病之时，即使明知卜筮无益于减轻病情，仍不免求卜一番以查病因。《论衡·薄葬篇》云："孝子之养亲病也，未死之时，求卜迎医，冀祸消、药有益也。"[②]《后汉书》记载"会稽俗多淫祀，好卜筮。"其实，占卜在其他各地亦有市场，范丹逃官于梁、沛之间，卖卜于市。[③]又如姜肱逃官，在青州卖卜糊口。[④]翟酺报舅仇后，逃到长安，以卖卜看相为生。李固冤死之后，李固门生王成携李固之子李燮逃亡到徐州，他让李燮在酒家打工，自己卖卜于市。

"形法"指的是相术、堪舆一类的数术。《汉书·艺文志》收录了六家形法类著作，包括《山海经》《宫宅地形》《相人》《相宝剑刀》《相六畜》等。看相算命的观念在东汉深入人心，东汉人相信圣人生有异表，纬书中记载了较多圣人异相。王充也相信圣人生有异相，他还相信通过观察骨法与皮肤纹理可以预知人的命运："案骨节之法，察皮肤之理，以审人之性命，无不应者。"[⑤]王充津津乐道地列举了一些看相精准之例，如相高祖、吕后、王莽之姑正君、黄霸之妻、卫青、周亚夫、邓通、倪宽等。东汉大儒王符对相术亦有研究，他认为骨法主禄相，气色主吉凶，部位主流年，"德行为三者招"。[⑥]

东汉皇帝挑选妃子的第一道程序是先让相士看相，每年八月，中大夫、掖庭丞及相士就在洛阳良家女子中挑选，初选的标准是姿色端丽、合乎相法、年龄在13～20岁之间，合乎要求者才载还后宫，再由皇帝挑选。司马彪《续汉书》记载了四则相士慧眼识皇后的故事。其一是相士为马家诸女看相，相士见

① （东汉）刘珍等撰，吴树平校注：《东观汉记校注》，北京：中华书局，2008年版，第213—214页。

② 黄晖撰：《论衡校释》，北京：中华书局，1990年版，第964页。

③ （清）汪文台辑，周天游校：《七家后汉书》，石家庄：河北人民出版社，1987年版，第103页。

④ （清）汪文台辑，周天游校：《七家后汉书》，石家庄：河北人民出版社，1987年版，第46页。

⑤ 黄晖：《论衡校释》，北京：中华书局，1990年版，第116页。

⑥ （汉）王符著，（清）汪继培笺，彭铎校正：《潜夫论笺校正》，北京：中华书局，1985年版，第310页。

到少时的明德马皇后，以为她必当大贵，将来会成为帝王之妃，不过贵而少子。[①]后来马皇后果然无子，其养子后为汉章帝。其二是窦皇后少时家道衰落，窦家多次请相士看相，窦皇后两岁时，为其看相的相士都说她为大尊贵之相。其三是待诏相工苏文见到少时的和熹邓皇后，惊讶地说："此成汤之骨法也，贵不可言。"[②]其四是孝顺梁皇后选入掖庭时，相工茅通见到她，以为她具日角偃月之相。[③]"日角偃月"指的是人的"天庭"鼓起，状如新月，这是一种极为尊贵之相。

东汉相人术主要为相面、相体型、相举止、相声响。《东观汉记》记载，班超找相士看相，相士预言班超将封侯万里之外，班超问其故，相士指着班超说，你长相为燕颔虎颈，飞而食肉，这是万里侯之相——这是相体型。又《东观汉记》云，李固"貌状有奇表，鼎角匿犀，足履龟文"，此说综合了相面与相手足。相声响者如龙渊闻声识人。《太平御览》记载，刘宏拜访龙渊，龙渊听到刘宏说话的声音，就起身迎接，曰："公当极位也。"[④]后桓帝崩，桓帝无子，窦太后与父亲窦武定策禁中，迎立刘宏为帝，是为汉灵帝。

征兆能预示吉凶，这应该是东汉社会大多数人的一个共识。翻检东汉人的著作，可见到反映当时人征兆意识的一些"无心"史料。桓谭在《新论·见征》中说，他当典乐大夫时，院子里树上有鸟在鸣叫，府中官吏都感到忧惧。其后他与典乐谢侯争斗，两人都被免官。桓谭又举了一例：待诏景子春被收监，他的妻子朱氏去看望他，还带了襦裤。景子春善于占卜，大惊失色说："'朱'为诛，裤而襦，中绝者也。我当诛断也。"[⑤]其后景子春受腰斩之刑。

方术与巫关系密切，方术源于巫术。《汉书·艺文志》杂占类中有《禳祀天文》《请雨止雨》《黄帝长柳占梦》《请祷致福》诸书，其实请雨、止雨、解梦、解土、治病、占卜、祝祷亦是巫师之能事。西汉巫风甚盛，《盐铁论·散

① （清）汪文台辑，周天游校：《七家后汉书》，石家庄：河北人民出版社，1987年版，第188页。
② （清）汪文台辑，周天游校：《七家后汉书》，石家庄：河北人民出版社，1987年版，第192页。
③ （清）汪文台辑，周天游校：《七家后汉书》，石家庄：河北人民出版社，1987年版，第194页。
④ （宋）李昉等撰：《太平御览》，北京：中华书局，1960年版，第3233页。
⑤ （汉）桓谭撰，朱谦之校辑：《新辑本桓谭新论》，北京：中华书局，2009年版，第17页。

不足》通过古今风俗对比，批评了当时一些好逸恶劳之人“饰伪行诈，为民巫祝”，鼓舌弄唇，赚取酬金，“是以街巷有巫，闾里有祝”。[①]东汉好巫之风延续不灭。早期道徒也参与了巫俗活动。东汉时期墓葬中存在着不少与早期道徒巫俗活动相关的文物，如解注文、解注瓶、符咒简牍等。东汉好巫之风遭到王符的批评，他指责当时妇人多不在家做饭、养蚕、织布，却学做巫祝，鼓舞事神，欺骗百姓。[②]一些官员采取了打压巫祝的做法，第五伦任会稽太守时，鉴于会稽俗好淫祀，第五伦下车伊始就通告百姓：如果有巫祝假托鬼神诈怖百姓，一律查办，妄自屠牛祭神的都要受罚。[③]宋均任辰阳长时，辰阳俗信巫鬼而少学者，宋均采取兴建学校与禁绝淫祀的措施，后宋均转迁九江太守，浚遒县有唐、后二山，当地群巫挑选百姓男女做山公（或山妪），而担任过山公（或山妪）的男女之后不敢嫁娶，宋均就下令：“自今以后，为山娶者皆娶巫家，勿扰良民。”[④]这才禁绝了为山娶亲的风俗。栾巴任豫章太守时，当地百姓“常破赀产以祈祷”，栾巴采取了“毁坏房祀”与“剪理奸巫”的措施。不过，这些官员的打压只能收效于一时，无法长久，一旦官员移任，当地的巫风随即复炽。陈蕃任乐安太傅及曹操任济南相时都曾禁绝当地祀景王之俗，但换任之后，祀景王之俗又恢复如故。巫师组织的叛乱也贯穿了东汉王朝的始终，如建武十六年“妖巫”李广之乱、建武十九年“妖巫”单臣与傅震等人的叛乱及东汉末年“米巫”张修的叛乱。

《后汉书·方术列传》记载了一些身怀异术之士的事迹，如泠寿光善于房中术与导引术，费长房、鞠圣卿、寿光侯、刘根善于召劾鬼魅精怪，左慈善于日行万里、分身术、变形术、隐身术等。其中不少身怀异术之士是修仙者。汉画像石与汉镜铭文中存在着不少神仙意象。汉代仙传碑文《仙人王子乔碑》

---

① 王利器校注：《盐铁论校注》，北京：中华书局，1992年版，第352页。

② （汉）王符著，（清）汪继培笺，彭铎校正：《潜夫论笺校正》，北京：中华书局，1985年版，第125页。

③ 《后汉书》所载第五伦、宋均打压巫祝之事，亦见于《风俗通义》，参见（汉）应劭撰，王利器校注：《风俗通义校注》，北京：中华书局，1981年版，第400—402页。

④ （宋）范晔撰，（唐）李贤等注：《后汉书》，北京：中华书局，1965年版，第1413页。

《仙人唐公房碑》《肥致碑》描绘了生动的仙人形象。《仙人王子乔碑》与《仙人唐公房碑》为庙碑。《仙人王子乔碑》中的王子乔为“上世之真人”，碑文主要叙述王子乔墓前显灵的事迹，他告诫采薪孺子不要伐取墓上树后就不见了。[①]《仙人唐公房碑》中提到的唐公房于王莽居摄二年为郡吏，后从李八百学道，为府君所迫而举宅飞升。[②]《肥致碑》为墓碑，出土于河南偃师南蔡庄乡南蔡庄村汉墓。据碑文，肥致“少体自然之姿，长有殊俗之操”，常居于枣树之上，后应灵帝之请除去灾变。值得注意的是，肥致为灵帝取蜀郡生葵的叙事模式成为后世书写修仙者形象的一种重要模式。

二、《后汉书·方术列传》的文本生成

在《史记》与《汉书》中可以发现为术士立传的端倪。但《后汉书·方术列传》具有与《史记》《汉书》不同的时代特色。除了《后汉书·方术列传》，范晔还创立《文苑列传》《逸民列传》《独行列传》，这些列传反映了魏晋以来个人意识的上升。我们还要探察《后汉书·方术列传》的体例渊源、史料来源、成书背景与撰述意图。

（一）体例渊源

司马迁在《史记》中创立《日者列传》《龟策列传》《扁鹊仓公列传》。《日者列传》《龟策列传》是为术士立传，《扁鹊仓公列传》是为医者立传。司马迁在《日者列传》采用了与《庄子·渔父》相似的笔法，塑造了一位“辨天地之道、日月之运、阴阳吉凶之本”的日者形象——司马季主。《太史公自序》解释创作《日者列传》的原因：“齐、楚、秦、赵为日者，各有俗所用。欲循观其大旨，作《日者列传》第六十七。”[③]两汉之时，盛行阴阳灾异之说，出现了

① 施蛰存撰：《水经注碑录》，天津：天津古籍出版社，1987年版，第229页。

② 陈显远：《汉“仙人唐公房”考》，《文博》，1996年第2期，第27—28页。

③（汉）司马迁撰，（宋）裴骃集解，（唐）司马贞索隐，（唐）张守节正义：《史记》，北京：中华书局，1959年版，第3318页。

不少精于推论阴阳灾异之士。仅就西汉而论，汉武帝之时有董仲舒与夏侯始昌，昭帝与宣帝之时有眭孟与夏侯胜，元帝与成帝之时有京房、刘向、翼奉及谷永，哀帝与平帝之时有李寻与田终术，因此，班固在《汉书》中专门撰写了《眭两夏侯京翼李传》。谢承（公元182—254年）《后汉书》中设立《方术》，现存遗文传主为许杨、周获（范晔《后汉书》作“高获”）、谢夷吾、廖扶、樊英、孔乔、李昺、郎宗、王辅、公沙穆、郝孟节，其中孔乔、李昺、郎宗、王辅为范晔《后汉书》所无。在《三国志・魏书》的《方伎传》中，陈寿（公元233—297年）为华佗、杜夔、朱建平、周宣、管辂等人立传。《后汉书・华佗传》文献来源于《三国志・华佗传》，只不过《三国志》记载较详，而《后汉书》较略而已。《三国志・华佗传》所记载的数例华佗病案（自甘陵相夫人至军吏梅平）皆不载于《后汉书・华佗传》。[①]

（二）史料来源

魏晋之时，志异著作较为流行，如《列异传》《博物志》《搜神记》《神仙传》《玄中记》《搜神后记》等。《列异传》可能先由曹丕（公元187—226年）撰写，后经张华（公元232—300年）续撰。《列异传》名列《隋书・经籍志》“杂传类”中，对后来的志异著作影响很大，《搜神记》就效仿并采录了《列异传》中的故事。《列异传》记载了不少鬼物精怪之事，其中寿光侯劾蛇、费长房劾东海君、费长房劾老鳖等故事亦见于《后汉书・方术列传》。

《汉书・艺文志》中“方技略”下分医经、经方、房中、神仙，班固论“神仙”云：“所以保性命之真，而游求于其外者也。”[②]《后汉书・方术列传》体现出较浓厚的神仙观念，譬如记载泠寿光年龄百五六十岁，又记载甘始、东郭延年、封君达皆百余岁及二百岁，我们试分析其观念与文献来源。希求长寿是人的一种生命本能。汉末，由于疾疫和战争，出现了“白骨露于野，千里无鸡

---

① 此数例病案分别为甘陵相夫人、县吏尹世、府吏兒寻与李延、盐渎严昕、故督邮顿子献、督邮徐毅、东阳陈叔山小男、彭城夫人、军吏梅平。

② （汉）班固撰，（唐）颜师古注：《汉书》，北京：中华书局，1962年版，第1780页。

鸣”的景象，“家家有僵尸之痛”，生命异常脆弱。在《古诗十九首》中，出现了一种痛感生命短促无常的心绪，譬如“人生天地间，忽如远行客”“人生忽如寄，寿无金石固”“所遇无故物，焉得不速老”，这类句子就黯然神伤地道出了生命的无奈感。养生在汉末是一种很流行的风气。史载曹操好养生之法，他曾致信向皇甫隆请教。皇甫隆向道士封君达学过养生，他年过百岁而体力不衰、耳目聪明。皇甫隆回答说:“体欲常少劳勿过虚，……施泻，秋冬闭藏。”[①]曹操集聚了一批方士，一方面是防止方士作乱，另一方面也是希望招纳方士为己所用。这批方士主要有16人，张华《博物志》详细记录了这批方士之名，通过对比，可以发现《后汉书·方术列传》下的大部分传主属于曹操聚集的方士团体：

（1）王真，上党人。《后汉书·方术列传》有传，较略。

（2）封君达，陇西人。《后汉书·方术列传》有传，较略。

（3）甘始，甘陵人。《后汉书·方术列传》有传，较略。

（4）鲁女生。《后汉书·方术列传》有传，较略。

（5）华佗，字元化，谯国人。《后汉书·方术列传》有详传。

（6）东郭延年，《后汉书·方术列传》有传，较略。

（7）唐雩。《后汉书·方术列传》有唐虞传，较略。

（8）冷寿光。《后汉书·方术列传》有泠寿光传，较略。

（9）卜式，河南人。

（10）张貂。

（11）蓟子训。《后汉书·方术列传》有详传。

（12）费长房，汝南人。《后汉书·方术列传》有详传。

（13）鲜奴辜，《后汉书·方术列传》作“解奴辜”。

（14）赵圣卿，《后汉书·方术列传》作“鞠圣卿”，魏国军吏，河南人。

（15）郄俭，字孟节，阳城人。《后汉书·方术列传》作“郝孟节”，上党人。

（16）左慈，字元放，庐江人。《后汉书·方术列传》有详传。

① （晋）张华撰，范宁校证:《博物志校证》，北京：中华书局，1980年版，第62页。

曹植曾亲自检验郄俭的道行深浅，他与郄俭住在一块，观察到郄俭辟谷百日却起居自若。曹植对辟谷术的结论是：辟谷不一定能延年益寿，但可以治病且不怕饥荒。在《赠白马王彪》一诗中，曹植表示了对求仙的怀疑之意："虚无求列仙，松子久吾欺。"

但在魏晋之时，相信神仙之说的还是大有人在。黄龙二年，吴主孙权派遣甲士万人浮海求夷洲及亶洲，似有求仙意味。嵇康在《养生论》中肯定了神仙的存在，不过他认为神仙非积学所能致，但只要导养得理，还是可以延年益寿："至于导养得理，以尽性命，上获千余岁，下可数百年，可有之耳。"[①]嵇康曾与道士孙登、王烈交游。滨海地域是神仙说的沃土，青徐诸州与吴会诸郡属于天师道的传教区，琅琊王氏、高平郗氏、吴郡杜氏、会稽孔氏、陈郡殷氏、丹阳曹氏等世家皆信奉天师道。[②]以琅琊王氏为例，王氏家族世代信奉五斗米道（天师道），王羲之曾与道士徐迈共修服食，为采药石不远千里。王羲之诸子也信奉天师道，王凝之在孙恩兵临城下之时，还要入"靖室请祷"，并说已请大道鬼兵相助，不设防备，最后城破而死。又《晋书·郗愔传》云："愔字方回……与姊夫王羲之、高士许恂并有迈世之风，俱栖心绝谷，修黄老之术。"[③]《晋书·郗超传》称："愔事天师道，而超奉佛。"[④]郗愔服食符水太过，常患腹内恶，请名医于法开诊治，服药后拉出数段拳头大的符纸出来。[⑤]东晋时作乱江南的孙恩世奉天师道，他的叔父被司马道子诛杀，孙恩欲为叔父报仇，占据会稽，自号"征东将军"，号其党曰"长生人"。信从孙恩的妇女为了跟从孙恩不惜杀婴："妇女有婴累不能去者，囊簏盛婴儿投于水，而告之曰：'贺汝先登仙堂，我寻后就汝。'"[⑥]似乎表明信徒持有"水仙"信仰，同时也说明"长生"口

① （清）严可均辑：《全三国文》，北京：商务印书馆，1999年版，第501页。
② 陈寅恪：《天师道与滨海地域之关系》，见陈寅恪著：《金明馆丛稿初编》，北京：生活·读书·新知三联书店，2001年版，第1—46页。
③ （唐）房玄龄等撰：《晋书》，北京：中华书局，1974年版，第1801—1802页。
④ （唐）房玄龄等撰：《晋书》，北京：中华书局，1974年版，第1803页。
⑤ 余嘉锡撰，周祖谟、余淑宜整理：《世说新语笺疏》，北京：中华书局，1983年版，第709页。
⑥ （唐）房玄龄等撰：《晋书》，北京：中华书局，1974年版，第2633页。

号深入人心，乃至孙恩兵败蹈海自尽，其党羽还以为他成仙而去，跟着投水自杀，其数有上百之多。

葛洪（公元284—364年）之学与天师道不同，属丹鼎派，在相信长生之道上则无别，葛洪著述《神仙传》一书的缘起即是为回答弟子滕升的疑问而明神仙之不虚。葛洪之从祖为葛玄，《晋书》称葛玄“吴时学道得仙”。葛玄之学得自左慈，左慈把《太清丹经》三卷、《九鼎丹经》一卷、《金液丹经》一卷传授给葛玄，之后葛玄把自己的炼丹秘术传授给弟子郑隐。葛洪向郑隐学习炼丹术，接受了全部传承。后来葛洪又师事南海太守鲍玄，鲍玄非常器重葛洪，不仅传授葛洪道诀，还招葛洪为婿。葛洪年老时想炼丹延寿，就求为句容令，与子侄俱行。经过广州时，广州刺史邓岳盛情挽留，葛洪遂定居于罗浮山。炼丹之余，葛洪著述不辍。在《抱朴子内篇》中，葛洪通过讲述自己的亲身经历得出了长生之道有效验的观点，他说自己亲眼见到隐形、易貌、瓜果结实于须臾等各种方术，既然这些小术有验，为什么长生之道不然呢？[①]葛洪八十一岁时离世，预知时日，离世时面貌如生，身体柔软，人们都认为他尸解成仙。《神仙传》与《后汉书·方术列传》传主相同者有王真、东郭延、灵寿光、蓟子训、左慈、刘根、鲁女生、甘始、封君达等。通过内容比对，可以发现《神仙传》内容只有少部分与《后汉书·方术列传》相同，详情如下：

（1）王真。《神仙传》记载较详，记王真得道诀之始末，并记其行胎息、胎食、炼形之效。《后汉书》记载较略，唯记其年且百岁而面有光泽，并自云行胎息、胎食之方。

（2）郝孟节。《神仙传》作“郤孟节”，王真之徒，得蒸丹小饵法。其中言“孟节能合枣核，可至百日半岁，亦有家室”“为人质谨不妄言”，[②]此数言与《后汉书》大略相同。相较之下，《神仙传》记叙更详。

（3）东郭延年。《神仙传》作“东郭延”，并记其自李少君处得“五帝六甲

① 王明著：《抱朴子内篇校释》，北京：中华书局，1986年版，第51页。
② （晋）葛洪撰，胡守为校释：《神仙传校释》，北京：中华书局，2010年版，第218页。

左右灵飞之术、游虚招真十二事”，与《后汉书》差别甚大。

（4）泠寿光。《神仙传》作“灵寿光”，传较略，服朱英丸，与《后汉书》“泠寿光”所行之“容成公御妇人法”有异。

（5）蓟子训。《神仙传》言其为齐国临淄人，得李少君授胎息、胎食、住年止白之法及无常子大幻化之术。《神仙传》记蓟子训失手坠邻家儿而儿实不死之事与《后汉书》同，但所记之分身拜访京师诸贵人为《后汉书》所无。《后汉书》之记蓟子训使死驴复生及与一老叟共摩挲铜人之事为《神仙传》所无。

（6）左慈。《神仙传》记载较《后汉书》为详，除叙述左慈在曹操治下表演道术，还记其在荆州刘表处及孙吴治下显现道术。但除了左慈化羊故事外，《神仙传》的左慈故事与《后汉书》甚少有相似之处。

（7）刘根。《神仙传》言其为长安人，《后汉书》言其为颍川人。《神仙传》记载刘根故事更为详细，除记载刘根招来史祈父母鬼魂外，还记载了刘根传授的消灾除疫气之术及刘根得道的缘由。据《神仙传》，刘根得神人授神方五篇以除三尸。

（8）鲁女生。《后汉书》云“董卓乱后，莫知所在”。《神仙传》云其服胡麻饵术，后二百余年入华山中。

（9）甘始。《神仙传》云其“善行气，不饮食，又服天门冬”“行房中事”。曹植《辨道论》记其怪言，并评其为“徐市、栾大之徒”。

（10）封君达。《神仙传》云其服黄精、炼水银，号“青牛道士”。

（11）费长房。《后汉书·方术列传》之费长房传与《神仙传·壶公》内容大体相同，皆有神鬼观念在焉。故事讲述费长房为市掾时遇神仙壶公，费长房欲求仙，但没有通过壶公的考验，分别时壶公送给他一张主使地上鬼神之符，费长房遂能医疗各种疾病，鞭笞百鬼。

《搜神记》是魏晋志异著作中较为著名的一部，作者为东晋史学家干宝（？—336年）。干宝曾撰写《晋纪》，“其书简略，直而能婉”，为人称道。干宝性好阴阳术数，平时就留思京房、夏侯胜等所作之《易传》，并向韩友请教过占卦之术。干宝早年时为无鬼论者，撰写过《无鬼论》。建武中其兄干庆气绝三日后复生，自云见天地间鬼神事。干庆死而复生对干宝触动很大，此外干宝父亲的一个宠婢死而复生也促成了干宝转而相信鬼神的存在。据《孔氏志怪》云，干宝父亲有一宠婢，干宝母亲非常嫉恨，在埋葬干宝父亲时，生生将这位宠婢推入墓中。十余年后，干宝母亲去世。当时有合葬的风俗，打开墓门，这位宠婢还伏在干宝父亲墓棺上，并渐有气息。将之带回家，一天后这位宠婢苏醒过来，并说干宝父亲常取饮食给她。[①]这两件死而复生之事促使干宝撰写《搜神记》，"以明神道之不诬"。

干宝《搜神记》原书三十卷，后散佚，明代胡应麟从《法苑珠林》《太平御览》《艺文类聚》《初学记》《北堂书钞》诸书中辑录出二十卷。《搜神记》原书包括《感应》《神化》《变化》《妖怪》诸篇，主要讲述神灵感应、物妖、鬼魅精怪之类的故事。干宝创作《搜神记》时采取了与著史相类的方法"考先志于载籍，收遗逸于当时"，刘真长谑之为"鬼之董狐"。由于六朝史家对非常现象见怪不怪，并未觉得这些故事荒诞不经，因此，不少史书采用了《搜神记》中的材料。据统计，与《搜神记》类似的材料，范晔《后汉书》计有41条，沈约《宋书》计有82条，王隐《晋书》计有14条，臧荣绪《晋书》计有6条，裴松之《三国志注》计有14条，袁宏《后汉纪》、谢承《后汉书》、何法盛《晋中兴书》等史书计各1条。[②]《搜神记》与《后汉书·方术列传》相似的材料共有10条，条目如下：刘根、王乔、蓟子训、左慈、寿光侯、樊英、徐登、赵昞、徐赵清俭、华佗。《搜神记》中寿光侯、左慈、徐登、赵昞、樊英的故事与《后汉书·方术列传》中的基本相似。

值得一提的是，《搜神记》与《后汉书·方术列传》中左慈取蜀中生姜的叙事模式、《肥致碑》记载的肥致取蜀郡生葵模式一脉相承。《肥致碑》载，汉灵帝欲得生葵，肥致走入室内，不一会就抱出两束生葵：

---

① 《世说新语笺疏》刘孝标注引《孔氏志怪》，见余嘉锡撰，周祖谟、余淑宜整理：《世说新语笺疏》，北京：中华书局，1983年版，第798页；（唐）房玄龄等撰：《晋书》，北京：中华书局，1974年版，第2150页。

② 逯耀东著：《魏晋史学的思想与社会基础》，北京：中华书局，2006年版，第164—165页。

……诏以十一月中旬，上思生葵，君却入室，须臾之顷，抱两束葵出。上问："君于何所得之？"对曰："从蜀郡太守取之。"即驿马问郡，郡上报曰："以十一月十五日平旦，赤车使者来发生葵两束。"君神明之验，讥彻玄妙，出窈入冥，变化难识。行数万里不移日时。①

其叙事模式可以归纳为"提出远地取物难题——完成远地取物——验证远地取物"。《后汉书·方术列传》袭用了这种叙事模式，只不过改易了提出难题者（曹操）、难题（取蜀中生姜）、完成难题者（左慈）：

操又谓曰："既已得鱼，恨无蜀中生姜耳。"放曰："亦可得也。"操恐其近即所取，因曰："吾前遣人到蜀买锦，可过敕使者，增市二端。"语顷，即得姜还，并获操使报命。后操使蜀反，验问增锦之状及时日早晚，若符契焉。②

《后汉书·方术列传》中樊英含水灭火的叙事与《搜神记》中的大体相同。《搜神记》记云：

樊英隐于壶山。尝有暴风从西南起，英谓学者曰："成都市火甚盛。"因含水嗽之。乃命记其时日。后有从蜀来者云："是日大火，有云从东起，须臾大雨，火遂灭。"③

樊英含水灭火之事又见于晋代张方所撰之《楚国先贤传》。或许干宝撰《搜神记》时采录了这一史料。"含水灭火"书写模式的一种变体是"含酒灭火"。含酒灭火之事见于《后汉书·方术列传》中郭宪传：

① 王育成：《东汉肥致碑探索》，《中国国家博物馆馆刊》，1996年第2期，第34—41页。
② （宋）范晔撰，（唐）李贤等注：《后汉书》，北京：中华书局，1965年版，第2747页。
③ （晋）干宝撰，汪绍楹校注：《搜神记》，北京：中华书局，1979年版，第20页。

> （郭宪）从驾南郊。宪在位，忽回向东北，含酒三潠。执法奏为不敬。诏问其故。宪对曰："齐国失火，故以此厌之。"后齐果上火灾，与郊同日。①

郭宪"含酒灭火"之事又见于曹魏时期周斐所撰之《汝南先贤传》。葛洪《神仙传》中有栾巴噀酒灭火的事迹。可见"含酒灭火"或"含水灭火"已成为中古时代塑造异人形象的一种流行模式，以至于《后汉书·方术列传》出现了2次。《西游记》中，孙悟空在朱紫国抛酒杯灭火的情节原型就源于"含酒灭火"模式。

《搜神记》中刘根、蓟子训、王乔等故事与《后汉书·方术列传》中的差异较大，试比较之：

（1）刘根。《搜神记》云刘根为京兆长安人，《后汉书》云其为颍川人。《搜神记》中，刘根在汉成帝时入山学道，得仙，能招鬼，《后汉书》则未写明刘根年代。二书所载刘根事迹相同，不过在文字表述上有差异，皆云太守史祈以刘根为妖妄，逮捕了刘根，并要刘根显示法术，不然就得处死。刘根遂招来史祈父祖亲戚的亡灵，史祈惊惧悲哀，顿首请罪，刘根默然不应，接着就消失不见了。

（2）蓟子训。《搜神记》记载了蓟子训现身数十处，持斗酒片脯招待数百人而终日饮啖不尽，这有点类似耶稣用五个饼、两条鱼喂饱了五千人。《搜神记》还记载了蓟子训与一位老人摩挲铜人，云："自见到铸铜人后，差不多将近五百年了。"《后汉书·方术列传》也记载了蓟子训的这两件事，文字表述与《搜神记》基本相同，可以推断其文献来自《搜神记》。不过，《后汉书·方术列传》还记载了两件未见于《搜神记》之事，其一云蓟子训所驾之驴忽然僵仆，流出蛆虫，蓟子训用杖一敲，驴即重生；其二云蓟子训抱邻家儿失手，婴儿坠地而死，婴儿的父母惊号悲痛，但又无可奈何地埋葬了婴儿。未料过了月余，蓟子训抱着活生生的婴儿回来了，惊喜的父母后来发现埋葬婴儿之处只剩

① （宋）范晔撰，（唐）李贤等注：《后汉书》，北京：中华书局，1965年版，第2709页。

下衣被。蓟子训抱婴儿失手的故事在《神仙传》也可以读到，只不过《神仙传》中，婴儿坠地而死时，婴儿的父母不敢有悲哀之色而埋之，后来在埋葬之处发现的是一尊泥娃娃。

（3）王乔。《后汉书·方术列传》中王乔故事可以分为两个部分，前半部讲述汉明帝对经常见到王乔来朝却见不到王乔的车骑感到奇怪，密令太史伺望。太史报告说，每次王乔来朝，伺望者就会观察到两只凫鸟从东南飞来。用网罩住两只鸟后，两只鸟就化为尚书官属履，这一记述与《搜神记》基本相同。不过《搜神记》先说明王乔担任过尚书郎，而《后汉书·方术列传》缺乏这一说明，因此两只鸟化为尚书官属履显得莫名其妙。《后汉书·方术列传》王乔传中二鸟化履的故事文献可能来源于《搜神记》，或者《后汉书·方术列传》与《搜神记》中的王乔传有共同的史料来源。《后汉书·方术列传》王乔传后半部分记述王乔去世时的神异：天降玉棺、土自成坟及县中牛皆流汗喘气，王乔去世后，百姓为之立祠，祈祷有验，这一部分记述不见于《搜神记》。

王乔传说由来甚久。楚辞《远游》中提到仙人王乔，诗人表示要追从王乔娱戏："吾将从王乔而娱戏"。"王乔"之名亦见于《淮南子》。《天问》中提到了大鸟传说："白蜺婴茀，胡为此堂？安得夫良药，不能固臧？天式纵横，阳离爰死。大鸟何鸣，夫焉丧厥体？"据王逸注，崔文子向王子侨求学仙道，王子侨化为白蜺赠药于崔文子，崔文子以戈击之，王子侨之尸化为大鸟。[①]《楚辞·九叹·远游》篇中有"王侨"之名。东汉人的观念中，王子乔是一位仙人。王充《论衡》中提到当时以辟谷不食的"王子乔辈"为仙人的观念。东汉铜镜镜铭提到了"仙人王侨""仙人子乔""山人子侨"。可见仙人王子乔的观念深入人心，但"子乔""子侨""王子侨"有混用之势。东汉文学家蔡邕撰写的《仙人王子乔碑》提到了王子乔于墓前显灵的传说，碑文见于《水经注》："……其后有人著大冠，绛单衣，杖竹立冢前，呼采樵孺子尹永昌曰：'我王子乔也，勿

① （宋）洪兴祖撰，白化文、许德楠、李如鸾等点校：《楚辞补注》，北京：中华书局，1983年版，第101页。

得取吾墓上树也。’忽然不见。”[①]据碑文，延熹八年（公元165年）八月，汉桓帝派遣使者祭祀王子乔。可见东汉时王子乔传说不断增衍，影响日广。这些传说中不免夹杂着附会。东汉学者王符的《潜夫论·志氏姓》中提到世人将周灵王之太子晋预知死期传称为“王子乔仙”。《风俗通义》中提到叶令祠是纪念叶令王乔的地方传说，其中包含“双履化凫”“叶门鼓自鸣”“天降玉棺”“土自成坟”“祈祷有验”等情节，但应劭否定了叶令祠为纪念仙人王乔的说法，他主张叶令祠为纪念春秋时的叶公子高而建立。虽然应劭已辩驳叶令祠为纪念叶令王乔的说法，但也许王乔传说实在过于深入人心，范晔的《后汉书·方术列传》还是搬用了《风俗通义》中的地方传说，并记载了世人的附会：“或云此即古仙人王子乔也”[②]。

《后汉书·方术列传》王乔传说“双履化凫”情节可以视为王子侨传说“尸化大鸟”情节的一个变体。《后汉书·方术列传》中“双履化凫”“天降玉棺”“土自成坟”“祈祷有验”等情节与《风俗通义》大体相同，文字也相差无几。只不过《风俗通义》多了太史以叶门鼓占察星气的情节。[③]可以推断，《后汉书·方术列传》王乔传的史料来源于《风俗通义》。

（三）时代观念与撰述意图

正因为《后汉书·方术列传》记录了“不经之谈”，遂有人怀疑文本作者是否为范晔。针对这种怀疑，陈寅恪在《天师道与滨海地域之关系》一文中附带论及了《后汉书·方术列传》的作者问题，陈寅恪明确肯定范晔的作者身份。陈寅恪指出，范晔与信奉天师道的孔熙先关系密切，不必怀疑《后汉书·方术列传》是否出自范晔之手：“其实读史者苟明乎蔚宗与天师道之关系，则知此传全文本出蔚宗之手，不必致疑也。”[④]

---

① 施蛰存撰：《水经注碑录》，天津：天津古籍出版社，1987年版，第229页。

② （宋）范晔撰，（唐）李贤等注：《后汉书》，北京：中华书局，1965年版，第2712页。

③ （汉）应劭撰，王利器校注：《风俗通义校注》，北京：中华书局，1981年版，第81—82页。

④ 陈寅恪：《天师道与滨海地域之关系》，见陈寅恪著：《金明馆丛稿初编》，北京：生活·读书·新知三联书店，2001年版，第28页。

陈寅恪先生只是附带论及了范晔与天师道信徒孔熙先的关系，没有详细展开。翻检《宋书》，史载孔熙先善天文，云："太祖必以非道晏驾，当以骨肉相残。江州应出天子。"[①]他以为当应验于彭城王刘义康。孔熙先善于治病，曾用一剂药就减轻了许耀的病情。尼姑法静经常出入彭城王府，孔熙先遣婢女随行，带信给彭城王，陈说图谶。毫无疑问，孔熙先本人持有坚定的星占信仰。

范晔所处之时代，除盛行信奉神鬼观念外，亦信奉术数。卜筮之术斯时极盛，郭璞、隗炤、淳于智、韩友、杜不愆、严卿、卜珝等皆善于卜筮。[②]郭璞原本就妙于阴阳算历，后遇异人郭公，郭璞从之受业，遂洞晓五行、天文、卜筮之术以及禳灾转祸之法。郭璞将自己占筮灵验的六十余事撰集成书，书名为《洞林》，唐修《晋书》记载了郭璞占筮灵验数事。史载郭璞母亲去世，郭璞卜葬地于暨阳，距离江水百步许，人们以为离江水太近，郭璞云："当即为陆矣。"其后沙涨，墓地周围数十里皆为桑田。《世说新语·术解》载郭璞四事，其一云郭璞为王导卜卦，郭璞指出王导有震厄，告以消厄之法——西出数里，寻一柏树，比照王导身材长短截断，置于床上经常躺卧之处，王导依其语，数日后，柏树果然震成粉碎。郭璞的外孙杜不愆亦善于易卜，《晋书·艺术传》云："杜不愆，庐江人也。少就外祖郭璞学易卜，屡有验。"[③]刘宋时期，征兆观念依然流行，符瑞灾异与政治关系密切。官方有专门的占察人员，《宋书·天文志》中的占辞就出自官方占察人员之手。再如《宋书·少帝本纪》载，景平二年正月乙巳，天有大风，出现五色云，占者以为有兵。此处所谓的占者应为官方占察人员。

再以望气信仰为例。望气之术由来甚早，《周礼》言"保章氏"以五云之物观吉凶。《史记·高祖本纪》记载，秦始皇听说"东南有天子气"，[④]便东游以

① （梁）沈约撰：《宋书》，北京：中华书局，1974年版，第1821页。

② 《晋书·艺术传》云陈训于"天文、算历、阴阳、占候无不毕综"，戴洋"好道术，妙解占候卜数"，韩友"受《易》于会稽伍振，善占卜"，淳于智"有思义，能《易》筮"，步熊"少好卜筮数术，门徒甚盛"，严卿"善卜筮"，隗炤"善于易"，索统"明阴阳天文，善术数占候"。

③ （唐）房玄龄等撰：《晋书》，北京：中华书局，1974年版，第2479页。

④ （汉）司马迁撰，（宋）裴骃集解，（唐）司马贞索隐，（唐）张守节正义：《史记》，北京：中华书局，1959年版，第348页。

厌之。汉武帝时有“望气”一职,《史记·孝武本纪》与《史记·李将军列传》均提到“望气王朔”。按照汉魏的观念，山为云气之来源,《春秋元命苞》曰：“山者，气之苞含，所以含精藏云，故触石布出。”[①]汉武帝为了寻找蓬莱仙山，方士报告说，没有找到蓬莱仙气，汉武帝于是派遣“望气佐”候气。望气之术在晋宋之时亦有流传，陈训、戴洋、台产、鲁胜、范隆等皆晓望气之术。陈敏作乱，派弟弟陈宏担任历阳太守，陈训对人说:“陈家无王气，不久当灭。”[②]陈宏听到后大怒，欲斩陈训，陈训的同乡秦璩劝陈宏先检验一下陈训之术再作决定。其时陈宏正在攻打征东参军衡彦，遂让陈训一试。陈训登牛渚山望气，告诉陈宏城中不过五百人，不过不宜攻打，攻之必败。陈宏不信陈训之言，果然攻打失败。《晋书·艺术传》又云，征西将军庾亮向戴洋询问气候，戴洋云：“天有白气，丧必东行，不过数年必应。”[③]鲁胜亦晓望气之术，他担任过佐著作郎、建康令，著有《正天论》《墨辩》，他在岁日时望气，知将来多故，于是称病去职。

《后汉书·方术列传》记载，唐檀以为京师有兵气，其祸发于萧墙，其言应验。董扶曾告诉太常刘焉，京师将出现乱事，益州分野有天子气。刘焉信其言，遂请求担任益州牧，与董扶俱入蜀。《后汉书·光武帝纪》中记载，望气者苏伯阿遥望舂陵城，感叹道:“气佳哉！郁郁葱葱然。”光武起兵还舂陵，舍南火光属天，过了一会儿才消失。范晔之论云:“其王者受命，信有符乎？不然，何以能乘时龙而御天哉！”[④]正因为范晔以望气术为不谬，这才倾向于相信王者必有受命之符。至于乘龙御天一类的神话景观，在两汉时期的彩绘陶器、墓室壁画、画像石与画像砖等文物中皆屡见不鲜。

范晔本人是否信仰术数呢？范晔尝为刘义康代作书信与徐湛之，中有“每知天文人事，及外间物情，土崩瓦解，必在旦夕”[⑤]之句。可知范晔受星占观念

① [日]安居香山、中村璋八辑:《纬书集成》，石家庄：河北人民出版社，1994年版，第630页。
② (唐)房玄龄等撰:《晋书》，北京：中华书局，1974年版，第2468页。
③ (唐)房玄龄等撰:《晋书》，北京：中华书局，1974年版，第2474页。
④ (宋)范晔撰,(唐)李贤等注:《后汉书》，北京：中华书局，1965年版，第86页。
⑤ (梁)沈约撰:《宋书》，北京：中华书局，1974年版，第1824页。

熏染，不免流露于笔端。元嘉二十年，徐湛之上表告发：“……去岁群小为臣妄生风尘，谓必嫌惧，深见劝诱。兼云人情乐乱，机不可失，谶纬天文，并有征验。晔寻自来，复具陈此，并说臣论议转恶，全身为难。”①这是范晔以星占观念游说徐湛之的又一例证。

《后汉书·方术列传》篇首称《河图》《洛书》等神秘图书内含世界奥秘，且方术有效验于事：“至乃《河》《洛》之文，龟龙之图，箕子之术，师旷之书，纬候之部，钤决之符，皆所以探抽冥赜、参验人区，时有可闻者焉。其流又有风角、遁甲、七政、元气、六日七分、逢占、日者、挺专、须臾、孤虚之术，乃望云省气，推处祥妖，时亦有以效于事也。”②所以《后汉书·方术列传》载许曼占卜之事，言许曼为陇西太守冯绲卜筮，其言皆验。《后汉书·方术列传》又载公沙穆明晓占候，永寿元年，因长时下雨发大水，公沙穆是时为弘农令，他事先通知百姓徙居高地，洪水淹没三辅以东地区，唯独弘农百姓安然无恙。范晔相信数术的效验，但认为数术存在着诡俗之失，需要纠偏：“极数知变而不诡俗，斯深于数术者也。”③

一切历史皆是当代史，术数信仰或多或少地影响着范晔对历史的追忆和编撰，影响着他对历史事实的判断。

三、志异叙事的巫史之源

如上所述，《后汉书·方术列传》与魏晋志异叙事同属一类。不过要指出的是，史书中本来就存在着志异叙事传统，我们还要通过梳理志异叙事的起源与发展来理解《后汉书·方术列传》的文化内涵。《后汉书·方术列传》的出现不是一个个别现象，它是志异叙事传统与个人才能结合的果实，我们需要采用整体观照法察看。正如欣赏名山一样，既要置身山中，体会山中美景，又要置身山外，远看此山，察看其来龙去脉。

① （梁）沈约撰：《宋书》，北京：中华书局，1974年版，第1825页。
② （宋）范晔撰，（唐）李贤等注：《后汉书》，北京：中华书局，1965年版，第2703页。
③ （宋）范晔撰，（唐）李贤等注：《后汉书》，北京：中华书局，1965年版，第2706页。

关于“史”字的本义，学界说法不一。东汉学者许慎释“史”为“记事者”，并说其字形为“手持中”。王国维以为“史”字本义在于盛筴的“中”：“持筭为史事者，正由持筴为史事故也。”[①]日本学者内藤湖南认为盛筭的“中”才是本义，盛筴的“中”为引申义。[②]史与巫有密切关系，商代巫文化占主流地位，甲骨文卜辞中，贞人之名甚多，论者比之为当代之史官。[③]商朝至周朝，由巫而分化出史，史官职责甚细。《周礼·春官》中分大史、小史、冯相氏、保章氏、内史、外史、御史。史官与大卜、卜师、占人、筮人、大祝、小祝、司巫、男巫、女巫同属“春官”，大史职责为“正岁年”“颁告朔”“与执事卜日”“读诔”与祝卜职责相近，故古人常以祝史、卜史连称。从《左传》来看，当时的史官职责为掌管册命、史籍、祭祀、卜筮、释梦、顾问、记事。譬如，闵公二年，狄人囚禁了卫国大史华龙滑与礼孔，二人曰：“我，大史也，实掌其祭。”史嚚、史墨、史苏、史赵、史朝、史苟等史官名字的出现大都关涉预言吉凶，如昭公三十一年，“赵简子梦童子裸而转以歌，旦占诸史墨”。“文史星历，近乎卜祝之间”，司马迁之语不仅道出了史官的地位，还道出了史官与卜祝职责的近似。《汉书》亦云：“数术者，皆明堂羲和史卜之职也。”史官既然参与占卜、祭祀之类的活动，同时又负责整理文书，在整理祝卜文书时，多少要保留当时的口头传说和占卜活动记录，这就不免使记录染上神话思维的奇异色彩。

先秦史籍中已存在着大量的志异叙事，在西周及春秋时期，就出现过一本名为《训语》或《训》的史书，记载了一些带有神异色彩的故事。在《国语·郑语》中，周太史向郑桓公讲述的褒姒生世就出自《训语》。春秋战国社会流行鬼神精怪信仰，《左传》记载了不少鬼神之事，譬如公子彭生化豕、魏武子妾父结草以报、有神降于莘。再如昭公七年“郑人相惊以伯有”，一听说

① 王国维著：《观堂集林·释史》（第一册），北京：中华书局，1959年版，第267页。

② ［日］内藤湖南著：《中国史学史》，马彪译，上海：上海古籍出版社，2008年版，第1—5页。该书脚注云，日本当今较为权威的观点认为“史”的本义为“祝告器”（出自白川静之说）。

③ 谢保成著：《中国史学史》，北京：商务印书馆，2006年版，第23页。

“伯有来了”，就慌得到处跑。伯有死于襄公三十年，后有人梦见伯有说要在昭公六年和昭公七年分别杀死驷带和公孙段，这两人果然如期去世。民众惊走，可见民众持有鬼神信仰。子产立伯有的儿子良止为大夫，伯有的鬼魂不再闹事，这才平息了民众的恐慌。《左传》占卜应验的故事极多，如懿氏卜妻敬仲、孙文子卜追郑师、毕万筮仕于晋等。兹举师旷为例，师旷是一个颇为传奇的人物，传说他为了专心研究星算音律，自己熏瞎了双眼。《左传》记载他以鸟声与歌声来察辨吉凶：

> 丙寅晦，齐师夜遁。师旷告晋侯曰：“乌乌之声乐，齐师其遁。”①
>
> 楚师伐郑……师旷曰：“不害。吾骤歌北风，又歌南风。南风不竞，多死声。楚必无功。”②

晋太康二年（公元281年），战国魏襄王墓（魏襄王卒于公元前296年）出土了《汲冢琐语》一书。该书按国别记事，《晋书·束皙传》称其为“诸国卜梦妖怪相书”，也就是说它是一本记载卜筮、梦兆、妖祥、相术之类异闻的志怪之书。《汲冢琐语》号称“古今纪异之祖”，其中亦记载了数则师旷预言吉凶之事。其中一个故事记载，师旷鼓瑟，竟然从音声中得知齐君与嬖人戏耍时手臂受伤。还有一则故事记载，晋平公与齐景公乘车出行，平公看到一狸身而狐尾之物跟随着车，平公不知何物，就向师旷请教。师旷回答说，其名曰“者来”，见之甚善。用古语形容，师旷可谓“博物君子”矣！

先秦社会还流行着怪祥信仰，所谓“天反时为灾，地反物为妖，民反德为乱。乱则妖灾生”。③史官秉持着“闻异则书”的原则，自然要在史书中记下一笔，因此，我们可以在《左传》中见到内蛇与外蛇斗于郑南门、石言于晋魏榆、龙见于绛郊之类的怪异记录。

---

① 李学勤主编：《春秋左传正义》，孔颖达正义，北京：北京大学出版社，第950页。
② 李学勤主编：《春秋左传正义》，孔颖达正义，北京：北京大学出版社，第953—954页。
③ 李学勤主编：《春秋左传正义》，孔颖达正义，北京：北京大学出版社，第670页。

先秦典籍中的一些志异叙事来自民间，并经过了史官的再加工。《汉书·艺文志》云："小说家者流，盖出于稗官。街道巷语，道听途说者之所造也。……闾里小知之所及，亦使缀而不忘。如或一言可采，此亦刍荛狂夫之议也。"① "稗官"一词，诸家解释各异。余嘉锡以为"稗官"指天子之士，稗官意为小官。饶宗颐指出，云梦秦简即有"令与其稗官分如其事之语"，饶宗颐认为稗官为采谤之官。李剑国视"稗官"为一个复杂群体，包括史官、巫祝、"天子之士"、民间人士等。②虽然周朝是否存在"稗官"一职还有疑问，但古代很可能存在着一种街道巷语搜集机制，譬如每年三月派遣行人"振木铎循于路以采诗"或者是通过诵训、训方氏之类的官员来了解民风。

《汉书·艺文志》小说家类著录十五种，前九家未注明时代，学者多以为当为战国之书，前九家小说为《伊尹说》《鬻子说》《周考》《青史子》《师旷》《务成子》《宋子》《天乙》《黄帝说》，明代学者胡应麟称其性质为"杂家者流，稍错以事"。③《青史子》班固注为"古史官记事也"，《周考》注为"考周事"，其性质近于史。《伊尹说》等其他七家小说多为"迂诞依托"，性质近于子书。《汉书·艺文志》道家类中有《伊尹》《鬻子》《黄帝四经》，可备一参。而子部著作本是中国史学的一个旁支，特别是"道家""杂家"与史学有更密切的关系。④

《汉书·艺文志》小说家类还著录了六种汉代著作，包括《封禅方说》《待诏臣饶心术》《虞初周说》等。张衡《西京赋》云："匪唯玩好，乃有秘书。小说九百，本自虞初。"虞初为武帝时方士，班固注曰："河南人，武帝时以方士侍郎号黄车使者。"⑤薛综注"秘书"为"医巫厌祝之术"。据应劭之说，《待诏臣安成未央术》为道家养生之书。《封禅方说》为汉武帝时著作，汉武帝自得

① （汉）班固撰，（唐）颜师古注：《汉书》，北京：中华书局，第1745页。
② 李剑国著：《唐前志怪小说史》，北京：人民文学出版社，2011年版，第92页。
③ （明）胡应麟著：《少室山房笔丛》卷二十九"九流绪论"，北京：中华书局，1958年版，第391页。
④ 逯耀东著：《魏晋史学的思想与社会基础》，北京：中华书局，2006年版，第173页。
⑤ （汉）班固撰，（唐）颜师古注：《汉书》，北京：中华书局，1962年版，第1745页。

宝鼎之后，与公卿儒生商议封禅，群儒与方士各持一说，《封禅方说》当为方士之说。小说与方士有着不解之缘，这并不是让人很意外的事，方士本来就是脱胎于巫史。

第二节 《后汉书·方术列传》风角叙事的数术根源

占卜属于一种知识和信仰系统。当面对某种超出常人理解限度的问题时，占卜不仅提供了一种关于未来的答案，而且还提供了一种处理焦虑的手段。信奉占卜者往往相信某一事件的发生不是偶然的，必有某种超自然力量掌控着这个世界。占卜文化存在于世界各地，并且具有各种形态。占卜方法包括抽签、凝视水晶球、解读自然界的征兆、做梦、服用致幻药以及冥想迷宫图、护符、曼荼罗图、唐卡等。①

“风角”，顾名思义，它是一种通过观测风来察知吉凶的占术。《后汉书·方术列传》记载了不少与风角相关的占卜故事，深入理解这些风角故事，需要一定程度的风角知识。基于深入探索风角故事的愿望，在解析风角观念的基础上，本节试图阐释《后汉书·方术列传》风角故事的文化内涵。

一、汉代的风角术

就《随州孔家坡汉墓简牍》《史记·天官书》及银雀山汉简而言，占风术在西汉具有军国性质。孔家坡汉简的年代应为西汉汉景帝后元二年（公元前142年），②据孔家坡汉简《日书》，当时选择占风的时日包括正月戊己、正月乙

① Tedlock, Barbara. “Divination as a Way of Knowing: Embodiment, Visualisation, Narrative, and Inter-pretation.” *Folklore* 112: 189-197; Martti, Nissinen. “Prophecy and Omen Divination: Two Sides of The Same Coin”, in *Divination and Interpretation of Signs in the Ancient World* (ed. A. Annus), Chicago: The Oriental Institute of the University of Chicago, 2010, pp. 341-351.

② 武家璧：《随州孔家坡汉简〈历日〉及其年代》，《江汉考古》，2009年第1期，第120—126页。

巳、正月乙亥、正月朔日等。以正月朔日占风为例，如果风从南方来，连刮五天，以至于地上出现瓦石，预示这一年将出现饥荒；如果风从东方来，接连吹五天，预示这一年将有好收成；如果风从西方吹来，接连五天，预示这一年将出现大旱与百姓流亡；如果风从北方吹来，接连五天，预示这一年将出现战争：

> 正月朔日，风从南方来，五日不更，炊（吹）地瓦石见，是胃（谓）燕风，饥。从东方，五日不更，是胃（谓）襄，国有大岁……从北方，五日不更，是胃（谓）山木入康。一曰四周是兵起，必战，得数万。[①]

孔家坡汉简还记载了如何通过占风预测战事与谷价贵贱，譬如正月旦日刮西风，三日不报，预示在春三月将出现战争（如表4-1所示）:“正月旦西风，三日不报，兵起在春三月中。入月二日而风，三日不报，兵起在夏三月中。入月三日而风，三日不报，兵起在秋三月中。入月五日而风，三日不报，兵起在冬三月中。”[②]又如正月一日，出现太阳并且有风，谷价贵；若是阴雨，则谷价贱。

表4-1 《孔家坡汉墓简牍》“占”篇之军事占风术

时　间	风　向	时　长	吉　凶
正月旦	西风	三日不报	兵起在春三月中
正月二日	不限	三日不报	兵起在夏三月中
正月三日	不限	三日不报	兵起在秋三月中
正月五日	不限	三日不报	兵起在冬三月中

孔家坡汉简中的占风术以占四风为主。《史记·天官书》所记载的魏鲜占风术以占八风为主：

---

① 湖北省文物考古研究所、随州市考古队编：《随州孔家坡汉墓简牍》，北京：文物出版社，2006年版，第180页。

② 湖北省文物考古研究所、随州市考古队编：《随州孔家坡汉墓简牍》，北京：文物出版社，2006年版，第180页。

> 而汉魏鲜集腊明正月旦决八风。风从南方来，大旱；西南，小旱；西方，有兵；西北，戎菽为，小雨，趣兵；北方，为中岁；东北，为上岁；东方，大水；东南，民有疾疫，岁恶。故八风各与其冲对，课多者为胜。多胜少，久胜亟，疾胜徐。[①]

魏鲜的占风术是选择腊日第二日（“腊明日”）及正月初一（“正月旦”）的风向来占卜来年的吉凶，譬如风从南方来，预示有大旱；若风来自西南方，预示着小旱；如果风来自西方，预示着战争，等等（如表4-2所示）。《史记·天官书》还认为，正月上旬第一个甲日（正月上甲），如果出现来自东方的风，适宜养蚕；如果出现来自西方的风，并且在早上出现黄云，则不适宜养蚕。

表4-2 魏鲜《正月朔旦八风占》

风向	岁之美恶	风向	岁之美恶
南方	大旱	西南方	小旱
西方	战争	西北方	戎菽有好收成；如果又有小雨，预示有突发性战争。
北方	中等收成	东北方	上等收成
东方	大水	东南方	有疾疫，收成不好。

1972年，在山东临沂银雀山出土了一批简牍，年代处于汉武帝元光元年至元狩五年之间（公元前134—前118年）。银雀山汉简中有一篇《天地八风五行客主五音之居》，其性质属于“兵阴阳”，整理者归入“阴阳时令占候之类”。胡文辉认为，银雀山汉简“八风”部分的八风与“客主”部分的八风稍有差异，“八风”部分的“八风”风名为“晢风”“析风”“周风”“刚风”“大刚风”“凶风”“生风”“柔风”（“柔弱风”），但是八风的方位难以一一确定。从“客主”部分中可以发现另一套八风体系，这套体系的“八风”包括弱风、柔

① （汉）司马迁撰，（宋）裴骃集解，（唐）司马贞索隐，（唐）张守节正义：《史记》，北京：中华书局，1959年版，第1348页。

风、生风、大刚风、晳风、刚风等（另外两个风名阙佚），其中利“主人”之风为弱风、柔风及生风，利“客”之风为大刚风、晳风及刚风。简文云：“……风从弱来，疾而暴。击之，破军禽（擒）将。[风]从凶风来，疾而暴，主人与客分。祸风北多则客胜，東多则主人胜。”[①]“五音”部分则是根据五行纳音之法，将六十干支（日）划分出分属宫、商、角、徵、禹（羽）五音的五组干支，如戊戌、己亥、戊亥（辰）、己巳等干支日归类为“角”组，该日所刮之风即为角风，然后再根据五音之风判断用兵的宜忌。[②]如遇“角风”，则需要斋戒：“角风当生长，三日宿戒，五日兵□……”[③]

京房与翼奉是后世文献中公认的风角大家。《隋书·经籍志》录有《风角要占》，注明撰者为京房。《隋书·经籍志》又录有《风角要候》与《风角杂占五音图》，并注明撰者为翼奉。《后汉书·蔡邕传》李贤注引《翼氏风角》曰：“风者天之号令，所以谴告人君者。”此《翼氏风角》疑为翼奉之作。翼奉为西汉人，治《齐诗》，喜好阴阳律历之学。《汉书》记载了一则翼奉风角之例，汉元帝时，平昌侯王临欲向翼奉学习占卜，翼奉不肯教，他向汉元帝解释了之所以不教王临的缘由：王临为邪人。翼奉是通过风角得出王临为邪人的判断的。在上奏给汉元帝的封事中，翼奉指出，正月癸未日申时，有暴风从西南方向刮来，翼奉断之为人主左右的邪臣之气。翼奉在封事中还指出，王临三次来拜访他，都是正辰邪时，这再次证明王临是邪人。

敦煌马圈湾汉代烽燧遗址出土的一枚汉简记载了与八风占验相关的内容：“东北来，则逆根，伤生民、多疾病；风从东方来，则逆震，五谷伤于震；风从东……”[④]“根”，即《艮》卦。震，即《震》卦。在后天卦位中，《艮》卦位于东北，《震》卦位于东方。该枚汉简记载的占风术是以八风配八卦。居延汉

---

① 银雀山汉墓竹简整理小组编：《银雀山汉墓竹简》（二），北京：文物出版社，2001年版，第233页。

② 胡文辉：《银雀山汉简〈天地八风五行客主五音之居〉释证》，载胡文辉著：《中国早期方术与文献丛考》，广州：中山大学出版社，2000年版，第289—304页。

③ 银雀山汉墓竹简整理小组编：《银雀山汉墓竹简》（二），北京：文物出版社，2001年版，第237页。

④ 甘肃文物考古研究所编：《敦煌汉简》，北京：中华书局，1991年版，第264页。

简破城子探方六五可见到有关风占的三条材料，具体内容为：

266　□二月土音西食酉申地

278　四月土音西食酉西地☐

308　□九月土音南食午未地　　治南方吉治北方匈[①]

破城子探方同出的有纪年的简，上限为西汉宣帝甘露元年（公元前53年），下限为东汉光武帝刘秀建武年间。破城子探方六五的年代大约处于汉成帝至更始年间，如260简为新始建国地皇四年（公元23年），313简为更始二年（公元24年），528简为河平二年（公元前27年）。宫、商、角、徵、羽五音中宫属土，故宫风之音可称土音。“食”为“受纳”之义，“西食”指的是风向的西来，申酉在方位上亦属西方，[②]故266简云“西食酉申地”。从居延新简中我们可以推测出风占术在戍边中的运用。

风角在东汉较为盛行，东汉灵台待诏中有三人专门负责候风。《论衡·变动》记载了当时六情风家的言论：“六情风家言，风至，为盗贼者感应之而起。”[③]所谓“六情”指的是《齐诗》六情——喜、怒、哀、乐、好、恶（如表4-3所示），按照翼奉的观点，六情十二律属于“知下之术”。王充还提到当时通过风占来预测市场价格的做法：“风从王相乡来则贵，从死囚地来则贱。”五行理论中有旺、相、休、囚、死的说法，如果就八卦而言，讲法更为复杂，有王、相、胎、没、死、囚、废、休之说。那么，何谓“王相乡”，何谓“死囚地”？连劭名认为，风占术判断吉凶的原理与建除相同，月建为“王”，与“王”相对冲的方向为“死”。[④]譬如正月建寅，寅位于东北方，即艮位，与艮

---

① 甘肃省文物考古研究所、甘肃省博物馆、文化部古文献研究室等编：《居延新简》，北京：文物出版社，1990年版，第437—440页。

② 刘昭瑞著：《考古发现与早期道教研究》，北京：文物出版社，2007年版，第394—395页。

③ 黄晖撰：《论衡校释》，北京：中华书局，1990年版，第652页。

④ 连劭名：《银雀山汉简〈五音之居〉与汉代的占风术》，载中国文化遗产研究院编：《出土文献研究》（第9辑），北京：中华书局，2010年版，第127页。

位相对的方位为坤位（西南方），故“艮王”“坤死”。《论衡·难岁》曰：“立春，艮王、震相、巽胎、离没、坤死、兑囚、乾废、坎休。”①

表4-3 六情搭配

方位	六情	行为	地支
北方	好	贪狼	申子
东方	怒	阴贼	亥卯
南方	恶	廉贞	寅午
西方	喜	宽大	巳酉
上方	乐	奸邪	辰未
下方	哀	公正	戌丑

班固在《汉书·艺文志》“数术略”五行类收录了《风鼓六甲》（二十四卷）、《风后孤虚》（二十卷）。姚振宗《汉书艺文志条理》谓《风鼓六甲》为风角遁甲之术，赵益则认为《风鼓六甲》绝非风角之书，②赵益的看法未免绝对，故不排除《风鼓六甲》为风角之书的可能。《风后孤虚》一书亦可能与风占有关，风后为传说中黄帝之臣，显然，《风后孤虚》为后人假托之书。“孤虚”意指十天干与十二地支相配时，一旬之中，必有两个地支阙如，如甲子旬中，戌亥无干，称之为“孤”，与“孤”相对则为“虚”，如孔家坡汉简《日书·孤虚》云：“甲子旬，辰巳虚，虚在东南；戌亥孤，孤在西北。”③按照《洪范五行传》的理论，“思心不容”之罚为“恒风”，因此，《汉书·五行志》记录了5例与大风相关的材料，如昭帝元凤五年，蓟地大风雨，拔出燕王宫中七围以上大树十六枚。

《汉书·五行志》关于“恒风”的记录说明风占参与了天人感应理论的建构，这一点还可以郎颉的奏对为例证。郎颉的父亲为郎宗，郎宗精通《京氏

① 黄晖撰：《论衡校释》，北京：中华书局，1990年版，第1024页。

② 赵益著：《古典术数文献论稿》，北京：中华书局，2005年版，第21页。

③ 湖北省文物考古研究所、随州市考古队编：《随州孔家坡汉墓简牍》，北京：文物出版社，2006年版，第142页。

易》、风角、星算。郎宗曾经运用风角术准确地预言京师有大火，安帝欲以博士征之，但郎宗以占事就征为耻，辞官不就，终于家。郎顗自幼随父亲学习，通晓儒家经典，以教书为业。顺帝时，由于灾异屡见，公车征郎顗，郎顗应征，并写了一道奏章，建议节俭、用贤、顺气行罚。顺帝看到奏章后，复使郎顗回答尚书问话。郎顗先批评了宫室修建无度，而按照《易内传》的理论，人君修建宫室过度将会导致旱灾或火灾，然后郎顗谈到了正月十七日的一场风："今月十七日戊午，徵日也，日加申，风从寅来，丑时而止。"[①]郎顗指出，寅、丑、申皆为徵，因此这场风预示着火灾或旱灾。据《后汉书》记载，当年夏天出现大旱，郎顗的预测似乎应验了。

二、风角之宇宙观基础

风与气息是古希腊思想中较为重要的概念，风可以传递神谕，多多纳橡树的声响就被视为风在传递着宙斯的话语。古希腊悲剧中，风带来好运或坏运。[②]欧洲巫术中也存在着关于风占的内容，《巫师箴言》云，北风呼啸时，见风使舵关门窗；南风来临时，爱情之吻甜如蜜；西风来临时，离魂无休息；东风来临时，准备接风摆宴席。[③]

风占的起源较为古老，在甲骨文中我们已能够发现四方风名。如《甲骨文合集》14294之辞：

> 东方曰析，风曰㞢；
> 南方曰[illegible]，风曰㞢；
> 西方曰[illegible]，风曰彝；
> ［北方曰］勹，风曰㲋。[④]

---

① （宋）范晔撰，（唐）李贤等注：《后汉书》，北京：中华书局，1965年版，第1058页。

② Raphals, Lisa. *Divination and Prediction in Early China and Ancient Greece*. Cambridge: Cambridge University Press, 2013, p.162.

③ http://www.thewhitegoddess.co.uk/book_of_shadows/illuminati/wind_magic.asp, 2014-1-14.

④ 中国社会科学院历史研究所编：《甲骨文合集》，北京：中华书局，1982年版，第2046页。

《甲骨文合集》14295还提到向四方行禘祭，祈求好年成，并作了占卜，每卜四兆：

> 辛亥卜，内贞：帝（禘）于北方[曰]勹，风曰𣪠，𠦪年。一二三四
> 辛亥卜，内贞：帝（禘）于南方曰岦，凤（风）曰[illegible]，𠦪年。一二三四
> 贞：帝（禘）于东方曰析，凤（风）曰劦，𠦪年。一二三四
> 贞：帝（禘）于西方曰彝，凤（风）曰[illegible]，𠦪年。一二三四[①]

在商人观念中，凤为风神，是天帝的使者，故“风”写为“凤”。风为天帝使者的观念在汉代余音不绝，如郎𫖮在奏疏中说，风为天之号令（“风者号令”）。不少学者都注意到，甲骨文四方风与《尚书·尧典》《山海经·大荒经》《国语》等文献记载的四方风名有一脉相承之处。《尚书·尧典》叙述了帝尧命令羲仲、羲叔、和仲、和叔分别到四方观象授时，并提到“厥民析”“厥民因”“厥民夷”“厥民隩”，所谓的“厥民”其实应该理解为神。《山海经·大荒东经》提到“东方曰折，来风曰俊”[②]“北方曰鹓，来之风曰狻”[③]；《大荒南经》提到南方有神名曰因，“来风曰民”；《大荒西经》提到“西方曰夷，来风曰韦”。由于甲骨文卜辞并未发现“夏”“冬”二字，因此一种看法认为商代不存在四时观念，连劭名、李学勤、冯时均否定了这种观点，他们认为甲骨文四方风名蕴含了四时观念。[④]如果四方风名蕴含四时观念之说成立的话，我们似乎得到了时空观念混融的一个例证。

风占可能起源于古代瞽瞍听风以测天道。[⑤]“瞽”是古代的一种职官，传说音律度数为古代神瞽创制。“瞽”掌管音乐（“瞽献曲”“瞽为诗”），讽诵祖先

---

① 中国社会科学院历史研究所编：《甲骨文合集》，北京：中华书局，1982年版，第2047页。
② 袁珂校注：《山海经校注》，上海：上海古籍出版社，1980年版，第348页。
③ 袁珂校注：《山海经校注》，上海：上海古籍出版社，1980年版，第358页。
④ 李学勤：《商代的四风与四时》，《中州学刊》，1985年第5期，第99—101页；连劭名：《商代的四方风名与八卦》，《文物》，1988年第11期，第40—44页；冯时：《殷卜辞四方风研究》，《考古学报》，1994年第2期，第131—154页。
⑤ 连劭名：《银雀山汉简〈五音之居〉与汉代的占风术》，载中国文化遗产研究院编：《出土文献研究》（第9辑），北京：中华书局，2010年版，第129页。

世系。“瞽”还负有教导之责（“瞽史之导”“瞽史教诲”），并知晓天道（“吾非瞽史，焉知天道”）。春秋之前还流传着一种史书，称为《瞽史之纪》或《瞽史记》。《周礼·春官·瞽矇》云：“瞽矇掌鼗、柷、敔、埙、箫、管、弦、歌，讽诵诗，世奠系，鼓琴瑟。”[①]据《周礼·春官·叙官》记载，周王朝存在着一个共有606位成员的庞大乐队：其中大师2人，小师4人，上瞽40人，中瞽100人，下瞽160人；此外还有300位视力正常的“眡瞭”辅助盲乐师。[②]《诗经·周颂·有瞽》描绘了一群盲乐师在周王庭的活动场景：盲乐师们先安放好各种乐器（鼓、鼗、磬、柷、圉等），然后开始演奏，箫管齐鸣，祖灵和观礼的客人们共同陶醉在美妙的乐声当中[③]。

“瞽”起源于何时不得而知，传说舜的祖先虞幕能听协风：“虞幕能听协风，以成乐生物者也。”[④]“听风”应该是风角的前身，似乎是辨别四时的一种手段，而古人又有四时成物的观念，因此，听风又有帮助万物生长的意味。舜的父亲为瞽瞍。据《夏书》记载，发生日食时，瞽负责奏鼓。按照《国语·周语》中虢文公对籍田古礼的追述，行籍田之礼前五日，“瞽告有协风至”，行籍田礼之日，“瞽帅、音官以风土”。据甲骨卜辞，商代时已有“劦田”之礼，“劦田”即“籍田”。连劭名认为，卜辞中已有关于“瞽”的记载：“王……既……丐其奏，不遘大雨。其遘大雨。”（《甲骨文合集》30131）其中，“丐”即是文献中的“瞽”。[⑤]

商代卜辞多处出现与“听”相关的记载。《甲骨文合集》14295记载了一位名为“戋”的乐师在“生二月”之时“有听”与“亡其听”（无所听）。《甲骨文合集》20624云：“[戊]辰王绅有听。”[⑥]具体如何听风呢？《吕氏春秋·音律》透露了一些信息，《吕氏春秋》云：“天地之气，合而生风。日至则月钟其

① 李学勤主编：《周礼注疏》，北京：北京大学出版社，1999年版，第616页。
② 李学勤主编：《周礼注疏》，北京：北京大学出版社，1999年版，第440页。
③ 叶舒宪著：《诗经的文化阐释》，武汉：湖北人民出版社，1994年版，第244—349页。
④ （春秋）左丘明撰，鲍思陶点校：《国语》，济南：齐鲁书社，2005年版，第251页。
⑤ 连劭名：《银雀山汉简〈五音之居〉与汉代的占风术》，载中国文化遗产研究院编：《出土文献研究》（第9辑），北京：中华书局，2010年版，第129页。
⑥ 李学勤：《申论四方风名卜甲》，《华学》第6辑，北京：紫禁城出版社，2003年版，第161—165页；沈建华：《卜辞中的“听”与“律”》，《东岳论丛》，2005年第3期，第7—10页。

风，以生十二律。”并以十二律配十二月（如表4-4所示）。要指出的是，不少钟律取名与风相关，如“夷则”之名与商代四方风之西风密切关联。[①]《左传》记师旷通过音声判断出楚国出兵不利，或许“听风”就是通过乐器之音是否合度来判断节候。如当乐器音声与太蔟一致，则判断出孟春时至，以此类推，推断出四时之候。这就需要借助乐师神乎其神的听力了。

表4-4 《吕氏春秋》十二律配十二月

仲冬	季冬	孟春	仲春	季春	孟夏	仲夏	季夏	孟秋	仲秋	季秋	孟冬
黄钟	大吕	太蔟	夹钟	姑洗	仲吕	蕤宾	林钟	夷则	南吕	无射	应钟

风与节候相关，籍田之礼在立春日举行，“瞽告有协风至”是预报节候。根据《淮南子·天文训》与《易纬·通卦验》，[②]八风与八个节气对应（如表4-5所示），《白虎通》承此说，惟“阊阖风”作“昌盍风”。

表4-5 《易纬·通卦验》八风八节

立春	春分	立夏	夏至	立秋	秋分	立冬	冬至
条风	明庶风	清明风	景风	凉风	阊阖风	不周风	广莫风

而据《史记·律书》，不周风、广莫风、条风等八风与八方对应，且附有八风应律之数（如表4-6所示），此“八风”之名与《淮南子·天文训》《易纬·通卦验》“八风”之名相同。合而观之，我们得到时空观念混融的又一个例证。

表4-6 《史记·律书》八方八风

西北	北方	东北	东方	东南	南方	西南	西方
不周风	广莫风	条风	明庶风	清明风	景风	凉风	阊阖风
应钟	大吕	泰簇	夹钟	蕤宾	不详	南吕	无射

① 饶宗颐：《古代听声之学与“协风成乐”说溯源》，见饶宗颐著：《饶宗颐史学论著选》，上海：上海古籍出版社，1993年版，第84—87页。

② ［日］安居香山、中村璋八辑：《纬书集成》，石家庄：河北人民出版社，1994年版，第248页。

据《吕氏春秋·有始览》，另有一套"八风"体系与八方对应，《淮南子·墬形训》承此说（如表4-7所示）。

表4-7 《吕氏春秋·有始览》与《淮南子·墬形训》八方八风

	东北	东方	东南	南方	西南	西方	西北	北方
《吕氏春秋》	炎风	滔风	熏风	巨风	凄风	飂风	厉风	寒风
《淮南子》	炎风	条风	景风	巨风	凉风	飂风	丽风	寒风

还有第三种"八风"体系，《黄帝内经·太素》《灵枢经·九宫八风》《太公兵书》、银雀山汉简"八风"属于这一套体系（如表4-8所示）。

表4-8 《黄帝内经·太素》八方八风

南方	西南	西方	西北	北方	东北	东方	东南
大弱风	谋风	刚风	折风	大刚风	凶风	婴儿风	弱风

值得注意的是，"八风"名虽不同，其数皆为八，数字"八"象征了宇宙的圆满。数字"八"在史前八角星纹中已有体现，现存最早的八角星纹发现于湖南洪江市高庙遗址（距今7 800年至6 800年）。[①]八角星纹亦见于湖南安乡汤家岗出土的一个白陶盘，陶盘年代距今大约7 000年至6 500年。史前八角星纹在大溪文化、大汶口文化、青莲岗文化、马家窑文化、小河沿文化均有发现，较为著名的是含山凌家滩新石器时代四号墓出土的玉版所刻画的八角星纹，墓的年代大约在4 500年到4 600年之前。关于史前八角星纹的解释众说纷纭。有的观点认为，史前八角星纹可能是八卦的原始图形，

图4-1 汤家岗文化出土陶盘八角星纹（图片来源：《湖南安乡县汤家岗新石器时代遗址》）

① 湖南省博物馆：《湖南安乡县汤家岗新石器时代遗址》，《考古》，1982年第4期，第341—354＋451—452页。

图4-2 大汶口文化彩陶八角星纹（摄于山东博物馆）

图4-3 凌家滩文化玉版八角星纹

含山凌家滩文化玉版刻画的八个圭形箭牌表示四时八节；[①]还有的观点认为，含山凌家滩文化玉版是“史前日晷”。[②]此外，还有“巫”字说、“贞”字说、花蒂说、九宫说等各类解释。不管作何种解释，史前八角星纹所含数字“八”具有明显的宇宙观意味。

三、《后汉书·方术列传》的风角叙事

《后汉书·方术列传》中，任文公、谢夷吾、杨由、李南、李郃、段翳、廖扶、樊英等人均晓风角之术。

李南故事中，太守马棱由于“坐盗贼事被征”，李南却向太守道贺，太守不解其故，李南回答说：“今天早上有一股善风，明天中午应该有好消息，故来道贺。”第二天果然有驿使带着诏书宣布不追究太守。《史记·天官书》提到了一种“候赦法”，这种候赦法选定的时节为秋季：“黄帝行德，天夭为之起：风从西北来，必以庚、辛。一秋中，五至，大赦；三至，小赦。”[③]京氏《易传》

---

① 陈久金、张敬国：《含山出土玉片图形试考》，《文物》，1989年第4期，第14—17页。

② 李斌：《史前日晷初探——试释含山出土玉片图形的天文学意义》，《东南文化》，1993年第1期，第237—243页。

③ （汉）司马迁撰，（宋）裴骃集解，（唐）司马贞索隐，（唐）张守节正义：《史记》，北京：中华书局，1959年版，第1351页。

辑录了类似的候赦法，不过选定的时节为春季："春甲寅，风起申上来，为大赦，在六十日应也。""冬至后尽丁巳之日，有风从巳上来，满三日以上，必有大赦。"[①]明代张尔岐《风角书》卷六"候风知诏书"条云："诸阳宫之日，风从阳徵上来，为诏书到。欲知何书，以风至之时占之。时加寅午，迁除诏。时加巳酉，宽大诏。……皆期九日，远则四五十日……"[②]或许李南根据的就是与"候赦法""候风知诏书"类似的风角术。这种推断诏书或者赦令的风角术在东汉较为流行，"党锢之祸"的导火索就是一桩利用风角教子杀人案。东汉末年，河内张成根据风角术推断当有赦令，于是令儿子杀人。河南尹李膺督办此案，抓获张成儿子，却果真遭逢大赦。李膺非常愤恨，不顾赦命，下令杀掉张成儿子。张成弟子牢修上书诬告李膺结党，桓帝震怒，逮捕李膺等所谓"党人"，史称"党锢之祸"。

李南之女亦晓风角术，其婆家在由拳县。《后汉书》记载李南之女在厨房碰见暴风，便向婆婆请求回家，婆婆不允，李南之女哭泣着说，风角术中，疾风突然而起，先吹灶突及井，预示妇女主爨者有灾，这是她将要死的征兆。她记下自己死亡的日期，后来果然如期病卒。据《风角书》，起风的房屋位置暗示了家庭成员的吉凶，有一种说法是南堂主父亲的吉凶，北堂主母亲的吉凶，"东堂为子，西堂为孙。又曰：宫宅中庭为大众，庭户为四邻，垣墙为小口，井灶为妇女，硾磴为奴婢，马厩为从隶，客堂为外人，门为宾，客厅为诸公客"。[③]

在杨由故事中，有风吹削哺，太守问杨由主何吉凶，杨由认为，应当是有人将要进献黄赤色的木实。不久，果然有下属献橘数包。"风吹削哺"，《颜氏家训》引作"风吹削肺"，并认为"肺"即"削札牍之柿"，并引风角文献："《风角书》曰：'庶人风者，拂地扬尘转削。'"[④]明朝学者张尔岐撰著的《风角

① 郭彧著：《〈京氏易传〉导读》，济南：齐鲁书社，2002年版，第275页。
② （明）张尔岐撰：《风角书》（卷六），见《续修四库全书》编纂委员会编：《续修四库全书》（第1052册），上海：上海古籍出版社，第344页。
③ （明）张尔岐撰：《风角书》（卷七），见《续修四库全书》编纂委员会编：《续修四库全书》（第1052册），上海：上海古籍出版社，第349页。
④ 王利器撰：《颜氏家训集解》，北京：中华书局，1993年版，第467页。

书》认为，四季中，四孟之日吹风，主上官长吏有赐予；四仲之日吹风，主次官长吏赐予；四季之日吹风，主下官长吏赐予。如果是商日商时，赐予之物为金银铜锡类；如果是徵日徵时，为文书采色之物；羽日羽时，为水物；角日角时，为木实、米粟、缯帛等物；宫日宫时，为玉瓦器、肉脯、皮革之物。[①]杨由的推测可能根据的是类似的风角术。杨由通过“风吹削柿”占测的故事还有另一版本。陈寿撰著的《益部耆旧传》中，有文学令丰要送酒食给杨由，刚好杨由有客人，等客人走后，这个名为“丰”的官吏要取酒食，杨由止住他，说自己通过“风吹削柿”得知会有送鸡酒的来客。[②]

《后汉书·方术列传》的风角叙事反映了两汉魏晋南北朝时期的风角信仰。《隋书·经籍志·五行》载录了《风角五音图》《风角杂占五音图》《风角五音六情经》等风角类图书。风角术在魏晋南北朝时一直是较为流行的一种术数。晋朝时的戴洋就善于风角术，永昌元年四月庚辰，禺中有东南风，大风刮断了树木，戴洋告诉祖约：“十月必有贼到谯城东，至历阳，南方有叛乱。”后来石勒的部下果然到谯城东，且梁城发生叛乱。值得一提的是，两汉魏晋南北朝时期存在着相风铜乌、候风木飞乌、五两等相风器具。相风乌的形象也可见于汉代壁画与汉画像砖中。东汉张衡造候风地动仪，建章宫风阙立有铜凤凰，遇风转动，又称“别风”。张衡《西京赋》云：“凤骞翥于甍标，咸遡风而欲翔。阊阖之内，别风嶕峣。”[③]据《晋书·舆服志》，晋代有相风车。晋代太史候部有一种相风装置，《晋书·五行志》“羽虫之孽”条记载，兴宁三年，有野雉聚集于相风，晋代以“相风”为题作赋的作者有傅玄、孙楚、傅咸、张华、潘岳、陶侃等人。

① （明）张尔岐撰：《风角书》（卷七），见《续修四库全书》编纂委员会编：《续修四库全书》（第1052册），上海：上海古籍出版社，第351页。

② （宋）李昉等撰：《太平御览》，北京：中华书局，1960年版，第45页。

③ 费振刚、胡双宝、宗明华辑校：《全汉赋》，北京：北京大学出版社，1993年版，第414页。

第五章

范晔《后汉书》神异叙事论析

我们在探讨《后汉书·方术列传》时已接触了一些带有神异色彩的故事，其实，神异叙事不仅仅存在于《后汉书·方术列传》中，它们还散见于范晔《后汉书》的其他历史叙事中。本章先搜罗范晔《后汉书》中的神异叙事，并分门别类，接着以梦兆叙事为中心讨论神异叙事的文化内涵。

第一节　范晔《后汉书》神异叙事类型

两汉魏晋南北朝正史杂有较多的神异叙事，这与早期史书的志异叙事传统及中古社会的神秘信仰分不开。范晔《后汉书》的神异叙事主要分为以下四种情况：其一，帝王神异叙事；其二，官员神异叙事；其三，民间贤人神异叙事；其四，华夏边缘族群始祖神话[①]。

一、帝王神异叙事

与灾异有关的神异叙事较为集中地表现在《后汉书》的"本纪"中。记录祥瑞与灾异是史书道德褒贬功能的一种体现，在"本纪"中记录祥瑞灾异是正史的经典写法，其鼻祖为《春秋》。《后汉书》本纪仿效《春秋》的写法，这一点毋庸置疑，《后汉书》李贤注引范晔《序例》云："帝纪略依《春秋》，惟孛彗、日食、地震书，余悉备于《志》。"[②]《春秋》记录鲁隐公元年至鲁哀公十四年之间的历史，其中记录各种灾异，如日食、地震、大雨震电、春无冰、星陨如雨、火灾、孛彗等。且不说《春秋》记录灾异是否有"春秋大义"，至少在

① 参见阳清：《论两汉魏晋南北朝正史中的神异叙事》，《沈阳大学学报》，2010年第3期，第72—76页。

② （宋）范晔撰，（唐）李贤等注：《后汉书》，北京：中华书局，1965年版，第39页。

后世经师看来，《春秋》的灾异记录含有“春秋大义”。《春秋繁露·二端》认为，灾异是政治悖乱的征兆，《春秋》记录灾异寓含着“贵微重始”之意，是希望执政者明白灾异是上天的谴告，从而敬畏上天，省察己身，改过修善。以《后汉书·孝灵帝纪》为例，该篇共记录日食13次，如“五月丁未朔，日有食之”“冬十月甲辰晦，日有食之”等。在现代人看似平淡无奇的日食记录中，却隐藏着敬畏天变与批评时政之类的文化含义。如果联系《续汉书·五行志》，日食、大风、雨雹、地裂、地震、大水、“白衣人入德阳殿门”、雀相斗杀、黑气堕温德殿庭中之类“平淡无奇”的记录就会显示出些许“神异”色彩，这些记录揭示出神话思维如何影响撰史者思考自然现象与社会现象。

与祥瑞有关的神异叙事较为集中地表现在《后汉书》“本纪”中。祥瑞是帝王政治清明的征兆，光武帝、明帝、章帝三位皇帝是东汉较为贤明的皇帝，因此《后汉书》“光武帝纪”“明帝纪”“章帝纪”记录了较多“祥瑞”。制造符瑞或把符瑞写入史册是政治神话制造的典型表现，和帝时地方上言符瑞达八十余品。

秦、汉之间的符应之说可溯源至邹衍，邹衍用五德运次解释历史，并附以符应，邹衍之说又可推原至古之史官。[①]西汉时，符应之说深入人心，王莽利用符应之说制造符瑞。先是塞外蛮夷献白雉、黄支王献犀牛、越巂郡上言黄龙，于是群臣咸称王莽功德堪比周公，其后又有所谓“符应”七百余起，王莽在一片歌功颂德声中登上了皇位。新室末年，起事者纷纷效仿王莽作风，各为符应。王昌、张丰、张满、刘婴、公孙述等假托符应，割据一方。张满被俘时自叹“谶文误我”，可见张满起事时相信符谶。张丰起事时，有术士授予他一块用五彩囊包裹的石头，并称石中有玉玺，张丰兵败才知受术士欺骗。公孙述好符应、鬼神瑞应之事，他在掌中刻上“公孙帝”三字，又称自己得龙兴之瑞，并称引“废昌帝，立公孙”“西太守，乙卯金”“帝轩辕受命公孙氏握”等

① 陈槃：《秦汉间之所谓符应论略》，见陈槃撰：《古谶纬研讨及其书录解题》，台北：“国立编译馆”，1991年版，第3—19页。

谶文。

刘秀及其后继者为了使东汉政权正统化，应和符瑞造作之风，编织了一套政治神话。与刘秀有关的符应至今可考者犹有二十余事，兹略举数事：① 刘秀奇异的出生，《东观汉记》记载："建平元年十二月甲子夜上生时，有赤光，室中尽明。"[①]范晔《后汉书·光武帝纪》篇末之"论"亦记载刘秀出生时，"有赤光照室中"。《东观汉记》又记载，刘秀出生的这一年有嘉禾与凤凰之瑞，《后汉书·光武帝纪》亦记刘秀出生之年有嘉禾之瑞。② 刘秀出生地点与新莽钱币名的巧合：王莽时钱币文有"货泉"二字，可拆解为"白水真人"，而光武原籍为南阳蔡阳白水乡。③ 出生地有佳气。《东观汉记》载："望气者苏伯阿望舂陵城曰：'美哉！王气郁郁葱葱。'"[②]《后汉书·光武帝纪》记载，望气者苏伯阿称赞舂陵："气佳哉！郁郁葱葱然。"④ 生有异相。《东观汉记》与《后汉书·光武帝纪》均记载，刘秀身长七尺三寸，美须眉、大口、隆准、日角，这是帝王之相。⑤ 起兵之时火光接天。《东观汉记》与《后汉书·光武帝纪》均记载，光武起兵还舂陵，有火光赫然属天。汉为火德，这是火德兴旺之兆。⑥《东观汉记》与《后汉书·光武帝纪》均记载，昆阳之战时夜有流星坠王寻、王邑营中。又王寻、王邑军营上空"昼有云如坏山"（《续汉书·天文志》称之为"营头之气"），二王营中军士军心涣散。⑦ 神奇的逃亡。《后汉书·王霸列传》记载，刘秀过滹沱河时，候吏报告说，河水流澌且无船可渡，王霸为稳定众心，诡云"冰坚可渡"，到河边时，河面神奇地结冰了。刘秀大部分手下安然渡河后，冰块才融化掉，刘秀称之为"天瑞"。此事亦见于《后汉书·光武帝纪》。⑧ 神人指点。《后汉书·光武帝纪》记载，刘秀渡过滹沱河后，到达下博城西，正迷路时，有白衣老父为其指点方向。⑨《赤伏符》中的"天命"。《东观汉记》载，刘秀同学彊华献《赤伏符》。《后汉书》载，建武元年，公孙述称天子后，刘秀部属劝刘秀即帝位，光武不听，彊华献《赤

① （东汉）刘珍等撰，吴树平校注：《东观汉记校注》，北京：中华书局，2008年版，第1页。
② （东汉）刘珍等撰，吴树平校注：《东观汉记校注》，北京：中华书局，2008年版，第1—2页。

伏符》，其中有“刘秀发兵捕不道，四夷云集龙斗野，四七之际火为主”之语，是年刘秀遂称天子。⑩ 神奇的梦兆。《后汉书·冯异传》记载，刘秀称自己昨夜梦乘赤龙上天，醒后心中动悸，冯异拜贺，《东观汉记·冯异传》亦载此事。⑪ 野谷旅生，野蚕成茧。《东观汉记》《续汉书》与《后汉书》均记载这一祥瑞。⑫ 甘露降。《后汉书·光武帝纪》记载，建武十二年夏，甘露降于南行唐。⑬ 黄龙现。《后汉书·光武帝纪》记载，建武十二年六月，黄龙现于东阿。⑭ 凤凰现。《后汉书·光武帝纪》记载，建武十七年冬，有五凤凰现于颍川陕县。⑮ 醴泉涌。《后汉书·光武帝纪》记载，中元元年夏，京师涌出醴泉，除了跛脚与瞎眼的人，喝过醴泉之水的人痼疾皆愈。⑯ 赤草生。《后汉书·光武帝纪》记载，醴泉畔生有赤草。

刘秀在逃亡中神奇地渡过滹沱河并得到白衣老父指点的故事似乎掺杂有民间传说因素。《深州志》有凌消村，传说为刘秀渡滹沱河之处，至今河北深县还流传着《大凌消》的故事。神奇的获救是英雄传说中的常见母题。民间刘秀传说中，搭救刘秀的有蜘蛛、蝼蛄、老虎、鸡、椿树、桑树、村姑、后土老母等等。[①]《后汉书·西羌传》记载了羌人无弋爰剑被焚不死的故事，也体现了英雄获救的神奇性质。

二、官员神异叙事

官员神异叙事较集中于《循吏列传》《独行列传》《宋均传》《方术列传》等篇章。官员的神异事迹可能与循吏德政相关，也可能与官员身怀异术相关，还可能与风水信仰、鬼神信仰、精怪信仰等民间信仰有关。

循吏重视教化，是文化大传统与小传统相互沟通的中介人物。相比西汉，东汉出现了更多的循吏型官员。《后汉书·循吏列传·孟尝传》记载了一则与“东海孝妇”类似的故事。“东海孝妇”型故事最早可追溯到《淮南子·览冥

① 参见尹虎彬：《刘秀传说的信仰根基》，《民间文化论坛》，2004年第4期，第39—44页；何梅琴：《昆阳大战与王莽撵刘秀的民间传说》，《文史知识》，2010年第11期，第32—37页。

训》的“庶女叫天”传说。刘向在《说苑·贵德》详细讲述了于公（于定国之父）为东海孝妇申冤的故事。《汉书·于定国列传》基本抄录了《说苑·贵德》中的于公故事，只不过稍微变更了于公的籍贯：《说苑》中于公为“东海下邳人”，《汉书》中于公为“东海郯人”。在《后汉书·孟尝传》中，孟尝为会稽上虞人，孟尝为郡户曹史，上虞孝妇的婆婆年老寿终，孝妇婆婆之女诬告上虞孝妇毒死其母，孟尝向太守说明孝妇之冤，太守未纳其言，孝妇冤死，由此会稽郡连旱二年。新太守殷丹到任后，孟尝为其陈明孝妇冤枉之事，新太守惩罚了诬告者并拜祭了孝妇墓，天应澍雨，谷稼以登。上虞孝妇故事与东海孝妇故事存在着巧合之处，上虞至今还存在着与孝妇故事相关的孝闻岭、包娥祠、包井等古迹。我们很难分清这些地点是出于事实依据还是“传统的发明”，不过毫无疑问，上虞孝妇故事与东海孝妇故事都是“天人感应”神话观念的产物。

《后汉书》还有数例与循吏相关的德行感应故事，可进一步细分为“收殓遗骸感应型”“自焚求雨型”“老虎渡河型”“蝗不入界型”。“收殓遗骸感应型”如陈宠任广汉太守时，每逢下雨，常闻有哭声，他下令收殓洛县城南不得安葬的骸骨，哭声遂绝；周畅任河南尹时，当地发生旱灾，他下令安葬客死他乡者的骸骨，天应澍雨，岁乃丰稔。“自焚求雨型”可见于《后汉书·谅辅传》，谅辅曾任广汉郡五官掾，当地大旱，太守祈祷山川多日未雨，谅辅自曝庭中，积柴自环，发誓说“若至日中不雨，乞以身塞无状”，结果不到日中，天应澍雨，谅辅故事亦见于《搜神记》。《后汉书》中，戴封也采取过自焚求雨之举，只不过更为惊险，在大火烧起时大雨暴至。

东汉时已流传“老虎渡河型”传说。《论衡》载：“光禄大夫刘琨，前为弘农太守，虎渡河，光武皇帝曰：‘偶适自然，非或使之也。’”[①]刘琨即《后汉书》所记载之刘昆。据《后汉书》记载，刘昆任弘农太守之前，崤、黾驿道多虎灾，刘昆到任三年后，虎皆负子渡河。《后汉书》中还有一例与刘昆德政相类似的故事，即因九江太守宋均的德政而有老虎渡江之异。“老虎渡河型”叙事

① 黄晖撰：《论衡校释》，北京：中华书局，1990年版，第131页。

是中古时代塑造循吏形象的一种重要书写模式。“老虎渡河型”传说还有一种变体，即“老虎离境型”传说。《搜神记》载，荆州刺史王业任职时，苛慝不作，山无豺狼。王业去世后，“虎逾州境，忽然不见”。

《后汉书·循吏列传》还记载了一则“县官审老虎”的故事。这也是循吏德政感化老虎的一种叙事。故事主人公为东汉不其令童恢，童恢在任时，有人为虎所害，老百姓活捉了两只老虎，童恢公开审了这一桩老虎杀人案。童恢对老虎说：“……若是杀人者，当垂头服罪；自知非者，当号呼称冤。”随后有一只老虎低头闭目，好像非常害怕的样子，童恢下令杀掉了这只老虎；另一只老虎则向童恢吼叫，童恢下令放了这只老虎。童恢的故事在民间流传较广，至今山东即墨还有驯虎山、叫儿埠、童公殿、童恢衣冠冢。

与官员德政相关的还有一种“蝗不入界型”神异叙事，东汉时已有“蝗不入界”的传说，《论衡》云：“世称：南阳卓公为缑氏令，蝗不入界。”[①]“卓公”指的是卓茂，据《后汉书·卓鲁魏刘列传》，卓茂任密令，教化大行，平帝时天下大蝗，河南二十余县受灾，蝗虫唯独不入密县界，太守不信，亲自见到后才叹服。南北朝时，密县城东门南侧还有卓茂祠，可见卓茂传说的民间信仰根基。“蝗不入界型”传说在范晔《后汉书》还存在多种版本，如宋均任九江太守，中元元年闹蝗灾时，蝗虫不入九江界内；又如鲁恭任中牟令时，建初七年螟灾，螟虫不入中牟；再如戴封任西华令，汝南郡与颍川郡皆有蝗灾，蝗虫却不进入西华地界。

《后汉书》有关宋均、鲁恭、卓茂三位官员“蝗不入界型”叙事的史料可能出自《东观汉记》。以宋均为例，二书的记载差异不大。

> 《东观汉记》：宋均为九江太守，建武中，山阳、楚郡多蝗蜚，南到九江，辄东西别去，由是名称。[②]

---

① 黄晖撰：《论衡校释》，北京：中华书局，1990年版，第257页。《论衡》记为“缑氏令”，应该是民间传闻有误所致。

② （东汉）刘珍等撰，吴树平校注：《东观汉记校注》，北京：中华书局，2008年版，第693页。

《后汉书》：中元元年，山阳、楚、沛多蝗，其飞至九江界者，辄东西散去，由是名称远近。[1]

值得注意的是，《东观汉记》叙述赵憙与喜夷等官员的事迹时提到了飞蝗入境辄死。这种叙事模式可以视为“蝗不入界型”的变体。中古时代，“蝗不入界型”叙事成为塑造循吏形象的一种模式。王粲《英雄记》、谢承《后汉书》、陈寿《益部耆旧传》等史籍中均存在这类模式。谢承《后汉书》中徐栩的事迹亦见于《搜神记》。

风水信仰是汉魏六朝流传较广的一种信仰，《后汉书·袁安传》通过讲述袁安遇神人指点葬地的故事解释了袁氏一族累世隆盛的缘由：袁安父亲过世后，袁安母亲吩咐袁安访求葬地，袁安在路上碰到三个书生，书生指着一块地对袁安说，埋葬在此地的话，将会累世出上公。过了一会，三个书生就消失不见了。其后袁氏家族成为仕宦世家，袁术与袁绍即出自袁家。此事亦见载于《幽明录》，或许范晔采用了《幽明录》的叙述。

孔僖仕不择官的故事反映了卜兆信仰：孔僖被任命为临晋令，崔骃为他卜了一卦，卦象不吉，崔骃劝孔僖辞官，孔僖不听，卒于官。此外，《后汉书》还记载了不少与梦兆相关的故事。《后汉书·独行列传》中就记载了张劭死后托梦给范式的故事以及温序死后托梦给儿子温寿的故事。

《后汉书·张楷传》则反映了道术信仰：张楷能作五里雾，裴优只能作三里雾，裴优欲拜张楷为师，张楷不肯教，裴优后来诬告张楷，张楷被关进监狱，二年后张楷才被释放。张楷能作五里雾之事见于谢承《后汉书》。

《后汉书》中还存在与鬼神精怪信仰有关的神异叙事。如窦武与蛇一起出生的故事反映了精怪信仰，据《后汉书·窦武传》，窦武母亲生窦武的同时还生了一条蛇。这条蛇被送入林中，窦武母亲过世，临下葬时，这条蛇还来送葬。此事见于《搜神记》。《后汉书·独行列传·王忳》记载了一则鬼魂诉冤

① （宋）范晔撰，（唐）李贤等注：《后汉书》，北京：中华书局，1965年版，第1413页。

故事：王忳被任命为郿令，斄亭亭长告诉王忳有鬼多次杀害行客，王忳入亭过夜。夜中有女鬼诉冤，原来女鬼丈夫在斄亭被杀，女鬼每夜陈冤，行客熟睡不应，女鬼愤而杀之。第二天，王忳审案，凶手伏法，斄亭恢复清宁。王忳为广汉新都人，他曾义葬一位客死他乡的书生。数年后，王忳担任大度亭长。初到之日，有一匹马入亭而止，还有一床绣被随风而至。之后马载着王忳找到主人，原来这位主人是那位书生的父亲。《蒙求》中“王忳绣被”指的就是这一传说。“王忳绣被”见于《华阳国志》。汉魏六朝存在着大量的亭传故事，其中充斥着鬼魂、精怪及玄异观念。与亭有关的鬼魂诉冤故事亦见于《搜神记》，如鹄奔亭女鬼苏娥诉冤。

三、民间贤人神异叙事

孝子孝女等民间贤人神异叙事主要见于《后汉书·刘赵淳于江刘周赵列传》《后汉书·列女传》等篇章，这类叙事通常有民间传说根基。

汉代以孝治天下，政府选拔官员有举孝廉一科，还常常运用旌表方式嘉奖孝子与孝妇。汉画像中常见有孝子图像，如武梁祠画像、和林格尔汉墓壁画、孝堂山汉画像、后汉启母阙等。[①]以山东武梁祠汉画像为例，其中表彰的汉代孝子有丁兰、董永、金日磾、颜乌、赵徇等13人。《东观汉记》卷十五集中记载了一些孝子的传记，如毛义、薛包、刘平、江革、蔡顺等。六朝时盛行为孝行之人立传，仅《隋书·经籍志》就收录了9种孝子传。南北朝时，孝子孝女图像也很丰富，如宁夏固原漆棺孝子图、山西大同北魏司马金龙墓漆画列女屏风、河南邓州南朝彩色画像砖孝子图、襄阳贾家冲画像砖墓孝子图等。

受孝文化熏染，《后汉书·刘赵淳于江刘周赵列传》为东汉“江巨孝”（江革）、蔡顺、赵咨等八位孝义之人作传，《后汉书·列女传》则为孝女曹娥、孝女叔先雄、孝妇姜诗妻等人立传，其中一些故事带有神异色彩。

现存《东观汉记》记载了孝子蔡顺拾椹供亲的故事：“蔡君仲，汝南人。王

① 参见［日］黑田彰：《孝子传图概论》，靳淑敏、隽雪艳译，《中国典籍与文化》，2013年第2期，第117—134页。

莽乱，人相食。君仲取桑椹，赤黑异器。贼问所以，君仲云：'黑与母，赤自食。'贼义之，遗盐二斗，受而不食。"[①]黑桑椹比较甜，红桑椹比较酸。把黑桑椹让给母亲吃，这一行为体现了蔡顺的孝心。《东观汉记》中蔡顺的故事较为平实。《后汉书》记载了东汉孝子蔡顺的三个事迹："噬指心动""火起伏棺""闻雷泣墓"。

"噬指心动"故事亦见于曾参传说。《搜神记》载："曾子从仲尼在楚而心动，辞归问母，母曰：'思尔啮指。'孔子曰：'曾参之孝，精感万里。'"[②]"噬指心动"突出表现了母子连心这一说法。

"火起伏棺"故事也具有神异色彩，体现了汉魏六朝"至孝感天"信仰。"火起伏棺"讲述蔡顺母亲去世，尚未安葬，居所附近大火，火势即将逼近蔡顺居所，蔡顺"抱伏棺柩，号哭叫天"，大火越过蔡顺的房子，蔡顺和棺柩安然无恙。这一故事可见于北魏孝子图像，如宁夏固原漆棺、洛阳孝子棺、纽约石榻等。"火起伏棺"故事成为中古史书塑造孝友形象的一种重要书写模式。《宋书·孝义列传·贾恩》记载，贾恩母亲的棺柩尚未安葬，邻火逼近，贾恩与妻子桓氏号哭奔救，贾恩母亲的棺柩得全，但贾恩与妻子却被烧死。[③]这一故事具有悲剧色彩。《晋书·孝友传》《梁书·徐普济传》《梁书·庾沙弥传》《南史·文学·陈卓》等史书塑造孝友形象均运用了"火起伏棺"模式。《晋书·孝友传》中，颜含、刘殷、何琦三人的事迹都含有类似"火起伏棺"的情节。颜含的兄长颜畿死而复活，但人事不知，颜含尽心服侍兄长十三年。颜含死后，"丧在殡而邻家失火，移棺绋断，火将至而灭，佥以为淳诚所感也"。[④]何琦母亲的棺柩尚未安葬，"为邻火所逼，烟焰已交，家乏僮使，计无从出，乃匍匐抚棺号哭。俄而风止火息，堂屋一间免烧，其精诚所感如此"。[⑤]

"闻雷泣墓"讲述的是蔡顺母亲害怕打雷，母亲过世后，每逢打雷，蔡顺

① （东汉）刘珍等撰，吴树平校注：《东观汉记校注》，北京：中华书局，2008年版，第671页。
② （晋）干宝撰，汪绍楹校注：《搜神记》，北京：中华书局，1979年版，第133页。
③ （梁）沈约撰：《宋书》，北京：中华书局，1974年版，第2243页。
④ （唐）房玄龄等撰：《晋书》，北京：中华书局，1974年版，第2287页。
⑤ （唐）房玄龄等撰：《晋书》，北京：中华书局，1974年版，第2292页。

都要到母亲墓前，边哭边说："顺在此。"[①]卢芹斋旧藏北魏石榻蔡顺画像表现了"闻雷泣墓"情节。《搜神记》中，孝子王裒的事迹中也有"闻雷泣墓"情节："母性畏雷，母没，每雷，辄到墓曰：'裒在此。'"[②]这说明"闻雷泣墓"成为塑造孝子形象的一种重要书写模式。

孝妇姜诗妻的事迹也颇具神异色彩。"二十四孝"中的"涌泉跃鲤"讲的就是姜诗与姜诗妻子二人的故事。《东观汉记》与《华阳国志·广汉士女》均有姜诗传，但提到姜诗妻子的言辞较为简略。《后汉书·列女传》中，姜诗妻的形象较为突出，其传记的主要情节可概括为"涌泉跃鲤"：姜诗母亲好饮江水，姜诗儿子汲水溺死，姜诗的妻子不敢让母亲知道，谎称儿子出外求学，姜诗母亲又喜欢吃鲤鱼，姜诗夫妇辛苦劳作，好让姜诗母亲能吃上鲤鱼，姜诗妻的孝行感动了上天，住所旁忽有泉水涌出，味如江水，而且每天早上可以得到一对鲤鱼。《东观汉记》与《华阳国志》中已有"涌泉跃鲤"情节。"涌泉跃鲤"的故事在明清时期被改编为戏剧，至今盛演不衰。

图5-1　武梁祠汉画像丁兰刻木奉亲图（图片来源：巫鸿《武梁祠》）

① （宋）范晔撰，（唐）李贤等注：《后汉书》，北京：中华书局，1965年版，第1312页。
② （晋）干宝撰，汪绍楹校注：《搜神记》，北京：中华书局，1979年版，第138页。

图5-2　北魏固原漆棺孝子蔡顺图（图片来源：《文物鉴定与鉴赏》2011年第2期）

四、华夏边缘族群始祖神话

（一）东明神话

《后汉书·东夷列传》记载了夫余国始祖东明的神异故事：东明母亲为北夷索离国王的侍女，国王侍女在国王外出期间怀孕，国王归来大怒，欲杀侍女。据侍女解释，看见天上有如鸡蛋大小的气降临身体，因此怀孕。侍女后来生下一男，国王先下令将孩子遗弃于猪圈，猪以气嘘之，孩子得以不死，后国王又下令将孩子遗弃于马厩，孩子又得到马的保护。国王这才允许侍女抚养孩子。东明长大后，善于射箭，国王又想迫害东明。东明逃到河边，靠鱼鳖搭成的桥过河，大难不死，抵达夫余，成为国王。东明神话最早可见于《论衡·吉验篇》，鱼豢《魏略》“夫余条”与《三国志·乌丸鲜卑东夷传》裴松之注亦记载了东明神话，三书所记内容与《后汉书》大致相同。东明神话影响了朱蒙神话的创作，《好太王碑》（公元414年）开篇部分记载了始祖邹牟王的生平，其中邹牟渡水一段同样含有浮龟搭桥的情节。[①]《三国史记》(成书于公元1145年)、《东国李相国集·东明王篇》(作于公元1241年)、《三国遗事》(成书于公元1281—1287年间)对朱蒙神话加以踵事增华。“邹牟”与“朱蒙”为“东明”之音转,“朱蒙”一词在夫余文化中意为“善射者”。《后汉书》记载,夫余人在腊月有祭天之俗。东明为天上之气所感生,这是夫余人崇拜上天之俗的反映。

从考古学来看,关于夫余的兴起,学界多数意见认为夫余文化是以西团山文化所代表的秽人为基础,在外来文化——包括燕、秦、汉文化、松嫩平原的白金宝—汉书文化、辉发河流域的宝山文化的多重影响下发展而成的。从文献史学的角度来看,学界一般认为夫余统治核心来自东明及其所带领的逃离索离国的部众。[②]不过,也有学者认为,以泡子沿类型为代表的夫余文化自始至终没有获得“来自北夷索离国的统治核心”的确切证据。因此,东明神话中所谓“来自北夷索离国的统治核心”之说可能属于自神其事的神话制造。据《三国志》记载,按照夫余旧俗,如果出现水旱不调或五谷不熟,臣民就会归咎国王,认为应当改换国王或杀掉国王。[③]国王是一个外来者,同时国王要为本地灾难负责。这种情形与俄狄浦斯传说相类似,其中都包含了“替罪羊”仪式原型。

东明神话中的“弃子”情节可能源于弃子考验的风俗。《诗经·大雅·生民》中姜嫄遗弃后稷之事为人所熟知。“弃子”是一种世界性的母题,吉尔伽美什、宙斯、赫拉克勒斯、帕里斯、珀尔修斯、摩西、居鲁士以及我国彝族英雄支格阿龙、白族英雄绿桃少年等故事中均有遭遗弃的情节。[④]萧兵将弃子传

① 参见[韩]林炳僖著:《韩国神话历史》,广州:南方日报出版社,第104—140页;李春祥、徐兴华:《〈三国史记〉国王及相关人物诞生神话研究》,《通化师范学院学报》,2012年第7期,第1—5页。

② 范恩实著:《夫余兴亡史》,北京:中国社会科学出版社,2013年版,第1页。

③ (晋)陈寿撰,裴松之注:《三国志》,北京:中华书局,1959年版,第842页。

④ 参见萧兵:《世界神话传说里的英雄弃子——比较文化学的一个实例分析》,《国外文学》,1984年第3期,第67—81页。

说分为两种类型："漂流型"和"物异型"（或者说"河海型"和"山野型"）。若按萧兵的分法，东明遭遗弃属于"物异型"弃子传说。夫余文化遗存数目不少，[①]夫余墓葬中可发现马牙、猪骨、猪牙，或许这是东明得到猪与马保护这一情节的现实基础。

（二）盘瓠神话

《后汉书·南蛮西南夷列传》还记载了盘瓠神话、廪君传说、[②]夜郎王传说、九隆神话。东明神话、盘瓠神话、廪君传说属于正史在"英雄祖先历史心性"下关于"蛮夷"的一段"神话历史"叙事。[③]《后汉书》中，盘瓠为高辛帝蓄养之狗。时值犬戎之寇，高辛帝悬赏能得犬戎之将首级者"黄金千镒，邑万家，又妻以少女"。盘瓠衔来吴将军首级，高辛不得已将女儿许配给盘瓠。盘瓠与帝女走入南山，三年后，生下六男六女。盘瓠死后，盘瓠子女自相婚配。高辛帝赐予盘瓠子女名山广泽，免去赋税。据李贤注，这则盘瓠神话并见于应劭《风俗通义》。《风俗通义》中的"盘瓠"神话应该是采录了当地口头传说，应劭的祖父与父亲都当过武陵太守，应劭少从父游，肯定听闻过盘瓠神话。鱼豢《魏略》关于"盘瓠"身世有另一种说法：高辛王宫室中有一老妇患耳疾，她从耳中挑出一大小如茧之物，并将此物放入瓠中，用盘盖上，此物化为犬，故名之为"盘瓠"。干宝《搜神记》也记载了盘瓠神话，不过《搜神记》曾经散佚，因此后人所辑的盘瓠神话存在着两种文本形态，一种形态见于单行本

① 李钟洙：《夫余文化研究》，吉林大学文学院博士学位论文，2004年。

② 廪君传说研究参见林继富：《一个民间叙事传统的形成——以廪君叙事为例》，《民俗研究》，2004年第3期，第74—81页；林继富：《民间叙事传统的转变——从廪君到向王的转变》，《中央民族大学学报》（哲学社会科学版），2005年第6期，第88—93页；林继富：《叙事传统复兴的多元力量——廪君叙事传统的当代性》，《中央民族大学学报》（哲学社会科学版），2007年第5期，第97—103页；刘守华：《廪君与盐水神女神话新解》，《三峡大学学报》（人文社会科学版），2013年第5期，第1—3页。

③ "历史心性"指人们关于历史记忆的一种模式化叙事倾向，"英雄祖先历史心性"的首要特征是"历史"起源于"一位英雄圣王"。详见王明珂著：《英雄祖先与弟兄民族——根基历史的文本与情境》，北京：中华书局，2009年版，第27—30页。

《搜神记》，另一种形态见于《汉魏丛书》《龙威秘书》等。[①]除此之外，干宝在《晋纪》中还记载了武陵与长沙郡“夷”“糅杂鱼肉，扣槽而号，以祭盘瓠”的风俗。

现代田野调查证实了盘瓠信仰的存在，瑶族、苗族、畲族中均存在着祭盘瓠的仪式。[②]“还盘王愿”是瑶族最为重要的祭盘瓠仪式，五溪苗族以划龙舟、跳香等方式祭祀盘瓠，畲族藏有祖图，“岁时祭之”。在瑶族中，盘瓠传说普遍流传于《过山榜》（又名《过山牒文》《过山照》《评王券榜牒文》《盘王券牒》）《千家洞》《盘王大歌》等文献中。在一些《过山榜》中，盘瓠（或称“盘王”）为一龙犬，其主为评王（或称“平王”），敌对方君王为“紫王”（或称“高王”）。根据这些《过山榜》的叙述，龙犬咬死敌对君王，平王赐给龙犬宫女，龙犬与宫女结为夫妻，生下六男六女，平王赐十二姓，赐予瑶人子孙山场田地，并蠲免国税夫役。[③]

盘瓠神话是犬图腾崇拜的表征，除仪式、口头传说、文献之外，犬图腾崇拜在瑶族传统服饰上亦有体现。瑶族妇女普遍束有腰带，其疙瘩打在身后，并留有尺许下垂。据《搜神记》的描述，盘瓠后裔“好五色衣服，裁制皆有尾形”。在饮食上，犬图腾崇拜表现为不食狗肉。在日常生活中，五溪苗族爱狗敬狗，并在天旱无雨时抬狗求雨。在地名上，泸溪县上堡乡的辛女岩、黄狗坨、达岚的狗老坡寨等名称均与盘瓠神话相关，盘瓠庙遍布于鄂西至湘西各地。

---

① 钟敬文：《槃瓠神话的考察》，见钟敬文著：《钟敬文民间文学论集》，上海：上海文艺出版社，1985年版，第104—106页。

② 彭兆荣：《瑶汉盘瓠神话——仪式叙事中的“历史记忆”》，《广西民族学院学报》（哲学社会科学版），2003年第1期，第85—90页；彭兆荣：《仪式叙事的原型结构——以瑶族“还盘王愿”为例》，《广西民族大学学报》（哲学社会科学版），2008年第5期，第53—58页；明跃玲：《神话传说与族群认同——以五溪地区苗族盘瓠信仰为例》，《广西民族学院学报》（哲学社会科学版），2005年第3期，第91—94页。

③ 参见《过山榜》编辑组编：《瑶族〈过山榜〉选编》，北京：民族出版社，2009年版。

图5-3　瑶族男性服饰

图5-4　瑶族女性服饰

（三）夜郎神话

《后汉书》记载的夜郎王传说则属于“竹生人”母题类传说，传说有一女子在遯水河边浣洗，有三节大竹子顺水流到足间，女子听到其中有哭叫声，就剖开竹子，发现里面躺着一个男孩。这男孩由女子抚养长大，因为他智勇双全，就自立为夜郎侯，并以竹为姓。武帝元鼎六年，夜郎侯降汉，但其后被杀。

《后汉书》的夜郎王传说可能源自《华阳国志》的竹王传说，《华阳国志》记载的竹王传说更为详细，该书不仅记载了竹王的身世，还记载了与竹王相关的“竹林”与“竹王水”来历：

有竹王者，兴于遯水。有一女子浣于水滨，有三节大竹流入女子足间，推之不肯去，闻有儿声，取持归破之，得一男儿。长养，有才武，遂雄夷濮。氏以竹为姓。捐所破竹于野，成竹林，今竹王祠竹林是也。王与从人尝止大石上，命作羹，从者曰："无水。"王以杖击石，水出，今竹王水是也，破石存焉。[①]

《华阳国志》为东晋常璩所作。《华阳国志》所提到的遯水，即今贵州北盘江。《华阳国志》未明言竹王即夜郎王，范晔《后汉书》则认为竹王即夜郎王。

"竹生人"是一个流传较广的母题，台湾学者何廷瑞教授按照AT分类法，将"竹生人"母题归类于"树生人"母题中，记为A1236*。日本小说之祖《竹取物语》中的女主人公辉夜姬（又称"辉映姬"）就诞生自竹子，藏族民间故事《斑竹姑娘》中的女主人公竹姬也诞生自竹子。南洋诸岛，包括印度尼西亚、菲律宾、美拉尼西亚与新几内亚等地都流行着竹生人神话。菲律宾最大的民族比萨扬人的起源神话认为人类起源于竹子，据一则神话的说法：太古时一座海岛上有一株竹子，一只鸟啄破竹子后，一节出来一个男人，另一节出来一个女人，他们是世界上最早的人，他们结合生下的孩子分开居住于诸岛。[②]我国台湾卑南族、排湾族、高山族也有竹生人的神话，如卑南族南王部落认为他们的始祖诞生自竹子。

"竹生人"是一个带有南方色彩的母题，因为竹通常见于南方。青翠的竹子，给予人们一种生机勃勃的观感。就万物有灵的观念而论，"竹生人"不足以大惊小怪。一些民族还流传着"葫芦生人""树生人""南瓜生人""花生人"的传说。"葫芦生人"传说在苗族、佤族、侗族、傣族中流传较为广泛。藏传佛教传说中，莲花生大师就诞生自莲花。壮族传说中，始祖母姆六甲源自花丛，她造万物之后，感到寂寞，于是一人爬到山顶。不想被风一吹有了身孕，孩子从其山洞似的阴户中生产出来。在埃及神话中，太阳为树女神所生，无花果女神哈托尔是"荷洛斯之宅"。从心理学角度而言，诞生于花草树木具有特别意义，意味着诞生自心理深层无意识，这是一种具有母权性质的意识。初民

① （晋）常璩撰，刘琳校注：《华阳国志校注》，成都：巴蜀书社，1984年版，第339页。

② ［俄］李福清著：《神话与鬼话——台湾原住民神话故事比较研究》，北京：社会科学文献出版社，2001年版，第84页。

受到互渗律观念的影响，“依照一种独特的趋向与外在世界的石头、植物、人、动物、星星等等融为一体，往往把自身转变为它物。人类和诸神都生于树而又葬于树；人可以变成植物”，[①]这表明人依然与母性子宫紧密联系。

竹王神话中，竹王诞生于三节大竹，大竹中空的空间隐喻着母性子宫。三节大竹流入女子足间，这里“足间”暗含“两腿之间”之意。一种解释是大竹流入女子足间暗指性挑逗或性交，但由于竹筒孕育竹王，故可以排除三节大竹象征男性生殖器这一解释。竹筒顺水漂来，这一场景让人联想到“江流儿”之类的传说。摩西、阿卡德国王萨尔贡、《摩诃婆罗多》中的迦尔纳、吉尔吉特国王特拉可汗具有类似的身世。竹筒不知从何处漂来，其源头茫茫无尽。“水”令人联想到母体的“羊水”。就分析心理学角度而言，无始无终的水象征着深层无意识。

“水”“竹”“浣女”都是“大母神”原型显现出的不同面貌。如果说“竹”是竹王的第一母亲，那么浣女是竹王的第二母亲。英雄传说中常见的情节是主人公遭遗弃，被雌性动物（或女子等）搭救、抚养，长大成人。浣女充当了养育者与保护者的角色。浣女是一位自然与文明兼具的人物：她在河边浣洗，这表明她具有文明色彩；她与水亲近以及她的母性，又表明她具有自然色彩。竹王从竹而出，就分析心理学而言，隐喻着自我意识脱离无意识。他击石出水，如同摩西击石出水，一方面表明其具有神性，另一方面隐喻着要打破桎梏让无意识之流汩汩而出。

《华阳国志》竹王神话中，“氏以竹为姓”值得注意。竹王神话究竟是哪一族群的族源神话？夜郎地处我国西南，我国西南地区的彝族、布依族、苗族、仡佬族、壮族等民族中普遍流传着“竹生人”神话。贵州彝族史籍《益那悲歌》讲述彝族武楚支系祖先僰雅夜在竹林中听到婴儿啼哭声，他伐开竹筒，发现了一个左眼日象、右眼月象的婴儿，僰雅夜认为这个婴儿是怪异儿，就把

① ［德］埃利希·诺伊曼：《大母神——原型分析》，李以洪译，北京：东方出版社，1998年版，第273页。

婴儿丢入河中，在河边洗线的毕待鲁阿买救起了婴儿，她给婴儿起名为“僰雅蒙”。武益那就诞生于僰雅蒙支系，他成为彝地的首领，“益那”是“夜郎”的彝译，“武益那”即“武夜郎”。彝族文献《夜郎史传》指出夜郎的始祖为僰雅蒙（或译“僰阿蒙”），并明确声称竹为夜郎根源：“武僰夜郎根，夜郎僰子孙，夜郎竹根本，夜郎水发祥。”[①]《彝族源流》《西南彝志》《夜郎史略》等彝族古籍对夜郎史事均有记载，《彝族源流》云：“液那竹子孙，液那发祥于水，太液水为液那根。”[②]在贵州赫章可乐乡发现了西汉太初元年摩崖石刻，该石刻为置立平夷县划界而立，用彝文书写。又如云南昭通曾发现彝文印章，汉译为“夜郎境手司印”。[③]这些证据充分证实古夜郎与彝族之间存在着极大关系。仡佬族称竹为“仡佬”，也就是说，仡佬族以竹为族称。仡佬族一则神话：一个姑娘在河边捞上一个竹筒，剖开后蹦出了竹王娃娃。[④]贵州毕节地区还流传着“赛竹三郎”的传说：夜郎国王笃筒年老，决定通过赛马比赛确定王位继承人。最终三王子获胜，成为王位继承人。竹三郎当上国王后，夜郎国势日强。但因黑彝部落来犯，竹三郎亲征，不幸战死。其后，“赛竹三郎”成为仡佬族人初春的一种游戏。[⑤]傈僳族一则题为《竹氏族的由来》的神话称他们的祖先来自竹筒，称为“竹王”[⑥]。

彝族、仡佬族、布依族、苗族各有本民族的人类起源神话。但从内容看，这些人类起源神话没有“竹中生人”的情节。有学者认为，仡佬族传说在精神上更接近《华阳国志》所载竹王故事。但这一论断缺乏足够坚实的论据，说服力不够。[⑦]因此，我们只能退而求其次，把竹王神话视为一则“氏族神话”。

---

① 王子尧、刘金才著：《夜郎史传》，成都：四川民族出版社，1998年版，第3页。参见王子尧：《就〈夜郎史传〉谈夜郎》，载’99夜郎学术研讨会论文集编辑委员会编：《夜郎研究》，贵阳：贵州民族出版社，2000年版，第171—174页。

② 毕节地区民族事务委员会编：《彝族源流》，贵阳：贵州民族出版社，1992年版，第245页。

③ 李卿：《从〈彝族源流〉再论夜郎国族属问题》，《贵州文史丛刊》，1993年第3期，第8—14页。

④ 文日焕、王宪昭著：《中国少数民族神话概论》，北京：民族出版社，2011年版，第257页。

⑤ 燕宝、张晓编：《贵州神话传说》，贵阳：贵州人民出版社，1997年版，第457—458页。

⑥ 屈小强：《西南各民族竹崇拜及其遗存》，《贵州文史丛刊》，1992年第4期，第78—84页。

⑦ 林芊著：《神话、历史与西南少数民族关系》，北京：科学出版社，2015年版，第98页。

自古及今，我国西南少数民族盛行竹崇拜。云南昭通县尼姑寨汉墓群曾出土一枚铜铃，其上镌刻“竹灵图像”，画面为一女巫正主持祭祀竹灵的仪式。彝族有用竹筒供奉祖灵的习俗，称之为“神筒”“祖筒”“金身”。不过，需要指出的是，竹筒是安放祖灵的载体，因此这种崇拜不是崇拜竹灵本身。贵州布依族的祭祖与丧葬仪式都包含着竹崇拜的内容，如出殡时死者之子肩扛金竹走在棺材前头，所谓“神竹引路”。[①]贵州六枝特区的布依族村寨都有一座竹制神房，其中供奉着祖灵。每年除夕夜，各户祭供后，会采摘数竿竹枝带回家里敬供，意为“接祖先回家过年”。[②]贵州道真仡佬族的许多民俗仪式与竹崇拜有关。譬如婴儿初生，生父或姨娘会于夜深人静时将胎盘埋入竹笼中。又如砍伐竹子做“大缆”时会唱含有祈福意义的祭歌：“左缠三转生贵子，右缠三转贵儿生。”湘西与贵州的瑶族、苗族流传着“赛竹王”的习俗。贵州蒙正苗族自称是竹王的后裔，家家户户都供奉着竹王像，男性成人要举行供竹王仪式，老人过世需用供竹王的竹片陪葬，好让祖宗承认死者是自己的子孙。[③]

确定竹王神话族属的难点在于彝族、仡佬族、苗族等西南民族现存口传与文字记载的竹王神话与《华阳国志》竹王神话在时间上仍存在着距离。即使存在着相似之处，焉知不是传播的结果。学界主流意见认为，夜郎国是一个以濮人为主体的方国。因此，竹王神话最可能属于濮族的神话。

（四）九隆神话

《后汉书》中的九隆神话则讲述了哀牢夷始祖九隆的身世来历，据说牢山有一妇人名沙壹，沙壹在水中捕鱼时碰触到了沉木，因此怀孕，生下十个男孩。其后沉木化为龙，向沙壹询问孩子所在，九子惊走，只剩下最小的孩子背龙而坐，龙父舐其背，其母为之起名曰“九隆”，即背坐之意。九隆长大后，被诸兄

① 张泽洪：《中国西南少数民族的竹王神话与竹崇拜》，《世界宗教研究》，2012年第3期，第154—162页。

② 兰鸿恩著：《广西民间文学散论》，南宁：广西人民出版社，1981年版。

③ 杨文金：《贵州蒙正苗族的竹王崇拜》，《文史春秋》，2011年第3期，第59—62页。

推举为王，十个兄弟娶了牢山另一户人家的十个女子，子孙渐渐滋长。九隆神话的最早文献记载见于东汉杨终《哀牢传》，晋代《华阳国志·南中志·永昌郡》也收录了九隆神话，只不过《华阳国志》中“沙壹”书作“沙壶”，“九隆”书作“元隆”。《水经注》《述异记》《通典》《唐会要》《太平御览》《通志》《文献通考》等文献基本上承袭了《华阳国志》与《后汉书》九隆神话的基本情节，元明时云南的地方史料《纪古滇说集》《白古通记》《白古通》等文献则呈现出较大变异。以《白古通记》为例，沙壹有丈夫，名为蒙迦独（一作“低牟苴”），蒙迦独为阿育王之孙。蒙迦独死于捕鱼，沙壹在水边悼念蒙迦独时见一木浮触而来，便坐于其上，心理稍觉安慰。其后沙壹时常坐在木上洗絮，遂怀孕产下十子。《白古通记》详细记载了沙壹十子的名字，并说九隆有凤凰来仪、五色花开之异，故被推为酋长，九隆兄弟娶了另一酋长波息的十个女儿，“厥后种类蔓延，分居溪谷，是为六诏之始”。[①]《白古通记》中出现蒙迦独，体现了佛教文化对祖源记忆的影响。《白国因由》将沙壹之名改易为“茉莉羌”，但未说蒙迦独是阿育王之孙，蒙迦独娶茉莉羌为妻。蒙迦独捕鱼溺死，茉莉羌寻夫，见江中一根木逆流而上，惊迷若梦。后黄龙至茉莉羌房中，茉莉羌怀孕，产下九子，八子跟随父亲，为八部龙王，留下幼子细拏罗，后为奇王。

《后汉书》中的九隆神话属于感生神话，沙壹触木而孕与《诗经》中姜嫄踩上大脚印而生“弃”的故事一样，它们都反映了母系社会的生育观念。《永昌郡传》记载了郡西南尾濮的风俗：“男女长，各随宜野会，无有嫁娶，犹知识母，不复识父。”[②]尾濮为哀牢人之一，这一记载可以稍作参考，可以推测，产生原始九隆神话之时，哀牢社会尚未形成严格的父权制度。中国古代神话中存在着类似的感生神话，如女登感神龙首而生神农、华胥感赤龙而生伏羲、简狄吞鸟卵而生商等。

九隆神话中，九隆为父所舐从而为王似乎是王位就任考验的反映。古代

---

① 耿德铭著：《哀牢国与哀牢文化·哀牢国史料辑录》，昆明：云南人民出版社，2003年版，第290页。

② 方国瑜主编：《云南史料丛刊》（第一卷），昆明：云南人民出版社，1990年版，第328页。

英雄当上首领前莫不经历考验，如舜入山泽经受暴风暴雷而不迷，又如日本传说中大国主命被关在有长蛇、蜈蚣、毒蜂的房间而不死，再如苗族故事中的阿秀，也是经受了各种考验。

九隆为王的故事还反映了末子继嗣风俗。根据一份19世纪的调查报告，中国的克钦人（即景颇族）与掸人均存在着末子继嗣习俗。克钦人酋长的职位由末子继承，如果没有儿子则职位由在世的最小弟弟继承。土地继承的情况亦是如此，末子继承祖产，长子则外出开荒，分户而居。名义上，掸人酋长是所有土地的拥有者，但每一户都拥有一定的份额，而且土地可以由末子继承，兄长们需另谋耕地或者改行经商。印度阿萨姆邦的卡西人和加罗人则实行幼女继嗣制。居住在孟加拉西南部的荷人或拉卡科尔人同样存在末子继嗣制习俗。在欧洲，直至18世纪，英格兰东南部地区仍然流行幼子继承习俗，特别是肯特郡、萨塞克斯郡和萨里郡以及环绕着古代伦敦的领地圈最为流行。英国的凯尔特人地区（如康沃尔、德文和威尔士）也存在着幼子继承习俗。威尔士的古代法规定：当兄弟们分祖产时，最小的儿子拥有主要的宅院、所有的建筑物和8英亩土地，还有斧头、烧水锅和犁铲。法国、荷兰以及德国的一些地区也保留着最幼者继承遗产的习俗。据弗雷泽研究，末子继嗣制产生与流行的必需条件有二：广阔的领土和稀少的人口。如果人口增长或其他原因造成儿子们不再容易从旧家庭中分立出来，兄长们就会争夺幼子单独继承家产的权利，末子继嗣制可能被长子继嗣制取代。①

关于哀牢夷的族属，存在着多种说法，如濮人说、泰人说、僰掸说、金齿说、老挝说、越族说、壮族说、怒人说、氐羌说、濮越为主的民族共同体说等，笔者倾向于哀牢夷属于濮越为主的民族共同体说。在九隆神话中，九隆之父为龙，哀牢夷“喜纹身，象龙文”，这与越人纹身以避蛟龙的习俗具有共同性。哀牢夷穿鼻儋耳，穿贯头衣，衣有尾，哀牢境内出濮竹、琥珀、蚌珠、孔

① ［英］詹姆斯·乔治·弗雷泽：《〈旧约〉中的民间传说——宗教、神话和律法的比较研究》，叶舒宪、户晓辉译，西安：陕西师范大学出版总社有限公司，2012年版，第189—220页。

雀等物，唇舌音较多（“鸟语”），这些特征表明哀牢文化是以濮越为主的多元文化。[①]东汉至南朝文献中，濮族包括“尾濮”“闽濮”“裸濮”“木棉濮”“文面濮”“赤口濮”“黑僰濮”“折腰濮”。濮族为今布朗族、德昂族、佤族之先。布朗族与佤族自称“本人”，意为“古老的本地人”。在澜沧江两岸，密集着“茫怀类型新石器文化”。这一文化的创造者应是哀牢濮人的先民。施甸出土的“姚关人”头骨化石佐证了《广志》中关于“赤口濮”折齿的说法。《华阳国志·南中志·永昌郡》记光武帝时，哀牢王扈栗归义奉贡，成为东汉属国：“其地有……穿胸、儋耳种，闽越僚、鸠僚。”[②]又记明帝时，置永昌郡，属县八，有“闽濮、鸠僚、僄越、裸濮、身毒之民”。[③]哀牢故地出土的新石器时代的磨光平肩石斧、有段石锛、炭化稻米、炭化稻谷说明大量越人在此区居住过。哀牢青铜文化中，铜钺、尖叶形铜锄、石寨山型铜鼓等器物也佐证了哀牢地区越人的存在。

第二节 《后汉书》志梦叙事解析

大凡人都会做梦。科学研究发现，人一生做梦150 000次，每天做梦大约4～6次，只不过有些梦醒后就遭人忘却了。据说，人一生中总共有4年时间是在做梦中度过的。梦非无因，不管是原始人还是现代人，人类对梦抱着浓厚的兴趣。从甲骨文中的记梦与占梦之辞至弗洛伊德《梦的解析》，从《小雅·斯干》《梦赋》《嘉梦赋》之类的文学创作至诸如《野草莓》《盗梦空间》之类的现代电影，梦贯穿了人类精神文化史的始终。

自《左传》以来，中国古代史籍中关于梦的记载就不绝于书，受这种叙事

① 耿德铭：《哀牢文化》，《保山师专学报》，2006年第3期，第1—14页；祁庆富著：《西南夷》，长春：吉林教育出版社，1990年版，第172—185页。

② （晋）常璩撰，刘琳校注：《华阳国志校注》，成都：巴蜀书社，1984年版，第428页。

③ （晋）常璩撰，刘琳校注：《华阳国志校注》，成都：巴蜀书社，1984年版，第430页。

传统影响，中古史书中存在着不少与梦有关的历史叙事。范晔在《后汉书》中保留了18则志梦叙事，这些志梦叙事通常叙述做梦者所做之梦及梦的应验，展示了《后汉书》的“神话历史”面相。结合人类学与心理学等相关知识，对《后汉书》的志异叙事作文化解析是一件饶有兴味之事。

一、《后汉书》志梦叙事的巫史根源

殷人认为梦能预示吉凶，甲骨文中留下了大量的占梦记录。殷人的梦境多种多样，或梦到天象（如下雨、天晴、雷震），或梦到出行、征伐、举行祭祀，或梦见簸、礼玉、盐块之类的器物，或梦见老虎、白牛、豕、龙、群狸、鸟等动物，或梦见患骨病、牙病、耳鸣等疾病，或梦见人物，或梦见鬼怪。[①]如果所梦不吉，商王还会举行禳梦仪式。

周朝设立了专门的占梦之官，并结合星占以预测梦的吉凶，《周礼》云：“占梦掌其岁时，观天地之会，辨阴阳之气，以日、月、星辰占六梦之吉凶。”[②]所谓“六梦”，指的是周人根据梦的起因而区分出六种梦：正梦、噩梦、思梦、寤梦、喜梦、惧梦。但究竟如何结合星象来占卜，《周礼》未有明确记载。《左传》为我们透露了一丝消息，鲁昭公三十一年，赵简子梦见一个小孩光着身子唱歌，这一天恰好发生了日食，赵简子向史墨询问吉凶，史墨通过星占得出结论：赵简子之梦预示着吴国将攻克楚国首都，但吴国最终不得不退兵。不过，史墨之占还是星象占卜。虽然《周礼》文本的产生年代还有争议，但是《周礼》关于周朝占梦法的记载并非无据，《诗经》也为我们透露了周代的一些占梦活动。据《小雅·斯干》，梦到熊罴为生男，梦到虺蛇为生女。又据《小雅·无羊》描述，有一牧人做梦，请占梦官解梦，原来梦见水中众鱼，预示着丰年；梦见旐旟，预示着家室兴旺：“众维鱼矣，实维丰年；旐维旟矣，室家溱溱。”

① 胡厚宣：《殷人占梦考》，见胡厚宣著：《甲骨学商史论丛初集》，石家庄：河北教育出版社，2002年版，第326—342页；宋镇豪：《甲骨文中的梦与占梦》，《文物》，2006年第6期，第61—71页。

② 李学勤主编：《周礼注疏》，北京：北京大学出版社，1999年版，第652页。

《左传》除了记载星占、龟占、筮占外，还记载了不少梦占活动。究其占梦之法，可分为两类：直解法与转释法，其中转释法又可根据情境衍生出多种应用，如类比法、反说法、象征法等等。[①]“直解法”指的是直接从梦境得出梦意，梦的效验与梦境一致，如昭公七年，郑人梦伯有要杀驷带和公孙段，后来驷带和公孙段果然死去。“类比法”指的是引用他梦来解梦，如昭公七年，楚国建成章华之台，昭公准备参加落成典礼，临行前，昭公梦见襄公为他祭祀路神，鲁国大臣梓慎与子服惠伯就昭公之梦提出了不同看法。梓慎建议昭公不去楚国，因为鲁襄公去楚国之前梦到周公祭祀路神；子服惠伯同意昭公去楚国，他认为襄公祭祀路神是在为昭公引路。“象征法”指的是有些梦的梦意不能直观得出，需要根据梦象再解释，如成公十六年，吕锜梦见自己射中月亮后“退入于泥”，占梦者认为月象征着楚王，“退入于泥”为“入土”之象，吕锜将死。其后，在大战中，吕锜射中楚共王之目，楚王大怒，令养由基复仇，养由基射中吕锜，吕锜果然死去。“反说法”指的是反过来解释梦意，如城濮大战前，晋文公梦见与楚子搏斗，楚子伏在自己身上吃自己的脑子，晋文公感到恐惧，他醒后请子犯占梦。子犯却说晋文公之梦为吉梦，晋国得天之助，楚将服罪。

《左传》共记载了28个梦，《左传》的志梦叙事与巫史传统分不开。按照史官的职责，史书必须详细记载“天道、鬼神、灾祥、卜筮、梦”。[②]《史记·封禅书》记载，秦穆公昏迷五日，醒后说梦见上帝命他平息晋国之乱，“史书而记，藏之府”。《左传》中，不少解梦者身份为巫或卜史，如梓慎、卜人（阙名）、胥弥赦、史墨、史朝、桑田巫、巫皋。梓慎是鲁国大夫，兼有史职。胥弥赦是一位筮史，史墨与史朝也是史官，桑田巫与巫皋则为巫。

恩斯特·卡西尔指出，神话意识缺乏在纯粹“描述”和真实感觉之间、愿

---

① 刘文英著：《梦的迷信与梦的探索》，北京：中国社会科学出版社，1989年版，第32页；杨健民：《〈左传〉记梦的梦象类型与占梦特点》，《福建论坛》（文史哲版）1992年第3期，第34—40页。

② （清）汪中著，田汉云点校：《新编汪中集》，扬州：广陵书社，2005年版，第384页。

望和实现之间、影像和物体之间的界限，原始民族的梦幻体验最清晰地显示了这一特点。[①]其实一些原始民族是能够区分现实体验与梦幻体验，只不过他们更重视梦幻体验罢了。许多原始民族把日常活动安排托付于梦。

根据一些田野调查资料，占梦是巫术文化的重要组成部分。我国高山族称占梦为“太拉姆·希朱泼”，凡有大事，需占梦而定。如要战斗或“出草”（猎头），必须在途中宿营举行梦占。如果头人或祭司所梦不祥，则折回不前，或原地等待，若有吉梦出现，才能继续行动。基诺族对梦极为重视，称之为“米玛玛”。基诺族成人对梦的吉凶较为清楚，弄不清的，则请莫丕（巫师）解释。成为基诺族巫师的首要条件是做过一个奇异的梦，如梦见某个神或鬼，或是梦见某人手腕上缠绕着黄线、白线而不缠绕红线（手缠红线是基诺族的习俗）。这是因为莫丕是专门与鬼神打交道的人，只有做过奇异的梦才能证明他具备资格。按照基诺族、佤族和拉祜族的习俗，打猎、盖房、定亲结婚都要占梦。以定亲结婚为例，如果男方（或女方）梦见男女双方在一起，就可以准备婚事。[②]

让我们把目光转向埃及，古埃及人很早就总结了占梦经验，他们在泥板上刻下“我奉神之命解释梦”这样的文字作为占梦师的名片。考古证据表明，执政于公元前2070年左右的法老麦里卡瑞相信梦到喜悦之事实际上意味着灾难。公元前2000年至公元前1785年，古埃及中王国时期的占梦书记载了近200条释梦文辞：“如果一个人梦见死牛，主吉，因为那表示他的敌人将死……如果一个人梦见蛇，主吉，因为那表示物资丰盛、富庶。”[③]古埃及新王国时期的一份占梦书手稿揭示了普通埃及人的希望、恐惧、焦虑及行为方式，手稿的年代大约在公元前1290年左右。这份占梦书手稿的主人是个匠人，他住在埃及德伊雷尔-梅迪纳村。这份占梦书涵盖了226个梦，它提供了一幅普通人与神交流的

---

① ［德］恩斯特·卡西尔著，柯礼文校：《神话思维》，黄龙保、周振选译，北京：中国社会科学出版社，1992年版，第42页。

② 刘文英著：《梦与中国文化》，北京：人民出版社，2003年版，第404—407页。

③ ［美］时代-生活丛书编辑著：《梦与做梦》，汤新楣译，桂林：漓江出版社，2002年版，第22页。

图景：

> 如果某人梦见上神，吉，这意味着一份大餐。

在这则文辞中，普通人也可以梦见神，而且这是一个吉兆。

> 如果某人梦见自己望着窗外，吉，这意味着神将听到他的呼告。
> 如果某人梦见自己在［河］里，吉，这意味着神将听到他的呼告。

“河”属于一个处所通往另一个处所的媒介，因此，“梦见自己望着窗外”意味着神将听到人的呼告。同理，“梦见自己在河里”具有同样的征兆意义。[①] 若梦见为神燃香、进入女神庙宇或抓取神手中的木杖则属于不吉的梦象。

在古巴比伦，梦在他们的生活和宗教中扮演着重要角色，他们相信神会在梦中宣示天意与命运，古巴比伦人还编撰了解梦书。为求得神示，古巴比伦人会躺在神庙中，祈求司梦之神赐梦，一首古巴比伦诗篇说：“请您显灵并让我拥有一个好梦，愿我所梦成真。愿司梦之神垂临我头顶，愿我进入‘伊-萨吉拉’——众神之庙，永生的居所。”[②] 亚述王亚述巴尼拔的两份文献显示出当时梦具有占卜意义。在一封信中，亚述巴尼拔写道：某个人梦见月神的祭献底座上刻着文字，大意为月神将消灭一切拒绝服从国王的敌人。在另一份文献中，亚述巴尼拔宣称在梦见亚述王之名后，吕底亚国王吉格斯向他送信。[③] 也许我们还会想到《圣经》中的记载，约瑟通过为埃及法老解梦而获得自由，但以理

---

① Szpakowska, Kasia. “The Open Portal: Dreams and Divine Power in Pharaonic Egypt”, in *Prayer, Magic and Stars in The Ancient and Late Antique World. eds. Scott Noegel*, Pennsylvania: The Pennsylvania State University Press, 2003, pp. 111–124.

② Lincoln, Jackson Steward. *The Dream in Native American and Other Primitive Cultures*. Kent: Courier Dover Publications, 2003, p. 3.

③ Frahm, Eckart. “Reading The Tablet, The Exta, and The Body”, in *Divination and Interpretation of Signs in the Ancient World* (ed. A. Annus), Chicago: The Oriental Institute of the University of Chicago, 2010, pp. 106–107.

的解梦令尼布甲尼撒佩服得五体投地。

古希腊术士阿特弥多勒斯曾撰写了一部释梦书，在中世纪与文艺复兴时代颇有影响。该书现存5卷，第1卷与第2卷集中阐述释梦的理论含义，并附了一份梦象名单，包括从出生到死亡的意象。第3卷与第4卷主要是回答前2卷的质疑，包括补充与评论。第5卷包括近100个梦及其应验。古罗马作家马克罗比乌斯把梦分成五种类型。第一种梦是白昼景象的残留，他称为“梦魇”。第二种梦是睡与醒交界处的混乱景象，他称为“幻梦”。马克罗比乌斯认为，前两种梦不具有占卜意义。其余的三种梦具有占卜意义：迷梦、显兆梦、神谕型梦。迷梦需要专业解释，显兆梦是做梦者自己能够理解的梦，神谕型梦是神祇给予建议的梦。[①]在此基础上，马克罗比乌斯分析了斯基庇奥之梦。

对北美印第安人而言，梦具有非常重要的意义，梦常常被视为精灵的命令。如果一个印第安人梦见自己被俘，他就会请朋友们把自己绑起来，拖着他游街或是假装走向断头台，据说这样会使自己免于真正的被俘。[②]印第安人的成年仪式常包括寻求幻见，其目的是诱发具备精神力量的梦。一些印第安部族释梦时会将梦划分为独立的单元。17世纪时，一个耶稣会教士曾与休伦人（美洲印第安人中的一支）共同生活，据他报告：梦在休伦人的议会、交通、捕鱼、狩猎中居主导地位，为了梦，休伦人随时都愿意牺牲他们的一切；[③]在纳伐霍印度安人看来，一个人做了一个恶梦简直就是一起反社会事件。巴西马库虎普都的做梦者会将梦象分成符号或行为。由于木薯面包与犰狳的盔甲相似，在他们看来，梦见木薯面包意味着做梦者将猎到犰狳。由于鸟枪的枪管与食蚁兽的长鼻子类似，梦见鸟枪则意味着做梦者将猎到食蚁兽。根据相反性原则，食蜜意味着在族人葬礼上哭泣，狩猎美洲豹意味着做梦者中了巫师的法术。释梦共有三种模式：其一是根据梦境内在含义做判断，其二是根据做梦者的外在情境做判断，其三是结合梦境的内在含义与做梦者的外在含义做判断。一些印第

① Johnston, Sarah Iles. *Ancient Greek Divination*. West Sussex: Blackwell Publishing, 2008, p. 135.

② ［法］列维-布留尔：《原始思维》，丁由译，北京：商务印书馆，1985年版，第49页。

③ ［美］时代—生活丛书编辑著：《梦与做梦》，桂林：漓江出版社，2002年版，第28页。

安部族还会联系神话释梦。在巴西亚马逊河流域卡瓦伊夫，梦见通奸预示着杀死一只貘，因为在一则神话中貘是一个通奸者。对马库虎普都人来说，梦见被烟熏出的犰狳意味着一位族人将去世，因为在一则神话中某位男人引诱内弟进入犰狳洞并企图杀死他。梦见切叶蚁或白唇猪在室内意味着“他人将要杀死我们”，因为在一则神话中英雄通过将切叶蚁变成毒蜘蛛杀死了祖母，接着用雷杖创造并毁灭了白唇猪。①

根据马林诺夫斯基的调查，特洛布里恩岛的巫师如果梦见捕捞产量高就会建议组织一次捕鱼，负责远航捕鱼的首领们若梦到天气、鱼群出没的水域以及出行的最佳日期，就根据这些梦来安排行程和发号施令。澳洲的一个部落成员梦见一只猫头鹰，占梦者解释说，这预示着另一个部落的进犯，于是整个部落转移了。②

随着梦占材料的不断丰富，人们试图系统总结占梦经验，编撰梦书。最早关于梦书的记载见于《晏子春秋》。《晏子春秋》记载，齐景公梦见与二日相斗而未能获胜，景公以为自己将死，晏子请占梦者为景公占梦，占梦者请求翻查梦书（“请反具书”）③。占梦者所说的梦书究竟是何种面貌呢？《晏子春秋》没有记录梦书的只言片语。《汉书·艺文志》“杂占类”载有《黄帝长柳占梦》（十一卷）与《甘德长柳占梦》（二十卷），疑为战国时著作，可惜现已不存于世。睡虎地秦简《日书》与岳麓书院藏秦简《占梦书》为我们提供了一些文献参考。

睡虎地秦简《日书》乙种《梦》云：

> 甲乙梦被黑裘衣寇（冠），喜，人〈入〉水中及谷，得也。
>
> 丙丁梦□，喜也，木金得也。

---

① Shulman, David (eds.). *Dream Cultures: Explorations in the Comparative History of Dreaming*. Oxford: Oxford University Press, 1999, pp. 90–92.

② ［英］爱德华·泰勒：《原始文化》，连树生译，桂林：广西师范大学出版社，2005年版，第98页。

③ 吴则虞撰：《晏子春秋集释》，北京：中华书局，1982年版，第382—383页。

戊己梦黑，吉，得喜也。

庚辛梦青黑，喜也，木水得也。

壬癸梦日，喜也；金得也。①

睡虎地秦简《日书》的占梦法是依据五行生克原理，按照时日与梦象来判断吉凶的。以甲乙日为例，甲乙五行属木，黑色（黑裘）五行属水，水生木，相得益彰，故为喜。岳麓书院藏秦简《占梦书》认为，梦与时日有关，需要按照时日与梦象来占断吉凶。其中一条简文指出，占梦应该"顺四时"："□□□□□□始□□之时，亟令梦先。春曰发时，夏曰阳，秋曰闭，冬曰臧，占梦之道，必顺四时而豫。"②还有一段简文云：

甲乙梦伐木，吉。丙丁梦失火高阳，吉。戊己［梦］宫事，吉。庚辛梦□山铸（？）钟，吉。壬癸梦行川为桥，吉。晦而梦三年至，夜半梦者二年而至，鸡鸣梦者。③

丙丁五行属火，故梦失火为吉。同理，戊己属土，故梦兴建宫室（宫事）为吉；壬癸属水，故梦过河造桥为吉。④简文还指出，晦时做的梦将在三年后应验，夜半做的梦将在两年后应验。除依据时日的五行性质外，岳麓书院秦简还为具体梦象提供了解释。如："梦见豆，不出三日家（嫁）。……梦见枣，得君子好言。……梦见虎豹者，见贵人。梦衣新衣，乃伤于兵。梦见熊者，见官长。梦见饮酒，不出三日必有雨。……梦见羊者，伤欲食。梦见豕者，明欲

① 吴小强撰：《秦简日书集释》，长沙：岳麓书社，2000年版，第236页。

② 朱汉民、陈松长主编：《岳麓书院藏秦简》（一），上海：上海辞书出版社，2010年版，第39页。

③ 朱汉民、陈松长主编：《岳麓书院藏秦简》（一），上海：上海辞书出版社，2010年版，第39页。

④ 参见王勇：《五行与梦占——岳麓书院藏秦简〈占梦书〉的占梦术》，《史学集刊》，2010年第4期，第29—33页。

食。[梦]见犬者，行欲食。梦见汲者，疠、租欲食。梦见□□，灶欲食。梦见斩足者，天閼欲食。"[①]其中，"伤""明""行""疠、租""灶""天閼"等都是当时秦人观念中的鬼神。简文内容反映了鬼神致梦信仰的存在。

值得注意的是，一些先秦历史著作延续了志梦叙事的传统。《晏子春秋》《国语》《尚书》《逸周书》《汲冢琐语》等典籍均包含有志梦叙事内容。其中，《逸周书》与《汲冢琐语》皆出土于战国魏襄王墓（魏襄王卒于公元前296年）。《汲冢琐语》号称"古今纪异之祖"，其性质为"诸国卜梦妖怪相书"，也就是说，志梦叙事是《汲冢琐语》的重要组成部分。《汲冢琐语》今余佚文二十三条，其中志梦叙事占四条，分别为齐景公梦短丈夫、智伯梦火见于南方、晋冶氏女徒之梦、晋平公梦赤熊窥屏。"齐景公梦短丈夫"叙述齐景公伐宋，军队经过曲陵时景公梦见一短丈夫发怒，晏子指出这是伊尹入梦谴责伐宋，景公于是终止了军事行动。"齐景公梦短丈夫"故事在《晏子春秋》中另有一个情节更为曲折的版本，故事叙述齐景公伐宋，军队经过泰山（而非曲陵）时，景公梦见两个男子发怒，占梦者认为这是泰山神在发怒。晏子认为这是汤与伊尹在发怒，并建议停止伐宋。齐景公没有听取建议，下令军队继续前进，结果"鼓毁将殪"，这才停止伐宋。[②]通过比较两个版本，我们可以观察到故事的演变。《逸周书·程寤》则叙太姒之梦：商庭产棘，姬发植梓树于阙间，梓树化为松柏棫柞，[③]此梦亦见于《潜夫论·梦列》《帝王世纪》。《国语》与《尚书》都记载了武丁依梦求得贤人傅说的故事，这一典故为后世求贤之文频频引用。

二、《后汉书》志梦叙事类型

《后汉书》承继了《左传》《史记》《汉书》等史籍的记梦传统，共记载了

① 朱汉民、陈松长主编：《岳麓书院藏秦简》（一），上海：上海辞书出版社，2010年版，第43—44页。

② 吴则虞撰：《晏子春秋集释》，北京：中华书局，1982年版，第79—80页。

③ 黄怀信、张懋镕、田旭东撰，李学勤审定：《逸周书汇校集注》，上海：上海古籍出版社，2007年版，第183页。

18个梦，我们先简单考察《后汉书》与梦相关的记载：

（1）出处：《后汉书·皇后纪》；

梦者：明德马皇后；

梦象：无数小飞虫附着身体，入而复出；

梦验：梦者被立为皇后。

（2）出处：《后汉书·皇后纪》，亦见于《搜神记》；

梦者：和熹邓皇后；

梦象：扪天；

梦验：梦者被立为皇后，和帝崩后，临朝称制。

（3）出处：《后汉书·皇后纪》，亦见于《搜神记》；

梦者：汉灵帝；

梦象：桓帝发怒；

梦验：灵帝崩。

（4）出处：《后汉书·皇后纪》；

梦者：王美人；

梦象：负日而行；

梦验：生下皇子刘协。

（5）出处：《后汉书·王刘张李彭卢列传》；

梦者：彭宠之妻；

梦象：恶梦，内容不详；

梦验：彭宠与其妻被砍头。

（6）出处：《后汉书·隗嚣公孙述列传》，亦见于《东观汉记》《华阳国志》；

梦者：公孙述；

梦象：听到话语“八厶子系，十二为期”；

梦验：公孙述自立为皇帝，在位十二年。

（7）出处：《后汉书·冯岑贾列传》；

梦者：刘秀；

梦象：乘赤龙上天；

梦验：刘秀称帝。

（8）出处：《后汉书·伏侯宋蔡冯赵牟韦列传》，亦见于《搜神记》；

梦者：蔡茂；

梦象：坐于大殿，得到三穗禾的中穗后又失去；

梦验：得禄秩。

（9）出处：《后汉书·张曹郑列传》；

梦者：郑玄；

梦象：孔子告语；

梦验：郑玄命终。

（10）出处：《后汉书·刘赵淳于江刘周赵列传》；

梦者：周磐；

梦象：梦者在阴堂之奥听先师讲课；

梦验：无病而终。

（11）出处：《后汉书·皇甫张段列传》，亦见于《东观汉记》《搜神记》；

梦者：张奂之妻；

梦象：带张奂印绶登楼而歌；

梦验：张猛任武威太守，登楼命终。

（12）出处：《后汉书·文苑列传》；

梦者：王延寿；

梦象：异梦，详见《梦赋》；

梦验：溺死。

（13）出处：《后汉书·独行列传》；

梦者：温寿；

梦象：父亲温序告语；

梦验：温寿送温序骸骨归葬。

（14）出处：《后汉书·独行列传》，亦见于《搜神记》；

梦者：范式；

梦象：张劭告语；

梦验：范式如期送葬。

（15）出处：《后汉书·方术列传》；

梦者：汉成帝；

梦象：天帝告语；

梦验：如梦。

（16）出处：《后汉书·列女传》；

梦者：叔先雄之弟；

梦象：叔先雄告语；

梦验：叔先雄与父尸俱出，浮于江上。

（17）出处：《后汉书·西域传》；

梦者：汉明帝；

梦象：金人；

梦验：佛法东传。

（18）出处：《后汉书·陈王列传》；

梦者：胡种；

梦象：王宏杖击；

梦验：胡种得病，数日后死去。

《后汉书》志梦叙事中的做梦者主要是帝王（或后妃）、官员（或官员之妻）、儒生，其中只有1例做梦者为平民。有些做梦者本身已有一定地位，所做之梦预示他们将获得更高的地位，这些梦最后得到应验，如（1）（2）（6）（7）（8）。从梦意传达来看，其中一些梦为鬼神告语，话语中暗示或是明白告诉未来之事，如（3）（6）（9）（13）（14）（15）（16），可称为“告语之梦”，相当于古罗马作家马克罗比乌斯所说的“神谕型梦”；而另外一些梦的梦意通过意象来传达，可称为“象梦”，如（1）（2）（4）（5）（7）（8）（11）（12）（17）（18）。下面进一步详细分析。

（一）“告语之梦”类叙事

《后汉书》的“告语之梦”中，公孙述之梦为“皇帝梦”。公孙述梦中听到有人说“八厶子系，十二为期”，这个梦运用了“字形离合法”。“八厶子系”指的是“公孙”，“八厶子系，十二为期”暗示公孙述称帝后在位时间只有十二年，梦意较为明白。《华阳国志》关于梦语有另一版本，为“公子系，十二为期”，[①]这一梦语含有歧义，既可理解为公孙述帝位可传十二世，又可理解为公孙述在位只有十二年。“字形离合法”在蔡茂之梦中也有运用，蔡茂在梦中得到了三穗禾后又失去，“禾失”二字可合为“秩”字，因此主簿郭贺解释为蔡茂将得到秩禄。

“告语之梦”的观念基础是鬼神信仰。不仅原始人相信梦“是与精灵、灵魂、神的交往”，[②]在进入文明社会以后，鬼神托梦以传达信息这一信仰依旧长盛不衰。《左传》中，虢公梦见蓐收传言、韩厥梦子舆传言、晋侯梦大厉传言、郑人梦伯有传言等故事的核心情节都是鬼神托梦。《后汉书》中，范式梦见张劭告诉自己某日死、某日葬，范式不远千里赶去送葬，《搜神记》也记载了这一故事。张劭托梦的故事在东汉时已流传，孔融标举汝南士胜过颍川士之说，《汝颖优劣论》所举的一个例证就是张劭托梦，孔融对此十分自豪：颍川人士虽有奇异，但没有出现过鬼神显灵。《后汉书·列女传》中，孝女叔先雄为寻找父亲遗体而自沉，其弟梦见叔先雄告语——六天后，她将与父亲遗体一起浮出来。其后果然如此。这一情节见于《搜神记》，其观念基础也是鬼神信仰。

值得注意的是，郑玄之梦中，孔子对郑玄说：“起，起，今年岁在辰，来年岁在巳。”郑玄之梦强调了郑玄与孔子的精神联系，正如孔子在感叹自己之衰的话中透露了与周公的精神联系：“甚矣吾衰也！久矣吾不复梦见周公。”从分析心理学角度来看，郑玄梦中的孔子形象更像是智慧老人原型的显现。郑玄

① （晋）常璩撰，刘琳校注：《华阳国志校注》，成都：巴蜀书社，1984年版，第474页。
② ［法］列维-布留尔：《原始思维》，丁由译，北京：商务印书馆，1981年版，第48页。

或许是感到自己命不久矣，才会梦见孔子对他说了上述一番话。在汉灵帝之梦中，灵帝梦见桓帝责怪，这一记载亦见于《搜神记》。假设灵帝确实做过此梦，从现代心理学角度来看，灵帝之梦源于自我惩罚的需要，这种需要既可能来源于“性体质中的受虐倾向”（弗洛伊德语），也可能来源于道德和文化意义上的罪感。[①]宋皇后因为无子受到灵帝幸姬诋毁，中常侍王甫因为枉诛渤海王而怕宋皇后报复，诬告宋皇后挟左道咒诅。灵帝下令收回宋皇后玺绶，宋皇后忧死，其父亲与兄弟被诛。光和元年出现日食时，卢植在封事中就为宋皇后家属鸣冤，要求收葬骸骨，以安游魂，平息疾疫。灵帝在梦见桓帝指责后惶恐不安，向许永询问禳解之法，许永也建议改葬，以安冤魂，但灵帝最终没有听取建议。

（二）“象梦”类叙事

《后汉书》中的王美人之梦与张奂妻之梦属于“胎梦”。不少民族传说的情节叙述了预示英雄（或先知）诞生的梦。根据一则古埃及传说，埃及大术士森奥西里斯的父亲萨图伊梦中听到有人告诉他：“你的妻子已经怀孕，她生下的孩子应该起名为森奥西里斯，这个孩子将在埃及做出许多神奇的事。”据说亚历山大出生时，他的父亲梦见一只老鹰从埃及飞到菲利普来传讯。又如琐罗亚斯德的母亲梦见有人告诉她，她将生下一个非凡之子。《圣经》中，约瑟夫梦见天使告诉他，他的妻子玛丽亚将生下圣子耶稣。

王美人梦负日而行，其后生下皇子刘协（即汉献帝），这一故事其实是感生神话的“置换变形”。在感生神话中，附宝见大电光绕北斗枢星而孕，生黄帝；修己见流星而意感，生大禹。在历史叙事中，我们可以看到神话的“置换变形”。譬如《汉书》记载，汉武帝之母（王夫人）妊娠时，她梦见“日入其怀”。《三国志》记载，孙坚之妻吴氏怀孙策时，梦月入其怀；怀孙权时，梦日入其怀。按照《晋书》的记载，汉赵君主刘聪之母在怀孕时，梦日入怀；公孙

① 冯川著：《梦兆与神话》，成都：四川人民出版社，1993年版，第204页。

氏怀慕容德时，梦日入脐中。“梦日入怀”成为中国史书中反复出现的一种典型意象。

在张奂妻的胎梦中，她梦到自己带着张奂印绶登楼而歌。“印绶”象征着官位，因此占者推断张奂妻怀的是男胎，而且将来也会当官，并命终此楼。建安年间，张奂之子张猛果然担任武威太守，张猛因为杀了刺史邯郸商，被州兵包围，张猛就登楼自焚而死。这一志梦叙事的叙事结构为梦象——梦占——梦验，具有梦占小说的典型特征。

《后汉书》“象梦”中，马皇后之梦、邓皇后之梦、刘秀之梦与蔡茂之梦均属于兆示做梦者获得更高地位的梦。马皇后梦见飞虫附着在自己身上，入而复出。此梦看似为恶，实则为吉。“飞虫入体”象征众人仰赖自己而活，虫为阴类，阳气旺则散，故入而复出。[①]据说唐高祖李渊做过类似的梦，他梦见自己掉到床下，为群虫所食，安乐寺智满禅师为之解梦：“床下”为陛下，“为群虫所食”预示黎民百姓仰赖一人而活。

刘秀自云梦乘赤龙上天，言外之意非常明显，冯异马上心领神会地拜贺。在中国古代象征系统中，“龙”与“天”均象征着尊贵。“赤”暗示着火德，暗示着刘秀兴汉为天命所归，刘秀“梦乘赤龙上天”与刘秀舍南有“火光属天”之象都宣示着刘秀为天命所归。邓皇后梦见扪天，并饮下钟乳状之物。在古代崇拜天的文化氛围中，“扪天”具有不言而喻的意义，传说中尧梦攀天而上，汤梦及天而吸之，故梦占者有“吉不可言”之说。刘秀之梦与邓皇后之梦造作的痕迹比较明显，但不妨姑妄信之，假设二人之梦为真。按照弗洛伊德之说，梦是欲望的满足。当皇帝可最大限度满足人的欲望，依照正常心理，大部分男人怀有皇帝梦，“梦乘赤龙上天”不过是以伪装的形式表征了刘秀的欲望。刘秀做此梦之时，公孙述已经称帝，刘秀部下纷纷劝进，“日有所思，夜有所梦”，刘秀做此梦符合正常心理。邓皇后自小就显露出非凡的才智和抱负，她六岁就已经认识了很多字，十二岁就通晓《诗经》《论语》。她是个权力欲极

---

① （明）陈士元增删：《梦林玄解》，北京：朝华出版社，1993年版，第282页。

强的女人，临朝称制十六年，安帝成年后也没有还政。“冰冻三尺，非一日之寒”，邓后自小应该是个要强的女人，身为女子，她的愿望不免受到外界压抑，这种被压抑的愿望通过“扪天”之梦得到满足。

蔡茂之梦可以用“字形离合法”解释。值得一提的是，美索不达米亚解梦书中也能发现运用“字形离合法”解梦的案例。例如：“如果一个人梦见他去伊德朗（id-ra-an）旅行，他将远离一件罪行（Á-ra-an）。”在这一例中，解梦者去掉了id，加上了Á，组成一个新词“罪行”（Á-ra-an）。再举一个稍微复杂的“字形离合法”解梦案例：“如果一个人抓住了一只狐狸（*Šēlibu*），他将抓住一只拉玛苏。然而，如果他的手（*ŠU*）抓住一只狐狸，又让它跑了；那么，他将抓住一只拉玛苏，但它将从他的手里逃脱。”拉玛苏是一种人首半狮半牛身子的怪物。如果把狐狸（*Šēlibu*）的楔形文字按音节书写，可以写成AN.KAL–u，即拉玛苏。①

王延寿之梦似为恶梦，他梦见了各种怪物形象，这些怪物或蛇头四角，或鱼首鸟身，或三足六眼，或龙形似人，王延寿之梦似乎是焦虑心理状态的表征。这些怪物形象较为接近当时流行的神话形象，王延寿在梦中视这些形象为不友好的鬼怪，奋起还击：“戢游光，轩猛跣，狒豮，斫鬼魖，捎魍魉，荆诸渠，撞纵目，打三头……蹴睢盱。”（《梦赋》）②可惜王延寿最终死于溺水，年仅二十余岁。

周磐梦见听先师讲课于阴堂之奥，可称为“知命之梦”。“阴堂”为幽暗的房间，象征着墓穴，因此周磐觉得自己命不久矣。孔子亦曾有过知命之梦，他梦见自己坐奠于两楹之间。按照殷人的风俗，死者灵柩停于两楹之间，孔子为殷人之后，因此，他告诉子贡：“予殆将死也。”（《礼记・檀弓上》）③王延寿之梦与周磐之梦都属于预示死亡的梦兆。藏族医书《四部医典》对梦兆也较为关

① Noegel, Scott B. “Sign, Sign, Everywhere a Sign: Script, Power, and Interpretation in The Ancient Near East”, in Annus, Amar (ed.). *Divination and Interpretation of Signs in The Ancient World.* Chicago: The Universtity of Chicago, 2010, pp.143–162.

② 费振刚、胡双宝、宗明华辑校：《全汉赋》，北京：北京大学出版社，1993年版，第534页。

③ 李学勤主编：《礼记正义》，北京：北京大学出版社，1999年版，第207页。

注，譬如梦见自己骑猫、猴子、老虎、狐狸、尸体，这是已经被死神套住绳索的征兆；梦见自己裸体骑着水牛、马、猪、驴、骆驼向南方行走，这是将要死去的征兆；梦见自己头顶上长出树枝，树枝上有鸟窝，或者是梦见与死去的亲友一起饮酒跳舞等，这是已经被死神统治的征兆。[①]

明帝梦金人之说亦见于《牟子理惑论》与《四十二章经序》，不管明帝是否梦过金人，重要的是早期佛教徒为何持明帝梦金人之说。这个故事既宣扬了佛教的神异，又通过祖述明帝求法来减少推行佛法的阻力。

《后汉书》志梦叙事产生的社会心理基础是梦兆意识，所谓“梦兆意识”指的是在中国巫史文化传统中，深信梦有着预示吉凶作用的一种集体心态。这种集体心态为社会各阶层所共有，上至帝王将相，下至庶民百姓。为了说明《后汉书》志梦叙事产生的社会心理基础，我们再举典籍中的一些例子来佐证这种集体心态，时限为东汉至刘宋初期。

《新论》叙说，博士弟子谭生连续三天做恶梦，有人教他早上起床念祝词，结果被人告发行咒诅之术。[②]先秦时已有念祝词以祛恶梦之法，睡虎地秦简《日书》还记载了祝词内容。[③]东汉宫廷傩仪唱词中有“伯奇食梦”之语，即是请食梦之神伯奇祛除恶梦。又如东汉《伯夷叔齐碑》记载，熹平五年，天下大旱，平阳处士苏腾梦登首阳山，遇见神马之使，遂以梦上闻。灵帝派使者至伯夷祠祈雨，天寻兴云，即降甘雨。

东汉学者王符写过专论探析梦，他把梦分为十类：直应之梦、象之梦、意精之梦、记想之梦、人位之梦、感气之梦、应时之梦、极反之梦、（病）气之梦、性情之梦：“凡梦：有直，有象，有精，有人，有感，有时，有反，有病，有性。”[④]在他看来，梦象与时令、气候、健康状况等因素相关。占梦之难，在

① 宇妥·元丹贡布等著：《四部医典》，马世林等译注，上海：上海科学技术出版社，1987年版，第18页。

② （汉）桓谭撰，朱谦之校辑：《新辑本桓谭新论》，北京：中华书局，2009年版，第17页。

③ 参见吴小强撰：《秦简日书集释》，长沙：岳麓书社，2000年版，第121、236页。

④ （汉）王符著，（清）汪继培笺，彭铎校正：《潜夫论笺校正》，北京：中华书局，1985年版，第315页。

于说梦者即使把梦描述得很详细，而解释者不能“连类传观”的话，也很难正确解释，故占梦有应验与不应验之分。王符提出占梦的原则：“夫占梦必谨其变故，审其征候，内考情意，外考王相，即吉凶之符，善恶之效，庶可见也。”①也就是说，占梦者应该仔细考察梦的情意与王相，特别是梦的意外变化，这样才能洞悉吉凶。

三国时，著名的解梦专家有蜀汉的赵直、吴国的宋寿与魏国的周宣。《三国志》记载了赵直解梦的两个案例。其一是为蒋琬解梦。蒋琬梦见门前有一流血的牛头，他询问赵直，赵直解释为位至“公”之象，后蒋琬位至尚书郎。其二是为魏延解梦，魏延梦见头上长角。“角”拆开为“刀”与“用”二字，赵直知其为不祥之梦，诈称：“夫麒麟有角而不用，此不战而贼欲自破之象。”②《三国志·方技传》记载了周宣为太守杨沛、东平刘桢、魏文帝曹丕等人解梦的若干事例，并称：“宣之叙梦，凡此类也。十中八九，世以比建平之相矣。”③周宣著有《梦书》一卷，今已佚。《艺文类聚》存《梦书》遗文四则，如《艺文类聚·百谷部·禾》引《梦书》曰：“禾稼为财，田之所出。梦见禾稼，言财气生。”又如《艺文类聚·木部·松》引《梦书》曰：“松为人君，梦见松者，见人君也。”

魏晋南北朝时期，涉及志梦叙事的作品急剧增多，《三国志》《幽明录》《列异传》《搜神记》《异苑》等著作都记载了不少与梦相关的内容。《晋书》记载了58个梦，可见晋朝志梦资料之丰富。如张茂少时梦得大象，他询问占梦师万推，万推告诉他，他将治理大郡，但结局不善，原因是象为大兽，但象因拥有象牙而为人类所害，故结局不善。其后沈充之谋反，张茂与三子俱遇害。《搜神记》亦记载了大量的梦，《后汉书》志梦叙事之（2）（3）（8）（14）皆见于《搜神记》。据统计，汪绍楹校注本《搜神记》共有志梦故事43篇，占全书

① （汉）王符著，（清）汪继培笺，彭铎校正：《潜夫论笺校正》，北京：中华书局，1985年版，第322页。
② （晋）陈寿撰，（宋）裴松之注：《三国志》，北京：中华书局，1959年版，第1003页。
③ （晋）陈寿撰，（宋）裴松之注：《三国志》，北京：中华书局，1959年版，第811页。

近十分之一。其中有不少鬼神托梦故事，如《蒋济亡儿》《文颖》《温序》《犍为孝女》《颜畿》《蒋山祠》等。可见，鬼神观念是当时志梦故事流行的一个重要基础。在今日福建，仍有不少善男信女相信鬼神可以托梦。福州石竹山、莆田九鲤湖、漳州圆山即是较为知名的祈梦之地。古人祈梦有“秋往九鲤湖，春往石竹山”之说。《颜畿》故事不仅见于《搜神记》，还见于《晋书》与《宋书》。晋武帝咸宁二年，琅琊人颜畿病死，尸久已入棺，家人都梦见颜畿说：“我当复生，可急开棺。”开棺之后，颜畿果然还活着，只是不能走路与说话。

总而言之，志梦叙事脱胎于巫史传统。中国文化有着悠久的梦占传统，相信梦能够预示吉凶构成了一种稳固的集体心态。根据梦意传达的不同方式，《后汉书》志梦叙事可以分为两类：“告语之梦”类叙事与“象梦”类叙事。“告语之梦”类叙事的观念基础是鬼神信仰，人们相信鬼神通过梦来传递信息；一些“象梦”是神话的“置换变形”。《后汉书》梦象的心理根源存在着多种因素，或源于欲望的满足，或源于自我惩罚的需要，或源于焦虑与恐惧，等等。

第六章

中古正史祥瑞书写

神话历史叙事贯穿在中国正史书写之中，如影随形，与其共始终。就中古正史书写而言，可以观察到新的神话历史叙事形式的出现与消亡，也可以观察到传统神话历史叙事的承继。新者如祥瑞书写模式的出现，旧者如《天文志》与《五行志》的承继。

中古正史祥瑞书写主要见于《宋书·符瑞志》《南齐书·祥瑞志》与《魏书·灵征志下》。严格来说，可以称之为魏晋南北朝正史祥瑞书写。祥瑞，亦称“符瑞”。《说文解字》释“祥”:“祥，福也，从示，羊声，一云善。”[①]又释“瑞”:“瑞，以玉为信也，从玉耑。”[②]瑞，原为玉器，《尚书·舜典》记舜“辑五瑞，既月，乃日觐四岳群牧，班瑞于群后”。[③]所谓“五瑞”，指的是桓圭、信圭、躬圭、榖璧、蒲璧，为公、侯、伯、子、男分别所执之玉器。孔颖达正义曰:“《周礼·典瑞》:‘公执桓圭，侯执信圭，伯执躬圭，子执谷璧，男执蒲璧。’是圭璧为五等之瑞。诸侯执之以为王者瑞信，故称‘瑞’也。”[④]天子之瑞曰“命圭”或“镇圭”，天子之瑞与诸侯之五瑞共计六瑞。“符”与“瑞”都是用来取信于人的。《管子·水地》中已出现“符瑞”一词，但尚无后世符瑞之义。《说文解字》释“符”:“符，信也，汉制以竹，长六寸，分而相合。”[⑤]

第一节　魏晋南北朝正史祥瑞书写的历史语境

一、符瑞与魏晋南北朝政治

符瑞观念发端于何时？学者刘钊认为，甲骨文“小臣墙刻辞”是中国历史

① （汉）许慎撰:《说文解字》，北京：中华书局，1963年版，第7页。
② （汉）许慎撰:《说文解字》，北京：中华书局，1963年版，第11页。
③ 李学勤主编:《尚书正义》，北京：北京大学出版社，1999年版，第55页。
④ 李学勤主编:《尚书正义》，北京：北京大学出版社，1999年版，第59页。
⑤ （汉）许慎撰:《说文解字》，北京：中华书局，1963年版，第96页。

上最早的祥瑞记录。[①]若刘钊释读无误，“小臣墙刻辞”包含了征伐危方获得“白麟”的记录。

西周时已存在符瑞观念，这一点有较多的文献支持。《国语》记载，周之兴有凤鸣岐山之瑞，周穆王征犬戎，获四白狼白鹿而归。《尚书·顾命》记载周之传世珍宝，包括大贝、璧玉、河图，属符应之类的宝物。据陈槃考察，《诗经》与《尚书》中所记载的周代符应或疑似符应者还有九项：麟、驺虞、后稷感生、嘉禾、丰年、凤凰、梧桐、贻我来牟、龙。[②]陈槃指出，“以上九事中，是否全为符应，故有问题，然无论如何，西周初年多有符应之说流行，合《顾命》所陈之事物观之，可以断定”。[③]

春秋战国时期，灾异记录虽多于符应，但符应观念不废于世。《管子·小匡》记管子告齐桓公之语：“昔人之受命者，龙龟假，河出图，洛出书，地出乘黄。今三祥未见有者。虽曰受命，无乃失诸乎？”[④]所谓“三祥”指龙龟、图书、乘黄三样祥瑞。《战国策·赵策》记苏秦游说赵王之言：“臣闻古之贤君……甘露降，时雨至，农夫登，年谷丰盈，众人喜之，而贤主恶之。”[⑤]其所称引之“古之贤君”，恰是战国古史观念之反映。

至战国末期，邹衍著书立说，阐发五德终始思想。《史记》述其书之大略：“（邹衍）乃深观阴阳消息而作怪迂之变，《终始》《大圣》之篇十余万言。……先序今以上至黄帝，……因载其禨祥度制。推而远之，至天地未生，窈冥不可考而原也。先列中国名山大川，通谷禽兽，水土所殖，物类所珍，因而推之，及海外人之所不能睹。称引天地剖判以来五德转移，治各有宜，而符应若

---

① 刘钊：《“小臣墙刻辞”新释——揭示中国历史上最早的祥瑞记录》，《复旦学报》（社会科学版），2009年第1期，第4—11页。

② 陈槃：《秦汉间之所谓符应论略》，见陈槃撰：《古谶纬研讨及其书录解题》，台北：“国立编译馆”，1991年版，第89页。

③ 陈槃：《秦汉间之所谓符应论略》，见陈槃撰：《古谶纬研讨及其书录解题》，台北：“国立编译馆”，1991年版，第89页。

④ 黎翔凤撰，梁运华整理：《管子校注》，北京：中华书局，2004年版，第426页。

⑤ 一本作“风雨时至”，何建章据《史记·赵世家》与帛书《战国纵横家书》校改作“时雨至”。参何建章注释：《战国策注释》，北京：中华书局，1990年版，第628页。

兹。”[①]邹衍的“五德转移”指王朝更替依土、木、金、火、水五行相克顺序传递。秦始皇一统中国之后采用水德服制，依据的便是五行相克顺序的五德终始说。后世的“五德转移”，多依木、火、土、金、水五行相生顺序递传。邹衍认为，五德之治各有符应，此说与《吕氏春秋·应同》篇相合。《吕氏春秋·应同》曰：“凡帝王者之将兴也，天必见祥乎下民。黄帝之时，天先见大螾大蝼，黄帝曰：‘土气胜’。土气胜，故其色尚黄，其事则土。及禹之时，天先见草木秋冬不杀，禹曰：‘木气胜’。木气胜，故其色尚青，其事则木。及汤之时，天先见金刃生于水，汤曰：‘金气胜’。金气胜，故其色尚白，其事则金。及文王之时，天先见火赤乌衔丹书集于周社，文王曰：‘火气胜。’火气胜，故其色尚赤，其事则火。”[②]

汉初，正朔服色袭用秦制，认定汉为水德。至汉文帝时，贾谊与公孙臣相继倡导汉为土德说。贾谊之说因无相应的符瑞，加上贾谊受到周勃与灌婴等老臣的排挤以及文帝态度谨慎而作罢。文帝十五年，黄龙见成纪。文帝遂召公孙臣筹划改服色事宜，但因出现了新垣平造作符瑞之事，土德改制胎死腹中。汉武帝即位后，他对符瑞之说颇感兴趣，诏问三代受命之符及天人感应之事。董仲舒在答问中指出，符瑞降临与天命、德行、王道有关：“……臣闻天之所大奉使之王者，必有非人力所能致而自至者，此受命之符也。天下之人同心归之，若归父母，故天瑞应诚而至。……周公曰‘复哉复哉’，孔子曰‘德不孤，必有邻’，皆积善累德之效也。”[③]董仲舒认为，受命之符非人力可致，但人君可通过积善累德、正心修政而感召符瑞。董仲舒在策问中脱颖而出，之后被任命为江都相。董仲舒的思想在其著作《春秋繁露》中有更详尽的发挥。董仲舒的思想是阴阳学说与儒家学说融合发展的结果。随着政治形势的进一步发展，符瑞思想逐渐兴盛。汉武帝好大喜功，好事之徒遂上言符瑞，如元封元年有司奏

① （汉）司马迁撰，（宋）裴骃集解，（唐）司马贞索隐，（唐）张守节正义：《史记》，北京：中华书局，1959年版，第2344页。

② 许维遹撰，梁运华整理：《吕氏春秋集释》，北京：中华书局，2009年版，第284页。

③ （汉）班固撰，（唐）颜师古注：《汉书》，北京：中华书局，1962年版，第2500页。

言“德星”出现，再如元狩元年获麟，还有白鹿、驺牙、神马、宝鼎、黄气、芝草、泰山见黄金等祥瑞事物。汉哀帝崩，王莽为大司马，辅佐幼主。为了称颂自己功德，他暗示越裳氏献白雉。自此之后，各种“符瑞”纷至沓来，有黄龙、风雨时、甘露、神芝、蓂荚、朱草、嘉禾、河图、洛书、新井等等，其数号称七百有余。

王莽矫托符命的做法成为后来者的样板。公孙述、刘秀、王朗、刘瓔等政治人物纷纷效法王莽之故智。刘秀平定天下后，颁布图谶，进一步促成了符瑞思想的流传。东汉是符瑞思想最为兴盛的时代。其间虽有桓谭、王充、张衡质疑之声，但这类质疑只是支流，并未造成多大影响。[①]

三国时，魏蜀吴争言符命。以吴国为例，魏蜀称帝后，孙权于公元229年称帝。先是声称夏口与武昌出现黄龙及凤凰，然后当年四月丙申即皇帝位，年号为黄龙。孙权告天文中有“休征嘉瑞，前后杂沓，历数在躬，不得不受”之句。[②]公元232年，会稽南始平上言有“嘉禾”之瑞。当年十二月丁卯，吴国改次年年号为“嘉禾”。公元238年，吴国改年号为“赤乌”。孙权下诏，诏书曰：“间者赤乌集于殿前，朕所亲见，若神灵以为嘉祥者，改年宜以赤乌为元。”[③]公元265年，因蒋陵言天降甘露，是年吴改年号为“甘露”并大赦。第二年（公元266年），又因“所在言得大鼎”，[④]吴又改年号为“宝鼎”。公元271年，吴因“西苑言凤凰集”，[⑤]改次年之年号为“凤凰”。公元275年，吴因掘地得银，改年号为“天册”。次年，吴又因于临平湖湖边得石函，改当年年号为“天玺”。这一年孙皓遣使者祭历山，使者在山岩写上红字，诈称石自然成文，其文曰：“楚九州渚，吴九州都，扬州士，作天子，四世治，太平始。”[⑥]孙皓大

① 陈槃：《秦汉间之所谓“符应”论略》，见陈槃撰：《古谶纬研讨及其书录解题》，台北：“国立编译馆”，1991年版，第1—98页；胡晓明：《符瑞研究：从先秦到魏晋南北朝》，南京大学博士学位论文，2011年；龚世学：《论汉代的符瑞思想》，《文艺研究》，2016年第2期，第69—78页。

② （晋）陈寿撰，（宋）裴松之注：《三国志》，北京：中华书局，1959年版，第1135页。

③ （晋）陈寿撰，（宋）裴松之注：《三国志》，北京：中华书局，1959年版，第1142页。

④ （晋）陈寿撰，（宋）裴松之注：《三国志》，北京：中华书局，1959年版，第1166页。

⑤ （晋）陈寿撰，（宋）裴松之注：《三国志》，北京：中华书局，1959年版，第1168页。

⑥ （晋）陈寿撰，（宋）裴松之注：《三国志》，北京：中华书局，1959年版，第1171—1172页。

喜，改次年年号为“天纪”。当时此类石谶为数众多，《禅国山碑》提到“石室山石闾石印封启九州吉发显天谶彰石镜光者二十有二”。书法史上著名的《天发神谶碑》就是为了纪颂“天谶”的符瑞石刻之一。

同年，又因阳羡山有石室，地方官称为大瑞，孙皓遣司徒董朝及太常周处封禅国山。国山位于今江苏省宜兴市境内。封禅一般是在泰山举行，但因当时泰山处在司马氏治下。为争政权的正统性，孙吴集团采取了封禅国山的政治策略。《禅国山碑》[①]正文共1 004字，加上落款与刻石人名字共计1 026字，其中罗列了各种祥瑞：“……践祚初升，特发神梦，膺受箓图，玉玺启自神匮。神人指授金册青玉符者四；日月抱戴，老人星见者一十有一；五帝瑞气，黄旗紫盖，覆被宫阙，显著斗牛者一十有九；麟凤龟龙衔图负书三十有九；青蛇白虎丹鸾彩凤二十有二；白鹿、白獐、白麃、白兔三十有二；白雉、白乌、白鹊、白鸠一十有九；赤乌、赤雀二十有四，白雀白燕二十有七；神鱼吐书，白鲤腾舩者二；灵絮神蚕，弥被原野者三；嘉禾秀颖，甘露凝液六十有五；殊干连理

图6-1 《禅国山碑》石刻

图6-2 《禅国山碑》拓文

① 参见图6-1与图6-2，图6-1与图6-2采自程伟《〈禅国山碑〉的碑刻地位及其书法艺术》一文。

六百八十有三；明月火珠，璧流离三十有六；大贝、馀蚳、馀泉七十有五；大宝神璧水青㲉璧三十有八；玉燕玉羊玉鸠者三；宝鼎神钟神鏖夏祝神鬲三十有六……"[①]《禅国山碑》提到的不少祥瑞未见载于《三国志》。琳琅满目的符瑞，营造出一种"天命在我"的表象。

星象之兆也颇为三国时人所重。司马懿攻打公孙渊时，有白色长星带着芒鬣自襄平城掠过而坠入梁水，城中震怖。公孙渊请求投降。[②]

晋平蜀吴后，太康元年（公元280年），卫瓘等官员劝晋武帝封禅，其中一条理由是符瑞的富盛："若夫玄石素文，底号前载，象以姓表，言以事告，《河图》《洛书》之征，不是过也。加以驺虞麟趾，众瑞并臻。昔夏、殷以丕崇为祥，周武以乌鱼为美，咸曰休哉；然符瑞之应，备物之盛，未有若今之富者也。"[③]表奏所言的"玄石素文"即张掖玄石图，因玄石上有马的图像，故被视为司马氏代曹魏之兆。表奏所言的"驺虞"为白虎。据《宋书·符瑞志》，晋武帝在位期间，白虎出现的次数为8次，自武帝即位至太康元年就有6次。晋武帝即位至太康元年，"麒麟见"的次数为4次。最终，晋武帝以"外则障塞有警，内则民黎未康"为由拒绝了封禅之议。

《宋书·符瑞志》的作者为沈约（公元441—513年）。沈约历经宋、齐、梁三朝。刘宋朝时，沈约曾担任安西外兵参军，兼任记室之职。南齐时，沈约历任征虏记室、步兵校尉、太子家令、清河太守等官职。沈约曾以"行中水，作天子"之谶劝进萧衍。萧梁时，沈约历任尚书仆射、尚书左仆射、镇军将军、右光禄大夫、尚书令、行太子少傅、中军将军等官职。沈约于南齐永明六年（公元488年）完成了《宋书》的本纪与列传。《宋书》的志是后来完成的。其撰成的时间，据学者推定，当在齐明帝萧鸾即位（公元494年）后，甚至可能在梁武帝即位（公元502年）后。[④]

① 吴骞：《国山碑考》，见新文丰出版公司编辑部编：《石刻史料新编》第三辑第34册，台北：新文丰出版公司，1977年版，第598—599页。

② （唐）房玄龄等撰：《晋书》，北京：中华书局，1974年版，第12页。

③ （梁）沈约撰：《宋书》，北京：中华书局，1974年版，第437页。

④ 中华书局编辑部撰：《宋书·出版说明》，北京：中华书局，1974年版，第2页。

南北朝时期，符瑞与政治关系非常密切。刘宋景和元年（公元465年），宋前废帝图谋杀害晋安王刘子勋。刘子勋于景和元年十一月十九日起兵。同年十一月二十九日，湘东王刘彧的心腹阮佃夫、李道儿与寿寂之杀宋废帝，刘彧登位，即宋明帝。刘子勋之部下邓琬劝刘子勋争帝位，并宣言符瑞："琬乃称说符瑞，造乘舆御服，云松滋县生豹自来，柴桑县送竹有'来奉天子'字，又云青龙见东淮，白鹿出西冈。令顾昭之撰为《瑞命记》。立宗庙，设坛场，矫作崇宪太后玺，令群僚上伪号于子勋。"[①]刘子勋于泰始二年（公元466年）正月七日即位。历史是胜利者书写的，刘子勋争帝位失败，故《宋书》揭发其符瑞之伪，称其名号为"伪号"，其登位之宫殿为"伪殿"。不仅如此，《宋书》还书写子勋即位时的狼狈之状与不祥之兆：子勋即位之日，天下着雨，行礼者忘称"万岁"；当晚，有鸠鸟栖于子勋车辇之中，鸮鸟栖集于车辇的帷幔，还有秃鹫栖集寻阳城上。

宣扬符瑞是萧齐政权的重要政治工作。萧齐未代宋之时，民间已流传"萧道成当为天子"之言，引发宋明帝怀疑。宋明帝遣冠军将军吴喜赐酒萧道成，萧道成饮酒自若。宋明帝才打消怀疑。萧齐代宋之后，黄门郎苏偘撰写了《圣皇瑞应记》，庾温撰写了《瑞应图》。这两本书都含有宣扬萧齐符瑞的内容。《南齐书·祥瑞志》载，元徽三年（公元475年），有青龙从齐太祖斋前池中出。同书又载，昇明元年（公元477年），青龙见齐郡。元徽二年，萧道成为刘宋朝中领军，手握军政大权。元徽三年与昇明二年的青龙之瑞可以推断出两种可能存在的情况。其一是早在萧齐政权建立前，以萧道成为核心的政治集团已展开了符瑞宣传。其二是萧齐政权建立后，为了证明萧齐政权乃天命所归，萧齐政权称说青龙之瑞。事实上，萧齐政权虽然只有短短23年，但从政权初立到政权中期都存在着所谓的"符瑞"。譬如建元元年有浪井、白雀、白乌、庆云、甘露、天井湖出绵之瑞，永明十一年（公元493年）有白象、嘉禾、白獐之瑞。

① （梁）沈约撰：《宋书》，北京：中华书局，1974年版，第2134页。

萧梁政权的合法性建构同样有赖于符瑞。《梁书》虽无《符瑞志》或《祥瑞志》之类的典志，但《梁书》的本纪却存在着符瑞书写。据《梁书·武帝本纪》，齐中兴二年（公元502年）二月辛酉，萧衍受命为相国梁公。二月乙丑，就有民众凿井时获得玉麒麟、玉璧、水晶环："乙丑，南兖州队主陈文兴于桓城内凿井，得玉镂骐驎、金镂玉璧、水精环各二枚。"[①]还有凤凰之瑞："又建康令羊瞻解称凤皇见县之桐下里。"[②]齐宣德皇后则把这些祥瑞归功于相国府。不到一月，又有地方官上报祥瑞："三月辛卯，延陵县华阳逻主戴车牒称云：'十二月乙酉，甘露降茅山，弥漫数里。正月己酉，逻将潘道盖于山石穴中得毛龟一。二月辛酉，逻将徐灵符又于山东见白獐一。丙寅平旦，山上云雾四合，须臾有玄黄之色，状如龙形，长十余丈，乍隐乍显，久乃从西北升天。'丁卯，兖州刺史马元和签：'所领东平郡寿张县见驺虞一。'"[③]三月癸巳，萧衍受命为梁王。三月丙辰，齐帝表示欲禅位于梁王。四月辛丑，齐宣德皇后表示要授予萧衍玺绂。萧衍表示谦让之意。百官劝进，萧衍再次表示谦让之意。太史令蒋道秀上陈天文符谶六十四条，百官再次劝进，萧衍这才接受禅让。萧衍的行径貌似虚伪，不过毕竟禅让比流血斗争要仁慈一些。萧梁政权建立后，萧衍在位时间较长，长达48年之久。梁武帝在位期间，京畿地方奏报的祥瑞较多。老人星出现的次数达39次。其他祥瑞事物包括甘露、嘉禾、铜剑、八目龟、四目龟、灵龟、一角玄龟、嘉莲、野蚕成茧、野谷、白鹿、浪井等。

符瑞信仰在南朝民间社会中有较普遍的根基。宋孝武帝大明二年（公元458年），高阇、释昙标、道方等自称有鬼神龙凤之瑞，经常听到箫鼓声。他们与殿中将军苗允等人勾结，图谋夜袭皇帝寝宫。其事败露，党羽数十人被诛杀。《南齐书》载，裴昭明任始安内史时，郡民龚玄宣称神人授予自己玉印玉板书，吹气就能成字，自称"龚圣人"。裴昭明令人将这位"龚圣人"抓起来治罪。《南齐书》又载，富阳人唐寓之自称祖墓有王气，自己在山中获得金印，

① （唐）姚思廉撰：《梁书》，北京：中华书局，1973年版，第22页。
② （唐）姚思廉撰：《梁书》，北京：中华书局，1973年版，第22页。
③ （唐）姚思廉撰：《梁书》，北京：中华书局，1973年版，第25页。

借此聚众起事。永明四年（公元486年）春，唐寓之在钱塘称帝。齐武帝遣禁兵讨唐寓之，最终斩杀唐寓之。《梁书》载，潘阳郡民鲜于琛修道，入山采药时拾得五色幡旄，又在地里得到石玺。鲜于琛与妻子不在同一处居住，其妻望见鲜于琛住所常有异气。这些说法其实来自鲜于琛及其妻子，《梁书》并未辩驳。鲜于琛于大同元年（公元535年）与门徒杀害广晋令王筠，设置官员，聚众万余人，后为陆襄所破。

可以看出，称说符瑞是魏晋南北朝通用的政治策略。吕宗力指出，魏晋南北朝时期的民间武装抗争者运用神话、祥瑞、灾异、妖言、图谶等载体，其重要的原因是，“在当时的社会文化语境中，上天借图谶、灾祥传达信息、启示天意，早已是深入人心的信仰”。①官方借祥瑞建构政权合法性，获取民众认同。官员进献祥瑞名物或祥瑞颂赞表示忠心，或借以获取赏识。譬如刘宋江夏王刘义恭惧宋孝武帝之严苛，为不见容于宋孝武帝担忧，乃曲意奉承，“每有符瑞，辄献上赋颂，陈咏美德”。②大明元年（公元457年），有三脊茅生于石头城西岸，刘义恭遂多次上表劝宋孝武帝封禅。所谓“三脊茅”，可能是白茅、菁茅、萧茅。它是古代封禅仪式的一种必需品，因此刘义恭劝宋孝武帝封禅。封禅是古代王权建构政治合法性极为重要的一个仪式。一般说来，太平盛世之时才行封禅之礼，而太平盛世的一个重要表征是祥瑞毕至。刘义恭表奏中称：“……今龙麟已至，凤皇已仪，比李已实，灵茅已茂，雕气降氛于宫榭，珍露呈味于禁林，嘉禾积穗于殿甍，连理合干于园御，皆耀质离宫，植根兰囿。至夫霜毫玄文，素翮赪羽，泉河山岳之瑞，草木金石之祥，方畿憬涂之谒，抗驿绝祖之奏，彪炳杂沓，粤不可胜言。太平之应，兹焉富矣。”③查《宋书·符瑞志》，自宋孝武帝即位至大明元年，凤凰见1次，龙见3次，获赤雀1次，白雀见9次，甘露降6次，嘉禾生5次。故刘义恭称“太平之应，兹焉富矣”。宋孝

① 吕宗力：《谶纬与两晋南朝的政治与社会》，见中国魏晋南北朝史学会、武汉大学中国三至九世纪研究所编：《魏晋南北朝史研究：回顾与探索——中国魏晋南北朝史学会第九届年会论文集》，武汉：湖北教育出版社，2007年版，第395页。

② （梁）沈约撰：《宋书》，北京：中华书局，1974年版，第1650页。

③ （梁）沈约撰：《宋书》，北京：中华书局，1974年版，第440页。

武帝表示自己“德薄勋浅”，待“拓清中宇”后再举行封禅。

二、魏晋南北朝符瑞信仰的民间根基

符瑞信仰本质上是一种征兆信仰。中古时期，随着佛道两教的传播与发展，本就具有深厚社会心理基础的征兆信仰愈发深入人心。谶纬在东汉时本为官学，但随着汉帝国的瓦解，谶纬之学走向民间。泰始三年（公元267年），晋武帝下令禁星气谶纬之学，但其处罚较轻：凡私藏谶纬图书者判刑两年。北魏太武帝太平真君五年（公元444年），拓跋焘下诏禁止“挟藏谶记、阴阳、图纬、方伎之书”，反衬民间谶纬信仰炽盛到官方不得不打击的程度。其打击的结果只是让纬书散亡，但并没有让谶纬信仰消亡。相反，谶纬信仰与佛道结合，衍生出了佛谶与道谶。

《搜神记》记载的一些发泰故事都与征兆信仰有关，如“应妪见神光”“冯绲见二赤蛇”“张颢得金印”“张氏钩”“何比干得符策”等。其中，“应妪见神光”与“冯绲见二赤蛇”皆为范晔《后汉书》所收录。

“张氏钩”故事大意如下：长安张氏独处一室时，有只鸠从外飞入。张氏祈祷说：“鸠来，为我祸也，飞上承尘；为我福也，即入我怀。”[①]鸠飞入张氏怀中。张氏用手一摸，鸠不知所在，只摸到一金钩。张氏视为宝贝，其子孙渐渐富裕。有个四川商人收买了张家婢女，婢女偷出金钩给了商人。张家失掉金钩后，渐渐败落。四川商人得到钩后没有发达反而屡遭厄难，于是他将钩还给了张家。张家又兴旺起来。

“张氏钩”故事最早见于《三辅决录》。《三辅决录》著者为东汉赵岐。这一故事亦见于《幽明录》，但情节较简单，没有四川商人收买婢女窃钩的情节。

长安有张氏者，昼独处室，有鸠自入，止于对床。张恶之，披怀祝

① （晋）干宝撰，汪绍楹校注：《搜神记》，北京：中华书局，1979年版，第116页。

> 曰："鸠，尔来为我祸耶止承尘，为我福耶入我怀。"鸠翻飞入怀，以手探之，不知所在，而得一金带钩焉。遂宝之。自是之后，子孙昌盛。[①]

《幽明录》载："有人相羊叔子父墓，有帝王之气，叔子于是乃自掘断墓。后相者又云：'此墓尚当出折臂三公。'……于时士林咸叹其忠诚。"[②]羊叔子即羊祜。羊祜后担任太傅、征南大将军，开府仪同三司。

风水信仰是魏晋南北朝时期颇为时人所重的一种信仰。羊祜掘墓传说的信仰背景是风水信仰。《幽明录》载："许逊少孤，不识祖墓，倾心所感，忽见祖语曰：'我死三十余年，于今得正葬，是汝孝悌之至。'因举标榜曰：'可以此下求我。'于是迎丧，葬者曰：'此墓中当出一侯及小县长。'"[③]许逊为道教净明派祖师，人称许真君、许旌阳。唐代《十二真君传》中已有许逊传记，明代冯梦龙撰作的《旌阳宫铁树镇妖》至今还为人称颂。净明派以忠孝为本，《幽明录》所叙述的许逊故事正是一则因孝而得善报的传说。故事中，因许逊的孝心所感，祖父鬼魂现身为其指点墓地。许逊在晋朝曾任旌阳令，正应合了葬者所言。

《幽明录》载：

> 孙钟，吴郡富春人，坚之父也。少时家贫，与母居，至孝笃信，种瓜为业。瓜熟，有三少年容服妍丽，诣钟乞瓜。钟引入庵中，设瓜及饭，礼敬殷勤。三人临去，谓钟曰："蒙君厚惠，今示子葬地，欲得世世封侯乎？欲为数代天子乎？"钟跪曰："数代天子，故当所乐。"便为定墓 。又曰："我司命也，君下山，百步勿反顾。"钟下山六十步，回看，并为白鹤

① （南朝宋）刘义庆：《幽明录》，见上海古籍出版社编：《汉魏六朝笔记小说大观》，上海：上海古籍出版社，1999年版，第697页。

② （南朝宋）刘义庆：《幽明录》，见上海古籍出版社编：《汉魏六朝笔记小说大观》，上海：上海古籍出版社，1999年版，第702页。

③ （南朝宋）刘义庆：《幽明录》，见上海古籍出版社编：《汉魏六朝笔记小说大观》，上海：上海古籍出版社，1999年版，第713页。

飞去。钟遂于此葬母，冢上有气触天。钟后生坚，坚生权，权生亮，亮生休，休生和，和生皓，为晋所伐，降为归命侯。[①]

据《幽明录》，孙氏能出数代天子是因为司命为孙钟指点墓地。司命之所以为孙钟指点墓地，是因为孙忠至孝笃信且敬待司命。这是一则行善得善报类型的传说。同时，这一传说又混合了风水信仰。《宋书·符瑞志》也记载了孙钟得三少年指点墓地的故事。不过《宋书》叙述较为简略，且没有三少年为司命这一说法。或许《宋书》的叙述拣择自《幽明录》，也可能因为这一传说流传甚广，《宋书》之叙述另有所本。

《幽明录》还记载了汉代袁安遇三书生指点墓地的故事。这一故事也见载于范晔《后汉书》。刘义庆（公元403—444年）与范晔（公元398—445年）为同时代人，若范晔未睹《幽明录》，则说明"袁安遇三书生"故事已广为流传。

风水信仰源头可追溯至新石器时代。商代甲骨文已有一些卜宅、作邑的记录。《诗·大雅·公刘》佐证了周人相宅观念的存在。云梦秦简、放马滩秦简、睡虎地秦简出现的相宅术记录说明战国晚期风水理论已基本成形。九店秦简记录了建国作邑的相宅术，云梦秦简则记录了民间相宅术。[②]汉魏六朝是风水信仰受到广泛尊奉的一个时期。《晋书》记载了郭璞卜地的传说。考古发现表明，六朝时期墓地的选择符合风水理论。由于崇拜风水，宋明帝甚至做出破坏他人风水之举。泰始四年（公元468年）夏，宋明帝颁《改葬崇宪昭太后诏》。宋明帝提出改葬崇宪昭太后于吉地，因为旧陵颓坏且旧葬地违背风水术："而茔隧之所，山原卑陋。顷年颓坏，日有滋甚，恒费修整，终无永固。且详考地形，殊乖相势。"[③]崇宪昭太后为晋安王刘子勋祖母。宋明帝的亲生母亲为沈婕妤，崇

① （南朝宋）刘义庆：《幽明录》，见上海古籍出版社编：《汉魏六朝笔记小说大观》，上海：上海古籍出版社，1999年版，第699—700页。

② 晏昌贵：《九店楚简〈日书·相宅篇〉研究》，《武汉大学学报》（人文科学版），2002年第4期，第417-422页。

③ （梁）沈约撰：《宋书》，北京：中华书局，1974年版，第1288页。

宪昭太后是宋明帝名义上的“母后”。为了打击与自己争帝位的刘子勋，宋明帝曾下令破坏昭太后的陵墓。几年之后，他担心引来灾祸，故下诏重新安葬昭太后。[①]《宋书》载：“先是，晋安王子勋未平，巫者谓宜开昭太后陵以为厌胜。修复仓卒，不得如礼。上性忌，虑将来致灾。”[②]

宋明帝还曾下令破坏萧道成家墓风水。宋明帝曾派相墓工高灵文查看萧道成的祖墓，高灵文诡称“不过方伯”。宋明帝还不放心，派人在萧家祖墓附近打猎，并用五六尺长的大铁钉钉住墓的四角。[③]

三、出土文物所见魏晋南北朝瑞应

中古政权已经形成了较为完善的瑞应管理制度。[④]地方官向中央政府上报祥瑞或进献祥瑞屡见于史书。以河西地区为例，自公元1世纪至公元10世纪，瑞应记录绵延不绝。《宋书·符瑞志》记录了河西地区8则瑞应。《魏书·灵征志》记录了河西地区10则瑞应。伯希和敦煌文书P.2005《沙州都督府图经》记录了20条瑞应，其中有8条属于后凉与西凉政权的祥瑞。兹以后凉与西凉时期的祥瑞为例：

> ① 同心梨　右《后凉录》，吕光麟庆（嘉）元年，敦煌献同心梨。
>
> ② 赤气龙迹　右按《西凉录》，李暠庚子元年，赤气起于后园，龙迹见于小城。
>
> ③ 白雀　右按《西凉录》，凉王李暠庚子［三］年，白雀翔于靖恭堂。
>
> ④ 大石立　右按《西凉录》，凉王庚子四年五月，大石自立于敦煌马

---

① 张齐明：《〈改葬崇宪太后诏〉与六朝皇室风水信仰》，《历史研究》，2008 年第 2 期，第49—59页。

② （梁）沈约撰：《宋书》，北京：中华书局，1974年版，第1288页。

③ （梁）萧子显撰：《南齐书》，北京：中华书局，1972年版，第352页。

④ 金霞：《论两汉魏晋南北朝时期祥瑞灾异事务的管理》，《山东师范大学学报》（人文社会科学版），2009年第2期，第55—58页。

圈山。

⑤ 瑞葛　右西凉王庚子五年，敦煌有葛缘木而生，作黄乌之色。沙州无葛，疑是瑞乌二字相似，误为葛焉。

⑥ 嘉禾、木连理、柳树生杨牧（枚）　右按《西凉录》，凉王庚子五年六月敦煌献嘉禾、木连理、柳树生杨牧（枚）。

⑦ 白狼、黑狐、黑雉　右按《西凉录》，凉王庚子五年七月，见于敦煌。

⑧ 凤凰　右按《西凉录》，凉王建初元年正月，凤凰集于效谷。[①]

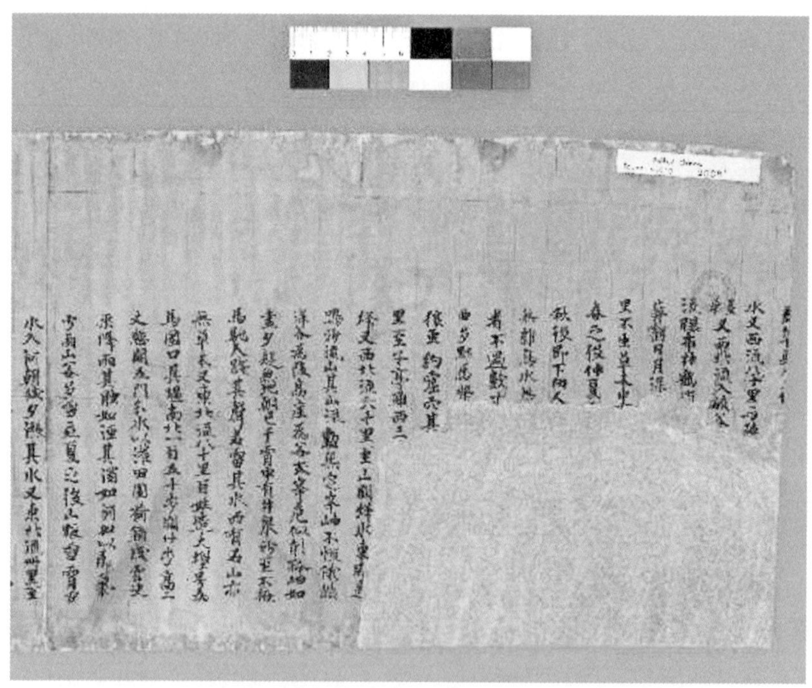

图6-3 《沙州都督府图经》残卷（图片来源：中国国家图书馆）

① 王仲荦：《敦煌石室出〈沙州都督府图经〉残卷考释》，《中国历史地理论丛》，1992年第1期，第1—20页；贺世哲：《莫高窟第290窟佛传画中的瑞应思想研究》，《敦煌研究》，1997年第1期，第1—5页。

《沙州都督府图经》还记录了12条唐武德五年（公元622年）至武周天授二年（公元691年）的祥瑞，包括白龙、甘露、木连理、五色鸟、日扬光、歌谣等。

图6-4　万鳣（图片来源：《敦煌西晋墨书题记画像砖及相关内容考论》）

从艺术考古角度看，魏晋南北朝时期河西地区的祥瑞图像资料极为丰富，祥瑞种类超过了30种。敦煌佛爷庙M133照墙的祥瑞画像包括带翼神马、洛书、神羊、河图、凤、仁鹿、天鹿、鹰搏兔、双首朱雀、双首翼兽、双首鱼、万鳣、河精、儿鱼等。[①]佛爷庙湾M1外甬道照墙祥瑞图像包括尚阳（尚羊）、凤、麒麟、河图、洛书、赤雀、舍利（猞猁）、受福、白兔、鹿等，内照墙祥瑞图像包括万鳣、儿鱼、千秋、赤鸟、鼋鼍、青龙、白虎等。[②]

图6-5　三国朱然墓出土漆槅祥瑞图（图片来源：《梦回孙吴地　神韵竞风流》）

佛爷庙M1画像砖多有榜题，这为通晓画像含义与辨识同类画像提供了重要线索。如青龙、白虎、麒麟、白兔、赤雀、鹿、凤是《宋书·符瑞志》出现次数较多的祥瑞。如《宋书·符瑞志》云："麒麟者，仁兽也。牡曰麒，牝曰麟。不刳胎剖卵则至。"[③]较为罕见的尚阳、儿鱼、万鳣也具有祥瑞意义。尚阳，又名商羊，古代传说中能预报雨水的一种鸟。万鳣呈现出鱼身鸟翼鸟足形象，这一形象在三国东吴朱然墓出土的漆槅也可见到。《山海经·西次三经》提到一种鱼身鸟翼的飞鱼，食用这种鱼可以治疗狂症，它的出现意味着天下大丰

① 甘肃省文物考古研究所编：《敦煌佛爷庙湾西晋画像砖墓》，北京：文物出版社，1998年版，第37页。

② 殷光明：《敦煌西晋墨书题记画像砖及相关内容考论》，《考古与文物》，2008年第2期，第96—106页。

③（梁）沈约撰：《宋书》，北京：中华书局，1974年版，第791页。

收："泰器之山，观水出焉，西流注于流沙。是多文鳐鱼，状如鲤鱼，鱼身而鸟翼，苍文而白道，赤喙，常行西海，游于东海，以夜飞。其音如鸾鸡，其味酸甘。食之已狂，见则天下大穰。"①万鳣可能属于这一类"见则天下大穰"的飞鱼，所以与朱雀、麒麟、白兔并列于画像上。

酒泉丁家闸五号墓是一座年代大约在后凉至北凉之间的彩绘壁画墓。丁家闸五号墓绘有三足乌、九尾狐、神马、白鹿、庆云等各种祥瑞。甘肃商台地埂坡一号晋墓后室顶部绘有四神图像。商台地埂坡四号墓墓门上方绘有三幅图像，中央为龙，两侧为灵兽，应该也是祥瑞图像。商台骆驼城魏晋画像砖墓有云气纹画像砖8块及青龙头画像砖四块。②

敦煌写本P.2683是学者讨论较多的《瑞应图》。写本未避唐讳，应是六朝写本。敦煌《瑞应图》存图22幅，主要为龟、龙、发鸣三类，图下为释文，共计42条。譬如龟图画着一蓬绿色荷叶，荷叶上有一灵龟衔简，下书："洛书者，

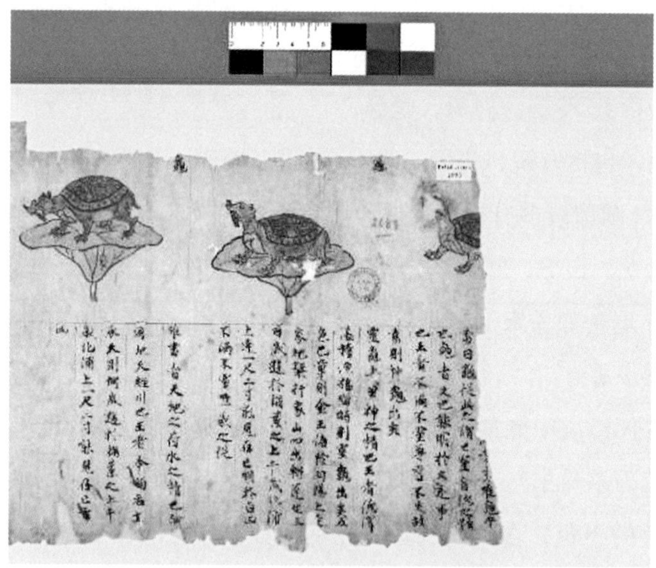

图6-6　敦煌写本P.2683（图片来源：中国国家图书馆）

① 袁珂校注：《山海经校注》，上海：上海古籍出版社，1980年版，第44页。

② 张掖地区文物管理办公室、商台县博物馆：《甘肃商台骆驼城画像砖墓调查》，《文物》，1997年第12期，第44—45页。

天地之符，水之精也。何者？地天经川也。王者奉顺后土承天，则何岁游于藕叶之上，千岁化浦上，一尺二寸，能见存亡吉凶。”①

汉代以降存在着多种瑞应图，譬如《孙氏瑞应图》、庾温《瑞应图》、顾野王《符瑞图》等。敦煌《瑞应图》“青龙”条引《孙氏瑞应图》:“《孙氏瑞应图》曰：青龙，水之精也。乘云雨而下上，不处渊泉，王者有仁则出。又曰：君子在位，不肖斥退则见。”②敦煌《瑞应图》还引用《宋书·符瑞志》，而《宋书·符瑞志》写作年代晚于庾温《瑞应图》，故敦煌《瑞应图》非庾温《瑞应图》。存世的顾野王《瑞应图》佚文能与敦煌《瑞应图》比对的是“黄龙”条与“黄龙负图授黄帝”条，但二者文字差异甚大。游自勇推断，敦煌《瑞应图》撰写时参考了公元6世纪新出的一种《瑞应图》，其说甚为有理。

第二节　魏晋南北朝正史祥瑞书写的体例、母题与瑞应解释

一、《宋书·符瑞志》的体例、母题及瑞应解释

《宋书·符瑞志》集上古至刘宋历朝符瑞之大成，但《符瑞志》之体例并非沈约首创。东晋学者王隐所撰《晋书》已有《瑞异记》，南齐史学家臧荣绪（公元415—488年）所撰的《晋书》含《瑞异志》，南朝刘宋史学家何法盛撰著的《晋中兴书》含《征祥说》。从题目上看，《瑞异记》与《瑞异志》应包括祥瑞与突异。不过，二书内容大多已亡佚，仅存的内容见《九家旧晋书辑本》。

① 游自勇：《敦煌写本P.2683〈瑞应图〉新探》，《敦煌吐鲁番研究》，2016年第1期，第297—313页。

② 游自勇：《敦煌写本P.2683〈瑞应图〉新探》，《敦煌吐鲁番研究》，2016年第1期，第297—313页。

（一）《宋书·符瑞志》上卷之体例与政治神话母题

《宋书·符瑞志》云："夫体睿穷几，含灵独秀，谓之圣人，所以能君四海而役万物，使动植之类，莫不各得其所。……性识殊品，盖有愚暴之理存焉。见圣人利天下，谓天下可以为利；见万物之归圣人，谓之利万物。力争之徒，至以逐鹿方之，乱臣贼子，所以多于世也。"[①]所谓"符瑞说"，不过是政治人物为了证明自身政权的合法性，打击敌手威望、消弭不轨者的企图心、蒙蔽群氓的一套说法而已。

《宋书·符瑞志》上卷按照五行相生的次序记载古帝王符瑞传说，分别为太昊帝宓牺氏—炎帝神农氏—黄帝轩辕氏—帝挚少昊氏—帝颛顼高阳氏—帝喾—帝尧—帝舜—帝禹—商—周。

《宋书·符瑞志》所记叙的黄帝传说已有后世小说的影子，有对话，仿如亲临现场亲闻其声。其实不过是史臣的造作而已，增衍其事以营造真实感。如记载黄帝五十年秋七月庚申，天雾三日三夜，后雾散，黄帝醮洛水大鱼，天雨七日七夜，而后黄帝得龙图龟书，并云黄帝接万神于明庭，其所即"今寒门谷口是也"。

《宋书·符瑞志》掺杂了谶纬思想，充满了感生母题、天书母题、瑞应母题、谶应母题等神话叙事。如关于周朝兴起的谶言："初黄帝之世，谶言曰：'西北为王，期在甲子，昌制命，发行诛，旦行道。'"[②]再如记载赤雀衔书神话："季秋之甲子，赤雀衔书及丰，止于昌户，昌拜稽首受之。其文要曰：'姬昌，苍帝子，亡殷者纣王。'"[③]

1. 天书母题

《宋书·符瑞志》充满了天书神话。所谓"天书神话"，指叙述某一传奇人物（英雄圣王）得到神奇图书的故事，图书来源于超自然力量或超自然力量代

---

① （梁）沈约撰：《宋书》，北京：中华书局，1974年版，第795页。
② （梁）沈约撰：《宋书》，北京：中华书局，1974年版，第768页。
③ （梁）沈约撰：《宋书》，北京：中华书局，1974年版，第765页。

表的赐予。先秦时期流传的河图洛书神话是天书神话的源头之一。《周易·系辞》曰："河出图，洛出书，圣人则之。"《管子·小匡》曰："昔人之受命者，龙龟假，河出图，洛出书，地出乘黄。"①就《宋书》而言，天书神话包括河图洛书神话、赤雀衔书神话、凤凰衔书神话、孔子获麟图神话、黄石公传书神话、虫文神话、赤伏符神话、黄鸟衔书神话、玄石神话、临平湖石函神话、会稽栈钟神话、霍山钟文神话等。其中不少天书神话见于纬书。

如关于尧舜禅让的天书神话："二月辛丑昧明，礼备，至于日昃，荣光出河，休气四塞，白云起，回风摇，乃有龙马衔甲，赤文绿色，临坛而止，吐《甲图》而去。甲似龟，背广九尺，其图以白玉为检，赤玉为字，泥以黄金，约以青绳。检文曰：'闿色授帝舜'。"②再如关于夏商兴替的天书神话："又有黑龟，并赤文成字，言夏桀无道，汤当代之。"③关于周朝的天书神话较为丰富，包括赤雀衔书神话、吕尚钓璜神话、凤凰衔书神话、白鱼入舟神话等。其文如下：

> ……（吕）尚立变名答曰："望钓得玉璜，其文要曰：'姬受命，昌来提，撰尔洛钤报在齐。'"尚出游，见赤人自洛出，授尚书曰："命曰吕，佐昌者子。"……后有凤凰衔书，游文王之都。书又曰："殷帝无道，虐乱天下。皇命已移，不得复久。灵祇远离，百神吹去。五星聚房，昭理四海。"……（武王）度孟津，中流，白鱼跃入王舟。王俯取鱼，长三尺，目下有赤文成字，言纣可伐。……（周公旦）乃与成王观于河、洛……礼于洛，亦如之。玄龟青龙苍兕止于坛，背甲刻书，赤文成字。周公援笔以世文写之，书成文消，龟堕甲而去。④

赤雀衔书神话、吕尚钓璜神话、白鱼入舟神话、周公传写洛书神话皆见于

① 黎翔凤撰，梁运华整理：《管子校注》，北京：中华书局，2004年版，第426页。
② （梁）沈约撰：《宋书》，北京：中华书局，1974年版，第762页。
③ （梁）沈约撰：《宋书》，北京：中华书局，1974年版，第764页。
④ （梁）沈约撰：《宋书》，北京：中华书局，1974年版，第765—766页。

纬书《尚书中候》。

再如天授孔子天书神话："孔子斋戒向北辰而拜……天乃洪郁起白雾摩地，赤虹自上下，化为黄玉，长三尺，上有刻文。孔子跪受而读之曰：'宝文出，刘季握。卯金刀，在轸北。字禾子，天下服'。"[①]这一神话见于纬书《孝经右契》，又见于《搜神记》。

又如关于晋宋禅让的天书神话："会稽剡县陈清又于井中得栈钟，……上有古文书十八字，其四字可识，云：'会稽徽命。'"[②]据太史令骆达的解释，栈钟的十八字指晋宣帝至晋恭帝共十八位皇帝。

2. 感生母题

感生神话指记叙某女子为超自然力所感而生出传奇人物的神话。如《宋书·符瑞志》所记："有神龙首感女登于常羊山，生炎帝。"[③]《宋书·符瑞志》此类神话不胜枚举，如① 华胥履大迹而生伏羲；② 附宝见大电光绕北斗枢星感孕而生黄帝；③ 女节见星如虹而梦接意感生少昊；④ 女枢见瑶光之星感己而生颛顼；⑤ 握登见大虹意感而生舜；⑥ 修己见流星贯昴，梦接意感而生禹；⑦ 简狄吞玄鸟之卵而生契；⑧ 伏都见白气贯月，意感而生汤；⑨ 姜嫄履大人迹而生弃；⑩ 太任梦长人感己而生姬昌；⑪ 执嘉之母梦赤鸟若龙戏己而生执嘉；⑫ 含始吞赤珠，又梦与神遇而生汉高帝刘季；⑬ 薄姬梦青龙据心而生文帝；⑭ 景帝王皇后梦日入其怀而生武帝；⑮ 孙坚妻梦月入怀而生孙策，梦日入怀而生孙权；等等。

关于感生神话，常见学者将之归因于图腾信仰。"图腾"一词源于奥吉布瓦（又译"奥杰布韦"）的语词Ototeman，其大意为"他是我的一个亲戚"。[④]根据一则奥吉布瓦神话，奥吉布瓦的原初氏族和图腾有五个：鲶鱼、鹤、潜鸟、熊和貂。图腾理论是20世纪前期中国文学人类学的重要理论资源。1903

① （梁）沈约撰：《宋书》，北京：中华书局，1974年版，第765—766页。
② （梁）沈约撰：《宋书》，北京：中华书局，1974年版，第783页。
③ （梁）沈约撰：《宋书》，北京：中华书局，1974年版，第760页。
④ ［法］列维-斯特劳斯：《图腾制度》，渠敬东译，北京：商务印书馆，2012年版，第23页。

年，严复所翻译的《社会通诠》一书中已出现“图腾”一词。1929年，摩尔根的《古代社会》译入中国。之后，中国学界还翻译了倍松的《图腾主义》、戈登维泽的《图腾主义》、A·摩雷特的《从部落到帝国》(中译名为《近东古代史》)等著作。受图腾理论影响，国内出现不少运用图腾理论解读民族文化与上古传说的学术成果。譬如李则纲的《始祖的诞生与图腾》、丁迪豪的《玄鸟传说与氏族图腾》、闻一多的《伏羲考》、孙作云的《蚩尤考》等。20世纪前期多数学者认为图腾制度为各民族的必经阶段，始祖诞生神话势必与图腾相关。这种观点存在单线进化论之嫌。列维-斯特劳斯在《图腾制度》一书中使用了“图腾幻象”一词来强调图腾理论假设的可疑性。加拿大学者裴玄德明确提出，“图腾制”是一个过时的概念。现在看来，以图腾理论解读感生神话需要更加谨慎。原因有二：首先，图腾理论本身存在着争议；其次，尽管中国一些民族存在着图腾信仰现象，但以图腾理论解读始祖感生神话仍存在着争议，需要警惕泛图腾主义。

《宋书·符瑞志》所叙述的简狄吞玄鸟之卵而生契之说最早见于《诗经·商颂·玄鸟》。楚辞《离骚》《天问》《九章·思美人》都论及“简狄吞卵而生契”。如《天问》:“简狄在台，喾何宜？玄鸟致贻，女何喜？”[①]《吕氏春秋》与《史记》亦记载了“简狄吞卵而生契”之事。值得注意的是，“吞卵生契”神话在流传过程中出现了版本各异的传说与解释。譬如《史记·殷本纪》中的简狄为帝喾次妃，而根据《诗含神雾》之说，契乃无父而生。《诗含神雾》:“汤之先为契，无父而生。契母与姊妹浴于元丘水，有燕衔卵坠之，契母得，故含之，误吞之，即生契。”[②]

“吞卵生契”这一问题就存在神话化解释与去神话化解释两种倾向。《吕氏春秋》就存在着神话化解释的倾向，并认为所谓“玄鸟”乃指燕子。《吕氏春秋·音初》云:“有娀氏有二佚女，为之九成之台，饮食必以鼓。帝令燕往视

① (宋)洪兴祖撰，白化文、许德楠、李如鸾等点校:《楚辞补注》，北京：中华书局，1983年版，第105页。

② [日]安居香山、中村璋八辑:《纬书集成》，石家庄：河北人民出版社，1994年版，第462页。

之，鸣若谥隘。二女爱而争搏之，覆以玉筐。少选，发而视之，燕遗二卵，北飞，遂不及。二女作歌一终，曰：'燕燕往飞'，实始作为北音。"[①]去神话化解释以《毛诗》为代表，《毛诗》释"天命玄鸟，降而生商"："玄鸟，鳦也。春分，玄鸟降。汤之先祖有娀氏女简狄配高辛氏帝，帝率与之祈于郊禖而生契，故本其为天所命，以玄鸟至而生焉。""鳦"，即"燕"字之古写。《毛诗》以春分求子仪式解释"天命玄鸟"，这具有去神话化倾向。经学大家郑玄则颇相信感生之说，关于"天命玄鸟，降而生商"，郑笺云："降，下也。天使鳦下而生商者，谓鳦遗卵娀氏之女简狄，吞之而生契。"现代学者叶舒宪则认为所谓"玄鸟"乃是指猫头鹰，其依据包括鸱鸮图像谱系与"鬼车""鬼冬瓜""轱辘鸟"等民间方言证据。其论有据，突破了传统"燕子说"，自成一家之言。[②]

回顾历史材料，可以看出《宋书》之叙述综合了《吕氏春秋》《史记》《毛诗》与纬书诸家之说。其言"高辛氏之世妃曰简狄，以春分玄鸟至之日，从帝祀禖"从《毛诗》之说，"与其妹浴于玄丘之水"从《诗》纬之说，"二人竞取，覆以玉筐"则从《吕氏春秋》之说。

《宋书·符瑞志》所记之姜嫄履大人迹而生弃之说最早见于《诗经·大雅·生民》。《史记》谓姜原（即姜嫄）为帝喾元妃，出野见巨人迹而践之，践之而身动如孕者，居期而生子，初欲弃之，因名曰弃。纬书《诗含神雾》则不言姜嫄为帝喾元妃。《诗含神雾》云："后稷母为姜嫄，出见大人迹而履践之，知于身，则生后稷。"[③]简狄与姜嫄为帝喾之妃之说大概是出自后人的强自修饰。其修饰动机可能是为了神话先祖，或者是为了掩饰原始故事的"不道德"色彩。

除了"简狄吞卵生契"与"姜嫄履大迹生弃"两则之外，《宋书·符瑞志》不少古帝王感生故事来自纬书，如伏羲感生故事来源于《诗含神雾》，炎帝感

---

① 许维遹撰，梁运华整理：《吕氏春秋集释》，北京：中华书局，2009年版，第142页。

② 叶舒宪：《玄鸟原型的图像学探源——六论"四重证据法"的知识考古范式》，《民族艺术》2009年第3期，第84—93页。

③ ［日］安居香山、中村璋八辑：《纬书集成》，石家庄：河北人民出版社，1994年版，第463页。

生故事来自《春秋元命苞》，大禹感生故事来源于《尚书中候考河命》。以伏羲感生故事为例：

《诗含神雾》：大迹出雷泽，华胥履之，生伏羲。①

《宋书·符瑞志》：燧人之世，有大迹出雷泽，华胥履之，而生伏牺于成纪。②

通过比较可知，《宋书·符瑞志》的伏羲感生故事来源于《诗含神雾》。纬书感生神话深刻影响了魏晋南北朝史书的传记叙事。

表6-1 《宋书·符瑞志》与纬书感生神话对照表

《宋书·符瑞志》	纬　书
太昊帝宓犧氏，母曰华胥。燧人之世，有大迹出雷泽，华胥履之，而生伏犧于成纪。	大迹出雷泽，华胥履之，生伏羲。(《诗含神雾》)
炎帝神农氏，母曰女登，游于华阳，有神龙首感女登于常羊山，生炎帝。	少典妃女登游于华阳，有神龙首，感之于常羊。生神子，人面龙颜，好耕，是谓神农。(《春秋元命苞》)
黄帝轩辕氏，母曰附宝，见大电光绕北斗枢星，照郊野，感而孕。	大电光绕北斗枢星，照郊野，感附宝而生黄帝。(《诗含神雾》)
帝挚少昊氏，母曰女节，见星如虹，下流华渚，既而梦接意感，生少昊。	大星如虹，下流华渚。女节梦接，意感而生朱宣。(《春秋元命苞》)
帝颛顼高阳氏，母曰女枢，见瑶光之星，贯月如虹，感己于幽房之宫，生颛顼于若水。	瑶光之星，感处女于幽房之宫，生帝颛顼于若水，首戴干戈，有德文也。(《河图稽命征》)
既而阴风四合，赤龙感之。孕十四月而生尧于丹陵，其状如图。	既而阴风四合，赤龙感之孕，十四月而生尧于丹陵，其状如图，身长十尺。(《尚书中候握河纪》)
帝舜有虞氏，母曰握登，见大虹意感，而生舜于姚墟。	握登见大虹，意感而生帝舜。(《诗含神雾》)

① ［日］安居香山、中村璋八辑：《纬书集成》，石家庄：河北人民出版社，1994年版，第461页。
② （梁）沈约撰：《宋书》，北京：中华书局，1974年版，第759页。

（续表）

《宋书·符瑞志》	纬　　书
帝禹有夏氏，母曰修己，出行，见流星贯昴，梦接意感，既而吞神珠。修己背剖，而生禹于石纽。	修己剖背，而生禹于石纽。(《尚书中候考河命》)
高辛氏之世妃曰简狄，以春分玄鸟至之日，从帝祀郊禖，与其妹浴于玄丘之水。有玄鸟衔卵而坠之，五色甚好，二人竞取，覆以玉筐。简狄先得而吞之，遂孕。胸剖而生契。	汤之先为契，无父而生。契母与姊妹浴于元丘水，有燕衔卵坠之，契母得，故含之，误吞之，即生契。(《诗含神雾》)
高辛氏之世妃曰姜嫄，助祭郊禖，见大人迹履之。当时歆如有人道感己，遂有身而生男。	后稷母为姜嫄，出见大人迹而履践之，知于身，则生后稷。《诗含神雾》
季历之妃曰太任，梦长人感己，溲于豕牢而生昌，是为周文王。	太任梦长人感己，生文王。(《诗含神雾》)
母名含始，是为昭灵后。昭灵后游于洛池，有玉鸡衔赤珠，刻曰玉英，吞此者王。昭灵后取而吞之；又寝于大泽，梦与神遇。……，遂有身而生季，是为高帝。	含始吞赤珠，刻曰“玉英”，生汉皇，后赤龙感女媪，刘季兴。(《诗含神雾》)

3. 谶应母题

《说文解字》释“谶”:“谶，验也”。[①]谶书指有征验之书，包括《河图》《洛书》。“纬”，本指纺织品的横线。“纬书”与“经书”相对，指解释经书的参考著作。与儒家七经相应的纬书有七纬。《四库全书总目》认为，谶与纬有别:“儒者多称谶纬，其实谶自谶，纬自纬，非一类也。谶者诡为隐语，预决吉凶。……纬者经之支流，衍及旁义。”[②]谶与纬本有别，但在发展演变中合二为一。

从官方层面上看，谶纬是魏晋南北朝时期重要的意识形态话语。每逢改朝换代之际，总有官吏引经据谶，称说符瑞。虽有祖冲之、许懋、刘勰等学者指斥谶纬之伪，但仍有不少文化精英学习谶纬并精通纬学。此间，晋、宋、梁三朝都曾颁令禁图谶。谶纬处于禁而不绝的状态。实际上，反而出现了一些新结

① （汉）许慎撰:《说文解字》，北京：中华书局，1963年版，第51页。
② （清）永瑢等撰:《四库全书总目》，北京：中华书局，1965年版，第47页。

集的谶书，如《尧戒禹、舜》《孔子王明镜》《郭文金雄记》《王子年歌》《嵩高道士歌》等。[①]吕宗力指出，魏晋南北朝时期，谶纬走向民间，强化了社会各阶层对汉字汉语神秘性和预言功能的信仰及敏感心态。[②]在政治斗争中，谶言成为打击政敌并证实自身合法性的一件重要舆论武器。

谶应叙事，指讲述谶（包括谶梦、谶图、谶语等各种形式）应验的故事，亦可称之为“谶验叙事”。

汉魏时期，流传较久的一则谶语为“代汉者，当涂高也”。这则谶语出自《春秋谶》。据范晔《后汉书》，刘秀与公孙述争天下时，曾引这则谶语诘问公孙述：“君岂高之身？”如《后汉书》所言无舛，则这一谶语在两汉之际早已流传。不过，对这一谶语的解释却因人而异。刘秀直接释之为人名。周舒引申而释之为“魏”，其解释又为魏太史丞许芝所袭。许芝在劝进书言：“当涂高者，魏也；象魏两阙之名当道而高大者也。”[③]三国时，袁术字“公路”，他自以为名字应“当涂高”之谶而试图称帝。

魏晋南北朝时期，“老君当治，李弘应出”也是一条流传较广的谶语。由“老君当治，李弘应出”之谶衍生出“十八子”“桃李子”“李氏将兴”之谶。《老君音诵诫经》云：“世间诈伪，攻错经道，惑乱愚民，但言老君当治，李弘应出，天下纵横，返逆者众，称名为弘，岁岁有之。”[④]经汤用彤与汤一介父子考证，《老君音诵诫经》应为北魏著名道士寇谦之假托之作。[⑤]翻检史籍，魏晋南北朝时期托名“李弘（洪）”聚众起事者至少有11起。[⑥]

---

① （唐）魏徵、令狐德棻撰：《隋书》，北京：中华书局，1973年版，第940页。

② 吕宗力：《谶纬与两晋南朝的政治与社会》，见中国魏晋南北朝史学会、武汉大学中国三至九世纪研究所编：《魏晋南北朝史研究：回顾与探索——中国魏晋南北朝史学会第九届年会论文集》，武汉：湖北教育出版社，2007年版，第396页。

③ （梁）沈约撰：《宋书》，北京：中华书局，1974年版，第778页。

④ 《道藏》，第18册，文物出版社、上海书店、天津古籍出版社，1987年版，第211页。

⑤ 汤用彤、汤一介：《寇谦之的著作与思想——道教史杂论之一》，《历史研究》，1961年第5期，第64—77页。

⑥ 吕宗力在《谶纬与两晋南朝的政治与社会》一文中列举了7起，参吕宗力：《谶纬与两晋南朝的政治与社会》，见中国魏晋南北朝史学会、武汉大学中国三至九世纪研究所编：《魏晋南北朝史研究：回顾与探索——中国魏晋南北朝史学会第九届年会论文集》，武汉：湖北教育出版社，2007年版，第393—394页。

（1）西晋怀帝永嘉四年（公元310年），平阳人李洪作乱于定陵。

（2）东晋明帝太宁二年（公元324年），李脱弟子李弘养徒灊山（今安徽境内），云“应谶当王”。

（3）东晋成帝咸康八年（公元342年），贝丘人（今山东境内）李弘自言姓名应谶。

（4）东晋穆帝永和十二年（公元356年），桓温派遣江夏（今湖北境内）相刘山谷与义阳太守（今河南境内）胡骥讨伐妖贼李弘。

（5）东晋废帝太和五年（公元370年），广汉（今四川境内）妖贼李弘与益州（今四川境内）妖贼李金根聚众反叛，李弘自称“圣王”。

（6）晋安帝义熙十年（公元414年），妖贼李弘反于贰原（今川陕地区）。

（7）北魏太武帝太平真君七年（公元446年），仇池城李洪（弘）自称应王。

（8）宋文帝元嘉二十九年（公元452年），夏侯方进改名李弘聚众。

（9）南齐东昏侯永元二年（公元500年），巴西人赵续伯反，奉同乡李弘为圣主。

（10）北魏孝明帝武泰初年（公元528年），妖贼李洪（弘）于阳城（今河南境内）起逆，连结蛮左。

（11）梁元帝承圣元年（公元552年），营州刺史李洪雅讨伐叛将陆纳失败，其后李洪雅向陆纳投降。陆纳以为李洪雅之名与僧宝志之谶吻合，遂尊事李洪雅为主。

梁武帝时，僧宝志作谶云：“太岁龙，将无理。萧经霜，草应死。余人散，十八子。”[①]上举第11例中，李洪雅之姓与宝志谶中之“十八子”吻合，且其名与“李弘”相近，因此，作为败军之将反而被陆纳尊事为主。由上举事例可以看出，两晋南北朝时期，托名“李弘”聚众起事者层出不穷，分布广泛，遍及

① （唐）李延寿：《南史》，北京：中华书局，1975年版，第1539页。

河南、安徽、山东、四川、陕西、河北、甘肃。之所以出现如此之多的“李弘”,这与老君化身李弘的信仰相关。《太上洞渊神咒经》①构想了一个“真君出世”的太平盛世。在这一道教版的太平盛世中，人寿年丰，没有战争、疾病、恶人、六畜，六夷宾服:“真君者，木子弓口，王治天下，天下大乐。一种九收,人更益寿纯三千岁……”②“木子弓口”即“李弘”。道经《灵书紫文》则预测李弘将于壬辰年降世。《老君变化无极经》也有老君化身李弘之说:“随时转运西汉中，木子为姓讳弓口，居在蜀郡成都宫。”③

金刀之谶也是魏晋南北朝时期流传颇广的一类谶语。所谓“金刀之谶”，指宣扬刘氏天命的一类谶言，包括“卯金刀”“刘举”“刘氏当王”“刘氏主吉”“汉祚复兴”“伐武者刘”“刘家欲兴”等谶言。④《老君音诵诫经》提到除了托名“李弘”聚众之外，还提到托名“刘举”起事之举:“愚民信之，诳诈万端，设官称号，蚁聚人众，坏乱土地。称‘刘举’者甚多，称‘李弘’者亦复不少。”⑤

翻检史籍，魏晋南北朝时期托名“刘举”起事者至少有2例：

（1）北魏孝文帝延兴四年（公元474年），“妖人刘举自称天子”。⑥

（2）北魏孝庄帝建义元年（公元528年），“光州人刘举，聚众数千，反于濮阳”。⑦

《太上洞渊神咒经》亦有“至刘氏五世，子孙系（继）统先基”的预言。

---

① 刘国梁认为,《太上洞渊神咒经》大约成书于西晋末至南北朝的宋齐时期。国外学者Christine Mollier认为《洞渊神咒经》成书于公元420年前后。

② 《道藏》(第6册)，文物出版社、上海书店、天津古籍出版社，1987年版，第5页。

③ 《道藏》(第28册)，文物出版社、上海书店、天津古籍出版社，1987年版，第372页。

④ 孙英刚著:《神文时代：谶纬、术数与中古政治研究》，上海：上海古籍出版社，2015年版，第135页。

⑤ 《道藏》，第18册，文物出版社、上海书店、天津古籍出版社，1987年版，第211页。

⑥ （北齐）魏收撰:《魏书》，北京：中华书局，1974年版，第140页。

⑦ （北齐）魏收撰:《魏书》，北京：中华书局，1974年版，第259—260页。

方诗铭认为，王莽末年所出现的“刘氏复起”谶记为早期原始道教所宣扬，而“汉祚复兴”、刘氏“系（继）统先基”为“刘氏复起”谶记之再现。[①]据方诗铭考察，在“汉祚复兴”名义下举事者包括张昌、刘尼、刘根、王弥、刘芒荡、刘黎、刘灵助以及刘渊。另据孙英刚研究，南北朝后期，“刘氏复起”谶言存在着与弥勒信仰合流之势。在李唐王朝建立之后，刘氏复兴大业多以弥勒教乱形式出现。

在前贤研究基础上，可以整理出一份魏晋南北朝时期“刘氏复起”之年表。

（1）蜀汉昭烈帝章武元年（公元221年），刘备称帝于蜀。

（2）晋惠帝大安二年（公元303年），张昌立刘尼（原名丘沈）为天子。

（3）晋惠帝光熙元年（公元306年），刘柏根（即刘根）反，自称惤公。王弥从之。

（4）晋怀帝永嘉二年（公元308年），刘渊称帝。

（5）晋怀帝永嘉三年（公元309年），刘芒荡僭帝号于马兰山。

（6）晋孝武帝永嘉太元十四年（公元389年），彭城妖贼刘黎僭称皇帝于皇丘。

（7）刘宋永初元年（公元420年），刘裕即皇帝位。

（8）北魏孝文帝延兴四年（公元474年），“妖人刘举自称天子”。

（9）北魏宣武帝永平二年（公元509年），泾州沙门刘慧汪聚众反。

（10）北魏宣武帝永平三年（公元510年），秦州沙门刘光秀反。

（11）北魏宣武帝延昌三年（公元514年），幽州沙门刘僧绍聚众反。

（12）北魏宣武帝延昌四年（公元515年），冀州沙门法庆聚众反。

（13）北魏孝明帝熙平元年（公元516年），月光童子刘景晖妖言惑众。

（14）北魏孝明帝孝昌元年（公元525年），山胡刘蠡升自云圣术，自

① 方诗铭：《“汉祚复兴”的谶记与原始道教》，《史林》，1996年第3期，第1—8页。

称天子。

（15）北魏孝庄帝建义元年（公元528年），光州人刘举反于濮阳。

（16）北魏普泰三年（公元531年），刘灵助自称燕王、车骑大将军、开府仪同三司、大行台。

刘裕与汉家苗裔扯上关系，事见于《宋书·符瑞志》:“冀州有沙门法称将死，语其弟子普严曰：‘嵩皇神告我云，江东有刘将军，是汉家苗裔，当受天命。吾以三十二璧，镇金一饼，与将军为信。三十二璧者，刘氏卜世之数也。’”[①]普严将法称之语告诉同学法义，后法义果然在嵩高庙得到三十二枚玉璧与一饼黄金。此事颇为可疑。冀州此时当位于北魏境内，冀州沙门法称之语何人可证？若献瑞者为法义，又有何人可证法义之言为实？疑出于普严或法义之伪造，或是刘裕集团成员的授意。但由此事可见“汉家苗裔”光环所具之魅力。此事又见载于王琰撰著的《冥祥记》。上举第12例中，沙门法庆俗家之姓可能为刘。据《魏书》，法庆请渤海人李归伯辅佐自己，封李归伯为“十住菩萨、平魔军司、定汉王”，由此可推测法庆可能俗姓刘。[②]

《宋书·符瑞志》喜托古言谶，如言周之天命，伪托黄帝时代谶语：“初黄帝之世，谶言曰:‘西北为王，期在甲子，昌制命，发行诛，旦行道。’”[③]再如叙述汉之天命而托之于孔子见刍儿摘麟：“孔子曰：‘天下已有主也，为赤刘，陈、项为辅，五星入井从岁星。’”[④]《宋书》之叙述与纬书《孝经右契》基本吻合，可以推断这一叙述源于《孝经纬》。

再如叙光武中兴及汉之再受天命，引“赤厄三七”之谶与“刘秀发兵捕不道，卯金修德为天子”之谶。叙蜀汉之受命，引《洛书甄燿度》《洛书宝予命》《洛书录运期》《孝经钩命决》等纬书之谶文，其中内含刘备之“备”字或“玄

① （梁）沈约撰：《宋书》，北京：中华书局，1974年版，第784页。
② 孙英刚著：《神文时代：谶纬、术数与中古政治研究》，上海：上海古籍出版社，2015年版，第144页。
③ （梁）沈约撰：《宋书》，北京：中华书局，1974年版，第764页。
④ （梁）沈约撰：《宋书》，北京：中华书局，1974年版，第766页。

德”之“玄”字。其史料来源可能是《三国志》。据《三国志》记载，曹丕称帝后，阳泉侯刘豹等群臣向刘备上言："臣闻《河图》《洛书》，五经谶、纬，孔子所甄，验应自远。谨案《洛书甄曜度》曰：'赤三日德昌，九世会备，合为帝际。'《洛书宝号命》曰：'天度帝道备称皇，以统握契，百成不败。'《洛书录运期》曰：'九侯七杰争命民炊骸，道路藉藉履人头，谁使主者玄且来。'《孝经钩命决录》曰：'帝三建九会备。'"[①]与《三国志》相比,《宋书》称《洛书宝号命》为《洛书宝予命》，称《洛书甄曜度》为《洛书甄燿度》，称《孝经钩命决》为《孝经钩命决录》，且《宋书》所引的《洛书录运期》少了“道路藉藉履人头”这一句。

《宋书·符瑞志》叙晋元帝中兴引谣言“五马游度江，一马化为龙”，又引谶书“铜马入海建业期”。叙宋武帝之受命，引《河洛谶》:“二口建戈不能方，两金相刻发神锋，空穴无主奇入中，女子独立又为双。”[②]《河洛谶》是后人假托孔子之名而造作之谶。这则谶语运用了汉字离合法，将宋武帝刘寄奴之名藏入其中："二口建戈不能方”指“刘”(劉)字；刘字之金与晋朝金德相克，故云“两金相刻发神锋”;“空穴无主奇入中”指“寄”字;“女子独立又为双”指“奴”字。又引太史令骆达之奏："刘向谶：'上五尽寄致太平，草付合成集群英。'"[③]所谓“刘向谶”也是假托，其中内藏宋武帝刘寄奴之“寄”字，“草付合成集群英”则内藏晋少帝刘义符之“符”字。骆达又引《金雌诗》:“云出而两渐欲举，短如之何乃相岨，交哉乱也当何所，唯有隐岩殖禾黍，西南之朋困桓父。”[④]《金雌诗》传为郭文之作。郭文，《晋书》有传，其中掺杂民间叙事。据《晋书·隐逸》，郭文为河内人，少爱山水，曾为猛兽除去口中横骨，猛兽以一鹿答谢。郭文曾在王导处长住七年，后突返临安居住，余杭城破而临安独存，人以为知机。据骆达解释，《金雌诗》中，“云出而两”则合为“玄”字，

① （晋）陈寿撰，（宋）裴松之注：《三国志》，北京：中华书局，1959年版，第887页。
② （梁）沈约撰：《宋书》，北京：中华书局，1974年版，第784页。
③ （梁）沈约撰：《宋书》，北京：中华书局，1974年版，第786页。
④ （梁）沈约撰：《宋书》，北京：中华书局，1974年版，第785—786页。

“短如之何”则云桓玄祚短，“唯有隐岩殖禾黍”则藏宋武帝刘裕之名，“西南之朋困桓父”指困住桓玄。

（二）《宋书·符瑞志》中卷与下卷的体例与瑞应解释

《宋书·符瑞志》中卷与下卷按条目列举黄帝至刘宋时期的符瑞，但主要是两汉至刘宋时期的符瑞。其中卷条目包括麒麟、凤凰、神鸟、黄龙、灵龟、龙马、白象、白狐、赤熊、九尾狐、白鹿、三角兽、一角兽、六足兽、比肩兽、獬豸、白虎、白獐、银麂、赤兔、比翼鸟、赤雀、福草、苍乌、甘露、威香。其下卷条目包括嘉禾（附嘉麦、嘉粟、嘉黍、野稻生、稗草化为稻、菽粟旅生、嘉瓜、嘉莲）、庆云、白兔、斗陨精、赤乌、白燕、金车、三足乌、象车、白乌、白雀（附青雀）、玉马、根车、白鸠、玉羊、玉鸡、璧流离、玉英、玄圭、金胜、丹甑、白鱼、金人、木连理、比目鱼、珊瑚钩、芝草、明月珠、巨鬯、华平、平露、蓂荚、萐甫、朱草、景星、宾连阔达、浪井、黄银紫玉、玉女、地珠、天鹿、角端、周印、飞菟、泽兽、騕褭、同心鸟、趹蹄、紫达、小鸟生大鸟、河精、延嬉、大贝、威蕤、醴泉、日月扬光、芝英、碧石、玉瓮、山车、鸡骇犀、陵出黑丹、神鼎、神雀等。其中，中卷有名物释说但缺事例者计10种，包括三角兽、一角兽、六足兽、比肩兽、獬豸、白狼、银麂、赤兔、比翼鸟、福草、威香。下卷有名物释说但缺事例者计36种，包括斗陨精、象车、玉马、根车、璧流离、玉英、玄圭、丹甑、金人、比目鱼、珊瑚钩、平露、蓂荚、景星、宾连阔达、渠搜、浪井、地珠、天鹿、角端、周印、泽兽、騕褭、同心鸟、趹蹄、紫达、小鸟生大鸟、河精、大贝、威蕤、碧石、玉瓮、山车、鸡骇犀、陵出黑丹等。中下卷有名物释说但缺事例者共计46种。瑞物名目有释说者共计90条。其中有事例而无释说者，如嘉麦、嘉粟、嘉黍、野稻生、稗草化为稻、菽粟旅生、嘉瓜、嘉莲等符瑞本事附于“嘉禾”名目之后，玉钩、玉玦、玉龟、玉玺、玉鼎、玉璧、白玉戟、玄璧、苍玉璧等玉器类符瑞本事附于“玄圭”名目之后，而神雀、白鹊、白鼠、黄鹄、玉碧树、白鸽、白鹅、赤鹦鹉、白鹦鹉、白孔雀、白鸲鹆、水清、野蚕成茧、楛矢石砮、花雪、石柏等符瑞本事则附于下卷卷末。

鉴于出现有符瑞名目而无相应事例的情况，可以假设《宋书·符瑞志》的编撰存在着如下前提：其一，有瑞应图书可依；其二，有瑞应史料可依。其编撰步骤是先根据瑞应图书查询瑞应史料，再缀合成文。

丰富的瑞应图书为《宋书·符瑞志》的编撰提供了有利条件。汉时已有瑞应图书。《汉书·礼乐志》载汉武帝因甘泉宫斋房生芝草而创作诗歌《齐房》："齐房产草，九茎连叶。宫童效异，披图案谍。"[①]其所查验的"图"与"谍"即瑞应图书。《后汉书·孝章皇帝纪》记汉章帝在位十三年，符瑞之多令人惊叹："郡国所上符瑞，合于图书者数百千所。乌乎茂哉！"[②]此处已明言地方上报符瑞且中央有瑞应图书可资按验。汉代官方的瑞应图书今已亡佚。但从武梁祠祥瑞图像的存在可以推知瑞应图书在民间亦有所流传。现存武梁祠祥瑞石不仅有祥瑞图像还附有榜题。一些榜题文字与《宋书·符瑞志》瑞物名目释说基本吻合，另一些榜题文字则相当于《宋书·符瑞志》的简写本。譬如"（麒麟）不刳胎残少则至""六足兽，谋及众则至""白（虎），王者不暴（虐，则白虎）至，仁不害人""（玉）马，（王者）清明尊贤（则出）""玉英，五常（并修）则（见）""木连理，王者德（洽，八方为一家，则连理生）""璧流离，王者不隐过则至"。[③]

武梁祠榜题之祥瑞思想与纬书的祥瑞思想是一致的，都在强调王者之德。《春秋感精符》之论麒麟："王者德化旁流，则麒麟游其囿。麟一角，明天下共一主也。王者不刳胎，不破卵，则出于郊。"[④]再如纬书《孝经援神契》之论斗陨精、甘露、景星、山车、黑丹、泽马、秬鬯、嘉禾、蓂荚、萐甫等祥瑞的出现："天子刑于四海，德洞沦冥，八方神化，则斗陨精。""王者德至天，则降甘露。""德至八表，则景星见。""德至山陵，则山出木根车。""德至于山陵，则

---

① （汉）班固撰，（唐）颜师古注：《汉书》，北京：中华书局，1962年版，第1065页。

② （宋）范晔撰，（唐）李贤等注：《后汉书》，北京：中华书局，1962年版，第159页。

③ ［美］巫鸿著：《武梁祠：中国古代画像艺术的思想性》，柳扬、岑河译，北京：生活·读书·新知三联书店，2006年版，第254—263页。

④ （清）赵在翰辑，钟肇鹏、萧文郁点校：《七纬》，北京：中华书局，2012年版，第522页。

出黑丹。德至山陵，则泽出神马。王者德至于地，则秬鬯生。王者德至于地，则嘉禾生。王者德至于地，则蓂荚生。王者德至山陵，则阜出蓮甫。”①

魏晋南北朝时期，瑞应图谱之造作络绎不绝。晋崔豹《古今注》记载，三国时吴国皇帝孙亮曾命人作琉璃屏风，刻镂120种瑞应图。公元253年，有五只大鸟现于吴国春申。《宋书·五行志》记录了这一现象，并定性为羽虫之孽，同时引据《瑞应图》:“案《瑞应图》，大鸟似凤而为孽者为一，疑皆是也。”②不知其所引是否为孙柔之的《瑞应图》，但至少说明《宋书·符瑞志》之撰作已有《瑞应图》可依。《宋书·五行志》“人痾”条记载晋愍帝建兴四年，新蔡县吏任乔妻子产下连体婴儿，内史吕会视为祥瑞，并引《瑞应图》为据:“案《瑞应图》，异根同体谓之连理，异苗同颖谓之嘉禾。”③可见当时有一种《瑞应图》存世。

刘宋画家宗炳曾作《瑞应图》，计210种。南齐时王融予以增定，庾肩吾取其“善草嘉禾、灵禽瑞兽、楼台器服可为玩对者”加以浓缩，又绘制了一部自认为“青出于蓝”的《瑞应图》。④

《隋书·经籍志》“五行类”辑录的瑞应图书包括《瑞应图》（三卷）、《瑞图赞》（二卷）、《祥瑞图》（十一卷）、《祥瑞图》（八卷，侯亶撰）、《芝英图》（一卷）、《祥异图》（十一卷）、《张掖郡玄石图》（一卷，高堂隆撰）、《张掖郡玄石图》（一卷，孟众撰）。其中，《瑞图赞》（二卷）下注:“梁有孙柔之《瑞应图记》《孙氏瑞应图赞》各三卷，亡。”⑤孙柔之的《瑞应图记》《孙氏瑞应图赞》虽已亡佚，但经学者努力搜辑，现存四个辑本：一是说郛本（陶宗仪辑），二是玉函山房辑佚书本（马国翰辑），三是玉函山房辑佚书续编本（王仁俊辑），四是观古堂本（叶德辉辑）。⑥

---

① （清）赵在翰辑，钟肇鹏、萧文郁点校:《七纬》，北京：中华书局，2012年版，第689—700页。
② （梁）沈约撰:《宋书》，北京：中华书局，1974年版，第943页。
③ （梁）沈约撰:《宋书》，北京：中华书局，1974年版，第1007页。
④ （唐）张彦远:《法书要录》卷二《梁庾元威论书》，见卢辅圣主编:《中国书画全书》（第一册），上海：上海书画出版社，1993年版，第43页。
⑤ （唐）魏徵、令狐德棻撰:《隋书》，北京：中华书局，1973年版，第1038页。
⑥ 李若晴:《瑞应图书与绘画考略》，《中国国家博物馆馆刊》，2016年第9期，第84—99页。

祥瑞灾异观测与上报制度为史官提供了充分的祥瑞史料，这是《宋书·符瑞志》编撰的又一有利条件。东汉设太史令一职，掌记瑞异，这一制度在魏晋南北朝得到承继。《宋书·百官志》:"太史令，一人。丞一人。掌三辰时日祥瑞妖灾，岁终则奏新历。"[①]改朝换代之际，掌管祥瑞记录的太史令常常出面上奏天文符谶。魏太史令许芝与宋太史令骆达就适时扮演了劝进者的角色。除了中央的专职机构外，地方官也兼有上报祥瑞之责。不过，地方官上报的祥瑞还需经过验问。若所报祥瑞得到确认，方可予以赏赐，具有重要政治意义的祥瑞则颁示天下。有时实物性祥瑞会向宗庙荐献。[②]如晋愍帝建兴二年九月丙戌，麒麟见襄平。此事是由州刺史崔毖上报的。[③]又如宋文帝元嘉十四年三月丙申，有两只五色大鸟栖秣陵郡民王颉园中李树上，扬州刺史刘义康上报了这一瑞象。[④]地方官所献瑞物通常为灵龟、白鹿、白獐、嘉禾、白兔、白燕、白乌、白雀、白鸠、玉玺、明珠、白雉、白鹊、白鼠、白鸽、白鹅、赤鹦鹉、白孔雀、白鹦鹉、石柏等。有时皇帝还会更改年号。具有祥瑞意义的年号如汉宣帝之年号"神雀""甘露""五凤"，孙权之年号"黄龙""赤乌""嘉禾"，魏明帝之年号"青龙"，魏少帝之年号"甘露"，吴孙皓之年号"天玺""甘露""宝鼎"，吴孙亮之年号"五凤"，晋愍帝之年号"麟嘉"，吕光之年号"嘉麟"，北魏之年号"神龟""神麚"。

《宋书·符瑞志》记录的祥瑞常有具体时间与具体地点，其记录地方官上报祥瑞的格式是"地方官某以闻"，如记"黄龙"之瑞:"元嘉二十五年八月辛亥，黄龙见会稽，太守孟颉以闻。"[⑤]记地方官献瑞的常见格式是"地方官某以献"，如记献白鹿之瑞:"元嘉二十三年六月丙辰，白鹿见彭城县，征北将军衡阳王义季获以献。"[⑥]王隐《晋书·瑞异记》载:"怀帝永嘉元年，有玉龟出灞

① （梁）沈约撰:《宋书》，北京：中华书局，1974年版，第1229页。

② 金霞:《论两汉魏晋南北朝时期祥瑞灾异事务的管理》,《山东师范大学学报》(人文社会科学版)，2009年第2期，第55—58页。

③ （梁）沈约撰:《宋书》，北京：中华书局，1974年版，第792页。

④ （梁）沈约撰:《宋书》，北京：中华书局，1974年版，第795页。

⑤ （梁）沈约撰:《宋书》，北京：中华书局，1974年版，第800页。

⑥ （梁）沈约撰:《宋书》，北京：中华书局，1974年版，第804页。

水。”①《宋书》记为“永嘉元年二月壬子。”②王隐《晋书》载：“泰始元年，白麟见，群兽皆从，改年曰麟嘉。”③《宋书》记载更详细：“晋武帝泰始元年十二月，麒麟见南郡枝江。”④

笔者在分析《续汉书·五行志》时指出，瑞异现象的解释具有多义性。同一现象的解释因人而异，因时而异。譬如司马彪《续汉书·五行志》所记录的安帝延光三年、桓帝元嘉元年、灵帝光和四年的羽孽，《宋书·符瑞志》皆收录于“凤凰”名目下，显然是视之为祥瑞。自相矛盾的是，吴孙亮建兴二年的“大鸟五见于春申”这一事件既载录于《宋书·符瑞志》，又载录于《宋书·五行志》。再如《宋书·符瑞志》载，魏明帝青龙元年（公元233年）正月甲申，青龙现于河南郏县之摩陂井。魏明帝与群臣前往观瞻，还下令画工图写其像。文臣刘劭作《龙瑞赋》，缪袭作《青龙赋》。《龙瑞赋》云：“有蜿之龙，来游郊甸。应节合义，象德效仁。”⑤缪袭《青龙赋》先叙述了睹见者的惊骇之状，又敷写了青龙之形。据其描述，青龙体型修长，焕耀光彩：“远而视之，似朝日之阳。迩而察之，象列缺之光。爚若鉴阳，和映琼瑶，……奉阳春以介福，赉乃国以嘉祯。”⑥青龙现摩陂井之事亦见于《宋书·五行志》。之后发生的多起龙见于井事件亦见于《宋书·五行志》“龙蛇之孽”条目下。《宋书》以为，龙困于井并非嘉祥，并引干宝之语作评：“自明帝终魏世，青龙黄龙见者，皆其主废兴之应也。……青龙多见者，君德国运内相克伐也。故高贵乡公卒败于兵。案刘向说：‘龙贵象，而困井中，诸侯将有幽执之祸也。’魏世龙莫不在井，此居上者逼制之应。高贵乡公著《潜龙诗》，即此旨也。”⑦高贵乡公即曹髦，曹髦不甘于当傀儡皇帝，率众讨司马昭，兵败被杀。

① （清）汤球辑：《九家旧晋书辑本》，济南：齐鲁书社，2000年版，第227页。
② （梁）沈约撰：《宋书》，北京：中华书局，1974年版，第851页。
③ （清）汤球辑：《九家旧晋书辑本》，济南：齐鲁书社，2000年版，第226页。
④ （梁）沈约撰：《宋书》，北京：中华书局，1974年版，第792页。
⑤ （清）严可均辑：《全三国文》，北京：商务印书馆，1999年版，第326页。
⑥ （清）严可均辑：《全三国文》，北京：商务印书馆，1999年版，第392页。
⑦ （梁）沈约撰：《宋书》，北京：中华书局，1974年版，第1000—1001页。

又如晋武帝太康五年（公元284年）正月癸卯，有两条龙现于武库井中。晋武帝司马炎亲自前往观瞻，百官将贺。尚书左仆射刘毅征引“龙见郑门，子产不贺”的历史故事，力主不应有贺龙之礼。尚书郎刘汉等人以为龙见于井是“晋朝戢武兴文之应”，应治刘毅失言之罪。[①]孙楚上言：“……夫龙或俯鳞潜于重泉，或仰攀云汉游乎苍昊，而今蟠于坎井，同于蛙虾者，岂独管库之士或有隐伏，厮役之贤没于行伍？故龙见光景，有所感悟。”[②]孙楚将“龙见武库井”释为贤士怀才不遇之征，因此上奏建议“赦小过，举贤才”，从逸贱中选拔秀异之才。听取群臣意见后，晋武帝最终决定不举行贺龙之礼。此事分别见《晋书·武帝纪》《晋书·刘毅传》《晋书·孙楚传》《宋书·符瑞志》《宋书·五行志》。《宋书·五行志》引孙盛之言：“武库者，帝王威御之器所宝藏也，室宇邃密，非龙所处。后七年，蕃王相害，二十八年，果有二胡僭窃神器。勒、虎二逆皆字曰龙，此之表异，为有证矣。”[③]孙盛是东晋史学家，曾著《魏氏春秋》《魏氏春秋异同》《晋阳秋》。按照孙盛的解释，太康五年龙见于武库井中为“八王之乱”与石勒、石虎二胡僭窃帝位之前兆。撰作《宋书》之史臣意识到“龙见于井”的解释难题，所以干脆在《五行志》与《符瑞志》两志中同时载录此事：“史臣案龙为休瑞，而屈于井中，前史言之已详。但兆幽微，非可臆断，故《五行》《符瑞》两存之。”[④]

宋文帝在位期间的祥瑞出现次数最多。地方官献瑞是向皇帝输忠纳诚的良好表达方式，也是显示政绩的上佳方式。文臣借机献赋、献颂也是表忠心及参与政权合法构建的终南捷径。《宋书·符瑞志》中下卷之记录多简短而不做解释。例外者有三：一是宋文帝元嘉十八年（公元441年）白鸠之瑞后附何承天《白鸠颂》；二是宋文帝元嘉二十四年（公元447年）七月乙卯嘉禾之瑞后附刘义恭《嘉禾甘露颂》与沈演之《嘉禾颂》；三是宋文帝元嘉二十四年白鸠之瑞

① （唐）房玄龄等撰：《晋书》，北京：中华书局，1974年版，第1273页。
② （唐）房玄龄等撰：《晋书》，北京：中华书局，1974年版，第1542—1543页。
③ （梁）沈约撰：《宋书》，北京：中华书局，1974年版，第1001页。
④ （梁）沈约撰：《宋书》，北京：中华书局，1974年版，第1001—1002页。

后附沈演之《白鸠颂》。甘露是《宋书·符瑞志》载录次数最高的祥瑞，而宋文帝在位期间记录的甘露瑞事竟达48条。《宋书·符瑞志》云："甘露，王者德至大，和气盛，则降。"[①]刘义恭《嘉禾甘露颂》中有"甘露春凝，禎穟秋秀"之句。[②]嘉禾也是《宋书·符瑞志》载录次数较高的祥瑞，其中出现于宋文帝在位期间的嘉禾之瑞达32次。令人惊异的是，元嘉二十四年七月乙卯，同日出现嘉禾、甘露、木连理之瑞。值得注意的是，元嘉十八年亦有甘露之瑞，上报者为始兴王刘濬，而同年白鸠之瑞的上报者也是刘濬。似乎刘濬较热衷于献瑞。

二、《南齐书·祥瑞志》的体例、母题与瑞应解释

南齐王朝（公元479—502年）国祚不永。《南齐书》撰者为梁萧子显（公元489—537年）。《南齐书》有《祥瑞志》一卷。《南齐书·祥瑞志》云："齐氏受命，事殷前典。黄门郎苏偘撰《圣皇瑞应记》，永明中庾温撰《瑞应图》，其余众品，史注所载。今详录去取，以为志云。"[③]

据此，《南齐书·祥瑞志》应是在苏偘《圣皇瑞应记》、庾温《瑞应图》及萧齐史注的基础上撰著成篇的。

（一）体例

《南齐书·祥瑞志》可分为两部分，第一部分叙齐太祖与齐世祖受命之征，第二部分叙南齐瑞物。第一部分似《宋书·符瑞志》之上卷。第二部分似《宋书·符瑞志》中下卷，这一部分未标祥瑞名目，但可分析出其名目，按次序应为青龙、一角兽、白象、白虎、灵龟、白雀、白乌、白鼠、庆云、芝草、木连理、甘露、嘉禾、古钟、玉玺、野蚕成茧、白雉、白鹿、白獐等。其瑞物次序与《宋书·符瑞志》不尽相同。

① （梁）沈约撰：《宋书》，北京：中华书局，1974年版，第813页。
② （梁）沈约撰：《宋书》，北京：中华书局，1974年版，第830页。
③ （梁）萧子显撰：《南齐书》，北京：中华书局，1972年版，第349页。

（二）叙事母题

《南齐书·祥瑞志》第一部分含有“谶应”“天书”“梦兆”等母题。

1. 谶应母题

《南齐书·祥瑞志》所据之谶书包括《老子河洛谶》《尚书中候仪明篇》《孝经钩命决》《王子年歌》《金雄记》、童谣等谶言。

《南齐书·祥瑞志》共引6条《老子河洛谶》。《老子河洛谶》，《隋书·经籍志》有载。笔者认为此谶为道教徒伪托。其一为“年历七七水灭绪，风云俱起龙麟举”。① “年历七七”指刘宋朝的国祚为七十七年。“水”指刘宋之德运为水德。“风云俱起龙麟举”指萧梁受命。其余五条谶言皆藏齐太祖萧道成之姓氏与名字。如谶言之二：“肃草成，道德怀书备出身，形法治吴出南京。”② “肃草成”即为“萧”字，又含“成”字。又如谶曰：“萧为二士，天下大乐。”③ “二士”合为“主”字，“萧为二士”即“萧为主”。

《南齐书》共引3条《王子年歌》。王子年，即王嘉，《晋书·艺术传》有传。《晋书》称王嘉著有《牵三歌谶》与《拾遗录》。《南齐书》所引《王子年歌》之一云：“金刀治世后遂苦，帝王昏乱天神怒，灾异屡见戒人主，三分二叛失州土，三王九江一在吴，余悉稚小早少孤，一国二主天所驱。”④若此歌确为王子年所作，可以理解为评论汉末三国分立之事。但依《南齐书》解释，此歌预言刘宋明帝时失地之事，“三王”指宋孝武帝刘骏、宋晋安王刘子勋、齐世祖萧赜，三人皆兴于九江。“一在吴”指萧齐家乡在南吴。萧子显的解释有附会之嫌。《王子年歌》之二云：“三禾掺掺林茂孳，金刀利刃齐刈之。”⑤此为“金刀之谶”，金刀可解作“刘”字，但歌中有“齐”字，可解作萧齐代刘宋，各取所需而已。《王子年歌》之三曰：“欲知其姓草肃肃，穀中最细低头熟。鳞身

① （梁）萧子显撰：《南齐书》，北京：中华书局，1972年版，第349页。
② （梁）萧子显撰：《南齐书》，北京：中华书局，1972年版，第350页。
③ （梁）萧子显撰：《南齐书》，北京：中华书局，1972年版，第350页。
④ （梁）萧子显撰：《南齐书》，北京：中华书局，1972年版，第351页。
⑤ （梁）萧子显撰：《南齐书》，北京：中华书局，1972年版，第351页。

甲体永兴福。”[①]“草肃肃”指“萧”。据《南齐书》解释，“穀”指“道”，“熟”为“成”。第一句诗含“萧道成”名讳。“鳞身甲体”指传说萧道成体有龙鳞。

《南齐书》还引据《金雄记》谶言3条。《金雄记》为晋代郭文之作。其一云：“当复有作肃入草。”[②]“肃入草”指“萧”字。值得注意的是，萧子显的解释有生硬之嫌。如“建号不成易运沸”一句，萧子显硬将“不成”解释为“成”。[③]

2. 天书母题

《南齐书》载，昇明三年（公元479年），荥阳人尹午在嵩高山东南涧见到天雨石，石头坠地后开裂，其中有块玺，玺上有文字：“戊丁之人与道俱，肃然入草应天符。”还有“皇帝兴运”四字。[④]“肃然入草”即“萧”字。公元479年是齐代宋之年。天降玺显然属于一种政治操作。晋宋递代之时，僧法义称在嵩高山获得三十二枚玉璧与一饼黄金。天降玺恰是以其人之道还治其人之身的一种操作。

《南齐书》又载，建元元年，有司奏，延陵季子庙庙祝在旧井旁北掘出沸泉，又在旧井旁东挖泉，获得一支银木简，上书：“庐山道人张陵再拜谒诣起居。”[⑤]此事含“浪井”与“天书”两母题。浪井即不凿自成之井。这一故事中的沸泉可能为温泉。故事借传说中的仙人张陵自神其事。

永明三年（公元485年），始兴郡龚玄宣云：去年二月，有一道人自称从兜率天宫来，让他送给天子一卷篆书真经、一纸北极图及一纸罗汉居士图。龚玄宣还声称有神人授皇帝玺，玺上有“天地、萧、万世”字样。[⑥]

3. 梦兆母题

相信梦能预示未来是一种古老而广泛的信仰。占梦属于方术中“杂占”类。《南齐书·祥瑞志》载，齐太祖萧道成十七岁时，他梦见自己乘着青龙追

① （梁）萧子显撰：《南齐书》，北京：中华书局，1972年版，第351页。
② （梁）萧子显撰：《南齐书》，北京：中华书局，1972年版，第351页。
③ （梁）萧子显撰：《南齐书》，北京：中华书局，1972年版，第351页。
④ （梁）萧子显撰：《南齐书》，北京：中华书局，1972年版，第352页。
⑤ （梁）萧子显撰：《南齐书》，北京：中华书局，1972年版，第354页。
⑥ （梁）萧子显撰：《南齐书》，北京：中华书局，1972年版，第364页。

逐太阳，直到日薄西山才停止。据苏偘解释，日暮指刘宋气数已尽，青则是萧齐木德之色。

同书又载，齐世祖萧赜十三岁时，曾梦到遍体生毛，头发长到脚跟，他又曾梦到“着孔雀羽衣”。据庾温解释：“雀，爵位也。”[①]古代“爵”字通“雀”，故汉画像中的射鸟图可解释为“射爵”。因此，“着孔雀羽衣”可解释为得爵位。萧赜在郢州时，梦见有人从天上飞来，在他衣服上描画，一言不发而去。据庾温解释，天人画的是帝王冕服上的山龙华虫。除了帝王之梦自证天命外，还有臣子之梦旁证帝王天命。萧道成的参军崔灵运自称梦见天帝告诉自己：“萧道成是我第十九子，我去年已授其天子位。”[②]这是梦意明显的臣子之梦，但其造作之意也较明显。

苏偘（公元426—479年），《南齐书》有传。《南齐书·祥瑞志》3次引用苏偘之说。如刘宋泰始年间流行“东城出天子”这一童谣，《南齐书》引苏偘之说：“后从帝自东城即位，论者谓应之，乃是武进县上所居东城里也。”[③]据苏偘之说，“东城”为武进县东城里。苏偘之说可能出自苏偘所著之《圣皇瑞应记》。《南齐书·苏偘传》云，苏偘曾撰《圣皇瑞命记》一卷。[④]因此，《圣皇瑞应记》之真名存疑。苏偘卒于齐建元元年，故《圣皇瑞应记》之史事下限应止于建元元年（公元479年）。

《南齐书·祥瑞志》4次引用庾温之说。如记萧赜任广兴相时，因旱干涸的河流突然暴涨。庾温引《易经》卦辞解释，这是《易》“利涉大川之义”。[⑤]《南齐书·祥瑞志》3次引用《瑞应图》之说。如永明十年（公元492年），鄱阳郡献一角兽。史臣引《瑞应图》云：“天子万福允集，则一角兽至。”[⑥]据此，此处所引之《瑞应图》应非庾温《瑞应图》。若是庾温《瑞应图》，似应书“庾温

① （梁）萧子显撰：《南齐书》，北京：中华书局，1972年版，第354页。
② （梁）萧子显撰：《南齐书》，北京：中华书局，1972年版，第354页。
③ （梁）萧子显撰：《南齐书》，北京：中华书局，1972年版，第353页。
④ （梁）萧子显撰：《南齐书》，北京：中华书局，1972年版，第529页。
⑤ （梁）萧子显撰：《南齐书》，北京：中华书局，1972年版，第354页。
⑥ （梁）萧子显撰：《南齐书》，北京：中华书局，1972年版，第355页。

云”。值得一提的是,《魏书・灵征志》释“一角兽”云:“天下平一则至。”[①]《宋书》亦释“一角兽”云:“一角兽，天下平一则至。”[②]

（三）瑞应解释

瑞应解释具有多义性。《宋书・符瑞志》与《南齐书・祥瑞志》皆载“白鼠”，显然是以白鼠为瑞。但《魏书・灵征志》则以白鼠为毛虫之孽。《魏书・灵征志》引《瑞图》云:“外镇王公、刺史、二千石、令长酷暴百姓，人民怨嗟，则白鼠至。”[③]

三、《魏书・灵征志下》的体例、母题与瑞应解释

《魏书・灵征志下》记载祥瑞，相当于《祥瑞志》。其撰者为北齐魏收（公元507—572年),《北史》有传。

（一）体例

《魏书・灵征志下》并未列出祥瑞条目，而是在首次出现的瑞事后附解说。譬如:“高祖延兴元年十一月，肆州秀容民获麟以献。王者不刳胎剖卵则至。”[④]其瑞物按次序分别为麟、龟、黑狐、白狐、九尾狐、五色狗、白鹿、一角兽、白狼、白獐、三足乌、白乌、赤乌、苍乌白鹊、荣光、景云、甘露、嘉禾、白兔、白燕、白雀、白鸠、石瑞、神人、玉玺、玉印、玉板、青玉璧、木连理、乌芝、白雉、醴泉、鼎等。

（二）叙事母题与瑞应解释

1. 谶应母题

《魏书・灵征志下》载，太祖天兴四年（公元401年），新兴太守上言：晋

① （北齐）魏收撰:《魏书》，北京：中华书局，1974年版，第2931页。
② （梁）沈约撰:《宋书》，北京：中华书局，1974年版，第807页。
③ （北齐）魏收撰:《魏书》，北京：中华书局，1974年版，第2923页。
④ （北齐）魏收撰:《魏书》，北京：中华书局，1974年版，第2927页。

昌百姓贾相二十二岁时遇见一位老叟，老人告诉贾相："自今以后四十二年当有圣人出于北方。"[①]说完老头化为石人。这应是新兴太守伪托神人谶言媚上之举。

再如《魏书·灵征志下》载，显祖皇兴三年（公元469年）六月，尉元上表称部伍见一白头翁，老人称，自己十八日必来，并要求军士告诉将军领众从东北入，他将驱走贼人，申时将大破贼人。当年，魏军大破刘宋军队。

2. 梦兆母题

《魏书·灵征志下》载，肃宗孝昌二年（公元527年）十月，扬州刺史李宪上表称：门下督周伏兴梦渡肥水，梦见孝文皇帝中书舍人传话"勿忧贼堰"，到七月二十七日果然堰破。[②]

3. 天书母题

北魏太武帝拓跋焘是一个重视政权合法性构建的皇帝。拓跋焘在位期间有多起祥瑞。其祥瑞造作和宣传有与南朝争正统之意味。公元428年，定州获白麕，其后又有白麕现于乐陵，于是拓跋焘改年号为"神麕"。延和元年（公元432年）正月己巳下诏，诏书先称扬自己的军事功绩，接着提到祥瑞遍于郡国："加以时气和洽，嘉瑞并降，遍于郡国，不可胜纪。岂朕一人，独应此祐，斯亦群后协同之所致也。"[③]诏书中没有提及有哪些祥瑞，但查《魏书·灵征志下》可知，应包括白龟、甘露、嘉禾、白雉。

太延元年（公元435年）的神授"旱疫平"印就是带有神授天书色彩的祥瑞事件。《魏书·灵征志下》载，太延元年三月至六月一直没有下雨，拓跋焘令有司祈雨。数日后，天降大雨。下雨当天，有一妇女至潞县侯孙家卖印，印文上书"旱疫平"三字。之后，妇人不知所踪。北魏道士寇谦之认为，妇人所卖印为《龙文纽书》所说的"神中三字印"。[④]此事亦见于《魏书·世祖纪》。太延元年六月甲午，拓跋焘下诏，诏曰：

---

① （北齐）魏收撰：《魏书》，北京：中华书局，1974年版，第2954页。

② （北齐）魏收撰：《魏书》，北京：中华书局，1974年版，第2956页。

③ （北齐）魏收撰：《魏书》，北京：中华书局，1974年版，第80页。

④ （北齐）魏收撰：《魏书》，北京：中华书局，1974年版，第2956页。

> 顷者寇逆消除，方表渐晏，思崇政化，敷洪治道，是以屡诏有司，班宣恩惠，绥理百揆。群公卿士，师尹牧守，或未尽导扬之美，致令阴阳失序，和气不平，去春小旱，东作不茂。忧勤克己，祈请灵祇，上下咸秩。岂朕精诚有感，何报应之速，云雨震洒，流泽沾渥。有鄙妇人持方寸玉印，诣潞县侯孙家，既而亡去，莫知所在。玉色鲜白，光照内映。印有三字，为龙鸟之形，要妙奇巧，不类人迹，文曰“旱疫平”。推寻其理，盖神灵之报应也。朕用嘉焉。①

诏书中还提到甘露、嘉瓜、木连理、白燕、嘉禾、白雉、白兔之瑞，并令天下聚饮五日以及令地方官祭界内名山大川：“比者已来，祯瑞仍臻：所在甘露流液，降于殿内；嘉瓜合蒂，生于中山；野木连理，殖于魏郡，在先后载诞之乡；白燕集于盛乐旧都，玄鸟随之，盖有千数；嘉禾频岁合秀于恒农；白雉、白兔并见于勃海，白雉三只又集于平阳太祖之庙。天降嘉贶，将何德以酬之？所以内省惊震，欣惧交怀。其令天下大酺五日，礼报百神；守宰祭界内名山大川，上答天意，以求福禄。”②

北魏太武帝太平真君五年（公元444年）的张掖石瑞是另一桩带有天书母题色彩的祥瑞。张掖石瑞亦称玄石图。据《三国志·魏书》，玄石图最初有麟凤龙马之形，曹魏明帝青龙四年（公元236年）确定为符瑞并颁示天下。其后玄石图形又有所变化。《三国志》裴松之注引《搜神记》云，晋泰始三年（公元267年），张掖太守焦胜上言，称玄石图文字与地方所藏副本有所不同，其图案有五马像，其文字有“金”“中”“大金马”“王”“大吉”“正”“开寿”“金当取之”等字句。这被认为是晋朝的祥瑞。

前凉与后凉政权都曾利用玄石图证明政权的合法性。至北魏太平真君五年，玄石图再次成为北魏政权合法性构建的工具。《魏书·灵征志下》载：

① （北齐）魏收撰：《魏书》，北京：中华书局，1974年版，第85页。
② （北齐）魏收撰：《魏书》，北京：中华书局，1974年版，第85页。

> 真君五年二月，张掖郡上言:“往曹氏之世，丘池县大柳谷山石表龙马之形，石马脊文曰‘大讨曹’，而晋氏代魏。今石文记国家祖宗讳，著受命之符。”乃遣使图写其文。大石有五，皆青质白章，间成文字。其二石记张、吕之前，已然之效。其三石记国家祖宗以至于今。其文记昭成皇帝讳“继世四六，天法平，天下大安”，凡十四字；次记太祖道武皇帝讳“应王，载记千岁”，凡七字；次记太宗明元皇帝讳“长子二百二十年”，凡八字；次记“太平天王继世主治”，凡八字；次记皇太子讳“昌封太山”，凡五字。……太宗名讳之后，有一人象，携一小儿。①

北魏太武帝拓跋焘成为太平王，后又得授“太平真君”之号，故玄石图云:“太平文王继世主治。”拓跋焘之子拓跋晃早逝，拓跋晃之子拓跋濬甚得拓跋焘喜爱，故玄石图“有一人象，携一小儿”。

总而言之，符瑞是政权合法性构建的重要利器。符瑞在魏晋南北朝史上留下了浓墨重彩的一笔。三国时期的魏蜀吴都声称拥有符瑞，拥有天命。魏声称有“当涂高”之谶。蜀声称有《洛书》之谶。吴自称“江东有天子气”，声称有甘露、黄龙、嘉禾、赤乌、宝鼎、凤凰、临平湖石函、历阳山石文等诸种祥瑞。西晋之兴，张掖声称有玄石之瑞，地方多言龙瑞。刘宋代晋，太史令骆达奏陈天文符谶。萧齐代刘宋，亦有符谶造势。北魏太武帝诏书公开声称“祯瑞并臻”。符瑞与中古政治密不可分。《宋书·符瑞志》《南齐书·祥瑞志》《魏书·灵征志下》是中古祥瑞志的代表作。三志参与了政治神话的构建。这些政治神话含有感生、谶应、天书、梦兆等母题。其叙事影响了后世文化文本的生成。

① （北齐）魏收撰:《魏书》，北京：中华书局，1974年版，第2954页。

第七章

中古《五行志》书写传统的延续
——以《宋书·五行志》为例

《五行志》是中古历史书写的重要体式。自班固创立《五行志》以来，撰写《五行志》已成为一种历史书写传统。司马彪撰《续汉书·五行志》载录东汉灾异，臧荣绪（公元415—488年）撰《晋书·五行志》载录两晋灾异，还有王隐《晋书·瑞异记》、何法盛《晋书·征祥说》、沈约《宋书·五行志》、萧子显《南齐书·五行志》、魏收《魏书·灵征志上》等。臧荣绪《晋书·五行志》、王隐《晋书·瑞异记》、何法盛《晋书·征祥说》大多已亡佚，所存无多，现择取《宋书·五行志》而论之。

第一节　魏晋南北朝史书灾异书写的历史语境

中古《五行志》书写传统的延续，固然说明史学传统的强大，但细究起来，支撑这一历史书写传统的因素至少还包括主流意识形态、政治机制、社会成员观念。具体而言，灾异思想仍是中古官方意识形态的重要组成部分。相关官员记录与奏报灾异、皇帝颁布政令、大臣书奏陈事等政治行为实现了灾异观念在政治空间里的流通，知识精英撰写笔记小说与史籍实现了灾异观念的社会流通，民众的征兆意识为灾异观念提供了心理基础。本节围绕《宋书·五行志》《南齐书·五行志》《魏书·灵征志上》展现魏晋南北朝史书灾异书写的历史语境。

一、魏晋南北朝时期灾异思想的传承

汉代是灾异思想的蓬勃发展期。魏晋南北朝时期灾异思想并无特别令人瞩目的建树，这一时期玄学兴起，但玄学并没有冲垮儒家思想的主流地位。这一时期官学衰落，家学兴盛。不过，不管是官学还是家学，教授的主要内容还

是儒家学说。西晋太学承袭汉魏旧制，置博士十九人。东晋官学变动无常，最初置博士九人，其后依从荀菘建议，增置郑《易》、郑《仪礼》、公羊博士各一人。南朝官学机构迭经兴废。北魏自建国至孝文帝时期，官学教育不断发展，但自宣武朝起便呈衰颓之势，北魏孝明帝孝昌之后官学教育便难以为继了。北齐恢复官学教育，但规模不大，主要教授对象为宗室。北周帝王崇儒，官学教育振兴。官学教育沦废，迫使世家大族大力发展家学教育。南朝的经学世家以会稽贺氏、顺阳范氏、东莞徐氏、平昌伏氏、平原明氏等家族较为著名。北朝经学世家以范阳卢氏、赵郡李氏、敦煌张氏等家族较为著名。

汉儒经学包含着以阴阳五行与天人感应观念为基础的灾异思想。魏晋南北朝经学对汉儒灾异说有所继承，但并不完全承袭，有些经学家对汉儒灾异说展开反思。

东晋经学家范宁撰著的《春秋谷梁传集解》大量征引了刘向《春秋谷梁传说》中的观点，其中不少引文言及灾异。范宁还征引了京房《易传》与《五行传》等著作以解说《春秋谷梁传》。如僖公三十三年十二月“陨霜不杀草”，范宁引京房《易传》作解：“京房《易传》曰：‘君假与臣权，陨霜不杀草。’”[①]除了征引汉儒灾异说之外，范宁注经也存在着发挥灾异感应说与展开反思的情况。如《春秋》载，成公七年，“改卜牛，鼷鼠又食其角”，《谷梁传》的解释是“非人之所能也，所以免有司之过也”，而范宁的解释是因为国无贤君而上天降灾，所以不是有司之过。[②]再如《春秋》载“叔孙得臣败狄于咸”，《谷梁传》称长狄身横九亩。有注者根据当时的长度单位换算，将九亩换算为五丈四尺，范宁认为“谶纬之书，不可尽信”。[③]

北朝一些帝王与学者喜好阴阳谶纬之学。北魏明元帝喜好阴阳术数，北魏太武帝曾命高允集天文灾异。崔浩、高允、燕凤、刘兰、刁冲、李业兴、熊安生等人熟习阴阳谶纬之学。

---

① 李学勤主编：《春秋谷梁传注疏》，北京：北京大学出版社，1999年版，第155页。
② 李学勤主编：《春秋谷梁传注疏》，北京：北京大学出版社，1999年版，第221页。
③ 李学勤主编：《春秋谷梁传注疏》，北京：北京大学出版社，1999年版，第174页。

北魏明元帝与太武帝两朝颇具政治影响力的崔浩出身清河崔氏家族，《魏书》称崔浩"少好文学，博览经史"，"玄象阴阳，百家之言无不关综，研精义理，时人莫及"。[①]崔浩担任过博士祭酒，常为北魏明元帝讲授经书。他因讲说《易》与《洪范》五行而得到明元帝赏识，其后多次参与军国大事决策，一时炙手可热。崔浩所注《五经》，曾被刻录于石。崔浩好玄象阴阳，其所注《五经》应该不乏阴阳灾异之说。

历事五帝的高允出身勃海高氏家族，《魏书》称高允"博通经史天文术数，尤好《春秋公羊》"。[②]高允曾为太子拓跋晃讲授经书。太子离世后，高允奉命为太武帝撰集天文灾异，得到太武帝赏识。高允年过九十八而逝，著有《左氏公羊释》《毛诗拾遗》《论杂解》《议何郑膏肓事》等文百余篇。值得一提的是，《公羊传》在南朝渐失传承，但北朝仍有一些学者传习。除高允外，还有梁祚、鲜于灵馥、刘芳、徐彦等学者精通《公羊传》。

二、魏晋南北朝时期灾异观的政治实践

根据灾异观念的说法，灾异与人事存在着因果对应关系，政治过失会招致上天的警告，上天会以火灾、雷电、旱灾、雨水等形式示警，执政者应该自省修德，及时改过，这样才能消弭灾异。汉代历史上，不乏帝王下诏自责、归咎臣下或是高官引咎辞职的事例。魏晋南北朝历史上，同样存在着类似事例。

晋太康七年（公元286年）正月乙卯，晋武帝诏曰："比年灾异屡发，日蚀三朝，地震山崩。邦之不臧，实在朕躬。公卿大臣各上封事，极言其故，勿有所讳。"[③]太兴元年（公元318年）十一月庚申，晋元帝下诏，诏文明确自责："壬子、乙卯，雷震暴雨，盖天灾谴戒，所以彰朕之不德也。"[④]诏文还要求"群公卿士"各上封事具陈得失。

---

① （北齐）魏收撰：《魏书》，北京：中华书局，1974年版，第807页。
② （北齐）魏收撰：《魏书》，北京：中华书局，1974年版，第1067页。
③ （唐）房玄龄等撰：《晋书》，北京：中华书局，1974年版，第76页。
④ （唐）房玄龄等撰：《晋书》，北京：中华书局，1974年版，第151页。

刘宋元嘉五年（公元428年），宋文帝下诏，诏书表示："加顷阴阳违序，旱疫成患，仰惟灾戒，责深在予。"[①]古代碰上旱灾的常见举措是理冤狱。诏书同样表示要"议狱详刑"，并要求"群后百司"指陈得失。

南齐永明元年（公元483年）三月丙辰，齐武帝下诏，自责"远图尚蔽，政刑未理，星纬失序，阴阳愆度"[②]，采取的举措是"赦恩五十日"，赦免京师囚犯，优量降遣三署军徒，抚恤都邑鳏寡，特别是贫困鳏寡。永明八年（公元490年）七月癸卯，由于纬象愆度和太子患病两个原因，齐武帝下诏大赦天下。

北魏太和元年（公元477年）三月丙午，孝文帝下诏自责："朕政治多阙，灾眚屡兴。"[③]诏文指示，因去年牛疫导致耕牛死伤大半，所以不管有牛还是无牛的农户都要加倍努力耕田。北魏延昌三年（公元514年）二月乙未，宣武帝下诏，下诏原因是延昌二年四月以来秀容郡敷城县与雁门郡原平县连续山鸣地震。诏文表示惧畏天谴之意："告谴彰咎，朕甚惧焉；祗畏兢兢，若临渊谷。"[④]接着表示要"恤瘼宽刑，以答灾谪"。孝明帝正光元年、正光二年、正光三年都存在着关于旱情的诏文。正光二年（公元521年）七月癸丑，孝明帝表示自责："时泽弗降，禾稼形损。在予之责，夙宵震惧"[⑤]，诏文敕令有司执行六项措施：迅速判决长期冤枉案件、督促百官尽职、存恤鳏独困穷、蠲省劳民役赋、擢升贤良正直之才并屏黜贪残邪佞、鼓励怨男旷女婚配。

发生灾异后，免去三公官职是汉代的一种惯例。魏晋南北朝时期，这样的做法虽不常见，但也有个案存在。宋文帝元嘉五年春出现大旱，司徒王弘请求引咎逊位，其奏文中有"辄还私门，思愆家巷，庶微塞天谴"之句。[⑥]

灾异发生后，一些大臣会上书表达个人对灾异的看法。东晋末年，太庙鸱尾出现灾异。臧焘认为这是征西与京兆四府君不宜在太庙受祭的征兆，于是

① （梁）沈约撰：《宋书》，北京：中华书局，1974年版，第76页。
② （梁）萧子显撰：《南齐书》，北京：中华书局，1972年版，第47页。
③ （北齐）魏收撰：《魏书》，北京：中华书局，1974年版，第144页。
④ （北齐）魏收撰：《魏书》，北京：中华书局，1974年版，第214页。
⑤ （北齐）魏收撰：《魏书》，北京：中华书局，1974年版，第232页。
⑥ （梁）沈约撰：《宋书》，北京：中华书局，1974年版，第1314页。

上表陈请废祀太庙四府君神主。不过，他的建议没有得到采纳。元嘉二年（公元425年），范泰上表陈说旱灾，他先说明旱灾的严重，接着提醒宋帝大旱可能造成饥荒与疾疫，然后建议宋帝哀怜冤枉的囚犯、关心百姓疾苦、听察刍牧之言、总领统御之要，这样才能消弭灾患。范泰是经学家范宁之子，史家范晔之父。元嘉三年秋，出现旱灾与蝗灾。范泰上书，他认为旱灾与蝗灾是上天之谴，捕蝗无益，反而有伤于杀害，接着他为沦为劳役囚徒的谢晦家族妇女求情，原因是无辜的妇女可能引发灾变："匹妇一至，亦能有所感激。"[①]范泰上书之后，宋文帝赦免了谢家妇女。由于旱灾还在延续，加上疫病出现，范泰再次上书。他先委婉地指出旱疫之灾是王泽不流之征，接着希望宋帝能效法夏禹商汤，这样才能让上天降雨。南齐武帝登基不久，旱灾出现。萧子良密奏，他指出当今科网严重，牢狱充满，"聚忧之气，足感天和"。同时，他也指出，大兴土木可能也是旱灾发生的原因。

魏晋南北朝时期，动物异象出现也会促使臣下上疏或当面进谏。北魏宣武帝景明年间，洛阳县获白鼠。尚书卢昶援引《瑞典》将白鼠判定为"妖灾"："谨案《瑞典》，外镇刺史、二千石、令长不祗上命，刻暴百姓，人民怨嗟，则白鼠至……比者，灾气作沴，恒阳亏度，陛下流如伤之慈，降纳隍之旨，哀百姓之无辜，引在予之深责。"[②]接着卢昶指出，由于连年战争，老百姓徭役繁重，并遭受严重的战争创伤，加上贪官酷吏，造成田野荒芜，百姓困苦不堪。他希望宣武帝能向公卿询问一下政事、存问孤寡、轻徭省赋、亲忠良而弃奸佞。卢昶的书奏得到了宣武帝的肯定。

北魏宣武帝正始元年（公元504年）出现了又一桩动物异象，典事史元显献四足四翼鸡。宣武帝命散骑侍郎赵邕向崔光询问对此事的看法。汉代历史上，宣帝黄龙元年、元帝初元中、灵帝光和元年都存在雌鸡化雄或雌鸡将化未化的现象。崔光认为，翅膀和脚众多是群下相扇助之象，鸡还不大，脚和羽毛

① （梁）沈约撰：《宋书》，北京：中华书局，1974年版，第1622页。
② （北齐）魏收撰：《魏书》，北京：中华书局，1974年版，第1056页。

较小，说明局势容易控制。接着崔光指出战争给百姓带来的伤害："南境死亡千计，白骨横野，存有酷恨之痛，殁为怨伤之魂。义阳屯师，盛夏未返；荆蛮狡猾，征人淹次。东州转输，往多无还；百姓困穷，绞缢以殒。北方霜降，蚕妇辍事；群生憔悴，莫甚于今。"[①]他希望宣武帝能约束左右贵臣、亲自祭拜郊庙、休养生息、抚赈贫苦、节制声色犬马、广开言路、进贤黜佞。

五胡十六国时期，前凉重华末年，有螽斯群集于安昌门外，沿着墙壁逆行。都尉常据谏言这是张祚叛逆的征兆，但张重华不听，反而让张祚辅佐自己的儿子张曜灵。最终张曜灵被张祚杀害。

三、魏晋南北朝时期灾异书写的社会基础

灾异书写体现了灾异观念。灾异观念在魏晋南北朝时期具有相当可观的社会基础。一些知识精英撰写的笔记小说包含了一些体现灾异观念的故事。《搜神记》《异苑》《幽明录》等笔记小说最具代表性。其中一些异事被史书采录。

《宋书·五行志》就收录了六朝笔记小说的一些异事。需要指出的是《宋书·五行志》所引据的干宝的观点不完全出自《搜神记》，可能出自干宝撰写的史籍。譬如《宋书·五行志》"服妖"条载司马道子在自家府邸北园开办酒店，卖酒取乐。《宋书·五行志》征引干宝的观点："君将失位，降在皂隶之象。"[②]这一观点未见于《搜神记》。再如"鸡祸"条载，魏明帝景初二年廷尉府有雌鸡化雄，《宋书》征引干宝的观点："是岁，晋宣帝平辽东，百姓始有与能之议，此其象也。"[③]这一观点也未见于《搜神记》。

当时还有一些知识精英撰写的史籍收录了不少体现灾异观念的故事。除了臧荣绪《晋书·五行志》、王隐《晋书·五行志》、何法盛《晋书·征祥说》等专章撰集灾异现象外，还有《华阳国志》《十六国春秋》等史籍会提到地方性灾异现象。

---

① （北齐）魏收撰：《魏书》，北京：中华书局，1974年版，第1489页。
② （梁）沈约撰：《宋书》，北京：中华书局，1974年版，第890页。
③ （梁）沈约撰：《宋书》，北京：中华书局，1974年版，第891页。

《华阳国志》为晋朝史家常璩所撰，主要记述了梁州、益州、宁州三地的历史、地理与人物。《华阳国志》卷一“巴志”载邓芝射玄猿事，邓芝见猿拔箭疗伤而感叹自己命不久矣：

> 延熙十三年，大姓徐巨反，车骑将军邓芝讨平之。见玄猿缘其山，芝性好弩，手自射猿，中之。猿拔其箭，卷木叶塞其创。芝叹曰：“嘻！吾伤物之性，其将死矣。”①

邓芝射玄猿事亦见于《三国志》裴松之注。不过，裴松之注提供了两个版本，其中一个版本是玄猿自己疗伤，另一个版本是猿子为猿母疗伤。《宋书·五行志》亦载此事，并将此事判定为射妖，其行文与《三国志》裴松之注相差无几，可以推断其史料来源为《三国志》裴松之注。

《华阳国志》卷八“大同志”载，泰始八年（公元272年），三蜀地生毛如白毫。《宋书·五行志》亦载此事，并将此事判定为“白祥”。《华阳国志》卷八载，泰始十年（公元274年），皇甫晏征汶山白马胡，麃入军营，军中占卜者以为不祥。同年五月，皇甫晏屯军观坂，典学从事何旅谏言地名不祥，有反上之象。果然，当天夜晚，皇甫晏部下造反，皇甫晏被杀。《华阳国志》还引用当地谣言与学士靳普之言兵败之由：

> 初，晏未出，蜀中传相告曰：“井中有人。”学士靳普言：“客星入东井，东井、益州之分野，忧刺客入耳。又有猛风，是逆风。其日《观》卦用事，若军西行，护观坂门，人向天井，益可虑也。”②

靳普的分析综合运用了星占、占风术、易卜。不知真实历史上是否真有靳普谏

① （晋）常璩撰，刘琳校注：《华阳国志校注》，成都：巴蜀书社，1984年版，第83页。
② （晋）常璩撰，刘琳校注：《华阳国志校注》，成都：巴蜀书社，1984年版，第608页。

言之事，但仅从靳普谏言这一历史文本来看，术数信仰在《华阳国志》成书时代得到认可。

《华阳国志》卷八篇末记述了一连串怪异事件，包括无手足的女子、马生角、无皮毛的驴、草妖、地震、童谣等，时间跨度为自太康至于太安：

> 蜀自太康至于太安，频怪异。成都北乡有人尝见女子僻入草中，往视，见物如人，有身形头目口，无手足，能动摇，不能言。广汉有马生角，长大各半寸；又有驴，无皮毛，袒肉，饮食数日死。繁、什邡、郫、江原生草，高七、八尺，茎叶赤，子青如牛角，内史耿滕以为朱草，表美于成都王。元康三年正月中，欻一夜有火光，地仍震。童谣曰："郫城坚，盎底穿，郫中细子李特细。"又曰："江桥头，阙下市，成都北门十八子。"及尚在巴郡也，又曰："巴郡葛，当下美。"皮素之西上也，又曰："有客有客，来侵门陌，其气欲索。"①

《华阳国志》的这段灾异描述中，无手足的女子、马生角、无皮毛的驴、江原草妖、"江桥头"谣、"有客有客"谣均见于《魏书·李雄传》。此外，《华阳国志》卷九还记载了狗豕交配、树木冬天开花、涪陵民妇头上生角、马氏妇胁下生儿、一头二身的马驹、米自跳、江南天雨血、地震、地生毛等怪异事件。其中一头二身的马驹、江南雨血、地生毛、涪陵民妇头上生角、米自跳等怪异事件亦见于《魏书·李雄传》。

五胡十六国时期，各处地方政权存在着不同的国史。北魏史家将各地方政权的国史整理汇编成《十六国春秋》。《十六国春秋》记述了不少灾异事件。如《十六国春秋·前赵录》记载的前赵建元元年灾异包括黑雾四塞、日落地、三日相承、平阳城地震、流星入紫微、陨肉、刘氏产一蛇一虎、宫中鬼夜哭等。《十六国春秋·西秦录》载西秦太初十九年灾异现象，包括苑川地震、地生

① （晋）常璩撰，刘琳校注：《华阳国志校注》，成都：巴蜀书社，1984年版，第655—656页。

毛、百草自反、狐雉入寝等。《十六国春秋·后赵录》载后赵建平四年诸多异象，比如雍州刺史石生上言本州灾异：西乡竹子枯死、安定府蛇鼠相斗、临泾马生角、安定厅怪异诵书声、肥乡陨石等。《十六国春秋·后赵录》宣称，后赵建武八年怪异特别多，包括泰山石燃、东海有大石自立、邺西山石间有血流出以及大武殿人物图像怪变等。大武殿人物图像怪变可见于《幽明录》与《宋书·五行志》。可见这一异闻在当时流传颇广。

灾异观念源于征兆意识。魏晋南北朝时，这种征兆意识具有普遍性。上至达官贵人，下至平民百姓，普遍受这种征兆意识熏染。魏晋南北朝笔记小说可以佐证这种征兆意识的普遍性。《异苑》中，《海凫毛》《巾箱中鼓角》《义熙火灾》《西秦将亡》《刘氏狗妖》《青衣女子》《王绥伏诛》《鼠孽兆亡》《桓振将灭》《鸡窦灶火》等故事可以说明这一点。《鼠孽兆亡》的故事主人公高惠清担任太傅主簿，其事迹未见载于《晋书》，他的死亡征兆是老鼠衔尾相连。《青衣女子》的故事主人公阮明名不见经传，他死前曾射一青衣女子，女子腾云而去，其后不久阮明遇害。

一些民间观念包含了征兆意识。无论是传世文献还是出土文献都佐证了这种征兆意识的绵延不绝。《山海经》中已存在某一动物出现预示吉凶的观念。如颙的出现预示着大旱，毕方的出现预示着大火，狙如的出现预示着大战。这种征兆观念浸润着中国民间文化。鵩鸟入室预示主人将死，汉代已存在这一观念。再如关于临平湖，魏晋南北朝时当地人流传着一种说法："此湖塞，天下乱，此湖开，天下平。"[①]据《三国志》与《南史》，吴国孙皓天玺元年与南朝陈后主时临平湖都曾忽然畅通。再如梁元帝时，陆纳与李洪雅叛乱，军队出发时，突然起风下雨，当时人称为"泣军"，"百姓窃言知其败也"。[②]

民间还存在着鬼神祸福的观念。蝗灾被认为与蝗神相关。《隋书·五行志》载，后齐天保八年，河北六州与河南十二州出现蝗灾，百姓纷纷祭拜蝗虫。梁

① （晋）陈寿撰，（宋）裴松之注：《三国志》，北京：中华书局，1959年版，第1171页。
② （唐）李延寿撰：《南史》，北京：中华书局，1975年版，第1539页。

朝时民间还存在着旱疫鬼作祟的观念。关于旱灾，民间也流传着怨气致灾的观念。

由于民间存在着征兆观念，所以一些心怀异志者借占卜蛊惑百姓。北魏术士刘灵助凭借占卜升官晋爵。庄帝幽崩后，刘灵助称说符瑞与图谶，言刘氏当王，“民多信之”。由于百姓多信征兆，所以有一些政治人物会制造谣言以鼓弄舆论。魏晋南北朝时谣言众多。兹略举几例有明显指向的童谣：

> 虏马饮江水，佛狸死卯年。①
>
> 麦入土，杀石虎。②
>
> 草生及马腹，乌啄桓玄目。③
>
> 苦竹町，市南有好井。荆州军，杀侯景。④

总的来说，魏晋南北朝时期，灾异话语还是官方主流意识形态的重要组成部分，灾异记录与奏报、皇帝颁发诏书、大臣上谏是官方政治运作的重要环节，史籍与笔记小说撰作实现了灾异观念的社会流通，民间征兆文化为灾异观念提过了社会土壤。

第二节 《宋书·五行志》的灾异书写

“借人事以明天道”是中国历史书写的一个重要传统。《宋书·五行志》开篇标明《五行志》源流：“昔八卦兆而天人之理著，九畴序而帝王之应明。虽可以知从德获自天之祐，违道陷神听之罪，然未详举征效，备考幽明，虽时列鼎

① （梁）沈约撰：《宋书》，北京：中华书局，1974年版，第1912页。
② （梁）沈约撰：《宋书》，北京：中华书局，1974年版，第916页。
③ （梁）沈约撰：《宋书》，北京：中华书局，1974年版，第919页。
④ （唐）李延寿撰：《南史》，北京：中华书局，1975年版，第2017页。

雉庭谷之异，然而未究者众矣。至于鉴悟后王，多有所阙。故仲尼作《春秋》，具书祥眚，以验行事。是则九畴陈其义于前，《春秋》列其效于后也。逮至伏生创纪《大传》，五行之体始详；刘向广演《洪范》，休咎之文益备。故班固斟酌《经》《传》，详纪条流，诚以一王之典，不可独阙故也。夫天道虽无声无臭，然而应若影响，天人之验，理不可诬。"①

据《宋书》之见，八卦已阐明"天垂象，示吉凶"之理，《洪范》九畴阐明帝王政事的休咎之应，但八卦、九畴过于简明，没有详述人事所对应的天道。班固的《汉书·五行志》就是在参酌儒家经典的基础上创立的。历史书写背后隐藏着书写者的意识形态观念。《宋书·五行志》所秉持的观念就是"天人之验，理不可诬"。

一、《宋书·五行志》的体例

《宋书·五行志》共五卷，按木、金、火、水、土次序分论，木、金、火、水、土与貌、言、视、听、思依次相配，木、金、火、水各一卷，"土失其性"与"皇之不极"合为一卷。其体例与《续汉书·五行志》大致相仿，都是"传+事例"的形式，只不过在事例名目上有些差异。

表7-1 《宋书·五行志》体例

	事　例　名　目
卷一	木不曲直、貌不恭、恒雨、服妖、龟孽、鸡祸、青眚青祥、金沴木
卷二	金不从革、言之不从、恒旸、诗妖、毛虫之孽、犬祸、白眚白祥、木沴金
卷三	火不炎上、恒燠、草妖、羽虫之孽、羊祸、赤眚赤祥
卷四	水不润下、恒寒、雷震、鼓妖、鱼孽、蝗虫、豕祸、黑眚黑祥、火沴水
卷五	稼穑不成、恒风、夜妖、嬴虫之孽、牛祸、黄眚黄祥、地震、山崩地陷裂、常阴、射妖、龙蛇之孽、马祸、人痾、日食

① （梁）沈约撰：《宋书》，北京：中华书局，1974年版，第879页。

二、《宋书·五行志》的史料来源

《宋书·五行志》接续《续汉书·五行志》，灾异记录上自曹魏建立（公元220年）下至刘宋亡国（公元479年），包括魏晋宋三朝。其史料来源主要有三：一是三朝的灾异记录与奏报，二是前贤撰作的三朝史书，三是前贤撰作的笔记小说。[①]

（一）灾异记录与奏报

魏晋南北朝存在着官方灾异记录与奏报制度。中央方面，负责灾异记录与奏报的官员为太史及其下属。地方方面，负责灾异记录与奏报的官员主要为各级地方长官及风俗巡查官员。

从《宋书·五行志》来看，官方记录与奏报的灾异包括：① 日食、马生角、雌鸡化雄等自然异象；② 地震、大风、干旱、大水、蝗灾等自然灾害；③ 服妖等社会异象；④ 战争与自然灾害等因素诱发的社会性灾害，如大疫。

有些灾异可以寻绎出其奏报来源。《宋书·五行志》载："晋安帝隆安四年十月，梁州有马生角，刺史郭铨送示都督桓玄。"[②]可以看出，隆安四年（公元400年）的梁州马生角异象是由刺史郭铨呈送给桓玄的。

有些灾异源自地方祥瑞送献与奏报。如晋武帝太康六年（公元285年）南阳送的两足虎，太康七年（公元286年）河间王司马颙送的四角兽，太康九年（公元288年）荊州送献的两足玃，宋孝武帝大明七年（公元463年）永平郡送的三角羊。这些"祥瑞"被史臣认为是妖眚。

（二）前贤撰作史书

《宋书·五行志》的一些灾异记录取自前贤所撰作的史书，如孙盛《晋阳

---

① 游自勇：《天道人妖：中古〈五行志〉的怪异世界》，首都师范大学博士学位论文，2006年，第65—70页。

② （梁）沈约撰：《宋书》，北京：中华书局，1974年版，第1003页。

秋》、干宝《晋纪》、王隐《晋书》、习凿齿《汉晋春秋》、陈寿《三国志》等。

孙盛，《晋书》有传。其人博学，善谈名理，撰写了《晋阳秋》《易象妙于见形论》《魏氏春秋》以及医卜诗赋论方面的著作。《宋书·五行志》"木不曲直"条所载的太庙梁折源自《晋阳秋》。《晋阳秋》云："四月新庙乃成，十一月庚寅，梁又折。孙盛曰：于时后宫殿有孽火，又庙梁无故自折。先是帝多不豫，益恶之。明年，帝崩，而王室频乱，遂亡天下。"①

"毛虫之孽"条载"麏见于乐贤堂"亦源自《晋阳秋》，孙盛视之为祥瑞：

> 咸和六年春正月丁巳，会州郡秀才于乐贤堂，有麏见于前，孙盛以为吉祥，曰："夫秀孝，天下之彦士；乐贤堂，所以乐养贤也。自丧乱以后，风教陵夷，秀孝策试，乏四科之实。麏兴于前，或斯故乎？"②

《宋书·五行志》"恒旸"条载晋愍帝在位时的大旱，并明确表明史料源自《晋阳秋》："《晋阳秋》云：'愍帝在西京，旱伤荐臻。'无注记年月也。"③还有咸康三年的"地生毛"记载亦源于《晋阳秋》。

《宋书·五行志》灾异记录的一些史料源自王隐所撰的《晋书》。王隐《晋书》设立了《瑞异记》。《宋书·五行志》"鸡祸"条所载的晋惠帝元康六年雄鸡坠坑即采自《瑞异记》："惠帝元康六年，陈国有鸡生雄鸡无翅，既大，坠坑而死。王隐以为雄者胤嗣子之象，坑者地事为母象。今鸡生无翅，坠坑而死，此子无羽翼，为母所陷害乎！于后贾后诬杀愍怀，殆其应也。"④再如元康九年的异常日象也是采自王隐《晋书·瑞异记》，不过文字有些差异。

《宋书·五行志》的1条灾异记录可能源于陈寿的《三国志》或习凿齿的《汉晋春秋》。《汉晋春秋》起自汉光武帝，下至晋愍帝。⑤《宋书·五行志》

① （清）汤球：《晋阳秋辑本》，上海：商务印书馆，1937年版，第18页。
② （清）汤球：《晋阳秋辑本》，上海：商务印书馆，1937年版，第40页。
③ （梁）沈约撰：《宋书》，北京：中华书局，1974年版，第907页。
④ （清）汤球：《晋阳秋辑本》，上海：商务印书馆，1937年版，第225页。
⑤ 《隋书·经籍志》作《汉晋阳秋》。

载，刘备去世未满一月，刘禅即改年号为“建兴”。《三国志》云：“礼，国君继体，踰年改元，而章武之三年，则革称建兴，考之古义，体理为违。”[①]依陈寿之见，袭位的国君应该满一年后改元，刘禅改元之举不合古义。习凿齿也承此论，《宋书·五行志》引习凿齿之论曰：“礼，国君即位逾年而后改元者，缘臣子之心，不忍一年而有二君也。今可谓亟而不知礼矣。君子是以知蜀之不能东迁也。”[②]

《三国志》是《宋书·五行志》的史料来源之一。《宋书·五行志》“貌不恭”条载：“魏尚书邓飏，行步弛纵，筋不束体，坐起倾倚，若无手足。此貌之不恭也。管辂谓之鬼躁。”[③]其原始史料来自管辂之弟管辰撰著的《管辂别传》。《三国志》裴松之注曾引《管辂别传》，管辂称邓飏“筋不束骨，脉不制肉，起立倾倚，若无手足，谓之鬼躁”。[④]

《宋书·五行志》“金沴木”条载：“魏文帝黄初七年正月，幸许昌。许昌城南门无故自崩，帝心恶之，遂不入，还洛阳。”[⑤]《三国志·魏书》载：“七年春正月，将幸许昌，许昌城南门无故自崩，帝心恶之，遂不入。壬子，行还洛阳宫。”[⑥]二书文字略相似。

《宋书·五行志》“草妖”条载，吴孙皓天纪三年，有鬼目菜生于建业工人黄狗家，又有荬菜生于工人吴平家。此事见载于陈寿《三国志》，只不过《三国志》记黄狗之名作“黄耉”，“荬菜”作“買菜”。

《宋书·五行志》“诗妖”条载，孙皓遣使者祭石印山山神，使者以丹书岩。[⑦]此事见载于陈寿《三国志》正文。裴松之注引《江表传》言之甚详。《江表传》作者为西晋虞溥。《江表传》曰：“历阳县有石山临水……俗相谓之石印。

① （晋）陈寿撰，（宋）裴松之注：《三国志》，北京：中华书局，1959年版，第902页。
② （梁）沈约撰：《宋书》，北京：中华书局，1974年版，第899页。
③ （梁）沈约撰：《宋书》，北京：中华书局，1974年版，第883页。
④ （晋）陈寿撰，（宋）裴松之注：《三国志》，北京：中华书局，1959年版，第821页。
⑤ （梁）沈约撰：《宋书》，北京：中华书局，1974年版，第893页。
⑥ （晋）陈寿撰，（宋）裴松之注：《三国志》，北京：中华书局，1959年版，第86页。
⑦ （梁）沈约撰：《宋书》，北京：中华书局，1974年版，第913—914页。

又云，石印封发，天下当太平。下有祠屋，巫祝言石印神有三郎。时历阳长上表上言石印发，皓遣使以太牢祭历山。巫言，石印三郎说‘天下方太平’。使者作高梯，上看印文，诈以朱书石作二十字，还以启皓。皓大喜曰：‘吴当为九州作都、渚乎！从大皇帝逮孤四世矣，太平之主，非孤复谁？’重遣使，以印绶拜三郎为王，又刻石立铭，褒赞灵德，以答休祥。”①历阳山石文里有“四世治，太平始”之言，孙皓以为指的是自己，却不料吴国亡于自己，黄旗紫盖最终入洛。

《晋中兴书·征祥说》也是《宋书·五行志》的史料来源之一。《宋书·五行志》与《征祥说》相似之处包括“服妖”条之羽扇、豹尾、司马道子，“金沴木”条之吴郡米廪无故自坏，“言之不从”之“假头”，“恒旸”条之“隆安四年五月旱”，“诗妖”条之“升平不满斗”谣、“青青御路杨”谣、“凤凰生一雏”谣、“官家养芦化成荻”谣，“犬”祸条之吴郡地中犬，“火不炎上”条之尚书下舍曹火灾，“草妖”条之宫城上与御道左右生蒺藜，“羽虫之孽”条之五鸥鸟集殿庭与鹊巢太极殿东头鸱尾，“羊祸”条之羊无后足，“水不润下”条之咸安元年涛水入石头，“雷震”条之元兴三年巴陵雷震，“山崩地裂陷”条之庐山西北崖崩，“射妖”条之琅琊王射马，“龙蛇之孽”条之武昌大蛇等。《宋书》称何法盛曾校书东宫。《南史》称何法盛盗郗绍《晋中兴书》，窃为己有，何法盛《晋中兴书》遂流传于世。沈约应阅读过《晋中兴书》或相关史料。

（三）前贤所撰之笔记小说

《宋书·五行志》的一些史料源于前人所撰之杂著，譬如《搜神记》《幽明录》《异苑》等。《隋书·经籍志》将此类著作归入“杂传”，今人统称为小说。《竹书纪年》已有小说入史之风。《三国志》裴松之注引《神仙传》《搜神记》《管辂传》《傅子》等著作入史。

游自勇指出，《宋书·五行志》史料见于《搜神记》的有47条。除《搜神

① （晋）陈寿撰，（宋）裴松之注：《三国志》，北京：中华书局，1959年版，第1171—1172页。

记》外,《宋书·五行志》的一些史料亦见于《幽明录》与《异苑》。

《异苑》与《宋书·五行志》相似者计11条，分别为“武库火”“山阴县钱船”“衣中火光”“玉马缺口齿”“洛城二鹅”“照镜无面”“盼刀相”“义熙火灾”“借头”“孙恩乱兆”“贾谧伏诛”。《异苑》卷四“照镜无面”条载:“晋安帝义熙三年，殷仲文为东阳太守。尝照镜，不见其面，俄而难及。”[①]同卷“盼刀相”条云:“元帝永昌元年，丹阳甘卓将袭王敦，既而中止。及还家，多变怪；自照镜，不见其头。”[②]“照镜无面”与“盼刀相”条皆见于《宋书·五行志》“金不从革”条，且皆断为“金失其性”之灾。日常生活中，照镜无面可能因铜镜长久未磨之故。《异苑》所传说的照镜无面其实是源于征兆信仰。《异苑》卷二“山阴县钱船”也见于《宋书·五行志》“金不从革”条，主要讲述地下出土的古钱不翼而飞之事。如若其事属实的话，可能是古钱风化所致。

《幽明录》的数则史料亦见于《宋书·五行志》。一是“鼠呼王周南”，二是石虎时大武殿人像头缩入肩中，三是“刘斌为吴郡”。“鼠呼王周南”亦见于《搜神记》,游自勇断其出自《搜神记》。[③]“人像头缩入肩中”与“刘斌为吴郡”的文字与《宋书·五行志》基本无异。

以“刘斌为吴郡”为例，其主要故事情节是讲述刘斌治理吴郡时，一娄县女子夜乘风雨至吴郡，自称天使，并要求刘斌迎接她，否则刘斌必有凶祸。后二十余日，刘斌果被诛。[④]刘斌是刘宋彭城王刘义康之党羽。刘义康因“陵上”于元嘉十七年（公元470年）徙废。同年，刘斌被诛。《宋书·五行志》“金沴木”条载，元嘉十七年，吴郡郡堂西头鸱尾无故落地，还未修理完毕，东头鸱

① （南朝宋）刘敬叔:《异苑》，见上海古籍出版社编:《汉魏六朝笔记小说大观》，上海：上海古籍出版社，1999年版，第628页。

② （南朝宋）刘敬叔:《异苑》，见上海古籍出版社编:《汉魏六朝笔记小说大观》，上海：上海古籍出版社，1999年版，第629页。

③ 游自勇:《天道人妖：中古〈五行志〉的怪异世界》，首都师范大学博士学位论文，2006年，第69页。

④ （南朝宋）刘义庆:《幽明录》，见上海古籍出版社编:《汉魏六朝笔记小说大观》，上海：上海古籍出版社，1999年版，第728—729页。

尾又落地。[①]《宋书·五行志》所载“刘斌为吴郡”史料底本应为《幽明录》。《幽明录》记娄县女“自觉去家止一炊顷”。[②]《宋书·五行志》记作“自觉去家正炊顷”，[③]应当是抄写之误。史臣误将“止一炊顷”抄写成“正炊顷”。

晋宋笔记小说不是一种虚构性写作，而是一种传说采录。干宝“采访近世之事”撰作《搜神记》，其目的是“发明神道之不诬”。早期笔记小说与史书中的《五行志》存在着紧密关系。《五行志》采录部分笔记小说，这显示了撰史者对其真实性的信任。二者都以征应观念为基础。当然，《五行志》的采录具有政治性。刘宋朝与刘斌相关的二事（鸱尾坠地与娄县女自称天使）被采录就是很好的例证。

三、《宋书·五行志》的史料解释

《宋书·五行志》所记录的史料有给予解释与不作解释两种情况。以地震为例，“吴孙权嘉禾六年五月，江东地震”。[④]这一史料属于纯粹的史实记录，没有附加性解释。“吴孙权赤乌十一年二月，江东地仍震。是时权听谗，寻黜朱据，废太子。”[⑤]这一史料之后就附加了解释。史臣认为此次地震是孙权黜朱据与废太子之征。《宋书·五行志》的解释又可以分两种情况，一种是引据前人解释，一种是自创解释。正如沈约所言：“凡已经前议者，并即其言以释之；未有旧说者，推准事理，以俟来哲。”[⑥]

（一）引据干宝之说

《宋书·五行志》引据次数较多者为干宝之解释，计29条。《搜神记》卷

---

① （梁）沈约撰：《宋书》，北京：中华书局，1974年版，第894页。
② （南朝宋）刘义庆撰：《幽明录》，见上海古籍出版社编：《汉魏六朝笔记小说大观》，上海：上海古籍出版社，1999年版，第727页。
③ （梁）沈约撰：《宋书》，北京：中华书局，1974年版，第1008页。
④ （梁）沈约撰：《宋书》，北京：中华书局，1974年版，第990页。
⑤ （梁）沈约撰：《宋书》，北京：中华书局，1974年版，第991页。
⑥ （梁）沈约撰：《宋书》，北京：中华书局，1974年版，第880页。

十二专记变怪之物。卷首阐述了干宝的“变化论”:“天有五气，万物化成。木清则仁，火清则礼，金清则义，水清则智，土清则思，五气尽纯，圣德备也。木浊则弱，火浊则淫，金浊则暴，水浊则贪，土浊则顽：五气尽浊，民之下也。……故腐草之为萤也，朽苇之为蛬也，稻之为蛩也，麦之为蝴蝶也，羽翼生焉，眼目成焉，心智在焉，此自无知化为有知而气易也。隺之为獐也，蛬之为虾也，不失其血气而形性变也。若此之类，不可胜论。应变而动，是为顺常。苟错其方，则为妖眚。故下体生于上，上体生于下，气之反者也；人生兽，兽生人，气之乱者也；男化为女，女化为男，气之贸者也。”①干宝认为，天有五气，气有清浊之分，五气清浊影响人之德性，气易而物变，气变有顺、反、乱、贸之分。干宝“变化论”的直接思想渊源是汉代董仲舒、刘安集团、王充、郑玄等人的思想。干宝先论天有五气（即天有五行之气），接着运用阴阳二气说指出气有清浊。之后，干宝又运用了《淮南子》的地气决定论指出人之所食决定了其秉性。接着干宝指出，气顺为常，气反、气乱、气贸则产生妖眚。以鲁牛哀化虎为例，干宝论述道:“方其为人，不知其将为虎也；方其为虎，不知其常为人也。”②这一论调与《淮南子·俶真篇》的论调相似:“方其为虎也，不知其尝为人也；方其为人，不知其且为虎也。”③《搜神记》卷六卷首论“妖怪”曰：“妖怪者，盖精气之依物者也。气乱于中，物变于外，形神气质，表里之用也，本于五行，通于五事。虽消息升降，化动万端，其于休咎之征，皆可得域而论矣。”④这一论述与卷十二卷首的论述是一致的，都是以气变解释“妖怪”现象。

干宝的解释分别见于《宋书·五行志》“木不曲直”“服妖”“龟孽”“言之不从”“鸡祸”“恒旸”“诗妖”“毛虫之孽”“白眚白祥”“火不炎上”“草妖”“赤眚赤祥”“鱼孽”“地震”“龙蛇之孽”“人痾”诸条。妖、孽、祸、痾、眚、祥与气变之间的逻辑联系为何？可以用郑玄之释作解，《续汉书·五行志》

① （晋）干宝撰，汪绍楹校注:《搜神记》，北京：中华书局，1979年版，第146—147页。
② （晋）干宝撰，汪绍楹校注:《搜神记》，北京：中华书局，1979年版，第147页。
③ 何宁撰:《淮南子集释》，北京：中华书局，1998年版，第100页。
④ （晋）干宝撰，汪绍楹校注:《搜神记》，北京：中华书局，1979年版，第67页。

引郑玄释“惟金沴木”:“沴，殄也。凡貌、言、视、听、思、心一事失，则逆人之心，人心逆则怨，木、金、水、火、土气为之伤。伤则冲胜来乘殄之，于是神怒人怨将为祸乱。故五行先见变异，以谴告人也。及妖、孽、祸、痾、眚、祥皆其气类，暴作非常，为时怪者也。各以物象为之占也。”①郑玄的解释以气论为基础，气包括五行之气。其逻辑是五事失则人心怨，人心怨则五气伤，伤则相克之气来殄，五行先失其性，其后出现妖、孽、祸、痾、眚、祥。干宝的五气说与郑玄五气说存在着思想亲缘关系。

以丞相府督运令史淳于伯之死为例，《宋书·五行志》“恒旸”“赤眚赤祥”条皆载此事。“恒旸”条载:“干宝曰:‘杀伯之后旱三年’是也。”②“赤眚赤祥”条载，淳于伯被斩后，血逆流上柱二丈三尺。之后，连续三年大旱，“干宝以为冤气之应也”。③这是干宝以气变解释灾异的直接例证。

干宝的解释以引譬连类的思维机制为基础。譬如，《宋书·五行志》“龟孽”条载，晋惠帝永熙初，卫瓘家的饭堕地化为螺。《宋书·五行志》引干宝之释曰:“螺被甲，兵象也。于《周易》为《离》,《离》为戈兵。”④干宝的思维步骤可分为两步：一是螺带甲壳象征着兵士，这是隐喻思维；二是由兵士联想到战斗与诛杀，这是转喻思维。《宋书·五行志》“白眚白祥”条载，晋惠帝太安元年（公元302年），传闻丹阳郡夏架湖“有大石浮二百步而登岸”，民众惊传“石来”。干宝认为这是石冰入建业之征。石冰是张昌的部下，石冰曾于太安二年（公元303年）攻破扬州，其后石冰为陈敏所败。由“石”想到“石冰”，这是联想思维在起作用。

干宝的一些解释还结合了数术观念。《宋书·五行志》“毛虫之孽”条载，晋武帝太康六年，南阳送两足虎。依干宝之释，虎为金兽，南阳为火名，南阳送两足虎是金精入火之象，预示着晋王室之乱。干宝还指出，“太康六年”之

①（晋）司马彪撰，（梁）刘昭注补:《后汉书志》，北京：中华书局，1965年版，第3267页。
②（梁）沈约撰:《宋书》，北京：中华书局，1974年版，第907页。
③（梁）沈约撰:《宋书》，北京：中华书局，1974年版，第947页。
④（梁）沈约撰:《宋书》，北京：中华书局，1974年版，第891页。

"六"为水数，预示着水数达到极点，火得以兴旺，而金为火所败，而太康六年至元康九年太子遭杀害计十四年，武帝登位至愍帝、怀帝被废计三十五年。①

（二）引据京房之说

《宋书·五行志》引据次数最多者为京房之说，计46条，其中《易传》34条、《易妖》10条、京房占2条。若将高堂隆所引1条《易传》计入，《宋书·五行志》引据京房之说的次数共47次。在分析《续汉书·五行志》时，笔者曾指出京房占筮理论可操作性强。以动物占为例，《续汉书·五行志》"服妖"条曾引京房《易传》评论冠狗带绶之风，《宋书·五行志》再引京房《易传》之言（"君不正，臣欲篡，厥妖狗出朝门"②）评论公孙渊家狗冠帻绛衣上屋之事。再如"羽虫之孽"，《宋书·五行志》载：魏文帝黄初四年（公元223年）五月，鹈鹕鸟集灵芝池。③"鹈鹕集灵芝池"本无足异。但因《诗经·国风·曹风》中有《候人》一诗，且《毛诗》以为，《候人》是"刺近小人"之诗。《候人》二三章云："维鹈在梁，不濡其翼。彼其之子，不称其服。维鹈在梁，不濡其咮。彼其之子，不遂其媾。"④据郑玄笺释，鹈鹕"不濡其翼"喻"小人在朝亦非其常"。⑤由于"鹈鹕"关涉到"远君子而好近小人"的政治文化含义，故魏文帝下诏举贤。《宋书·五行志》引京房《易传》评论"鹈鹕集灵芝池"现象："辟退有德，厥妖水鸟集于国井。"⑥

再如"羊祸"条载，晋成帝咸和二年（公元327年）五月，司徒王导家出生的羊没有后足。《宋书·五行志》引京房《易传》："足少者，下不胜任也。"⑦《宋书·五行志》以为，这是次年苏峻攻入京都而幽禁王导与晋成帝之征。

① （梁）沈约撰：《宋书》，北京：中华书局，1974年版，第921页。
② （梁）沈约撰：《宋书》，北京：中华书局，1974年版，第922页。
③ （梁）沈约撰：《宋书》，北京：中华书局，1974年版，第991页。
④ 李学勤主编：《毛诗正义》，北京：北京大学出版社，1999年版，第474页。
⑤ 李学勤主编：《毛诗正义》，北京：北京大学出版社，1999年版，第474页。
⑥ （梁）沈约撰：《宋书》，北京：中华书局，1974年版，第941页。
⑦ （梁）沈约撰：《宋书》，北京：中华书局，1974年版，第945页。

《宋书·五行志》所引《易传》原文（“足少者，下不胜任也”）。又见于《汉书·五行志》，本为解释《睽》卦（䷥）上九爻辞之文：“‘睽孤，见豕负涂’，厥妖人生两头。下相攘善，妖亦同。人若六畜首目在下，兹谓亡上，正将变更。凡妖之作，以谴失正，各象其类。二首，下不壹也；足多，所任邪也；足少，下不胜任，或不任下也。……”[①]《宋书·五行志》“豕祸”条载，晋愍帝建武元年（公元317年），“有豕生八足”。[②]《宋书·五行志》引京房《易传》（“足多者，所任邪也”）释之。《宋书·五行志》以为，“豕生八足”为“刘隗之变”的征兆。晋元帝为制衡王敦，信用刘隗与刁协。永昌元年（公元322年），王敦以讨刘隗为名举兵，刘隗兵败，逃亡后赵。

《宋书·五行志》“牛祸”条载，晋元帝太兴元年（公元318年），武昌太守王谅家的牛产下连体牛犊，“两头八足两尾共一腹”。[③]《宋书·五行志》再次引用“足多者，所任邪也”这一论断，但未具体指明所批评的政治人物。值得注意的是，晋成帝咸和七年（公元332年），同样是两头八足二尾共身的“牛祸”，《宋书·五行志》却引京房《易传》：“杀无罪，则牛生妖。”[④]同时没有说出杀的是哪一个无罪之人。

《宋书·五行志》“马祸”条载，晋武帝太熙元年（公元290年），辽东出现马生角异象。马生角，可能是一种角质增生性损害。《宋书·五行志》先引刘向之说断为“兵象”，再引两则京房《易传》，一是“臣易上，政不顺，厥妖马生角”，二是“天子亲伐，马生角”。[⑤]接着又引《吕氏春秋》“马生角”乃“人君失道”之说。但只是罗列说法，并无具体批评。

（三）引据刘向之说

《宋书·五行志》引据刘向之说共28条，分别见于“木不曲直”“恒

---

① （汉）班固撰，（唐）颜师古注：《汉书》，北京：中华书局，1962年版，第1473—1474页。
② （梁）沈约撰：《宋书》，北京：中华书局，1974年版，第973页。
③ （梁）沈约撰：《宋书》，北京：中华书局，1974年版，第988页。
④ （梁）沈约撰：《宋书》，北京：中华书局，1974年版，第988页。
⑤ （梁）沈约撰：《宋书》，北京：中华书局，1974年版，第1003页。

雨”“恒寒”“稼穑不成”“地震”等条目。刘向说灾异主要见于《春秋说》《洪范灾异传记》及其奏疏。

《宋书·五行志》称引《春秋说》共2条。“稼穑不成”条载，吴国孙皓在位时，连年无水旱之灾却没有获得丰收，老百姓饿着肚子。《宋书·五行志》引刘向《春秋说》:“水旱当书，不书水旱，而曰大无麦禾者，土气不养，稼穑不成。”①此条引文亦见于《汉书·五行志》。《左传》载，鲁庄公二十八年冬，修筑郿城，“大无麦禾”，②鲁国大夫臧文仲向齐国求助。《宋书·五行志》认为吴国连年歉收的原因在于孙皓更都无定，修建新馆与苑囿，违反了时令，“犯暑妨农”。③

《宋书·五行志》“夜妖”条载，魏元帝景元三年（公元262年）十月，洛阳大地震，白天昏暗无光。《宋书·五行志》引刘向《春秋说》:“天戒若曰，勿使大夫世官，将令专事，冥晦。明年，鲁季友卒，果世官而公室卑矣。”④《左传》载，僖公十五年（公元前645年）九月乙卯，“晦，震夷伯之庙”。⑤夷伯为鲁国世袭大夫，刘向以为，晦与震显示老天爷的告诫——不要让大夫世袭官职，否则将令其专权。《宋书·五行志》以为，魏元帝时的夜妖是晋代魏之征。

《宋书·五行志》所引还有未明确指出引文源自刘向《春秋说》，却与《春秋》史事相关的刘向灾异说。“鼓妖”条载，晋惠帝元康九年（公元299年）三月，许昌城出现像牛叫一样的声音。《宋书·五行志》认为这是太子被废与被杀害之征。春秋时代，晋文公棺柩中有声如牛。其后，晋国伏击秦军，爆发了“崤之战”。刘向将“有声如牛”视为“鼓妖”，《宋书·五行志》引刘向之说曰:“声如此，怒象也。将有急怒之谋，以生兵甲之祸。”⑥

① （梁）沈约撰:《宋书》，北京：中华书局，1974年版，第980页。
② 李学勤主编:《春秋左传正义》，北京：北京大学出版社，1999年版，第288页。
③ （梁）沈约撰:《宋书》，北京：中华书局，1974年版，第980页。
④ （梁）沈约撰:《宋书》，北京：中华书局，1974年版，第986页。
⑤ 李学勤主编:《春秋左传正义》，北京：北京大学出版社，1999年版，第371页。
⑥ （梁）沈约撰:《宋书》，北京：中华书局，1974年版，第969页。

（四）其他

《宋书·五行志》还引据董仲舒、刘歆、班固、司马彪、高堂隆、孙盛、郭璞等人的说法。这些人有些是知名的儒家经师，有些是知名的历史学家，有些是灾异解说的历史当事人。

《宋书·五行志》2次引用傅玄之说。傅玄，《晋书》有传。傅玄曾“撰论经国九流及三史故事，评断得失，各为区例”，名为《傅子》，记数十万言，今大多已散佚。“服妖”条载，曹操曾下令裁缣帛制白帢。《宋书·五行志》引傅玄之论："白乃军容，非国容也。"[①]傅玄之论见《三国志》裴松之注，裴注引《傅子》曰："汉末王公，多委王服，以幅巾为雅，是以袁绍、（崔豹）［崔钧］之徒，虽为将帅，皆着缣巾。魏太祖以天下凶荒，资财乏匮，拟古皮弁，裁缣帛以为帢，合于简易随时之义，以色别其贵贱，于今施行，可谓军容，非国容也。"[②]汉代成年士人戴冠，劳动者戴帻或用布包头。一些士人也喜欢裹幅巾。官渡之战战败后，袁绍裹幅巾乘马渡河，仓皇而逃，取其简便而已。魏晋时，幅巾越来越流行。晋代的幅巾样式，可以在南京西善桥出土的砖刻“竹林七贤”图中见到。[③]

《宋书·五行志》“服妖”条又载，何晏喜欢穿着妇人之服。《宋书·五行志》引傅玄之论曰："此服妖也。"[④]何晏好谈老庄，与曹爽同党，后因人揭发曹爽、何晏、邓飏等人谋反，何晏遂被诛。

《宋书·五行志》4次引用郭璞之说。郭璞，字景纯，《晋书》称其“词赋为中兴之冠”“妙于阴阳算历”，撰《洞林》《新林》《卜韵》，又为《尔雅》《山

① （梁）沈约撰：《宋书》，北京：中华书局，1974年版，第886页。

② （晋）陈寿撰，（宋）裴松之注：《三国志》，北京：中华书局，1959年版，第54页。引文之所以出现“（崔豹）［崔钧］之徒”字句，可参阅《〈三国志〉出版说明》："本书中可疑及难解的字句……我们把它改了，不敢说改的一定对，所以加上圆括号（表示删的）和方括号（表示增的）两种符号，表明原本的字和校改的字。"见（晋）陈寿撰，（宋）裴松之注：《三国志》，北京：中华书局，1959年版，第5—6页。

③ 孙机著：《中国古舆服论丛》，北京：文物出版社，2001年版，第206页。

④ （梁）沈约撰：《宋书》，北京：中华书局，1974年版，第886页。

海经》《穆天子传》《楚辞》等典籍作注，记数十万言。郭璞曾为温峤与庾亮占卜吉凶，郭璞称“大吉”。郭璞占王敦起事，不敢有言。因此，温峤与庾亮下决心讨伐王敦。其后，郭璞为王敦所杀。《宋书·五行志》“毛虫之孽”条载，晋怀帝永嘉五年（公元311年）延陵出现偃鼠。[①]《宋书·五行志》引郭璞之论曰：“此郡东之县，当有妖人欲称制者，亦寻自死矣。”[②]

《宋书·五行志》“草妖”条载，郭璞占筮延陵偃鼠，“遇《临》之《益》”，即本卦为《临》卦（䷒），变卦为《益》卦（䷩）。《宋书·五行志》引郭璞之言曰：“后当复有妖树生，若瑞而非，辛螫之木也。傥有此，东南数百里必有作逆者。”[③]同条记录载，永嘉六年（公元312年）五月，无锡县有四株茱萸树状若连理。依郭璞之见，无锡茱萸树连理并非瑞树，乃妖树，是“木不曲直”的表现。《宋书·五行志》将延陵偃鼠与无锡茱萸二事的事应定为徐馥作乱。徐馥原为吴兴郡功曹。吴地豪族周勰结交徐馥，图谋不轨。徐馥纠集徒众数千，以讨王导与刁协为名起事，杀害吴兴太守袁琇。后徐馥为同党所杀。

《宋书·五行志》“赤眚赤祥”条载淳于伯冤死而血逆流之事，史臣引郭璞之言曰：“血者水类，同属于《坎》，《坎》为法家。水平润下，不宜逆流。此政有咎失之征也。”[④]郭璞曾于太兴四年（公元321年）上书称自己在岁首起卦，得《解》之《既济》，即本卦为《解》卦（䷧），变卦为《既济》卦（䷾）。《解》卦与《既济》卦皆有《坎》卦，《坎》的卦象为水、法、月。故郭璞在奏疏中说：“……案爻论思，方涉春木王龙德之时，而为废水之气来见乘，加升阳未布，隆阴仍积，《坎》为法象，刑狱所丽，变《坎》加《离》，厥象不烛。以义推之，皆为刑狱殷繁，理有壅滥。”[⑤]《宋书·五行志》所引“《坎》为法家”疑为“《坎》为法象”之讹。《晋书》中，郭璞的奏疏提到淳于伯血逆流之事。《宋书·五行志》与《晋书》所引文字相差甚多，其主旨却大体一致，都在指

① 《晋书》记作“鼯鼠出延陵”。
② （梁）沈约撰：《宋书》，北京：中华书局，1974年版，第921页。
③ （梁）沈约撰：《宋书》，北京：中华书局，1974年版，第939页。
④ （梁）沈约撰：《宋书》，北京：中华书局，1974年版，第947页。
⑤ （唐）房玄龄等撰：《晋书》，北京：中华书局，1974年版，第1902页。

出政有咎失。

《宋书·五行志》引据王肃之说1次。王肃为王朗之子。王肃服膺贾逵与马融之学，不喜郑玄之学，曾为《尚书》《诗经》《论语》《三礼》《左传》作解，并修订父亲王朗所作《易传》。除此之外，王肃还有论驳朝廷典制、郊祀、宗庙、丧纪、轻重之文百余篇。《宋书·五行志》载，魏齐王嘉平四年（公元252年）五月，有两条鱼出现于武库房屋上。《宋书·五行志》引王肃之言曰："鱼生于水，而亢于屋，介鳞之物，失其所也。边将其殆有弃甲之变乎！"[①]此言亦见于《三国志》。《三国志》载，有两条一尺长的鱼出现于武库房屋，有官员认为这是祥瑞，王肃却不以为然，他认为这是边将有"弃甲之变"的征兆。当年十二月，诸葛恪大破魏军于东关。《宋书·五行志》所援引的王肃评论应出自《三国志》。不过，《宋书·五行志》在援引王肃之说后，又援引了干宝之说。干宝认为，"二鱼见于武库"为高贵乡公曹髦遭兵祸之应。

《宋书·五行志》引据扈谦之说1次。扈谦为术士，曾为晋废帝与晋简文帝卜筮。他曾预言晋废帝被废。晋穆帝升平末年，社会流传《廉歌》。扈谦认为"廉"即"临"，《廉歌》预示着皇帝驾崩。

《宋书·五行志》引据孟颢之说1次。孟颢，字彦重，曾任东阳太守、吴郡太守、会稽太守、丹阳太守、侍中、尚书仆射等职。孟颢事佛精恳，而为谢灵运所轻视，与谢灵运不睦。孟颢曾两次上言祥瑞，分别是"黄龙见会稽"与"白乌见吴郡娄县"。司马元显掌政时，社会上流传两首谶诗。其一："当有十一口，当为兵所伤。木亘当北度，走入浩浩乡。"其二："金刀既以刻，娓娓金城中。"[②]孟颢以为，"木亘"即"桓"，"十一口"即"玄"，"金刀"指"刘"。桓玄为刘裕等人所破，逃往关洛，故云"走入浩浩乡"。

《宋书·五行志》引据步骘之说1次。《宋书·五行志》载，吴孙权赤乌二年（公元239年）正月，江东发生地震。步骘上疏弹劾吕壹："伏闻校事，吹毛

① （梁）沈约撰：《宋书》，北京：中华书局，1974年版，第970页。

② （梁）沈约撰：《宋书》，北京：中华书局，1974年版，第919页。

求瑕，趣欲陷人，成其威福，无罪无辜，横受重刑，虽有大臣，不见信任。如此，天地焉得无变。故嘉禾六年、赤乌二年，地连震动，臣下专政之应也。冀所以警悟人主，可不深思其意哉。”[①]《宋书·五行志》所引应出自《三国志》，引文为步骘奏疏全文的简写。步骘先指出典校文书者吹毛求疵陷人以罪：“伏闻诸典校擿抉细微，吹毛求瑕，重案深诬，辄欲陷人以成威福；无罪无辜，横受大刑，是以使民跼天蹐地，谁不战慄？”[②]接着步骘对比古今，声称古代任命贤人担任狱官，当今却任命轻忽人命的小臣担任，要纠正冤假错案应该向顾雍、陆逊、潘濬咨询。步骘还分析了灾祥缘由，若政令顺时，官得其人，则“阴阳和平，七曜循度”，而今却发生旱灾与地震，这是亢阳与臣下专政的缘故：“至于今日，官寮多阙，虽有大臣，复不信任，如此天地焉得无变？故频年枯旱，亢阳之应也。又嘉禾六年五月十四日，赤乌二年正月一日及二十七日，地皆震动。地阴类，臣之象，阴气盛故动，臣下专政之故也。”[③]

《宋书·五行志》引据高堂隆之说3次。高堂隆，《三国志》有传。高堂隆曾担任过散骑常侍、侍中、太史令，曾为筑宫室事数谏魏明帝。魏明帝在位时大兴土木，修建洛阳宫、昭阳殿、太极殿、总章观、陵霄阙，还从长安取来大钟。崇华殿发生火灾，高堂隆引京房《易传》谏魏明帝。魏明帝不听，复建崇华殿。后因地方官上报九龙之瑞，崇华殿改名九龙殿。修建陵霄阙时，有鹊鸟在阙上筑巢。魏明帝询问高堂隆之见。高堂隆认为，鹊在陵霄阙上筑巢乃宫室未成而身不得居之象，显示了上天的警告：“天意若曰，宫室未成，将有他姓制御之，斯乃上天之戒也。”[④]高堂隆未明言所谓“他姓”为何，其时司马氏有坐大之势，高堂隆之意则不言而明。《宋书·五行志》“羽虫之孽”条载鹊巢陵霄阙之事，史臣认为此事亦属白黑祥，并引高堂隆之言。高堂隆病重，口授奏疏称“人之将死，其言也善”，希望魏明帝以史为鉴，“涣然改往事之过谬，勃

① （梁）沈约撰：《宋书》，北京：中华书局，1974年版，第991页。
② （晋）陈寿撰，（宋）裴松之注：《三国志》，北京：中华书局，1959年版，第1238页。
③ （晋）陈寿撰，（宋）裴松之注：《三国志》，北京：中华书局，1959年版，第1239页。
④ （晋）陈寿撰，（宋）裴松之注：《三国志》，北京：中华书局，1959年版，第710页。

然兴来事之渊塞”。[①]高堂隆指出，黄初之际曾有异类之鸟长于燕巢，“宜防鹰扬之臣于萧墙之内”。[②]他建议挑选曹姓诸王典兵，镇抚皇畿。高堂隆卒，魏明帝让曹爽担任大将军之职，并让曹爽与司马懿担任托孤大臣。其后，曹爽专政，司马懿趁机诛杀曹爽。高堂隆所说的燕巢异鸟之事见载于《宋书·五行志》“羽虫之孽”条。据《宋书·五行志》，所谓“异鸟”其实为鹰，故高堂隆称“宜防鹰扬之臣于萧墙之内”。《宋书·五行志》认为，所谓“鹰扬之臣”指的就是司马懿。

《宋书·五行志》引据杨阜之说2次。杨阜，《三国志》有传，曾任益州刺史、金城太守、武都太守、城门校尉、将作大匠等职。杨阜曾因明帝着绣帽、雷雨震杀鸟雀、伐蜀遇雨等事向魏明帝进谏言。《三国志》载，魏明帝登位之初即修治宫室，选美女入宫，还多次出宫打猎。太和元年（公元227年）秋，大雨震电，多杀鸟雀。杨阜上疏，称引尧、舜、禹、汤、周文王、汉文帝之治，劝谏魏明帝以往鉴来，三思而后行，出宫、入宫需慎重。他指出，大雨震电是上天的谴告：“顷者天雨，又多卒暴雷电非常，至杀鸟雀。天地神明，以王者为子也，政有不当，则见灾谴。”[③]他建议应当为近期所选送美女的将来着想，且缮治应秉持俭约的原则。

表7-2 《宋书·五行志》灾异解说历史当事人简况

历史当事人	朝代	社会身份	知识背景	《宋书·五行志》引据次数	灾　异
高堂隆	魏（三国）	太史令、光禄勋等	儒学	3次	火不炎上、羽虫之孽
杨阜	魏（三国）	城门校尉、将作大匠等	儒学	2次	恒雨、服妖
蒋济	魏（三国）	太尉等	儒学	1次	日食

① （晋）陈寿撰，（宋）裴松之注：《三国志》，北京：中华书局，1959年版，第715页。
② （晋）陈寿撰，（宋）裴松之注：《三国志》，北京：中华书局，1959年版，第716页。
③ （晋）陈寿撰，（宋）裴松之注：《三国志》，北京：中华书局，1959年版，第705页。

（续表）

历史当事人	朝代	社会身份	知识背景	《宋书·五行志》引据次数	灾　异
管辂	魏（三国）	秀才、少府丞等	占筮	2次	貌不恭、恒风
谯周	蜀（三国）	光禄大夫等	研精《六经》，颇晓天文	2次	言之不从、草妖
邓芝	蜀（三国）	车骑将军等	兵法	1次	射妖
张臶	魏（三国）	处士	学兼内外	1次	羽虫之孽
华覈	吴	陵亭侯	儒学	1次	恒风
步骘	吴（三国）	丞相	儒家经传	1次	地震
王肃	魏晋	光禄勋	儒学，善贾马之学	1次	鱼孽
何曾	魏晋	太尉、太傅等	博闻	1次	言之不从
傅玄	魏晋	驸马都尉等	博学善属文，解钟律	2次	服妖
裴楷	魏晋	吏部郎、尚书令	儒学、玄学	1次	地震
郭璞	晋	著作佐郎、尚书郎等	儒学，妙于阴阳算历	4次	诗妖、毛虫之孽、赤眚赤祥、草妖
刘毅	魏晋	司隶校尉，尚书左仆射等	儒学	2次	恒旸，龙蛇之孽
扈谦	晋	术士	占筮	1次	诗妖
陈卓	晋	太史令	天文	1次	日食
董养	晋	处士	儒学	1次	羽虫之孽
吕会	晋	内史	儒学	1次	人痾
孟顗	晋宋	会稽太守	儒学	1次	诗妖

四、《宋书·五行志》灾异解释的特点

《五行志》灾异解释的一大特点是政治性。以五行失性为例，从现代科学眼光来看，五行失性本是自然现象，与政治事件无涉，正如荀子所言："天行有常，不为尧存，不为桀亡。"现代科学秉持的是天人相分的立场，而《五行志》撰作者秉持的是天人合一的立场，所谓"天人之验，理不可诬"。五行失性对应着政治上的缺失。据《五行志》，引发"金失其性"有四个政治因素：好战（"好战功"）；轻视民力（"轻百姓"）；修建城市（"饰城郭"）；侵扰边境（"侵边境"）。《宋书·五行志》"金不从革"条载，晋惠帝永兴元年（公元304年），成都王司马颖伐长沙王司马乂，每夜戈戟锋刃上有火光出现。此事亦见于《搜神记》。《搜神记》视此异象为司马颖败亡之征。其实这是由于戈戟锋刃为金属材质而产生的一种"尖端放电"现象。《宋书·五行志》则认为这是"轻民命，好攻战"引发的"金失其性"。史家进一步引申："天戒若曰，兵犹火也，不戢将自焚。成都不悟，终以败亡。"[①]

再以火灾为例，火灾是古代史书关注较多的一种现象。《左传》把火灾分成两类，一类是人为的火灾，另一类是来自上天的火灾："凡火，人火曰火，天火为灾。"[②]《公羊传》按严重程度划分火灾："大者曰灾，小者曰火。"[③]《五行传》认为，造成"火不炎上"的四个因素是：毁弃法律（"弃法律"）；逐退功臣（"逐功臣"）；杀害太子（"杀太子"）；以妾为妻。京房《易传》也是将火灾原因追溯到政治因素，如"君不思道，厥妖火烧宫"。《宋书·五行志》解释火灾多遵循这一政治解释思路。如将魏明帝太和五年（公元231年）的清商殿火灾归咎为以妾为妻之罚，将吴孙亮太平元年（公元256年）建业火灾解释为弃法律、逐功臣之罚。又如晋孝怀帝永嘉四年（公元310年）襄阳大火，史家认为这是王如以下陵上的缘故。值得注意的是，史家解释有意识地援引董仲舒与刘

① （梁）沈约撰：《宋书》，北京：中华书局，1974年版，第898页。
② 李学勤主编：《春秋左传正义》，北京：北京大学出版社，1999年版，第674页。
③ 李学勤主编：《春秋公羊传注疏》，北京：北京大学出版社，1999年版，第427页。

向之说以增强政治性解释的说服力。譬如晋明帝太宁元年（公元324年）京都发生火灾，史家认为此次大火与董仲舒所解说的《春秋》“陈火”属同一性质。据董仲舒之说，因楚国灭陈国，陈国臣民心怀毒恨，极阴生阳，导致陈国发生火灾。《宋书·五行志》撰史者认为，太宁元年的京都火灾是因为王敦陵上，臣民心怀怨毒，极阴生阳而引发火灾。再如晋惠帝元康八年（公元298年），高原陵发生火灾。高原陵是司马懿的陵墓。汉武帝建元六年（公元前135年），辽东高庙与高原便殿相继发生火灾。董仲舒认为，天灾是上天的谴告，君王须效法上天诛除贵亲与近臣中贵而不正者：“故天灾若语陛下：‘当今之臣，虽敝而重难，非以太平至公，不能治也。视亲戚贵属在诸侯远正最甚者，忍而诛之，如吾燔辽东高庙乃可；视近臣在国中处旁仄及贵而不正者，忍而诛之，如吾燔高原殿乃可’云尔。”[①]《宋书·五行志》认为，元康八年的高原陵火灾缘于贾后与贾谧诬杀太子，撰史者援引干宝之说：“干宝云：‘高原陵火，太子废，其应也。汉武帝世，高原便殿火，董仲舒对与此占同。’”[②]干宝之说不见于今本《搜神记》，清代学者汤球推断此说出自干宝所撰之《晋纪》。总之，《宋书·五行志》撰史者与干宝都认为晋高原陵火灾与汉高原便殿火灾属同一性质。《宋书·五行志》还模仿董仲舒的文风揣摩天意：“天戒若曰，臣妾之不可者，虽亲贵莫比，犹宜忍而诛之，如吾燔高原陵也。”[③]

《五行志》的另一特点是其灾异解释具有神话思维性质。卡西尔认为，科学给予人类一种思想的统一性，宗教和神话则给予人类一种情感的统一性。进而言之，科学展示了一个规律和原则的宇宙，宗教和神话则开始关注生活的普遍性和根本的统一性。[④]以水灾为例，现代科学认为水灾可能是因为雨水过多，江河湖泊的水面增高，堤坝溃决造成的损失。《洪范五行传》却认为，造成水灾的原因是荒废祭祀，违逆时令：“简宗庙，不祷祠，废祭祀，逆天时，则水不

---

① （汉）班固撰，（唐）颜师古注：《汉书》，北京：中华书局，1962年版，第1332页。
② （梁）沈约撰：《宋书》，北京：中华书局，1974年版，第934页。
③ （梁）沈约撰：《宋书》，北京：中华书局，1974年版，第934页。
④ ［德］恩斯特·卡西尔著：《国家的神话》，范进等译，北京：华夏出版社，1999年版，第44—45页。

润下。”[1]信奉科学的现代人会发问：祭祀与水灾何干？违逆时令与水灾何干？要想理解儒家灾异学说须从神话思维的情感性入手。

在儒家灾异学说看来，自然与社会相互关联。还是以水灾为例，鲁庄公十一年（公元前683年），宋国大水。董仲舒认为这是因为鲁国与宋国连年征战，百姓愁怨，阴气过盛，因此导致宋鲁两国都发生大水灾。[2]其推演逻辑是递进式的逻辑，因为“百姓愁怨”，所以“阴气盛”。因为“阴气盛”，所以宋鲁两国都发生水灾。百姓愁怨而阴气盛，这是一种典型的感应思维，与孝感天地、冤感天地、精感天地属于同一性质。董仲舒曾在《春秋繁露》中阐述“同类相动”原理，所谓“美事召美类，恶事召恶类”。其理论来自日常生活经验。譬如天要下雨，人之伤病处相应而痛，天阴使人困卧欲眠，忧伤也使人困卧。在董仲舒看来，这些都是阴气相求的缘故。他总结道：“天有阴阳，人亦有阴阳，天地之阴气起，而人之阴气应之而起，人之阴气起，天地之阴气亦宜应之而起，其道一也。……非独阴阳之气可以类进退也，虽不祥祸福所从生，亦由是也……”[3]也就是说，天人相关，不仅仅阴阳之气以类相动，灾异与祥瑞也是以类相应。

但是这种天人相关更像是一种情感投射，体现了一种对天道的祈望，即希望天道有情，天人之间不是冷冰冰的关系，而是天人有情的关系。正因为人敬天、爱天，故有时不免怨天、恨天。正如《诗经·小雅·节南山》：“昊天不傭，降此鞠讻。昊天不惠，降此大戾。君子如届，俾民心阕。君子如夷，恶怒是违。”[4]诗人怨上天降下灾疫，归咎执政的师尹，希望在位者能够处事公平，那么民众的怨争就会平息。需要指出，周人的天人关系论中，人不是一味听从天，而是含有发扬人的主动性的思想因素，即“明德”思想。《尚书·康诰》云：“惟乃王显考文王，克明德慎罚，不敢侮鳏寡，庸庸，祗祗，威威，

①（梁）沈约撰：《宋书》，北京：中华书局，1974年版，第949页。

②（汉）班固撰，（唐）颜师古注：《汉书》，北京：中华书局，1962年版，第1343页。

③ 苏舆撰，钟哲点校：《春秋繁露义证》，北京：中华书局，1992年版，第360页。

④ 李学勤主编：《毛诗正义》，北京：北京大学出版社，1999年版，第703页。

显民……天乃大命文王，殪戎殷，诞受厥命……”[①]周公认为，周之所以能克殷，是因为文王“明德慎罚”，所以上天命文王灭殷，承受天命。《尚书·康诰》中，“德”字多次出现，如“绍闻衣德言”“若德裕乃身”“告汝德之说于罚之行”“用康乃心，顾乃德，远乃猷”等。《尚书·召诰》指出，夏殷二朝失掉天命是因为不敬德行：“惟不敬厥德，乃早坠厥命。”[②]《尚书·君奭》提出天命不可信赖，只有延续文王美德才能长保天命。《尚书·蔡仲之命》也指出，“皇天无亲，惟德是辅”。西周金文中常见“德”字，如何尊之“龏（恭）德”、大盂鼎之“正德”、史墙盘之“懿德”、虢叔旅钟之“明德”、叔家父簠之“哲德”等。[③]

可以看出，在周人观念中，天已经道德化了，人之德受到极大的重视。正因为对德的重视，所以在处理天人关系（或神人关系）方式上出现了“听于神”与“听于民”之别。《左传》记载，庄公三十二年（公元前662年）七月，有神降于虢国莘地。周惠王向内史过询问缘由，内史过回答说，神的降临是为了监察国家：“国之将兴，明神降之，监其德也；将亡，神又降之，观其恶也。”[④]神在莘地逗留了六月，虢公派人祭拜。史嚚认为虢公之举是亡国之兆：“虢其亡乎！吾闻之：国将兴，听于民；将亡，听于神。神，聪明正直而一者也，依人而行。虢多凉德，其何土之能得！”[⑤]照史嚚之见，神是道德之神，依据人的行为给予相应的报偿，而虢公多凉德，不配拥有土地。

在灾异处理方式上，存在着不同之处。《史记·天官书》指出，应对异常天象方面存在着五种处理方式：“太上修德，其次修政，其次修救，其次修禳，正下无之。”[⑥]我们可以把这五种处理方式移用于灾异应对上。先秦时期，

---

① 李学勤主编：《尚书正义》，北京：北京大学出版社，1999年版，第359—360页。
② 李学勤主编：《尚书正义》，北京：北京大学出版社，1999年版，第399页。
③ 冯时著：《中国古代的天文与人文》，北京：社会科学出版社，2006年版，第249页。
④ 李学勤主编：《春秋左传正义》，北京：北京大学出版社，1999年版，第299页。
⑤ 李学勤主编：《春秋左传正义》，北京：北京大学出版社，1999年版，第300页。
⑥ （汉）司马迁撰，（宋）裴骃集解，（唐）司马贞索隐，（唐）张守节正义：《史记》，北京：中华书局，1959年版，第1351页。

应对灾异的常见方式是举行祈禳仪式以及采取一些荒政举措。先秦时期，修德禳灾已见于思想层面的讨论。《尚书·洪范》对君王的貌、言、视、听、思提出了要求："貌曰恭，言曰从，视曰明，听曰聪，思曰睿。"再如，《鲁邦大旱》提出了"正刑与德"应对旱灾的思想。事实上，先秦时期，修德禳灾很少落实到政治实践中。毕竟祈禳仪式更能缓解民众情感上的需求，荒政则能解决民众遇到的实际困难。在汉代，灾异论中对君王德行的要求才明确落实到政治实践中。需要指出，"失德"与灾异出现的关系是神话思维意义上的关系。

抛开"失德"与"灾异"的关系不论，灾异解释其实就是一种征兆推占，带有数术性质。占卜的历史非常古老，可追溯到新石器时代。内蒙古巴林左旗富河沟门遗址出土的卜骨年代为5 300年前。随着知识的丰富，原始占卜术演化为数术，但还保留着神话思维性质。列维-布留尔认为原始人的思维是一种原逻辑的思维，服从于"互渗律"。他认为，原始人的知觉是神秘的，占卜乃是附加的知觉，占卜致力于发现神秘关系。[①]列维-布留尔是一个坐在摇椅里的哲学家，他的一些观点颇有争议，但其"神秘互渗"概念仍有可取之处。斯坦利·杰亚拉贾·坦比亚承袭了"互渗性"概念并为之注入了新内涵。人类学家埃文思-普里查德在《阿赞德人的巫术、神谕与魔法》一书中曾探讨三棍神谕、摩擦木板神谕、毒药神谕、白蚁神谕等各种形式的赞德神谕。

中国民间信仰中则存在着"卜杯"、祈梦、求签等占卜形式。祖鲁人存在着向祖灵、卜骨、头问卜的习俗。《五行志》包含了较为庞杂的占卜方式，包括谣占、鸟占、风占等。这些占卜方式可以统称为"象占"。"象占是指根据事物表现出来的特异现象去推测未来之吉凶的一种方式。"[②]象占相当于《汉书·艺文志·数术略》所谓的"杂占"，易学学者李镜池亦称之为"物占"。[③]《西京杂记》记樊哙问瑞应，陆贾答话中提及民间谚语"目瞤得酒食，灯火华

---

① ［法］列维-布留尔：《原始思维》，丁由译，北京：商务印书馆，1981年版，第280页。

② 陈永正编：《中国方术大辞典》，广州：中山大学出版社，1991年版，第11页。

③ 李镜池著：《周易探源》，北京：中华书局，1978年版，第379页。

得钱财，干鹊噪而行人至，蜘蛛集而百事喜”。[①]目瞤（眼皮跳）、灯火华、干鹊噪、蜘蛛集都是物象，在汉代百姓眼中皆具有征兆意义，这属于民间象占信仰。这种民间象占信仰是灾异解释的社会心理基础。

《五行志》的象占对象包括自然物象与社会事象。灾异解释中，解释者通过联想建立征兆与事应之间的关联。

联想是由某一事物想到其他事物的一种心理现象。古希腊思想家亚里士多德曾探讨过联想问题，并总结了联想三定律，即类似性、对比律与接近律。据《当代西方心理学新词典》，联想可分为简单联想与复杂联想。简单联想可细分为接近联想、类似联想和对比联想。复杂联想又称为关系联想或意义联想，它可分为因果关系联想、种属关系联想、部位和整体关系联想、作用与效应关系联想等。[②]中国古代诗歌擅长比兴。《毛诗正义》引郑众曰：“郑司农云：‘比者，比方于物。诸言如者，皆比辞也。’司农又云：‘兴者，托事于物则兴者起也。取譬引类，起发己心，诗文诸举草木鸟兽以见意者，皆兴辞也。’”[③]据此，比属于类似联想，兴属于接近联想。比兴不仅仅是一种修辞方式，它还是一种思维方式。

孔安国曰：“兴，引譬连类。”[④]刘宝楠案曰：“此注言‘引譬’者，谓譬喻于物也。《学记》云：‘不学博依，不能安诗。’注：‘博依，广譬喻也。’即此‘引譬’之义也。言‘连类’者，意中兼有赋，比也。”[⑤]刘宝楠还以为，“赋比之义皆包于兴”。[⑥]

古代中国文化擅长于类似联想，诗歌里有“引譬连类”之说，《韩非子》有“连类比物”之论，《淮南子》有“揽物引类”“假譬取象”“假象取耦”之辞，[⑦]

---

① （晋）葛洪撰，周天游校注：《西京杂记》，三秦出版社，2006年版，第157页。
② 车文博编：《当代西方心理学新词典》，长春：吉林人民出版社，2001年版，第195—196页。
③ 李学勤主编：《毛诗正义》，北京：北京大学出版社，1999年版，第12页。
④ （清）刘宝楠撰，高流水点校：《论语正义》，北京：中华书局，1990年版，第689页。
⑤ （清）刘宝楠撰，高流水点校：《论语正义》，北京：中华书局，1990年版，第690页。
⑥ （清）刘宝楠撰，高流水点校：《论语正义》，北京：中华书局，1990年版，第690页。
⑦ 叶舒宪著：《诗经的文化阐释》，西安：陕西人民出版社，2005年版，第413—416页。

《黄帝内经》有“援物比类”之称。

《五行志》中的联想可因语音相近、形貌相近、行为相近而分为三类。

语音相近的联想，多见于“诗妖”“言之不从”“服妖”。譬如魏明帝时歌曲《兜铃曹子》有“其奈汝曹何”的唱词，史家从“汝曹”联想到“曹爽见诛”。再如晋惠帝时有童谣：“南风起，吹白沙，遥望鲁国何嵯峨，千岁髑髅生齿牙。”[①]史家由“南风”联想到贾后，由“沙”联想到太子的小名“沙门”，由“鲁”联想到鲁公贾谧。此类语音联想的句子还见于其他条目，如由“石来”联想到“石冰入建业”，由“玉马”联想到“司马”，由“阴卯”联想到“阴谋”，由“撷子”联想到杀害太子，由“司徒状”联想到刘休仁的政治祸难，由刘禅之名联想到朝代革易，由“清暑”联想到“楚”，由“大狗”联想到苟晞，等等。

形貌相近引发的联想，如“服妖”条载，晋朝士大夫在永嘉之后穿着生笺单衣。这一记载亦见于《搜神记》。单衣是南朝士大夫常着之礼服，但生笺单衣与古代诸侯为天子服丧的布料相似，所以解释者以为是愍怀二帝不终的征兆。再如“服妖”条载：“桓玄篡立，殿上施绛绫帐，镂黄金为颜，四角金龙，衔五色羽葆流苏。群下窃相谓曰：‘颇类辆车。’此服妖也。”[②]辆车为葬礼用车。据《续汉书·礼仪志》《续汉书·舆服志》与《晋书·舆服志》，天子丧车多用金根为饰，蔽以帷幕。桓玄殿内施设绫帐，还有金龙衔着五色流苏，令群臣联想到丧车。这种联想其实是史家政治倾向的一种投射。汉字的离合是产生形貌联想的一种方式。“鱼羊田斗当灭秦”是苻坚在位时流行的一首政治歌谣。“鱼羊”二字可合为“鲜”字，“田斗”二字可合为“卑”字。“鱼羊田斗”谣显然是为鲜卑乱秦造势的政治谣言。

行为相近引发的联想，如“貌不恭”条载，晋惠帝元康中，贵族子弟流行散发裸身饮酒之风，史家由此联想到伊川之民“被发而祭”之事，并认为这是

① （梁）沈约撰：《宋书》，北京：中华书局，1974年版，第915页。
② （梁）沈约撰：《宋书》，北京：中华书局，1974年版，第890页。

五胡乱华之征。

《五行志》的不少灾异的解释运用了隐喻思维与转喻思维。

作为一种修辞手法，隐喻是用一种事物比拟另一种事物。美国学者乔治·莱考夫与马克·约翰逊研究发现，隐喻思维普遍存在于人们的精神生活中，遍及道德、政治、法律、哲学等领域。《五行志》中，木冰、鼍、螺、鱼为甲兵之象的说法就体现了隐喻思维。“政治黑暗”也是一种隐喻性说法。在《五行志》中，“政治黑暗”的典型表现就是“夜妖”。类似说法还有山崩象征着君道崩坏，地裂喻示着臣下分离。在灾异学说中，雌雄、男女、上下、内外、阴阳、君臣存在着类比关系。在现代科学看来，雌鸡化为雄鸡是因为荷尔蒙的影响。在《五行志》中，雌鸡化雄是臣下陵上与妃后干政之象，雄鸡坠坑死亡是嗣君遭奸后杀害之象。譬如晋惠帝元康六年（公元296年），陈国有无翅雄鸡坠坑而死，《宋书·五行志》引王隐解释："雄，胤嗣象，坑地事为母象，贾后杀愍怀，殆其应也。"[①]在王隐观念中，雄为传宗接代者，为胤嗣之象，由此联想到愍怀，这是隐喻思维。坑为地事，接着由地联想到母亲，由母亲联想到贾后，其中综合了隐喻思维与转喻思维。

转喻思维通常是用一种事物指代另一种事物，常见的方式是部分代整体、地方代机构、地方代事件等。[②]《宋书·五行志》载，太康七年（公元286年）河间王献四角兽。史臣认为，“角，兵象也”。“角”让人联想到号角与鼓角铮鸣，这些都与战争有关。因此，“角，兵象也”体现了转喻思维。

中国文化擅长身体性思维。《公羊传》有“国君一体”之论。古汉语中常以“元首”喻“国君”，“股肱”喻“大臣”。《五行传》的“貌”“言”“视”“听”“思”都来自身体，以“貌之不恭”“言之不从”“视之不明”“听之不聪”“思之不睿”来解释灾异是身体性思维的一种典型体现。《宋书·五行志》“貌不恭”条批评国君“体貌不重”、大臣“筋不束体”、贵族子弟散发裸身饮酒行乐

---

① （梁）沈约撰：《宋书》，北京：中华书局，1974年版，第89—892页。

② ［美］乔治·莱考夫、马克·约翰逊：《我们赖以生存的隐喻》，何文忠译，杭州：浙江大学出版社，2015年版，第32—37页。

等恶习。其中一条提到太元年间流行不着帩头的风气："太元中，人不复著帩头。头者，元首，帩者，令发不垂，助元首为仪饰者也。今忽废之，若人君独立无辅，以至危亡也。"[①]解释者以头喻国君，这是以隐喻思维为基础的身体性思维。

在生物异变解释上，《五行志》也具有神话思维特点。生物异变可分为生物异形、异类生物出生、生物化为异类、生物复生、六畜人言等情形。鸡长四距、鸡生角、鸡无翅、两足虎、六足獐、犬生子无头、豕生八足、牛犊两头八足、马生角、人生角等情况属于生物异形。地中有犬、犬生豕、杨生松、燕生鹰、人生龙子等情形属于异类生物出生。枯樟复荣、死榆树复生、死栗树复生、人死而复生等属于生物复生情形。狗人言、牛人言、鼠人言等属于六畜人言情形。《宋书·五行志》没有对狗说话给出解释。《宋书·五行志》所载的"牛人言"故事亦见于《搜神记》，干宝认为是张昌作乱之征。《宋书·五行志》持二说，其中一说与干宝意见一致，另一说则认为是"天子诸侯不以惠下为务"之应。

生物化为异类叙事本身就具神话性质。据《周礼》郑玄注，同一种类相生称为"产"，成为异类称为"化"："能生非类曰化，生其种曰产。"《国语·晋语》记载了赵简子感叹人不能像其他生物一样变化："雀入于海为蛤，雉入于淮为蜃，鼋鼍鱼鳖，莫不能化，唯人不能，哀夫！"[②]赵简子之叹显示出春秋时期已存在生物化为异类之说。《墨子》中也存在"蛙化为鹑"之说。鲧的传说表明人们对生物化为异类深信不疑，只不过鲧死后化为何物说法不一罢了。《国语》称鲧化为黄能（三足鳖），《天问》称鲧化为黄熊，《山海经》称鲧化为黄龙。《礼记·月令》表明，生物化为异类与时令有关：仲春之月，鹰化为鸠；季春之月，田鼠化为鴽；季夏之月，腐草为萤；季秋之月，雀入大水为蛤；孟冬之月，雉入大水为蜃。

---

① （梁）沈约撰：《宋书》，北京：中华书局，1974年版，第883页。

② 徐元诰：《国语集解》，北京：中华书局，2002年版，第452—453页。

《淮南子·俶真训》提到了公牛哀化为虎的传说。《淮南子·墬形训》从阴阳学说角度解释“燕雀入海化为蛤”:“鸟鱼皆生于阴，阴属于阳，故鸟鱼皆卵生。鱼游于水，鸟飞于云，故立冬燕雀入海化为蛤。”[①]《淮南子·墬形训》还提到无生命化生有生命之物。该篇指出，宇宙中存在着五类气：正土之气、偏土之气、壮土之气、弱土之气、牝土之气，这五类气日久则化生出他物。以正土之气为例:“正土之气也御乎埃天，埃天五百岁生缺，缺五百岁生黄埃，黄埃五百岁生黄澒，黄澒五百岁生黄金，黄金千岁生黄龙，黄龙入藏生黄泉，黄泉之埃上为黄云。阴阳相搏为雷，激扬为电，上者就下，流水就通，而合于黄海。”[②]这一思想为纬书所吸收。《春秋运斗枢》曰:“黄金千岁生黄龙，青金千岁生青龙，赤金千岁生赤龙，白金千岁生白龙，玄金千岁生玄龙。”[③]《春秋运斗枢》还有北斗七星散而化为动物、植物以及无机物的说法，如枢星散为云母、橘、獐、虎，机星散为拔葜、雉、鹑、鹦，玉衡星散为荆、李、桃、椒、菖蒲、榆、鸥、鸡、兔、鼠。不过，这种化生带有灾异论色彩，譬如机星散为鹑是因为“德义少，残百姓”。[④]

总体看来，以精气说诠释生物神异变化是汉代思想的主流。气化论相信宇宙万物的一体性，含有“互渗性意向”。即便是善于怀疑的王充也相信生物变化并以气变解释之:“犹春则鹰变为鸠，秋则鸠化为鹰；蛇鼠之类辄为鱼鳖，虾蟆为鹑，雀为蜃蛤，物随气变，不可谓无。”[⑤]至晋代，干宝承袭气化论，搜集了众多精怪变化故事。

《宋书·五行志》受《搜神记》等志怪小说影响，收录了一些生物神异变化叙事。第一类是无生命之物化为有生命之物，如卫瓘家的饭化为螺。第二类是植物互化，如交趾稗草化为稻，再如壮武国桑化为柏，史家解释为张华遇害之象。第三类是动物互化，如会稽彭蜞及蟹皆化为鼠。再如太湖鼠变为鲤鱼，

① 何宁撰:《淮南子集释》，北京：中华书局，1998年版，第347页。
② 何宁撰:《淮南子集释》，北京：中华书局，1998年版，第374—375页。
③ （清）赵在翰辑，钟肇鹏、萧文郁点校:《七纬》，北京：中华书局，2012年版，第500页。
④ （清）赵在翰辑，钟肇鹏、萧文郁点校:《七纬》，北京：中华书局，2012年版，第489页。
⑤ 黄晖撰:《论衡校释》，北京：中华书局，1990年版，第732—733页。

史家解释为第二年大饥之象。第四类是人化为异类，如丹阳宣骞八十岁老母化为鼋，史家解释为吴国亡国之象。①再如清河宋士宗母化为鳖，《宋书·五行志》没有对此条记录给予解释。②

值得注意的是，《宋书·五行志》中人死而复生的事例比《续汉书·五行志》要多。《宋书·五行志》共9例，主人公分别是奚农女儿、周世冢殉葬女子、太原妇人、陈焦、颜畿、梁国女子、杜锡家婢、侯纪妻、黄氏女。人死而复生的故事在本土文化中已经存在。《山海经》提到有鱼名"鱼妇"，颛顼死即复苏。《山海经》还提到一个"无膂之国"。据郭璞注，"无膂之国"的居民"死百二廿岁乃复活"。③甘肃放马滩秦简提到一个叫丹的人刺伤他人后畏罪自杀，三年后复生。《续汉书·五行志》记载了李娥死十四月而复活的故事。这类故事体现了人们渴望不朽的文化心理。魏晋南北朝时，佛道文化盛行，刺激了死而复生故事的繁衍。《搜神记》卷十五收录13则死而复生故事。《宋书·五行志》有5则死而复生故事见于《搜神记》，分别为周世冢女子、太原妇人、颜畿、梁国女子、杜锡家婢。《搜神记》之汉冢宫女死而复生故事变异为周世冢殉葬女子死而复生故事。《搜神记》之晋武帝时河间郡女子复活故事变异为晋惠帝时梁国女子复活故事。奚农女儿、周世冢殉葬女子以及太原妇人死而复生皆为魏明帝在位时之事，《宋书·五行志》释为司马懿兴起之象："案京房《易传》，至阴为阳，下人为上，晋宣王起之象也。"④其逻辑转换具有隐喻思维性质：

死者：生者＝阴：阳＝下：上＝晋宣王：魏帝

需要说明的是，指出灾异解释所具有的神话思维并不是要完全否定《五行

① （梁）沈约撰：《宋书》，北京：中华书局，1974年版，第1005页。
② （梁）沈约撰：《宋书》，北京：中华书局，1974年版，第1004页。
③ 袁珂校注：《山海经校注》，上海：上海古籍出版社，1980年版，第230页。
④ （梁）沈约撰：《宋书》，北京：中华书局，1974年版，第1004页。

志》记录的历史真实性。部分《五行志》记录具有历史真实性，具有天文、医学史、生态史与风俗史等方面的历史价值。

譬如《五行志》的“服妖”记录可以与出土文物相印证。《宋书·五行志》载：“元康中，妇人结发者，既成，以缯急束其环，名曰撷子髻。始自中宫，天下化之。其后贾后果害太子。”[①]这一记载也见于《搜神记》。张珊指出，汉晋时常把一个物件分出的小结构称为“子”，“撷子髻”即大发髻带着小发髻之意。[②]“撷子髻”发式常见于河南西晋墓出土的陶女俑，如洛阳吉利区西晋墓陶女俑、洛阳谷水晋墓陶女俑、卫辉西晋墓陶女俑等。“撷子髻”发式也可见于其他地区的西晋女俑，如山东邹城西晋刘宝墓陶女俑及南京板桥石闸湖西晋墓青瓷女俑等。西晋女俑通常着襦裙，上襦窄小，下裙宽大，这也符合《宋书·五行志》“服妖”条的记载：“晋兴后，衣服上俭下丰，著衣者皆厌腰盖裙。”[③]这种服饰被认为是“君衰弱，臣放纵，下掩上之象也”。[④]

《宋书·五行志》载，“宋文帝元嘉六年，民间妇人结发者，三分发，抽其鬟直向上，谓之‘飞天髻’。始自东府，流被民庶。时司徒彭城王义康居东

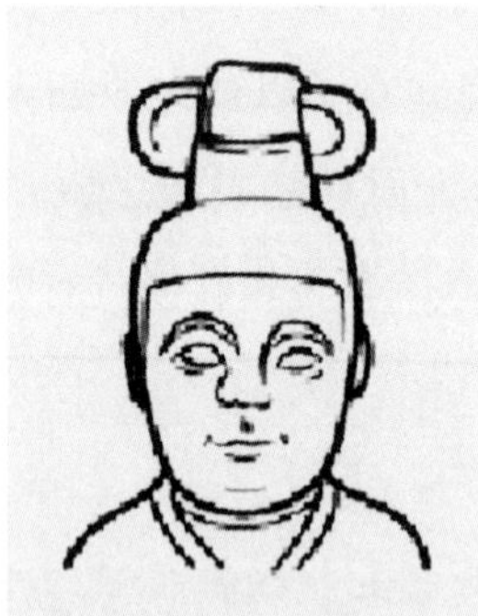

图7-1　洛阳吉利区西晋墓“撷子髻”发式陶女俑（图片采自张珊：《东晋南朝时期女性的“时尚发型”》一文）

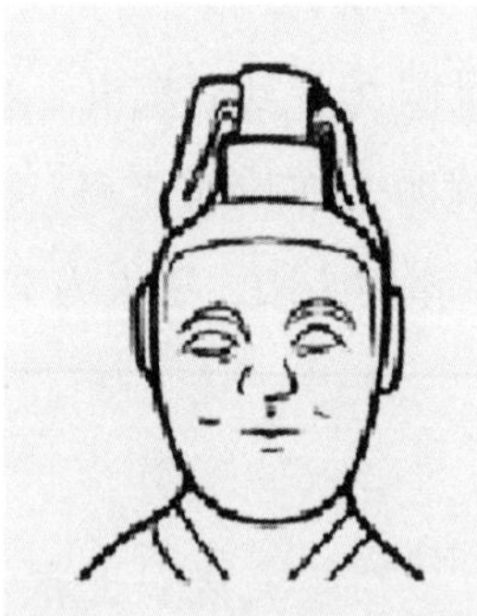

图7-2　河南卫辉西晋墓陶女俑（图片采自张珊：《东晋南朝时期女性的“时尚发型”》一文）

① （梁）沈约撰：《宋书》，北京：中华书局，1974年版，第888页。（《宋书》，第888页）
② 张珊：《东晋南朝时期女性的“时尚发型”》，《大众考古》，2016年第2期，第42—47页。
③ （梁）沈约撰：《宋书》，北京：中华书局，1974年版，第887页。
④ （梁）沈约撰：《宋书》，北京：中华书局，1974年版，第887页。

图7-3　南京童家山东晋墓M1“抽鬟”发式女俑（图片采自张珊:《东晋南朝时期女性的“时尚发型”》一文）

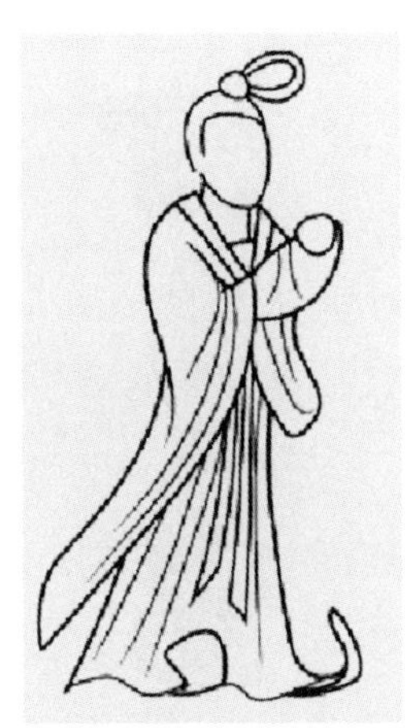

图7-4　襄阳贾家冲南朝画像砖墓“郭巨埋儿”画像砖“飞天髻”发式女性形象（图片采自张珊:《东晋南朝时期女性的“时尚发型”》一文）

府，其后卒以陵上徙废”。[①]“抽鬟”发式可见于东晋女俑，但与南朝的“飞天髻”有别。前者有松散的鬟发下垂，后者是将全部头发束于头顶后，再抽鬟向上。东晋“抽鬟”发式仅见于南京童家山东晋墓M1与镇江丁卯“江南世家”工地东晋墓M2。“飞天髻”可见于湖北谷城肖家营墓南朝墓陶女俑、襄阳贾家冲南朝画像砖墓“郭巨埋儿”画像砖女性形象、河南邓县南朝画像砖墓“贵妇出游”画像砖上的女性形象等。[②]

再如《宋书·五行志》载:“晋海西公太和以来，大家妇女，缓鬓倾髻，以为盛饰。用发既多，不恒戴。乃先作假髻，施于木上，呼曰‘假头’。人欲借，名曰‘借头’，遂布天下。”[③]“缓鬓倾髻”是一种十字髻，这种发式可见于东晋中晚期至南朝刘宋早期的陶女俑，如南京尧化门东晋陶女俑、南京幕府山东晋墓陶女俑、南京前新塘南朝墓陶女俑等。这种发型特点为鬓发蓬松，发髻倾斜。

① （梁）沈约撰:《宋书》，北京：中华书局，1974年版，第890页。

② 张珊:《东晋南朝时期女性的“时尚发型”》，《大众考古》，2016年第2期，第42—47页。

③ （梁）沈约撰:《宋书》，北京：中华书局，1974年版，第903页。

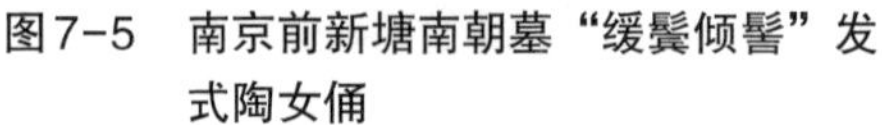

图7-5　南京前新塘南朝墓“缓鬓倾髻”发式陶女俑

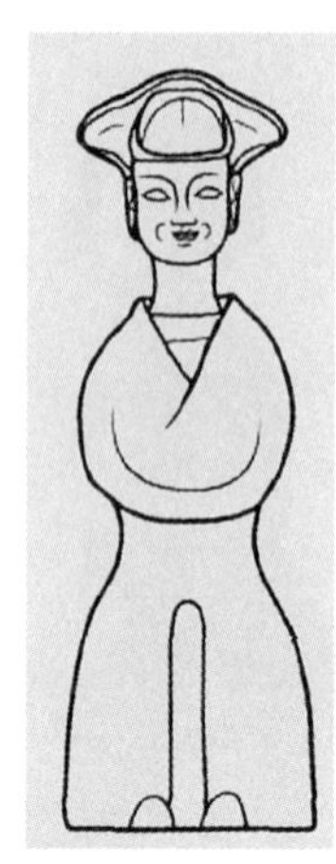

图7-6　南京西善桥刘宋墓M19陶男俑（图片采自《南京市雨花台区西善桥南朝刘宋墓》）

《宋书·五行志》载:“明帝初，司徒建安王休仁统军赭圻，制乌纱帽，反抽帽裙，民间谓之‘司徒状’，京邑翕然相尚。”[①]宋明帝时的“乌纱帽”可能是一种施裙之帽，可见于南京西善桥刘宋墓M19陶男俑与南京油坊桥六朝墓M2陶男俑。

总而言之，灾异书写在魏晋南北朝正史叙事中得以延续，表现为《宋书·五行志》《南齐书·五行志》《魏书·灵征志上》。《南齐书·五行志》与《魏书·灵征志上》较为单薄，灾异解释不多。《宋书·五行志》篇幅较长，涵盖了魏、晋、宋三朝，灾异解释较为详尽。《宋书·五行志》的史料源自灾异记录与奏报及前人撰作之史书与笔记小说。生物化为异类、六畜人言、死者复生等记录带有传说色彩。在灾异解释中，《宋书》援引了干宝、京房、刘向以及一些历史当事人的解释。灾异解释具有政治性与神话思维性质。不少解释是依据语音、形貌、行为等方面的相似性作出推断。虽然灾异解释带有神话思维性质，但不应否认一些灾异记录的历史真实性。历史研究者可根据出土文物等史料给予评判与阐释。

① （梁）沈约撰:《宋书》，北京：中华书局，1974年版，第891页。

第八章

中古《天文志》书写传统的延续

《天文志》书写是中国正史书写的一种重要传统。记录魏晋南北朝天象的正史主要为《宋书·天文志》《晋书·天文志》《南齐书·天文志》《魏书·天象志》。各书虽然体例不一，但都重视天象记录。记录者相信，天象昭示着天意，预示着人间祸福。这种态度与中古中国的文化心理一致。事实上，星占是影响中古政治的重要因素。天象是获取政治权力与持有政治权力的重要依据。星占是政治决策与军事决策的重要参考。郊天、朝日、夕月、祠星等礼仪在中古王朝礼仪体系中占一席之地。天象的观测、记录与解释本身是政治权力运作的重要组成部分。解读《天文志》是理解中古思想的一个重要切入点。

第一节　魏晋南北朝天象记录的历史语境

魏晋南北朝政府机构普遍设置了太史一职。三国时魏国有太史令许芝、高堂隆。晋有太史令陈卓。据《晋书·职官志》，太常统领“太学诸博士、祭酒及太史、太庙、太乐、鼓吹、陵等令，太史又别置灵台丞”。[①]《宋书·百官志》载：“太史令，一人，丞一人。掌三辰时日祥瑞妖灾，岁终则奏新历。”[②]可以看出，刘宋时期的太史不受太常管辖。南齐时，太史隶属于太常。《南齐书·百官志》载：“太史令一人，丞一人。”[③]《梁书》无志，但由《南史》可知，梁朝有太史令虞履。《陈书》虽无“太史”二字，但由“老人星见”“彗星见”等记录可知陈朝应存在天文观测机构。《隋书·百官志》也指出，梁代太史令隶属于太常卿，[④]

① （唐）房玄龄等撰：《晋书》，北京：中华书局，1974年版，第736—737页。
② （梁）沈约撰：《宋书》，北京：中华书局，1974年版，第1229页。
③ （梁）萧子显撰：《南齐书》，北京：中华书局，1972年版，第316页。
④ （唐）魏徵、令狐德棻撰：《隋书》，北京：中华书局，1973年版，第724页。

陈朝承袭了梁代的官制。[①]北魏有太史令王亮、苏垣、晁崇、张渊等。《魏书·官氏》有太史博士与太史助教之职。北齐亦有太史一职，隶属于太常。北周的天文机构未见载于史书，但存在的可能性很大。

官方天文机构为天象观测与记录提供了制度保障。除了隶属于官府的天文官员之外，民间也存在着一些星占专家，如三国时的陈训与浩详，生活于吴国与西晋时期的戴洋、刘宋时期的孔熙先等。

星占在改朝换代时扮演着重要角色。劝进的群臣中总能发现天文官员的身影。太史令陈说天文符瑞以证明天命改易。这构建了新政权的合法性，显示了星占话语无可匹敌的说服力。

延康元年冬，太史丞许芝向魏王曹丕上奏魏代汉之谶纬与符瑞，其中提到了天象征兆：

> 帝王之兴，不常一姓。太微中，黄帝坐常明，而赤帝坐常不见，以为黄家兴而赤家衰，凶亡之渐。自是以来四十余年，又荧惑失色不明十有余年。建安十年，彗星先除紫微，二十三年，复扫太微。新天子气见东南以来，二十三年，白虹贯日，月蚀荧惑，比年己亥、壬子、丙午日蚀，皆水灭火之象也。[②]

中国星占学中，太微垣有五帝坐。许芝以“赤帝坐不明而黄帝坐常明”为土德代火德之征，再以荧惑失色、彗星扫紫微、新天子气、白虹贯日、月食、日食等天变佐证易姓改代之合理性。

许芝所列举的天象在《宋书·符瑞志》有更详细的解说：

> 自建安三年十二月戊辰，有新天子气见于东南，到今积二十三年。建

① （唐）魏徵、令狐德棻撰：《隋书》，北京：中华书局，1973年版，第741页。
② （晋）陈寿撰，（宋）裴松之注：《三国志》，北京：中华书局，1959年版，第64页。

安十年，茀星出库楼，历犯氐、房宿，北入天市，犯北斗、紫微。……此除扫汉家之大异也。建安十八年秋，岁星、镇星、荧惑俱入太微，逆行留守帝坐百有余日。……三者，汉改姓易代之异也。建安十九年正月，白虹贯日。《易传》曰："后妃擅国，白虹贯日。"建安二十一年五月朔己亥，日蚀。建安二十三年三月，茀星晨见东方二十余日，夕出西方，犯历五车、东井、五诸侯、文昌、轩辕、太微，锋炎刺帝坐。茀者除旧布新，亡恶兴圣之异也。建安二十四年二月晦壬子，日蚀。日者阳精，月为侯王，而以亥子日蚀，皆水灭火之异也。延康元年九月十日黄昏时，月蚀荧惑，过人定时，荧惑出营室，宿羽林。月为大臣侯王之象；荧惑火精，汉氏之行。占曰："汉家以兵亡。"延康元年九月二十日，《剥》卦天子气不见，皆崩亡之异也。荧惑火精，行缩日一度有余。故太史令王昱以为汉家衰亡之极。荧惑大而赤色；光不明，赤而小，与小星无别，皆汉家衰亡之异也。[①]

许芝的首倡得到了其他官员的响应，苏林、董巴、司马懿等官员随声附和，纷纷上奏劝进。

许芝以"新天子气见于东南"为曹魏政权符瑞，但之后东吴政权声称"江东有天子气"为本政权的符瑞。建安十年的彗星扫紫微，其月份与日期不详。这一天象未见载于《续汉书·天文志》。时间较为接近的记载为建安九年十一月与建安十一年正月的彗星天象。建安十八年的"岁星、镇星、荧惑俱入太微"见载于《续汉书·天文志》，占辞大体一致，只有一字之差：《续汉书·天文志》的占辞为"岁星入太微，人主改"，《宋书》的占辞为"岁星入太微，人主改姓"。建安十九年正月的"白虹贯日"天象未见载于《续汉书·天文志》。建安二十三年的茀星天象与建安二十四年的日食见载于《续汉书·天文志》。总的来说，许芝列举的天象真伪难辨，但天文官身份赋予了许芝奏言权威性。

① （梁）沈约撰：《宋书》，北京：中华书局，1974年版，第777—778页。

三国鼎立，互争正统。《宋书·天文志》引王隐《蜀记》称："明帝问黄权曰：'天下鼎立，何地为正？'对曰：'当验天文。往荧惑守心，而文皇帝崩，吴、蜀无事，此其征也。'案三国史，并无荧惑守心之文，宜是入太微。"①据黄一农推算，魏文帝崩逝前数年，不曾发生过荧惑守心，但黄初六年五月壬戌确实有荧惑入太微事。②《宋书·天文志》的说法较为准确。黄权本为蜀国将军，因刘备兵败而降魏。黄权何以得知"荧惑守心"天象？可能是出自个人观察或出自其他消息源。在战争中，他已养成了关注天象的习惯。他的观测不一定准确。他以荧惑守心而魏文帝崩为例证明曹魏的正统性，这多多少少存在迎合之嫌。

晋宋禅代，先是晋帝逊位，接着是群臣上表劝进。刘裕惺惺作态，表示不许。直到太史令骆达奏陈天文符瑞数十条，群臣再次劝进，刘裕才松口答应。骆达奏言中提到的天象包括太白昼见、日食、彗星扫帝坐、五虹见东方、月入太微廷、镇星守太微、星茀北斗、彗扫紫微、荧惑与镇星钩己天廷、三星合等。

宋齐禅代，逊位、推辞、劝请、接受的程序再次搬演。兼太史令、将作匠陈文建奏陈符命，劝请萧道成"顺天时，膺符瑞"，接着群臣固请，萧道成才表示接受。陈文建的奏章长篇累牍地列举了孝建元年（公元454年）至昇明三年（公元479年）期间的天象：

> 自孝建元年至昇明三年，日蚀有十，亏上有七。占曰"有亡国失君之象"。一曰"国命绝，主危亡"。孝建元年至昇明三年，太白经天五。占曰"天下革，民更王，异姓兴"……昇明二年六月二十日，岁星守斗建。阴阳终始之门，大赦昇平之所起，律历七政之本源，德星守之，天下更年，五礼更兴，多暴贵者。昇明二年十月一日，荧惑守舆鬼。三年正月七日，

① （梁）沈约撰：《宋书》，北京：中华书局，1974年版，第681页。

② 黄一农：《星占、事应与伪造天象——以"荧惑守心"为例》，《自然科学史研究》，1991年第2期，第120—132页。

荧惑守两戒间，成句己。占曰“尊者失朝，必有亡国去王”。昇明三年正月十八日，辰星孟効西方。占曰“天下更王”。昇明三年四月，岁星在虚危，徘徊玄枵之野，则齐国有福厚，为受庆之符。①

陈文建所整理的天象共计23项，包括日食、太白经天、月犯房心、太白犯房心、奔星出入紫宫、天裂、月入太微、太白入太微、荧惑入太微、荧惑守南斗、白气见、荧惑太白辰星合于翼、岁星守斗建、荧惑守舆鬼、荧惑守两戒间、辰星孟効西方、岁星在虚危等。这些天象的占辞不外乎“天子失土”“改立王公”“天下易正更元”之类为政权更替合理性背书的言语。但这些占辞的真实性令人怀疑，陈文建很可能伪造或篡改了原始占辞。

齐梁之际的政权交接同样重演了禅让仪式。萧衍仪式性地表示推让，君臣上表劝进，萧衍“谦让不受”。接着，太史令蒋道秀奏陈天文符谶六十四条，群臣再次上表劝请，萧衍才表示接受帝位。史书未记载蒋道秀之奏文。《魏书·天象志》载，北魏景明三年二月丁酉，流星入紫宫抵辰极。《魏书·天象志》认为，这是萧衍受禅的征兆。②

史书没有提及天文官在梁陈之际政权更替中扮演的角色，但我们可以从陈霸先即位后的告天文书得知天文祥瑞在政权合法性构建中所扮演的重要角色：“……烟云表色，日月呈瑞，纬聚东井，龙见谯邦，除旧布新，既彰玄象，逆虞事夏，且协讴讼……”③“纬聚东井”指的五星聚于东井。古代中国政治文化中，五星聚是天命改易之兆。五星聚于东井曾被视为汉朝开国之兆。“龙见谯邦”指的是龙见于谯国。《三国志》载黄龙见于谯之事。曹魏为土德，陈亦为土德。“龙见谯邦”当是效法曹魏故事。陈霸先南郊之日，天朗气清，一改先前的晦暝。这也被视为佳兆。

天兴元年（公元398年），拓跋珪称帝于平城，是为北魏太祖。北魏以土

① （梁）萧子显撰：《南齐书》，北京：中华书局，1972年版，第203—204页。

② （北齐）魏收撰：《魏书》，北京：中华书局，1974年版，第2430页。

③ （唐）姚思廉撰：《梁书》，北京：中华书局，1973年版，第31页。

德自居，以黄星显耀为符瑞。[①]北魏宫中立星神，一岁一祭。[②]据《魏书·礼志》载，北魏开国之初，有两彗星见，刘皇后请人占卜，占者曰："祈之则当扫定天下。"[③]刘皇后依其言，设立星神祭祀。北魏永兴四年（公元412年），立太祖别庙于宫中，且加置天、日、月之神及诸小神二十八所于宫内。[④]泰常三年（公元418年），又立五精帝兆于四郊。北魏的国家祭祀融合了本民族和汉族的祭祀礼仪。这些祭祀充分说明北魏政权为取得想象中的上界和现实中的国民的支持所做的努力。

北齐高祖高欢原为北魏将军。《北齐书》载，普泰元年（公元531年）十月，岁星、荧惑、镇星、太白聚于觜、参，色甚明，"太史占云当有王者兴"。[⑤]《魏书·天象志》载，普泰元年十月确实有四星相聚："十月甲寅，金、火、岁、土聚于觜、参，甚明大。晋魏之墟也，且曰：兵丧并起，霸君兴焉。是时，勃海王欢起兵信都，改元中兴。"[⑥]在《北齐书》中，这一四星相聚天象成为高欢起兵信都并大破尔朱兆之征。但这一四星相聚记录的真实性仍然存疑，有待科学检验。

星占观念在魏晋南北朝时期进一步流传。这一时期出现了不少星占类著述。其中一些天文著述源自印度文化，如《婆罗门天文经》《婆罗门竭伽仙人天文说》《婆罗门天文》。星占知识的传习有家学传承与师徒授受两种途径。庾氏家族就是一个著名的星占世家。庾氏家族自庾诜始传承天文之学，其谱系为庾诜—庾曼倩—庾季才—庾质—庾俭。《梁书·庾诜传》称，庾诜于经史百家无不该综，"纬候书射，棋算机巧，并一时之绝"。庾诜与梁高祖萧衍有旧，但其本人并未担任一官半职。庾诜之子庾曼倩注释过《算经》与《七曜历术》。庾曼倩之子庾季才担任萧绎政权太史一职。萧绎政权覆灭后，庾季才被掳到北

---

① （北齐）魏收撰：《魏书》，北京：中华书局，1974年版，第2734页。
② （北齐）魏收撰：《魏书》，北京：中华书局，1974年版，第2735页。
③ （北齐）魏收撰：《魏书》，北京：中华书局，1974年版，第2735页。
④ （北齐）魏收撰：《魏书》，北京：中华书局，1974年版，第2736页。
⑤ （唐）李百药撰：《北齐书》，北京：中华书局，1972年版，第8页。
⑥ （北齐）魏收撰：《魏书》，北京：中华书局，1974年版，第2444页。

周，官至北周太史中大夫，后又担任隋朝太史，撰《灵台秘苑》《垂象》《地形》等。庾季才之子庾质担任过隋朝太史令一职，后因劝阻炀帝巡省扬州而入狱，死于狱中。

除了构建政权合法性之外，星占家还为军事行动与朝堂政治建言献策。一些官员也会运用星占知识上书言事或作出相应的政治举措。如前赵皇帝刘曜率军支援陈仓，经过雍城时，太史令弁广明以妖星犯月为由建议停止行军，刘曜依言停止了行军。后赵石季龙在宫内置女官，教宫人星占，还设置女太史一职，观察星象，用以考校外太史观测结果。石季龙欲伐段辽，太史令赵揽以星象不利为由劝阻："燕城岁星所守，行师无功，必受其祸。"[①]石季龙不听，将赵揽贬职，直至出师不利才恢复赵揽的官职。与赵揽相比，太史令康权更为不幸。康权以天象警示前秦皇帝苻生将有下人谋上之祸，却被苻生下令扑杀。《晋书・苻坚载记》中多记载星占应验之事。前秦太史令魏延向苻坚报告，占测显示次年将平定蜀汉。苻坚遂任命苻融为镇东大将军出征。出征前夕，苻融的母亲偷偷探望苻融。当天夜晚，魏延就向苻坚禀报后妃移动之象，令苻坚大为惊异。前秦覆灭前，太史令张孟曾根据天象建言苻坚诛慕容暐及其子弟。苻坚却不听从，反而重用慕容暐、慕容垂、慕容冲。[②]苻坚伐晋前，询问群臣意见。太子左卫率石越以岁星与镇星守斗牛为由建言不宜出师。苻坚不听，导致淝水之战大败，其后慕容冲背叛苻坚。

一些知晓星占术的佛教徒与道教徒也参与了建言献策。未建立南燕政权前，慕容德为割据何地而犹豫不决。他向僧朗求教，僧朗依据星象建议他割据齐鲁：

> 沙门朗公素知占候，德因访其所适。朗曰："敬览三策，潘尚书之议可谓兴邦之术矣。今岁初，长星起于奎娄，遂扫虚危，而虚危，齐之分野，

① （唐）房玄龄等撰：《晋书》，北京：中华书局，1974年版，第2768页。
② （唐）房玄龄等撰：《晋书》，北京：中华书局，1974年版，第2896页。

除旧布新之象。宜先定齐鲁，巡抚琅邪，待秋风戒节，然后北围临齐，天之道也。”①

沙门朗公即僧朗。僧朗是南北朝时期的一位高僧，为苻坚、姚兴、拓跋珪、慕容德等国主所尊重。其事迹见于《高僧传》。僧朗以彗扫虚宿与危宿为依据，建议慕容德采纳潘聪之策割据齐鲁。

除天文官员之外，一些政治人物也会利用星占知识参与政权合法性的构建。《宋书》载，刘裕有受禅之意，召朝臣宴饮，假称自己有辞官归老京师之意。群臣中只有傅亮悟其意旨。傅亮夜访刘裕，定下了傅亮先还京师的方案。《宋书》称傅亮“见长星竟天”乃信天文有征，而后征刘裕入京师：“亮既出，已夜，见长星竟天。亮拊髀曰：‘我常不信天文，今始验矣！’至都，即征高祖入辅。”②

有些政治人物认为天象对己方不利，会采取一些趋吉避凶措施。刘宋孝武帝时，荧惑守南斗。宋孝武帝命令废西州旧馆，令西阳王刘子尚居东城，用以镇厌。大明三年，宋孝武帝令刘子尚移治会稽，这都是因为荧惑守南斗的缘故。“荧惑入南斗”被认为是一种凶险的天象。梁武帝就曾试图以“跣足绕殿走”的方法禳灾：

先是，荧惑入南斗，去而复返，留止六旬。上以谚云“荧惑入南斗，天子下殿走”，乃跣而下殿以禳之；及闻魏主西奔，惭曰：“虏亦应天象邪！”③

梁武帝萧衍是一个较为信奉星占学的皇帝。《梁书·张弘策传》载萧衍与张弘策侃侃而谈天象之事，并以英雄自许，张弘策遂与其定君臣名分。萧衍未

---

① （唐）房玄龄等撰：《晋书》，北京：中华书局，1974年版，第3166页。
② （梁）沈约撰：《宋书》，北京：中华书局，1974年版，第1337页。
③ （宋）司马光编著，（元）胡三省音注：《资治通鉴》，北京：中华书局，1956年版，第4853页。

即位前，兵逼京师，州牧郡守望风投降，只有袁昂拒不受命。萧衍致信袁昂，劝他详择去就之宜，其中提到天象："兼荧惑出端门，太白入氐室，天文表于上，人事符于下，不谋同契，实在兹辰。"[①]萧衍跣足下殿绕走之举是一种巫术祈禳行为。不想天象应在北魏国主西奔投靠宇文泰之事上，让人产生北魏政权亦有天象支持方面的联想。这在一定程度上消解了萧梁政权的正统性，况且萧衍绕殿走之举有失国君体面，故萧衍赧然愧称"虏亦应天象邪"。

有的官员自认为天象对己不利，请求调整职务。晋咸康六年四月丁丑，荧惑犯右执法。尚书令何充想要躲避灾咎，第二年他请求担任中书令。元嘉八年，太白星犯右执法。刘义庆当时担任尚书左仆射，他担心自身会有灾祸，就请求外调。刘义隆以"玄象茫昧"为由劝他不必担心，但刘义庆执意要求卸任仆射职务，最终得偿所愿。有的官员遇到不利天象，干脆请求解职。如孝建元年九月壬寅，荧惑犯左执法，尚书左仆射刘宏上表请求解职，但没有得到准许。再如孝建元年十月乙丑，荧惑犯进贤星，礼部尚书谢庄上表请求解职，也没有得到准许。又如泰兴二年四月壬午，荧惑犯右执法。尚书右仆射蔡兴宗请求解职，没有得到准许。

也有官员对自己职务不满意，依据星占知识图谋作乱。孔熙先长期担任员外散骑侍郎，郁郁不得志。其父孔默之曾因贪赃被发配，彭城王刘义康为孔默之关说，故孔默之得以免罪。孔熙先想向刘义康报恩。《宋书》称孔熙先善于星占："熙先素善天文，云：'太祖必以非道晏驾，当由骨肉相残。江州应出天子。'以为义康当之。"[②]诚然，从历史发展角度来看，孔熙先的"预言"似乎具有一定程度的准确性，因为刘义隆确实死于太子刘劭和始兴王刘濬兵变，而江州确实出了天子刘骏。孔熙先宣称"江州出天子"，其本意指的是刘义康，因为刘义康担任过江州刺史一职。孔熙先鼓动范晔等人作乱，事败，孔熙先、范晔、谢综等人伏诛。史载孔熙先伏诛前奏陈天文占候，谶中有骨肉相残之语。

① （唐）姚思廉撰：《梁书》，北京：中华书局，1973年版，第453页。
② （梁）沈约撰：《宋书》，北京：中华书局，1974年版，第1821页。

总而言之，天象在魏晋南北朝时期被视为具有指涉意义的征兆。它可以意味着天命的改易、战争的吉凶、政治人物的吉凶、水旱饥疫等。依据自身的政治利益解释天象是当时常见的一种政治策略。相信星占能够预测人事是一种普遍的文化心理。

南北朝后期，《千字文》逐渐盛行，甚至远及西域地区。学童可从《千字文》中接触到粗略浅显的天文观念："天地玄黄辨清浊，绫罗万载合乾坤。日月本来有盈昃，二十八宿共参辰。"[①]学童略通文字后，若欲进一步学习天文知识，则可学习识星辨星。敦煌写本文献P.2512与P.3589直观呈现了敦煌地区流传的天文星占知识。现存敦煌写本P.2512包括四部分内容：星占残卷；《二十八宿次位经》和甘德、石申、巫咸三家星经；《玄象诗》；日月旁气占。《玄象诗》共264句，计1 300余字。据敦煌写本，《玄象诗》撰写者为太史令陈卓。陈卓

图8-1 敦煌文献《玄象诗》甲卷（P.2512）（图像采自《比〈步天歌〉更古老的通俗识星作品——〈玄象诗〉》）

① 郑阿财、朱凤玉著：《敦煌蒙书研究》，兰州：甘肃教育出版社，2002年版，第40页。

担任过东吴太史令。吴国灭亡后，他又担任过晋太史令。晋元帝践阼时，陈卓还在世。《晋书》称，晋武帝时，陈卓整理了甘氏、石氏、巫咸三家星图。《隋书·经籍志》中，陈卓编撰的著作包括《天文集占》《五星占》《天官星占》等。《玄象诗》以五言诗形式说明星宿方位，方便记忆。其开篇诗云："角、亢、氐三宿，行位东西直。库娄（楼）在角南，平星库娄（楼）在北。南门娄（楼）下安，骑官氐南植。"篇末云："以此记推步，众星安可匿？"①

就图像证据而言，北魏元叉墓穹隆顶天象图值得瞩目。元叉，《魏书》有传。元叉为北魏道武帝玄孙，元叉妻子为胡太后之妹，故元叉屡获擢升，深得太后信任。元叉专揽国政，骄横跋扈，孝昌二年（公元526年）为胡太后所诛。因其妻为胡太后之妹，元叉死后仍受追赠，殡葬从优。元叉墓室在新中国成立前曾被盗掘，墓室四壁壁画破坏无余，穹隆顶天象图因高达9.5米而得以保存。这一天象图绘有三百多颗星辰，中间一条银河贯穿南北。天文工作者指出，元叉墓天象图可以证认某些星象，但在银河转向、星象图相对位置、星宿形状、位置、数目、连线等方面存在偏差。其实，元叉墓天象图虽然可以在一定程度上反映当时的天文知识，但实际上天象图在墓葬中象征性意味更为浓厚。元叉墓室穹顶天象图主要象征性表现了精魂所归之天。元叉墓以天河为中心的天象图布局开风气之先，这种风格在北朝晚期至唐代墓室中一再出现。②

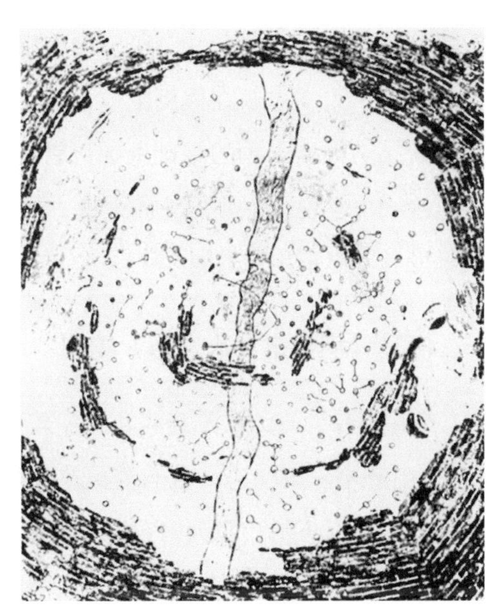

图8-2　河南洛阳北魏元叉墓天象图（图像采自《河南洛阳北魏元叉墓调查》）

① 邓文宽：《比〈步天歌〉更古老的通俗识星作品——〈玄象诗〉》，《文物》，1990年第3期，第61—65页。

② 林圣智：《中国中古时期墓葬中的天界表象——东亚的比较视野》，《古代墓葬美术研究》第1辑，2011年版，第131—162页。

第二节　魏晋南北朝正史《天文志》体例与政治意涵

一、魏晋南北朝正史《天文志》体例

（一）《宋书·天文志》体例

《宋书·志序》云："《天文》《五行》，自马彪以后，无复记录。何书自黄初之始，徐志肇义熙之元。今以魏接汉，式遵何氏。"[①]何承天草立刘宋国史纪传，撰写了《天文志》与《律历志》。大明六年（公元462年），徐爰担任著作郎，编成刘宋国史，上自东晋义熙元年（公元405年），下迄大明时止。[②]沈约撰写的《宋书·天文志》在体例上应该是承继何承天的《天文志》，其内容应该是在《宋书·天文志》的基础上加以补充。《宋书·天文志》共四卷，卷一篇首先讨论天体学说，主要讨论浑天说，接着卷一与其他各卷记载魏文帝黄初以来的星变，下讫宋顺帝昇明元年。

（二）《南齐书·天文志》体例

《南齐书·天文志》共两卷，先叙宋齐禅代的天文符瑞，再叙三辰七曜之变。《南齐书·天文志》起自建元迄于隆昌，分8类记录：日食；月食；日光色；月晕犯；五星相犯列宿杂灾；流星灾；老人星；白虹云气。

《南齐书·天文志》基本上是记录天象而不作解释，有解释者仅三条：一是永泰元年四月癸亥月食；二是永元元年八月己未月食；三是永元五年六月乙丑，月犯南斗第六星，次日月犯西建星，史臣认为是宰相之占。

---

① （梁）沈约撰：《宋书》，北京：中华书局，1974年版，第204—205页。
② 中华书局编辑部撰：《宋书·出版说明》，北京：中华书局，1974年版，第1页。

值得注意的是，《南齐书·天文志》的部分天象记录更为细致。其中一些记录细致记载了日月异象的颜色与天体行度。譬如，“月犯列星”条载：“建元元年七月丁未，月犯心大星北一寸。”[①]

（三）《魏书·天象志》体例

《魏书·天象志》将异常天象全部收入，而不是像班固的《汉书》那样，将日食、彗星天象归入《五行志》：“班史以日晕五星之属列《天文志》，薄蚀彗孛之比入《五行说》。七曜一也，而分为二《志》，故陆机云学者所疑也。今以在天诸异咸入天象，其应征符合，随而条载，无所显验则阙之云。”[②]

《魏书·天象志》共四卷，卷一记异常日象，卷二记异常月象，卷三、卷四主要记异常星象。天象记录之后通常附有占辞与人事对应，有时还会出现“天象若曰”“天戒若曰”“其象若曰”“天意若曰”“天又若曰”之类代天立言、传递天戒的言辞。

值得一提的是，魏收所撰之《天象志》第三卷与第四卷在宋时已亡佚。现存《魏书·天象志》系根据其他史书补足。唐长孺认为《魏书·天象志》第三卷与第四卷记星变似乎采用了已亡佚的《魏书·天象志》和《宋书·天文志》。[③]这一说法较有道理。笔者通过文本比对发现，《魏书·天象志》卷三与卷四的文本不仅糅合了《宋书·天文志》与已亡佚的《魏书·天象志》，还糅合了《南齐书·天文志》的内容。

以公元400年的彗星天象为例，对比如下：

《魏书·天象志》：（天兴）三年三月，有星孛于奎，历阁道，至紫微西蕃，入北斗魁，犯太阳守，循下台，轥南宫，履帝坐，遂由端门以出。[④]

---

① （梁）萧子显撰：《南齐书》，北京：中华书局，1972年版，第210页。

② （北齐）魏收撰：《魏书》，北京：中华书局，1974年版，第2333页。

③ 中华书局编辑部撰：《〈魏书·天象志〉校勘记》，北京：中华书局，1974年版，第2418—2419页。

④ （北齐）魏收撰：《魏书》，北京：中华书局，1974年版，第2390页。

《宋书·天文志》：隆安四年正月乙亥，月犯填星，在牵牛。占曰："吴、越有兵丧。女主忧。"二月己丑，有星孛于奎，长三丈，上至阁道紫宫西蕃，入斗魁，至三台、太微、帝座、端门。①

《魏书·天象志》与《宋书·天文志》的记载存在着差异：一是天象时间记录的差异，《魏书·天象志》为三月，《宋书·天文志》为二月己丑，这可能是历法不同导致的差异；二是天象记载内容方面的差异，《魏书·天象志》的彗星路线是阁道—紫微西蕃—北斗魁—下台—南宫—帝坐—端门，《宋书·天文志》的彗星路线是阁道—紫微西蕃—斗魁—三台—太微—帝坐—端门。如果今本《魏书·天象志》没有采用《宋书·天文志》文本的话，那么有可能这是两地官员各自观察到的天象，这种情况是可能存在的。1881年的大彗星在世界上不少地方可以观测到。

《魏书·天象志》关于公元405年的火星天象记录与《宋书·天文志》相差无几，对比如下：

《魏书·天象志》:（天赐）二年八月甲子，荧惑犯少微；庚寅，犯右执法；癸卯，犯左执法；十一月丙戌，太白掩钩钤。②

《宋书·天文志》：晋安帝义熙元年……九月戊子，荧惑犯少微。占曰："处士诛。"庚寅，荧惑犯右执法。癸卯，荧惑犯左执法。占并同上。……十一月丙戌，太白掩钩钤。占曰："喉舌臣忧。"③

从天象发生时间看，《魏书·天象志》与《宋书·天文志》都存在问题。因为天赐二年八月无庚寅日与癸卯日，而义熙元年九月癸卯日不应排在戊子日与庚寅日之后。但两书记录内容大体一致，很可能是因为《魏书·天象志》糅合了《宋书·天文志》文本。

① （梁）沈约撰：《宋书》，北京：中华书局，1974年版，第728页。
② （北齐）魏收撰：《魏书》，北京：中华书局，1974年版，第2393页。
③ （梁）沈约撰：《宋书》，北京：中华书局，1974年版，第730页。

应该指出，《魏书·天象志》记星变的部分内容存在独立的史源，还可能参照过《南齐书·天文志》的内容。譬如，《魏书·天象志》载："太和十一年三月丁亥，火、土合于南斗。"[①]北魏太和十一年（公元487年）即南齐永明五年。《南齐书·天文志》载："（永明）五年二月乙亥，荧惑、填星同在南斗度，为合宿。"[②]《南齐书·天文志》没有占辞，《魏书·天象志》却有占辞："其国内乱，不可举事用兵。"[③]下文又有"齐将陈达伐我南鄙"之辞，从占辞及行文语气上看，这一段记录出自北魏史官之手。《南齐书·天文志》没有给出对应事件，《魏书·天象志》认为这一天象对应着南齐政事：齐武帝萧赜待诸侯王严酷，引发内乱。不过，《魏书·天象志》的撰作还参考了《南齐书·天文志》。《魏书·天象志》载："（太和）十二年三月甲申，岁星逆行入氐。"[④]《南齐书》载："（永明）六年三月甲申，岁星逆行入氐宿。"[⑤]《南齐书·天文志》无占辞，《魏书·天象志》有占辞："诸侯王而升为天子者。"[⑥]《魏书·天象志》认为，岁星逆行与南齐相关，逆行意味着篡逆之事。

二、魏晋南北朝正史《天文志》的政治意涵

历史书写具有意识形态性质。它可能生产或再生产主流意识形态，也可能颠覆主流意识形态。

古代中国正史《天文志》主要表现了儒家意识形态。儒家重秩序的特点在《天文志》的星占观念中较为充分地体现出来。星空秩序是人间秩序的一种想象性重构。在国际关系上，儒家重华夷之辨，"内诸夏而外夷狄"。两汉魏晋南北朝时期，星占上通常以昴宿占测胡夷之动向。[⑦]在国内关系上，儒家重君臣

---

① （北齐）魏收撰：《魏书》，北京：中华书局，1974年版，第2416页。
② （梁）萧子显撰：《南齐书》，北京：中华书局，1972年版，第230页。
③ （北齐）魏收撰：《魏书》，北京：中华书局，1974年版，第2416页。
④ （北齐）魏收撰：《魏书》，北京：中华书局，1974年版，第2417页。
⑤ （梁）萧子显撰：《南齐书》，北京：中华书局，1972年版，第233页。
⑥ （北齐）魏收撰：《魏书》，北京：中华书局，1974年版，第2417页。
⑦ 胡鸿：《星空中的华夷秩序——两汉至南北朝时期有关华夷的星占言说》，《文史》，2014年第1期，第55—74页。

之义，强调尊卑、男女、亲疏等方面的差别。星占上则体现为星官象征含义的建构。譬如太微对应“天子廷”，轩辕对应着后宫，三台对应着三司，无名小星对应着庶民。因此，中古《天文志》不仅承载着社会记忆，还承担着官方的意识形态建构功能。

（一）魏晋南北朝正史《天文志》的“正统论”建构

“正统论”是理解中国政治文化与史学的一个重要概念。饶宗颐曾著《中国史学之正统论》一书，梳理正统论之脉络。饶宗颐先生指出，正统之义与编年之书相关。推其论，中国史学之正统论当始自《春秋》。饶宗颐还指出，《史记》称汉高祖得天统的理论源头是董仲舒的《春秋繁露》之《三代改制质文篇》，正统归运之论至班固时愈加巩固。根据饶宗颐的总结，中国史学中的正统论主要有两个理论依据：一是五德终始说，二是《春秋》“大一统”观念。[①]

魏晋南北朝时期，除西晋短暂统一外，中国大部分时间处于分裂状态。“天无二日，民无二主。”孰为正统成为争议不休的一个问题。三国时期，魏蜀吴各自称言符瑞以争正统，就连天象上的恶兆都被用于正统之争，黄权“荧惑守心而文皇帝崩（即荧惑守心而魏文帝崩逝）”的说辞，即是从天象上立论的。陈寿以曹魏为正统，习凿齿以蜀汉为正统。习凿齿以蜀汉为正统的缘由有二：一是为了打消桓温的篡位图谋，二是认为曹魏得位不正，蜀汉以刘氏宗室得位名正言顺，故其《晋承汉统论》有“吴魏犯顺而强，蜀人杖正而弱”之论。[②]

《宋书·天文志》记录了三国至刘宋的天象，这昭显了魏—西晋—东晋—刘宋一脉相承的正统论谱系。《宋书·天文志》多记载与曹魏政权有关的天象。一般说，得正统之国君所对应的星象为太微、紫宫、心宿等。《宋书·天文志》三国时期天象记录中，“月犯心大星”分别对应着魏文帝、魏明帝、魏高贵乡公的去世，“客星见太微”则分别对应着魏文帝崩逝与魏高贵乡公被害。由此

---

① 饶宗颐著：《中国史学之正统论》，上海：上海远东出版社，1996年版，第74—75页。
② 饶宗颐著：《中国史学之正统论》，上海：上海远东出版社，1996年版，第82页。

可见，《宋书·天文志》尊奉曹魏为正统。

西晋覆灭后，中国处于分裂状态，南方主要有东晋政权，其他地方政权林立。《宋书·天文志》尊奉东晋为正统，贬低其他政权。譬如称石勒与石虎僭号，并以昴宿占测其动向：

> 咸和六年十一月，荧惑守胃、昴。占曰："赵、魏有兵。"八年七月，石勒死，石虎自立，多所残灭。是时虽勒、虎僭号，而其强弱常占于昴，不关太微紫宫也。①

按星象分野理论，昴宿主赵地，胃宿主兖州，故占辞云："赵、魏有兵。"恰好石氏政权国号为赵。石氏政权带给东晋极大的困扰。《宋书·天文志》称以昴宿占测石氏政权强弱。其占辞主要为"胡王死""胡不安""兵起，岁大旱"等。

石氏政权覆灭后，《宋书·天文志》则以昴宿占测其他北方少数民族政权的动向。譬如晋海西公太和二年正月（公元367年），出现太白入昴天象。《宋书·天文志》认为这是慕容暐为苻坚所灭之象。再如义熙五年（公元409年）共有三次月犯昴天象，占测结果为"胡不安"与"天子破匈奴"。据《宋书·天文志》解释，"胡不安"对应着多个事件：

> 是年四月，高祖讨鲜卑。什圭为其子所杀。十一月，西虏攻安定，姚略自以大众救之。六年二月，鲜卑灭。皆胡不安之应也。②

"高祖讨鲜卑"指的是刘裕讨伐南燕慕容超政权。"什圭为其子所杀"指的是北魏皇帝拓跋珪为其子拓跋绍所杀。"西虏攻安定"指的是胡夏国赫连勃勃

---

①（梁）沈约撰：《宋书》，北京：中华书局，1974年版，第707页。
②（梁）沈约撰：《宋书》，北京：中华书局，1974年版，第733页。

攻后秦。“鲜卑灭”指的是南燕慕容超政权覆灭。“胡不安”对应多个事件，这其实是一种含糊其词的语言策略。

晋宋禅代后，中国进入南北朝时期。《宋书·天文志》以刘宋政权为正统，蔑称北魏政权为索虏。譬如大明六年（公元462年）五月，月掩昴七星，其占辞曰:“贵臣诛，天子破匈奴，胡主死。”[①]据《宋书·天文志》,“贵臣诛”对应着“宰辅及尚书令仆诛戮”等事件，“天子破匈奴”没有可对应的事件，“胡主死”对应着“索虏主死”——北魏文成帝拓跋濬之死。

从太微垣的占测来看，荧惑逆行入太微而晋明帝崩、流星入太微而晋成帝崩、太微中太白犯填星而晋穆帝崩、太白入太微而晋孝武帝崩等事件，说明《宋书·天文志》尊奉东晋为正统。从紫宫占测来看，白气入紫宫而宋昭太后崩，说明《宋书·天文志》也尊奉刘宋为正统。

北方政权的历史书写自然服务于本朝的政治利益。《魏书》尊奉北魏为正统。尊奉北魏为正统的目的是尊奉北齐为正统。《魏书·世祖纪》称“刘义隆遣使朝贡”。[②]《魏书·天象志》卷一与卷二直呼梁高祖萧衍之名，卷二直呼宋文帝刘义隆之名:“四年正月，征西将军皮豹子等大破刘义隆将于乐乡。擒其将王奂之、王长卿等。”[③]《魏书·天象志》卷二还直呼齐武帝萧赜与齐明帝萧鸾之名,称“萧赜遣众寇边”[④]“萧赜死”[⑤]“平南将军王肃频破萧鸾军于义阳”。[⑥]华夏政权通常用昴宿占测北方游牧民族政权。北魏政权自居正统，故用昴宿占测柔然等其他游牧民族政权，以昴宿占测北方少数民族政权见于北魏军政决策。《魏书·崔浩传》载，神䴥二年（公元429年），北魏世祖拓跋焘召群臣商议征伐柔然。有些大臣以天象不利为由反对征伐柔然，崔浩力排众议，举证有利天象:“……臣观天文，比年以来，月行掩昴，至今犹然。其占‘三年，天子大

① （梁）沈约撰:《宋书》，北京：中华书局，1974年版，第752页。
② （北齐）魏收撰:《魏书》，北京：中华书局，1974年版，第71页。
③ （北齐）魏收撰:《魏书》，北京：中华书局，1974年版，第2357页。
④ （北齐）魏收撰:《魏书》，北京：中华书局，1974年版，第2365页。
⑤ （北齐）魏收撰:《魏书》，北京：中华书局，1974年版，第2367页。
⑥ （北齐）魏收撰:《魏书》，北京：中华书局，1974年版，第2368页。

破旄头之国’。蠕蠕、高车，旄头之众也。”[①]崔浩以月掩昴为“天子大破旄头之国”的征象。所谓“旄头”，指披发之民。披发是华夏族群对北方戎狄的一个典型印象。“披发左衽”是与“华夏衣冠”这一自我形象构成鲜明对比的一个异族形象。晋人贵族子弟披发裸饮的风气在一些保守人士眼里成为胡、翟入侵的征兆。崔浩以柔然与高车为旄头之众，这符合华夏文化传统认知，也符合北魏自居正统的心理需求。北魏政权自身是游牧民族主导的政权，故《魏书·天象志》历史叙事力图避免将昴宿所含的“胡主死”“胡不安”等文化含义与北魏相关联。

纵观《魏书·天象志》，昴宿的星占释义主要为“白衣会”“狱事”“赦令”。昴宿与胡有关的阐释空间被大大压缩。

由于《魏书·天象志》卷三与卷四为唐人所补撰，这使得情况更为复杂。《魏书·天象志》卷三与卷四的正统性呈现出两种面貌：一是南北并尊，二是尊北贬南，但是占主导地位的是尊北正统论。《魏书·天象志》载：“天兴元年八月戊辰，木昼见胃。”[②]《魏书·天象志》称：“由是魏为北帝，而晋氏为南帝。”[③]晋朝末年的彗星扫帝座以及彗星干犯紫宫天象,《魏书·天象志》也认为是晋室之征。这些处理体现了南（晋）北（魏）并尊的正统论。

《魏书·天象志》占测南方政权多用分野占，如心宿、张宿、虚宿、危宿、南斗、翼宿等。因心的分野为宋，南斗的分野为吴，所以刘宋末年的月犯心天象与月犯南斗天象被解释为与萧道成权大欺主有关。又如虚宿与危宿的分野对应着齐。故《魏书·天象志》载：“……至十五年三月壬子，岁犯填，在虚；三月癸巳，木、火、土三星合宿于虚；甲午，火、土相犯。虚，齐也。占曰：‘其国乱专政，内外兵丧，故立侯王。’……至十七年正月戊辰，金、木合于危。危,亦齐也。是为人君且罹兵丧之变。”[④]《魏书·天象志》认为,这些天象对应

① （北齐）魏收撰：《魏书》，北京：中华书局，1974年版，第816页。
② （北齐）魏收撰：《魏书》，北京：中华书局，1974年版，第2390页。
③ （北齐）魏收撰：《魏书》，北京：中华书局，1974年版，第2390页。
④ （北齐）魏收撰：《魏书》，北京：中华书局，1974年版，第2426页。

着齐武帝崩殂及萧鸾篡位后诛杀宗室。再如北魏延昌四年十月，太白犯南斗。太白为兵，南斗对应的分野为吴，故“太白犯南斗”可解释为南方政权将有战争。《魏书·天象志》联系延昌三年四月的流星天象及延昌四年闰月的大奔星天象，该书认为这一天象对应的是北魏军队大破萧梁军队及浮山堰溃决导致十余万梁人漂没之事。又如北魏兴和元年十月辛丑，有彗星自南斗出。当年十一月丙戌，这一彗星与太白相距三尺。第二年二月乙卯，这一彗星抵达娄宿才消失。南斗的分野为吴，娄宿的分野为徐州。《魏书·天象志》认为，这一天象意味着萧梁政权由于内部因素招致兵乱。再联系兴和二年四月“金木相犯于奎”与“火木相犯于奎”天象，《魏书·天象志》指出，这些天象对应着侯景之乱及萧梁政权的衰亡。

至于晋室覆亡之后的天象解释，《魏书·天象志》以尊北方政权为正统居多。流星出紫宫被解释为“大君之使”“人主因丧事而出宫”。流星入紫宫存在着多种解释，一是被解释为将相御卫帝宫之象，二是被解释为辅相干涉后妃内政之象，三是被解释为皇帝崩殂之象，四是被解释为虚国之象。晋朝灭亡之后，太微垣的异常天象也大多被解释为与北魏政权有关。譬如太白犯太微被解释为君自将兵之象。再如延昌年间荧惑犯太微、月入太微、月犯火于太微被解释为北魏太宗崩殂及王室衰微之征。

《魏书·天象志》又载：“（永安）二年十一月荧惑自鬼入太微西掖门，犯上将，出东掖门，犯上相，东行累日，句己去来，复逆行而西；……（三年正月）己丑，月入太微，袭荧惑；……（三年四月）己未，荧惑出端门，在左执法南尺余而东。”[①]荧惑入太微与月入太微的天象反复出现，这些天象被天文官员解释为权臣遭戮、战乱出现、贵人死亡等政治现象的征兆。撰史者认为，其对应史实是尔朱荣与元天穆遭诛杀，尔朱氏党羽叛乱，孝庄帝被俘后遭缢杀。

北魏分裂为东魏与西魏。《魏书·天象志》的天象记录是尊奉东魏为正统。《魏书·天象志》卷二篇尾采用东魏孝静帝年号记录月象。《魏书·天象志》卷

① （北齐）魏收撰：《魏书》，北京：中华书局，1974年版，第2343页。

四亦采用东魏孝静帝年号记录，并明言尊重东魏为正统是因为东魏版图保全了魏国故地："是时两主立，而东帝得全魏之墟，于天官为正。"[①]

（二）天文灾异占验与政治秩序的话语建构

天文灾异占验的理论前提是天象与人事之间的感应。如《魏书·天象志》云："夫在天成象，圣人是观，日月五星，象之著者，变常舛度，征咎随焉。然则明晦晕蚀，疾余犯守，飞流欻起，彗孛不恒，或皇灵降临，示谴以戒下，或王化有亏，感达于天路。"[②]在这段话中，魏收首先指出，日月五星行度失常，咎征附随而来。其次，魏收还指出，异常天象出现的原因有二：一是上天示谴，二是王化有亏，感达于天。《汉书·天文志》也指出，"政失于此，则变见于彼"。这种天象与人事交互感应的观念至少在春秋时代已经存在。汉代，数术性质的星占与儒家灾异学说融合，形成了一套天文灾异话语。这套天文灾异话语在中古政治活动与历史书写中得以实践与再生产。在历史书写中，这套天文灾异话语服务于政治秩序的建构与维系。

中国古代星占可分为星官占和分野占。星官占以三垣二十八宿理论为基础。三垣指太微垣、紫宫垣、天市垣。太微垣象征着天子廷，紫宫垣象征着帝宫，天市垣象征着市集。

据《晋书·天文志》，紫宫垣中，紫微星象征着天子，旗星象征着蕃臣。此外还有尚书、大理、内厨、天厨、天床等星辰，这些星辰象征着尚书、法官及照料天子饮食起居的官员。[③]太微垣中，外蕃象征着九卿，左执法象征着廷尉，右执法象征着御史大夫。太微垣中又有东蕃四星与西蕃四星。东蕃四星为上相、次相、次将、上将，西蕃四星为上将、次将、次相、上相，这些星辰象征着政府中的将相。太微垣中，还有明堂、灵台、谒者、三公内坐、九卿内坐、五诸侯、太子、从官、幸臣、郎位十五星、武贲一星、常陈七星、三

---

① （北齐）魏收撰：《魏书》，北京：中华书局，1974年版，第2450页。
② （北齐）魏收撰：《魏书》，北京：中华书局，1974年版，第2333页。
③ （唐）房玄龄等撰：《晋书》，北京：中华书局，1974年版，第290—295页。

台、内平诸星，这些星辰象征着政府中的各级官员。据《晋书》，天市垣共计二十二星，有帝坐、侯、宦者、宗正、宗人、宗诸星，象征着天庭以及宦官、宗大夫、宗人、天子宗室等人员。

《晋志》中，除三垣二十八宿外，还有骑官、积卒、羽林、九州殊口等星辰。骑官星象征着天子武贲，骑阵将军星象征着骑将，车骑三星象征着车骑之将，积卒二十二星象征着卫士，傅说星象征着巫官，九州殊口星象征着翻译。①

从《晋书》星官理论来看，天上星辰象征了自天子至庶人的各类人员与机构。这是现实社会在天上社会的投影。这套星占话语建构了一套维护人间政治秩序的理论。这种维护政治秩序的星占话语在印度古代星占文献中也能见到。《虎耳譬喻经》（又译《摩登伽经》或《舍头谏太子二十八宿经》）是一部在公元3世纪就已经翻译为汉文的佛经。该经以对话的形式介绍了古印度星占知识，其中提到了星宿所对应的阶层与分野：

> 莲花实啊，昴宿是羯陵伽摩揭陀的星宿。毕宿是所有的臣民的［星宿］。觜宿是毗提诃和王家侍从的［星宿］。如是参宿是刹帝利和婆罗门的［星宿］。井宿是金匠的［星宿］。鬼宿是所有的白衣和国王近侍的星宿。柳宿是诸龙和诸雪山住的［星宿］。星宿是诸糖匠的［星宿］。张宿是诸盗贼的［星宿］。翼宿是诸阿万提人的［星宿］。轸宿是苏刺侘人的［星宿］。角宿是南方的，两足的［禽鸟类］［星宿］。
>
> ……
>
> 胃宿是吉祥音律造作者和拥有吉祥身体者的星宿。莲花实啊，这就是名为星宿的分野预言的解释的一章。②

---

① （唐）房玄龄等撰：《晋书》，北京：中华书局，1974年版，第304—307页。

② 周利群：《〈虎耳譬喻经〉梵文精校本早期印度星占史料》，《中国科技史杂志》，2018年第1期，第97—126页。

周利群的《虎耳譬喻经》译本以中国二十八宿名翻译印度二十八宿名。《摩登伽经》采用了同样的译法。《舍头谏太子二十八宿经》则采用了意译法翻译古印度二十八宿名。譬如，井鬼柳星张翼轸七宿分别译为增财、炽盛、不觐、土地、前德、北德、象，奎娄胃昴毕觜参七宿分别译为流灌、马师、长息、名称、长育、鹿首、生养。据《虎耳譬喻经》，昴宿的分野对应羯陵伽与摩揭陀两地。毕宿对应的群体为所有臣民。觜宿对应的分野为毗提诃国，其所对应的群体为王家侍从。《大方等大集经》卷五十六《月藏分第十二星宿摄受品第十八》的说法略有不同："……四者昴宿主于水中，五者毕宿主一切众生；六者觜宿主鞞提诃国；七者参宿主于刹利。"[①]二经说法略有差异，但都反映出古印度星占学中二十八宿星官的"阶序"特征。

"阶序"一词出自法国人类学家路易·杜蒙的代表作《阶序人：卡斯特体系及其衍生现象》(1966)一书。《阶序人：卡斯特体系及其衍生现象》是研究印度种姓制度的经典著作。杜蒙将"阶序"定义为"一个整体的各个要素依照其整体的关系来排列等级所使用的原则"。[②]杜蒙认为，阶序是一种涵括对反的关系。印度社会整体是以洁净与不洁的对立为阶序基础。韩格理在讨论中国行政时发展了杜蒙的"阶序"概念。他认为，中国行政与印度纯粹的阶序观念不一样，也与西方科层制阶序观念不一样，它是一种完全由仪式性的秩序原则所掌管的地位等级制。这是依照一种道德权威所表现出来的典范式的和谐以及通过惩罚来加以矫正的税收征缴体制。[③]王斯福在分析台湾山街民间信仰时指出，地方性庙宇崇拜蕴涵的是一种带有更多军事意味的宇宙观。[④]

西方人类学家的"阶序"理论与分析实践为我们分析中国星占信仰提供了

① 钮卫星著：《西望梵天——汉译佛经中的天文学源流》，上海：上海交通大学出版社，2004年版，第57页。

② [法]路易·杜蒙著：《阶序人：卡斯特体系及其衍生现象》，王志明译，杭州：浙江大学出版社，2017年版，第135页。

③ [英]王斯福著：《帝国的隐喻：中国民间宗教》，赵旭东译，南京：江苏人民出版社，2008年版，第64页。

④ [英]王斯福著：《帝国的隐喻：中国民间宗教》，赵旭东译，南京：江苏人民出版社，2008年版，第66页。

一种旁证与思路。但在实际分析中，我们首先应该考虑的是本土文化传统与星占信仰的关系，灵活运用“阶序”概念。中国古代政治文化中最受尊崇的是天子，最受轻视的是“贱人”。星占中，紫微星象征天子，贯索九星象征贱人之牢。所谓“贱人”，指的是地位低下之人，他们可能是盗贼、妓女、囚犯、乞丐等等。古代中国人的社会地位主要取决于官职、德行、职业等，并不像印度社会取决于种姓。中国政治文化提倡政治人物行为举止合礼，反对僭礼。合礼与僭礼构成一种对反关系。

中古《天文志》的解释针对性选择历史事实以造成星占理论无误的印象。《宋书·天文志》载：“元康五年四月，有星孛于奎，至轩辕、太微，经三台、大陵。”[①]星占上，轩辕对应后宫，三台对应三公，大陵意味着丧事。史家给出的对应事件是五年后司空张华遭杀害及贾后之死，这勉强算得上自圆其说。《宋书·天文志》载，宁康三年九月戊申，荧惑掩左执法。接着史家给出对应史实：“十月，尚书令王彪之卒。”[②]这就给人们造成了天象与人事无缝接轨对应的印象。史家的解释一方面确认了星占理论的有效性，另一方面也确认了政治秩序的合理性。同时，在历史解释中，史家也通过谴责越轨者维护君臣合德和阳尊阴卑的政治秩序。

中古星占中，通常以轩辕大星、填星（又称镇星，即土星）或月亮象征女主。《宋书·天文志》中，曹魏太和六年月犯轩辕大星与青龙二年月犯镇星，史家给出的事应是太后郭氏崩。青龙四年太白犯轩辕大星，其事应为皇后毛氏崩。《宋书·天文志》中，“女主忧”对应的事件多是皇后或太后崩逝、皇后幽废、太后素服等。中国古代政治文化不提倡女主专政。《天文志》对女主专政提出了批评。《宋书·天文志》载，晋元康二年二月，“天西北大裂”，史家认为这一天象对应着妇后专制。晋永和八年至永和九年多异常天象，如月犯轩辕大星、月犯心、月犯房、月犯岁星等。史家认为，其事应是“是时帝主幼冲，

① （梁）沈约撰：《宋书》，北京：中华书局，1974年版，第699页。
② （梁）沈约撰：《宋书》，北京：中华书局，1974年版，第722页。

母后称制，将相有隙，兵革连起”。[①]

《魏书 · 天象志》卷一中，有时日食被解释为与夫人之薨有关。如天赐五年七月，戊戌日食被解释为与夫人刘氏之死有关，因刘氏之后被谥为宣穆皇后。一般而言，《汉书》与《续汉书》中，日食若与女主有关，该女主是专政的女主，如汉高后、邓太后、梁太后等。刘氏之死缘于其子拓跋嗣被立为太子。子贵母死，这成了北魏的一个传统。北魏献文帝夫人李氏也是因子贵而死。《魏书 · 天象志》中，显祖皇兴二年十月癸酉的日食就成了李氏之死的一个预兆。《魏书 · 天象志》卷二中，月掩轩辕或月犯轩辕成了与北魏夫人刘氏、保皇太后常氏、皇后冯氏、皇后于氏、皇太后高尼等人相关的征兆。

《魏书 · 天象志》卷三把“长星出织女”视为北魏女主专制之始：“十一月，长星出织女，色正白，彗之象也。女主专制，将由此始，是以天视由之。”[②]《魏书 · 天象志》此言为冯太后而发。冯太后曾有两次临朝听政，一是天安元年（公元466年）二月至皇兴元年（公元467年）八月，后还政于献文帝；二是承明元年（公元476年）六月至太和十四年（公元490年）九月病逝，冯氏以太皇太后的身份临朝听政。太和元年八月至太和三年五月，月行六犯南斗，《魏书 · 天象志》认为其对应事件之一为冯太后专政。太和三年七月丁未与十月丙申，月亮两次犯心大星，“自四年正月至六年二月，又五干之”。[③]史家解释，冯太后多次加害孝文帝，但孝文帝因小心孝敬而得以全身而退。除冯太后外，胡太后也是北魏临朝听政的一位女主。胡太后为宣武帝嫔妃，生子元诩。元诩受立为皇太子，胡氏并未被赐死，由此打破了“子贵母死”的旧制。胡太后于延昌四年（公元515年）临朝听政。《魏书 · 天象志》载：“……（四年）闰月戊午，月犯轩辕。又女主之谪。十一月庚寅，木、火会于室，相距一尺；至甲午，火徙居东北，亦相距一尺。室为后宫，火与木合曰内乱，环而营之，或淫

① （梁）沈约撰：《宋书》，北京：中华书局，1974年版，第715页。
② （北齐）魏收撰：《魏书》，北京：中华书局，1974年版，第2410页。
③ （北齐）魏收撰：《魏书》，北京：中华书局，1974年版，第2414页。

事干逼诸侯之象。"[①]《魏书·天象志》认为，木星与火星会于室宿是后宫淫乱之象，其对应史实是胡太后逼幸清河王元怿。史臣的解释体现了"女祸论"对历史编纂的影响。魏收在《魏书》中屡陈"女祸论"论调："灵后淫恣，卒亡天下。倾城之戒，其在兹乎？"[②]

除反对女主政治，中古《天文志》书写的另一共同特点是反对强臣擅权。儒家反对强臣擅权，反对下陵上替，主张尊君抑臣。星占中，"太白昼见"常解释为强臣之征。《宋书·天文志》引《星传》曰："日阳，君道也。星阴，臣道也。日出则星亡，臣不得专也。昼而星见午上者为经天，其占为不臣，为更王。"[③]《星传》为托名黄帝创作的一部星占学著作。据《星传》，星辰昼见为"不臣"与"更王"的征兆。西晋末年，"八王之乱"爆发，西晋内耗，走向衰亡。历史事件后果影响了历史追忆。在《宋书·天文志》中，自元康元年（公元296年）至永宁二年（公元302年），"太白昼见"记录有3次，"五星互经天"计1次，"岁星昼见"计1次。《宋书·天文志》认为，前两次"太白昼见"（分别发生于元康六年十月与永康元年三月）皆与赵王司马伦废杀贾后与废帝自立有关。第3次"太白昼见""五星互经天""岁星昼见"则与赵王司马伦灭后，齐王司马冏、成都王司马颖、河间王司马颙、长沙王司马乂自相残杀有关。东晋时，北方处于"五胡十六国"时期，石虎、慕容垂、翟辽、姚苌、苻登、吕光等人各自割据一方。《宋书·天文志》中，多次"太白昼见"与此有关。晋安帝隆安年间，桓玄篡位，建立桓楚。《宋书·天文志》载："隆安四年……三月甲寅，流星赤色众多，西行经牵牛、虚、危、天津、阁道，贯太微、紫宫。占曰：'星者庶民，类众多西流之象。径行天子庭，主弱臣强，诸侯兵不制。'"[④]史臣认为，这一天象与桓玄有关。除此之外，史家解释中，晋安帝元兴元年三月"太白昼见"亦与桓玄篡位有关。不过，《宋书·天文志》对成功改朝换代

① （北齐）魏收撰：《魏书》，北京：中华书局，1974年版，第2436页。
② （北齐）魏收撰：《魏书》，北京：中华书局，1974年版，第341页。
③ （梁）沈约撰：《宋书》，北京：中华书局，1974年版，第701页。
④ （梁）沈约撰：《宋书》，北京：中华书局，1974年版，第728页。

的刘裕未加贬斥之词。《宋书·天文志》载："自义熙元年至是，太白经天者九，日蚀者四，皆从上始。革代更王，臣民失君之象也。"[①]也就是说，晋朝是因为自身失德，故而天命改易的，这恰恰符合了《宋书》的政治观点：崇奉"符命论"，贬斥"逐鹿论"。

《魏书·天象志》因采用了"天象若曰"格式，故而其政治指向意味更加明显。《魏书·天象志》批评桓玄篡位就有3条。以太白占为例：

> （皇始）五年三月戊子，太白犯五诸侯，昼见经天；九月己未，又犯进贤。太白为强侯之诫，犯五诸侯，所以兴霸形也。是时桓玄擅征伐之柄，专杀诸侯，以弱其本朝，卒以干君之明而代夺之。故皇天著诫焉，若曰：夫进贤兴功，大司马之官守也，而今自残之，君于何有焉。[②]

这一天象见于《宋书·天文志》。《魏书·天象志》卷三的这一评论反映了唐人的历史评判。《魏书·天象志》不仅认为桓玄篡位，还认为刘裕、萧道成、萧衍建国亦属篡位行为。

除批评南方政权下陵上替之外，《魏书·天象志》也批评北方政权内部的强臣擅权。如批评高肇，其依据是岁星异常天象。永平二年至永平三年，岁星三省执法。《魏书·天象志》引纬书《春秋保乾图》曰："《保乾图》曰：'臣擅命，岁星犯执法。'是时，高肇方为尚书令，故岁星反复由之，所以示人主也。"[③]高肇家族来自高丽。高肇之妹为北魏孝文帝皇后，高肇的外甥为北魏宣武帝。宣武帝与顾命宗室大臣的政治斗争，高肇暗中谋划，出力甚多。故高肇为宣武帝所倚重，旧史有"高肇专权"之说。吕思勉先生提出不同看法，他认为"景明而后，魏政不纲，朝臣之公忠体国者，高肇一人而已"。[④]与高肇类

---

① （梁）沈约撰：《宋书》，北京：中华书局，1974年版，第739页。

② （梁）沈约撰：《宋书》，北京：中华书局，1974年版，第2391页。

③ （北齐）魏收撰：《魏书》，北京：中华书局，1974年版，第2434页。

④ 吕思勉著：《吕思勉读史札记》，上海：上海古籍出版社，2005年版，第911页。

似，北魏权臣元叉失势亦有天象昭示。先是岁星三省执法，接着是岁星再犯房上相。故《魏书·天象志》称："昔高肇为尚书令，而岁星三省之，及升于上相，岁星亦再循之。至是三犯执法而腾死，再干上相而叉败，旷宫之谴，异代同符矣。"[①]

当然，《魏书·天象志》在关涉高欢的历史书写上有所保留，并未明言指斥。如普泰二年四月，太白昼见。同年九月丁酉，火木合于翼。占辞曰："是谓内乱，奸臣谋，人主忧。"[②]据史家解释，所谓"奸臣谋"是指斛斯椿等人说动魏孝武帝讨伐高欢。但孝武帝讨伐高欢未果，高欢改奉孝静帝为主。

总而言之，魏晋南北朝时期是中国星占理论进一步发展与完善的重要时期。即便在分裂时期，各地多数政权也保留着天文机构。这一时期，印度星占理论传入中国，但实践中占主导地位的仍是中国传统星占学。星象预示灾祥的观念深入人心。星占话语在构建政权合理性、维护政治秩序、军事决策等方面拥有不可忽视的影响力。南方政权接替以禅让方式为主。在禅让仪式中，天文官员当仁不让地承担着陈说天文符瑞的政治任务。在军事行动准备与实施过程中，星占专家的意见往往受到重视。在中古历史书写中，《宋书·天文志》与《魏书·天象志》继承了记录天象与以人事解说天象的传统，其叙事具有神话思维性质。魏晋南北朝时期，《天文志》具有重要的文化政治意涵，其中包括正统论的建构与政治秩序话语的建构。在尊奉南方政权还是北方政权为正统的问题上，《宋书·天文志》与《魏书·天象志》存在着差异，但在反对强臣擅权与女主政治方面持一致意见。

① （北齐）魏收撰：《魏书》，北京：中华书局，1974年版，第2441页。
② （北齐）魏收撰：《魏书》，北京：中华书局，1974年版，第2445页。

结　语

神话与历史最初混沌不分。神话与历史分化后，二者保持着纠缠不清的暧昧关系。

以《后汉书》为中心，检视中古正史文本，我们发现中古正史叙事存在着神话历史面相，《续汉书·五行志》《续汉书·天文志》《后汉书·方术列传》《后汉书·南蛮西南夷列传》等篇章是典型的神话历史叙事。结合“神话如何进入历史”这一问题，我们就具体历史文本展开具体考察。现在，我们尝试着得出一些总体性的认识。

一、中古正史书写具有神话历史面相

通行看法认为，神话是虚构的，历史是真实的，神话与历史水火不容。我们会碰见这样的问题：“大禹治水是神话还是历史？”言外之意是说，“大禹治水”故事是虚构的还是真实的？如果说“大禹治水”是历史，反对者也许会说：“那么，有什么证据能够说明大禹实有其人呢？依靠传说吗？传说中大禹是鲧生的，大禹也用过息壤治水，还曾经化为黄熊，这可信吗？”也许有人会以“遂公盨”为例来证明大禹实有其人，反对者仍然会说：“不错，‘遂公盨’确实刻有‘天命禹尃（敷）土，隓（堕）山濬川’这样的文字，但只不过说明‘遂公盨’是现存最早记载大禹传说的文物罢了，能证明大禹实有其人吗？”如果说“大禹治水”是神话，然而“证有容易证无难”，难道大禹治水真的没有史实依据吗？类似问题对《后汉书》的夜郎竹王传说、夫余神话、廪君传说也是适用的。比如，如果说夜郎侯并无其人，《后汉书》却叙述了夜郎侯为汉武帝所杀这一“史事”。如果说夜郎侯实有其人，《后汉书》却记载夜郎侯生于竹。

神话与历史之分并不是绝对的，不同的文化对“神话”与“历史”有不同的看法，一个民族称之为“历史”的说法在另一个民族看来不过是“神话”。神话与历史的区分不过是现代西方文化的产物，这种区分并不具有普适性。而且，在神话与历史之间有一个模糊的中间地带。以羌族传说为例，岷江上游村寨中流传着一些关于天地开辟、人类起源、人神关系及动植物来源的故事，我们与当地人均能够分清这些故事是虚构的还是真实的，然而解释村寨来源的“弟兄故事”却属于“神话”与“历史”之间的中间地带，不好分清“弟兄故事”是“神话”还是“历史”。[①]其实，不管是“神话”还是“历史”，它们都是记忆的一种形式。如果悬置“神话”与“历史”之间的区分，我们不妨称之为“神话历史”。在这个意义上，《后汉书·南蛮西南夷列传》中的盘瓠神话、夜郎竹王传说、廪君传说、九隆神话均属“神话历史”。

如果仅仅是悬置“神话”与“历史”的区分，确实可以得出一切历史叙事皆是“神话历史”的推论。但是，全然泯除“神话”与“历史”之间的区分是没有意义的，只是“戏论”而已。在历史文本中，我们关注的是“神话”与“历史”的交错，关注的是能够体现神话思维的历史叙事。在这个意义上，中古正史的灾异书写（《天文志》与《五行志》）、方士传（如《后汉书·方术列传》《魏书·术艺传》《晋书·艺术传》等）、始祖传说（如《后汉书·南蛮西南夷列传》《魏书·蠕蠕传》《魏书·高车传》等）、帝王传记（如《后汉书·光武帝本纪》）、志梦叙事等历史文本均属于“神话历史”。

列维-布留尔用互渗律来概括原始思维的思维特点，起初他认为以因果律为特征的逻辑思维与以互渗律为特点的神秘思维无法共存，埃文思-普里查德曾撰写《列维-布留尔的原始心智理论》一文与之商榷，列维-布留尔最后在晚年的笔记中修正了看法。这是一段有名的学术公案，人类学家斯坦利·杰亚拉贾·坦比亚在“摩尔根讲座”中重提这段公案，他具体列出了因果律与互渗律的一些思维特征，并指出因果律与互渗律是人面对世界的不同倾向，但可以彼此共存。

中国古代的“天人感应”观念体现了互渗律的思维倾向，深刻影响了历

① 王明珂：《根基历史：羌族的弟兄故事》，见黄应贵主编：《时间、历史与记忆》，台北：“中央研究院”民族学研究所，1999年版，第283—341页。

史叙事。星占观念中，帝王美德可以感天，大臣飞扬跋扈可以令“昼见太白”。天上的星象对应着人间的官僚、宫室、地域，通过观测星象与察望云气能够预知吉凶。以星占观念为前提，中古《天文志》记录天象并给出对应历史事件，建构了一种“神话历史”。中古《五行志》是以天人感应与阴阳五行观念为核心的一套叙事。按照阴阳五行观念，物质可分成木、火、土、金、水五类，行为可分成貌、言、视、听、思。按照天人感应观念，如果政事不善，就会出现各种灾异。中古《五行志》通过记录各种灾异现象并给出对应的政治事件，也建构了一种“神话历史”。根据天人感应观念，如果政治修明，就会出现祥瑞现象。中古正史中的祥瑞书写就是根据这种神话观念建构的一种历史叙事。

二、中古神话历史叙事具有深厚的巫史传统背景

中古正史叙事渗透着神话思维。叙事传统、政治需要、历史现实等因素参与了中古神话历史叙事文本的构建。大部分中古神话历史叙事与方术文化关系密切。按照《汉书・艺文志》的分类，数术包括天文、历谱、五行、蓍龟、杂占、形法。《五行志》的阴阳五行观念可归入“五行”类，《天文志》的星占观念可归入“天文”类，占梦可归入“杂占”类。《汉书・艺文志》以为“数术”属于“明堂羲和史卜之职”，这就启发我们通过巫史传统来理解中古神话历史叙事。

中国有久远的巫史传统。从甲骨文记录来看，商代已有占梦行为。河南濮阳西水坡蚌塑龙虎象、陶寺观象台遗址、石峁遗址的玉璇玑等文物说明中国很早就存在专门性的天文观测活动。参照民族志资料，可以推测，当时精通天文知识者可能是巫师（或萨满）。巫史传统影响了先秦历史叙事。这种影响余势未衰，进一步影响了中古历史叙事。

按照天人感应观念，察知天意以趋吉避凶具有不言而喻的重要意义。不管是《天文志》还是《五行志》，其最初记录的动机在于察知天意，其主要负责人为太史令。中古太史令负责掌管与祥瑞灾异相关的文献档案，还掌管大批负责占候的人员，其职责与《周礼》中的大史、小史、内史、外史、御史、冯

相氏、保章氏、眡祲、占梦类似。这些原始史料的记录者本身与方术文化关系密切。

中古时代是一个方术文化盛行的时代，星占、占梦、卜卦、相术、祈禳、择日等数术在社会信仰生活中占有重要地位。数术信仰的观念基础是天人感应神话宇宙观，文献记载与出土文物显示，中古社会各阶层共享着天人感应宇宙观。天人感应宇宙观认为，人间生活必须顺应天道，逆天而行即有祸患，在政治生活上必须效法阴阳四时，颁行政令，阴阳和则祥瑞并集，阴阳不和则出现灾异。笔者在前文分析中已指出，征兆信仰与中古政治关系非常密切。

以东汉为例，意识形态方面，《白虎通》生动地展示出天人感应神话宇宙观。《白虎通》“符瑞之应”条认为，王者承天施政，调和阴阳，“阴阳和，万物序，休气充塞”，符瑞就会应德而至：“德至天则斗极明，日月光，甘露降……德至八方则祥风至，佳气时喜，钟律调，音度施，四夷化，越裳贡。”[①]《白虎通》“论灾变谴告之义”云：“天之所以有灾变何？所以谴告人君，觉悟其行，欲令悔过修德，深思虑也。”[②]《白虎通》相当于东汉的“国宪”，由汉章帝亲自评判争议，能够代表东汉的官方意识形态。东汉皇帝的诏书也显示了天人感应的意识形态，汉章帝曾颁布祥瑞诏书三道，如元和二年诏书宣称出现了凤凰、黄龙、鸾鸟、白乌、神雀、甘露等祥瑞。天人感应的神话宇宙观也为东汉社会所共享，山东、江苏、四川、甘肃、河南等地均能发现祥瑞画像石，说明祥瑞信仰在地域上的广泛性。[③]在王朝礼仪方面，东汉灾变之礼、迎五气之礼、郊天之礼、请雨之礼、封禅等礼仪的施行，其目的都是祈望阴阳调和。按照东汉王朝灾变之礼，出现日食要割羊祠社，侍臣要着赤帻以助阳，天子要穿素服避正殿以示恐惧、修省之意。东汉还施行《月令》之礼，正月行籍田之礼，春季养孤老，行糜粥，掩骼埋胔，秋季行刑，冬至“闭关梁”。据《白虎通》解

① （清）陈立撰，吴则虞点校：《白虎通疏证》，北京：中华书局，1994年版，第283—285页。
② （清）陈立撰，吴则虞点校：《白虎通疏证》，北京：中华书局，1994年版，第267页。
③ 参见［美］巫鸿著：《武梁祠：中国古代画像艺术的思想性》，柳扬、岑河译，北京：生活·读书·新知三联书店，2006年版，第255—263页。

释，冬至日阳气微弱，闭关梁阻止行役是为了扶助微气以成万物。东汉王朝施行的《月令》之礼所依据的经典是《礼记·月令》，《吕氏春秋·十二纪》与《淮南子·时则训》存在着与《礼记·月令》大体相似的内容。若进一步考察《月令》的思想渊源，《管子》中的《幼官》《四时》《五行》《轻重己》诸篇可称为《月令》的雏形。

魏晋南北朝时期，无论王朝如何更迭，官方仪式如何变易，社会如何变动，不变的是一脉相承的天人感应观念。官方历史书写者受时代风气的熏染，无法超越时代，有时反而推波助澜。

三、中古神话历史叙事具有丰富的文化意涵

《左传》记载了大量的鬼神、灾祥、卜筮、星占、占梦、占风之类的现象，开创了“记妖梦以垂文”的叙事传统，继之者有《汲冢琐语》《史记》《汉书》《搜神记》。中古正史书写承继了志怪记异的叙事传统。这是个体意识、官方意识形态、社会心理等因素共同作用的结果。

中古史家生活的时代是神秘信仰炽燃的时代。范晔《后汉书》中不少内容与《搜神记》相似，范晔本人与天师道信徒有交往。无论他是否相信鬼神存在，范晔《后汉书》继承了神话历史叙事传统是一个不容否认的事实。司马彪《续汉志》也存在着类似的情况，司马彪曾著有《庄子注》，似乎持有玄学观念，不过这并不影响他承袭《天文志》与《五行志》的体例。这两个例子似乎验证了T·S·艾略特《传统与个人才能》一文的看法，套用一句他的话，我们可以说，对于任何一个超过二十五岁仍想尝试历史著述的人来说，拥有史学传统的历史意识是必不可少的，他不仅必须对同类的东汉历史著述了如指掌，还必须稔熟《左传》《史记》《汉书》《三国志》等历史著作，这种历史意识可以让他清楚地意识到自己的历史价值。或许，这就是通行本《后汉书》在历史长河中存续而其他《后汉书》湮没无闻的原因吧。

在思维方式上，中古《五行志》与《天文志》都遵循了神话思维的取象比类模式。《五行志》将灾异现象按五行、五事、皇极划分，然后将“五事”“皇

极”中的灾异现象又划分为妖、孽、祸、痾、眚、祥、沴七类。在对灾异现象进行分类的基础上，中古《五行志》进一步运用类比思维对灾异现象作出解释。《天文志》星占叙事的观念前提是星宿具有“州国官宫物类”之象，在此基础上，中古《天文志》通过寻找天象与人事的关联对天象作出解释。在中古正史神异叙事中，一些范式化的故事情节透露出特定的思维模式，如范晔《后汉书》关于循吏的德行感应故事可归纳出“自焚求雨”“老虎渡河”“蝗不入界”等类型，这些故事与天人感应神话思维相关。又如《后汉书·南蛮西南夷列传》中的盘瓠神话、九隆神话、夜郎竹王神话、廪君传说体现了“英雄祖先历史心性”。

中古史家的历史书写受制于官方意识形态。中古正史祥瑞书写宣扬“符命论”，驳斥“逐鹿说”，服务于维护政权合法性的需要。中古《天文志》通过记录与解释天象试图建构“天谴灾异论”、政权正统论、政治秩序话语，驳斥女主政治与强臣擅权。中古《五行志》则希望通过灾异书写与解释建立灾异与政治之间的关联，劝说政治人物自省修德。中古历史书写表明，历史书写者受到官方意识形态的召唤，通过历史书写生产出一套具有神话思维性质的意识形态话语。

参考文献

一、古代文献

1. 常用古籍

（汉）司马迁撰，（宋）裴骃集解，（唐）司马贞索隐，（唐）张守节正义：《史记》，北京：中华书局，1959年版。

（汉）班固撰，（唐）颜师古注：《汉书》，北京：中华书局，1962年版。

（东汉）刘珍等撰，吴树平校注：《东观汉记校注》，北京：中华书局，2008年版。

（汉）应劭撰，王利器校注：《风俗通义校注》，北京：中华书局，1981年版。

（晋）常璩撰，刘琳校注：《华阳国志校注》，济南：齐鲁书社，2000年版。

（晋）陈寿撰，裴松之注：《三国志》，北京：中华书局，1959年版。

（晋）干宝撰，汪绍楹校注：《搜神记》，北京：中华书局，1979年版。

（晋）司马彪撰，（梁）刘昭注补：《后汉书志》，北京：中华书局，1965年版。

（晋）袁宏撰，周天游校注：《后汉纪校注》，天津：天津古籍出版社，1987年版。

（晋）张华撰，范宁校证：《博物志校证》，北京：中华书局，1980年版。

（宋）范晔撰，（唐）李贤等注：《后汉书》，北京：中华书局，1965年版。

（梁）沈约撰：《宋书》，北京：中华书局，1975年版。

（梁）萧子显撰：《南齐书》，北京：中华书局，1972年版。

（北齐）魏收撰：《魏书》，北京：中华书局，1974年版。

（唐）房玄龄撰：《晋书》，北京：中华书局，1974年版。

（唐）姚思廉撰：《梁书》，北京：中华书局，1973年版。

（清）瞿昙悉达撰，常秉义点校：《开元占经》，北京：中央编译出版社，2006年版。

（清）陈立撰，吴则虞点校：《白虎通疏证》，北京：中华书局，1994年版。

（清）顾炎武撰：《历代宅京记》，北京：中华书局，1984年版。

（清）刘宝楠撰，高流水点校：《论语正义》，北京：中华书局，1990年版。
（清）刘知幾撰，（清）浦起龙释：《史通通释》，上海：上海古籍出版社，1978年版。
（清）孙诒让撰，孙启治点校：《墨子间诂》，北京：中华书局，2001年版。
（清）严可均辑：《全上古三代秦汉三国六朝文》，北京：中华书局，1958年版。
（清）严可均辑：《全三国文》，北京：商务印书馆，1999年版。
（清）赵翼著，王树民校证：《廿二史札记校证》，北京：中华书局，1984年版。
（清）赵在翰辑，钟肇鹏、萧文郁点校：《七纬》，北京：中华书局，2012年版。
［日］安居香山、中村璋八辑：《纬书集成》，石家庄：河北人民出版社，1994年版。
费振刚、胡双宝、宗明华辑校：《全汉赋》，北京：北京大学出版社，1993年版。
陈直校证：《三辅黄图校证》，西安：陕西人民出版社，1980年版。
何清谷撰：《三辅黄图校释》，北京：中华书局，2005年版。
何宁撰：《淮南子集释》，北京：中华书局，1998年版。
黄晖撰：《论衡校释》，北京：中华书局，1990年版。
苏舆撰，钟哲点校：《春秋繁露义证》，北京：中华书局，1992年版。
余嘉锡撰，周祖谟、余淑宜整理：《世说新语笺疏》，北京：中华书局，1983年版。

袁珂校注：《山海经校注》，上海：上海古籍出版社，1980年版。
2.《后汉书》研究
（清）王先谦撰：《后汉书集解》，北京：中华书局，1984年版。
（清）惠栋撰：《后汉书补注》，丛书集成初编本。
（清）侯康撰：《后汉书注补》，丛书集成初编本。
（清）周寿昌撰：《后汉书注补正》，丛书集成初编本。
（清）沈铭彝撰：《后汉书注又补》（不分卷），丛书集成初编本。
（清）汪文台辑，周天游校：《七家后汉书》，石家庄：河北人民出版社，1987年版。
周天游辑注：《八家后汉书辑注》，上海：上海古籍出版社，1986年版。
戴蕃豫著：《范晔与其〈后汉书〉》，上海：商务印书馆，1941年版。
戴蕃豫著：《稿本〈后汉书〉疏记》，北京：书目文献出版社，1995年版。
宋文民著：《后汉书考释》，上海：上海古籍出版社，1995年版。
3. 出土文献
甘肃省文物考古研究所、甘肃省博物馆、文化部古文献研究室等编：《居延新简》，北京：文物出版社，1990年版。
连云港市博物馆、东海县博物馆、中国社会科学院简帛研究中心等编：《尹湾汉墓简牍》，北京：中华书局，1997年版。

湖北省荆州市周梁玉桥遗址博物馆编：《关沮秦汉墓简牍》，北京：中华书局，2001年版。

湖北省文物考古研究所、随州市考古队编：《随州孔家坡汉墓简牍》，北京：文物出版社，2006年版。

睡虎地秦墓竹简整理小组编：《睡虎地秦墓竹简》，北京：文物出版社，1990年版。

二、近人中文论著

[美]艾兰、汪涛、范毓周主编：《中国古代思维模式与阴阳五行说探源》，南京：江苏古籍出版社，1998年版。

安德明著：《天人之际的非常对话——甘肃天水地区的农事禳灾研究》，北京：中国社会科学出版社，2003年版。

陈淳编著：《考古学理论》，上海：复旦大学出版社，2004年版。

陈鼓应主编：《道家文化研究》（第三辑）"马王堆帛书专号"，上海：上海古籍出版社，1993年版。

陈恒、耿相新主编：《新史学》（第四辑），郑州：大象出版社，2005年版。

陈久金、卢央、刘尧汉著：《彝族天文学史》，昆明：云南人民出版社，1984年版。

陈来著：《古代宗教与伦理：儒家思想的根源》，北京：生活·读书·新知三联书店，2009年版。

陈来著：《古代思想文化的世界——春秋时代的宗教、伦理与社会思想》，北京：生活·读书·新知三联书店，2009年版。

陈梦家著：《殷墟卜辞综述》，北京：中华书局，2004年版。

陈槃撰：《古谶纬研讨及其书录解题》，台北："国立编译馆"，1991年版。

陈平原著：《中国小说叙事模式的转变》，北京：北京大学出版社，2003年版。

陈启能、倪为国主编：《书写历史》（第一辑），上海：上海三联书店，2003年版。

陈寅恪著：《金明馆丛稿初编》，北京：生活·读书·新知三联书店，2001年版。

毕节地区民族事务委员会编：《彝族源流》，贵阳：贵州民族出版社，1992年版。

程丽芳著：《神仙思想与汉魏六朝志怪小说》，成都：西南交通大学出版社，2008年版。

程树德著：《九朝律考》，北京：中华书局，1963年版。

邓启耀著：《中国神话的思维结构》，重庆：重庆出版社，2004年版。

丁鼎、杨洪权著：《神秘的预言——中国古代谶言研究》，太原：山西人民出版社，1993年版。

丁山著：《中国古代宗教与神话考》，上海：上海文艺出版社，1988年版。

丁山著:《古代神话与民族》，北京：商务印书馆，2005年版。
范恩实著:《夫余兴亡史》，北京：社会科学文献出版社，2013年版。
方国瑜主编:《云南史料丛刊》(第一卷)，昆明：云南人民出版社，1990年版。
冯川著:《梦兆与神话》，成都：四川人民出版社，1993年版。
冯时著:《中国古代的天文与人文》，北京：中国社会科学出版社，2006年版。
冯时著:《中国天文考古学》，北京：中国社会科学出版社，2007年版。
冯时著:《百年来甲骨文天文历法研究》，北京：中国社会科学出版社，2011年版。
傅修延著:《先秦叙事研究——关于中国叙事传统的形成》，北京：东方出版社，1999年版。
葛兆光著:《七世纪前中国的知识、思想与信仰世界》(第1卷)，上海：复旦大学出版社，1998年版。
葛兆光著:《七世纪前中国的知识、思想与信仰世界》(第2卷)，上海：复旦大学出版社，2000年版。
龚鹏程著:《汉代思潮》，北京：商务印书馆，2005年版。
顾颉刚编:《古史辨》(第5册)，上海：上海古籍出版社，1982年版。
顾颉刚著:《秦汉的方士与儒生》，上海：上海古籍出版社，2005年版。
顾颉刚著:《古史辨自序》，石家庄：河北教育出版社，2000年版。
《过山榜》编辑组编:《瑶族〈过山榜〉选编》，北京：民族出版社，2009年版。
胡厚宣著:《甲骨学商史论丛初集》，石家庄：河北教育出版社，2002年版。
胡祥琴著:《怪异的叙事：南北朝正史“五行”“符瑞”诸志研究》，北京：中国社会科学出版社，2018年版。
黄一农著:《社会天文学史十讲》，上海：复旦大学出版社，2004年版。
黄悦著:《神话叙事与集体记忆:〈淮南子〉的文化阐释》，广州：南方日报出版社，2010年版。
姜望来著:《谣谶与北朝政治研究》，天津：天津古籍出版社，2011年版。
江晓原著:《天学真原》，沈阳：辽宁教育出版社，1991年版。
江晓原著:《星占与传统文化》，上海：上海古籍出版社，1992年版。
江晓原著:《历史上的星占学》，上海：上海科技教育出版社，1995年版。
江晓原著:《中国星占学类型分析》，上海：上海书店出版社，2009年版。
金春峰著:《汉代思想史》，北京：中国社会科学出版社，1987年版。
蓝旭著:《东汉的士风与文学》，北京：人民文学出版社，2004年版。
雷闻著:《郊庙之外——隋唐国家祭祀与宗教》，北京：生活·读书·新知三联书店，

2009年版。
冷德熙著:《超越神话——纬书政治神话研究》，北京：东方出版社，1996年版。
李剑国著:《唐前志怪小说史》，北京：人民文学出版社，2011年版。
李零著:《中国方术正考》，北京：中华书局，2006年版。
李学勤著:《走出疑古时代》，沈阳：辽宁大学出版社，1994年版。
李泽厚著:《历史本体论・己卯五说》，北京：生活・读书・新知三联书店，2006年版。
［韩］林炳僖著:《韩国神话历史》，广州：南方日报出版社，2012年版。
林富士著:《汉代的巫者》，台北：稻乡出版社，1999年版。
刘乐贤著:《简帛数术文献探论》，武汉：湖北教育出版社，2003年版。
刘文英著:《梦与中国文化》，北京：人民出版社，2003年版。
刘瑛著:《〈左传〉〈国语〉方术研究》，北京：人民文学出版社，2006年版。
鲁刚著:《文化神话学》，北京：社会科学文献出版社，2009年版。
陆思贤著:《神话考古》，北京：文物出版社，1995年版。
陆星原著:《汉字的天文学起源与广义先商文明——殷墟卜辞所见干支二十二字考》，上海：上海社会科学院出版社，2011年版。
逯耀东著:《魏晋史学的思想与社会基础》，北京：中华书局，2006年版。
卢央著:《中国古代星占学》，北京：中国科学技术出版社，2007年版。
吕微著:《神话何为——神圣叙事的传承与阐释》，北京：社会科学文献出版社，2001年版。
吕亚虎著:《战国秦汉简帛文献所见巫术研究》，北京：科学出版社，2010年版。
吕宗力著:《汉代的谣言》，杭州：浙江大学出版社，2011年版。
马昌仪编:《中国神话学文论选萃》(上下编)，北京：中国广播电视出版社，1994年版。
牟宗三著:《历史哲学》，长春：吉林出版集团有限责任公司，2010年版。
南阳汉画馆编:《南阳汉画像石》，郑州：河南美术出版社，1989年版。
彭兆荣著:《文学与仪式：文学人类学的一个文化视野——酒神及其祭祀仪式的发生学原理》，北京：北京大学出版社，2004年版。
彭兆荣著:《人类学仪式的理论与实践》，北京：民族出版社，2007年版。
蒲慕州著:《追寻一己之福：中国古代的信仰世界》，上海：上海古籍出版社，2007年版。
蒲慕州著:《墓葬与生死：中国古代宗教之省思》，台北：联经出版事业有限公司，1993年版。
钱穆著:《秦汉史》，北京：生活・读书・新知三联书店，2004年版。
宋兆麟著:《巫与巫术》，成都：四川民族出版社，1989年版。

宋兆麟著：《巫觋：人与鬼神之间》，北京：学苑出版社，2001年版。
谭佳著：《断裂中的神圣重构：〈春秋〉的神话隐喻》，广州：南方日报出版社，2010年版。
汤用彤著：《魏晋玄学论稿》，上海：上海古籍出版社，2001年版。
汤用彤著：《汉魏晋南北朝佛教史》，北京：北京大学出版社，1998年版。
陶磊著：《〈淮南子·天文〉研究》，济南：齐鲁书社，2003年版。
陶磊著：《从巫术到数术——上古信仰的历史嬗变》，济南：山东人民出版社，2008年版。
万晴川著：《中国古代小说与方术文化》，北京：中国社会科学出版社，2005年版。
王爱和著，徐峰校：《中国古代宇宙观与政治文化》，［美］金蕾、徐峰译，上海：上海古籍出版社，2011年版。
王辉著：《商周金文》，北京：文物出版社，2006年版。
王健文著：《奉天承运——古代中国的"国家"概念及其正当性基础》，台北：东大图书公司，1995年版。
王锦贵著：《汉书与后汉书》，北京：人民出版社，1987年版。
王锦贵著：《中国纪传体文献研究》，北京：北京大学出版社，1996年版。
［美］王靖宇著：《中国早期叙事文研究》，上海古籍出版社，2003年版。
王立著：《宗教民俗文献与小说母题》，长春：吉林人民出版社，2001年版。
王明珂著：《华夏边缘——历史记忆与族群认同》，台北：允晨文化实业股份有限公司，1997年版。
王明珂著：《羌在汉藏之间——川西羌族的历史人类学研究》，北京：中华书局，2008年版。
王铭铭著：《西方人类学思潮十讲》，桂林：广西师范大学出版社，2005年版。
王倩著：《20世纪希腊神话研究史略》，西安：陕西师范大学出版社，2010年版。
汪荣祖著：《史学九章》，北京：中华书局，2003年版。
王亭之著：《方术纪异》，香港：汇讯出版有限公司，1997年版。
王瑶著：《中古文学史论》，北京：北京大学出版社，1998年版。
王元化主编：《释中国》，上海：上海文艺出版社，1998年版。
王子今著：《〈史记〉的文化发掘——中国早期史学的人类学探索》，武汉：湖北人民出版社，1997年版。
文日焕、王宪昭著：《中国少数民族神话概论》，北京：民族出版社，2011年版。
闻一多著：《神话与诗》，上海：华东师范大学出版社，1997年版。
吴十洲著：《帝国之雩——十八世纪中国的干旱与祈雨》，北京：紫禁城出版社，2010年版。

吴文璋著:《巫师传统与儒家的深层结构》，高雄：富文图书出版社，2001年版。
吴小强撰:《秦简日书集释》，长沙：岳麓出版社，2000年版。
吴曾德著:《汉代画像石》，北京：文物出版社，1984年版。
萧兵著:《〈中庸〉的文化省察——一个字的思想史》，武汉：湖北人民出版社，1997年版。
谢保成著:《中国史学史》，北京：商务印书馆，2006年版。
徐复观著:《中国人性论史·先秦篇》，上海：上海三联书店，2001年版。
徐复观著:《两汉思想史》，上海：华东师范大学出版社，2001年版。
徐复观著:《中国思想史论集》，上海：上海书店出版社，2004年版。
徐复观著:《中国思想史论集续篇》，上海：上海书店出版社，2004年版。
徐新建著:《民歌与国学——民国早期“歌谣运动”的回顾与思考》，成都：巴蜀书社，2006年版。
徐新建主编:《灾难与人文关怀——“汶川地震”的文学人类学纪实》，成都：四川大学出版社，2009年版。
徐兴无著:《谶纬文献与汉代文化构建》，北京：中华书局，2002年版。
徐旭生著:《中国古史的传说时代》，北京：文物出版社，1985年版。
晏昌贵著:《巫鬼与淫祀——楚辞所见方术宗教考》，武汉：武汉大学出版社，2010年版。
杨宽著:《中国古代都城制度史研究》，上海：上海古籍出版社，1993年版。
杨宽著:《先秦史十讲》，上海：复旦大学出版社，2006年版。
杨权著:《新五德理论与两汉政治——“尧后火德”说考论》，北京：中华书局，2006年版。
杨文英著:《祈望和谐——周秦两汉王朝祭礼的演进及其规律》，北京：商务印书馆，2009年版。
杨义著:《中国叙事学》，北京：人民出版社，1997年版。
姚平主编:《当代西方汉学研究集萃·宗教史卷》，上海：上海古籍出版社，2012年版。
叶舒宪著:《中国神话哲学》，北京：中国社会科学出版社，1992年版。
叶舒宪著:《诗经的文化阐释——中国诗歌的发生研究》，武汉：湖北人民出版社，1994年版。
叶舒宪著:《文学与人类学》，北京：社会科学文献出版社，2003年版。
叶舒宪、萧兵、[韩]郑在书著:《〈山海经〉的文化寻踪——“想象地理学”与东西文化碰触》(上下)，武汉：湖北人民出版社，2004年版。
叶舒宪著:《文学人类学教程》，北京：中国社会科学出版社，2010年版。
叶舒宪、唐启翠编:《儒家神话》，广州：南方日报出版社，2011年版。

尹虎彬著：《古代经典与口头传统》，北京：中国社会科学出版社，2002年版。
俞建章、叶舒宪著：《符号：语言与艺术》，上海：上海人民出版社，1988年版。
余欣著：《神道人心——唐宋之际敦煌民生宗教社会史研究》，北京：中华书局，2006年版。
余欣著：《中古异相：写本时代的学术、信仰与社会》，上海：上海古籍出版社，2011年版。
余欣主编：《中古时代的礼仪、宗教与制度》，上海：上海古籍出版社，2012年版。
余英时著：《士与中国文化》，上海：上海人民出版社，1987年版。
宇妥·元丹贡布等著：《四部医典》，上海：上海科学技术出版社，1987年版。
袁珂著：《中国神话史》，上海：上海文艺出版社，1988年版。
詹鄞鑫著：《神灵与祭祀——中国传统宗教综论》，南京：江苏古籍出版社，1992年版。
［美］张光直著：《考古学专题六讲》，北京：文物出版社，1986年版。
张亨著：《思文之际论集：儒道思想的现代诠释》，北京：新星出版社，2006年版。
张京媛主编：《新历史主义与文学批评》，北京：北京大学出版社，1993年版。
张荣明著：《中国的国教——从上古到东汉》，北京：中国社会科学出版社，2001年版。
张振犁、陈江风著：《东方文明的曙光——中原神话论》，上海：东方出版中心，1998年版。

［韩］赵容俊著：《殷商甲骨卜辞所见之巫术》，台北：文津出版社有限公司，2003年版。
赵世瑜著：《狂欢与日常——明清以来的庙会与民间社会》，北京：生活·读书·新知三联书店，2002年版。
赵世瑜著：《小历史与大历史：区域社会史的理念、方法与实践》，北京：人民邮电出版社，2006年版。
赵友林著：《〈春秋〉三传书法义例研究》，北京：人民出版社，2010年版。
周策纵著：《古巫医与“六诗”考——中国浪漫文学探源》，上海：上海古籍出版社，2009年版。
钟敬文著：《钟敬文民间文学论集》，上海：上海文艺出版社，1985年版。
钟肇鹏著：《谶纬论略》，沈阳：辽宁教育出版社，1997年版。
祝总斌著：《两汉魏晋南北朝宰相制度研究》，北京：中国社会科学出版社，1990年版。
庄孔韶著：《人类学通论》，太原：山西教育出版社，2002年版。
《中国天文学史文集》编辑组编：《中国天文学史文集》，北京：科学出版社，1981年版。
中华书局编辑部编：《历代天文律历等志汇编》，北京：中华书局，1975年版。

三、中文译著

［美］阿兰·邓迪斯著：《民俗解析》，户晓辉编译，桂林：广西师范大学出版社，2005

年版。

［美］阿兰·邓迪斯编：《西方神话学读本》，朝戈金等译，桂林：广西师范大学出版社，2006年版。

［美］艾兰著：《龟之谜——商代神话、祭祀、艺术和宇宙观研究》（增订版），汪涛译，北京：商务印书馆，2010年版。

［法］爱弥尔·涂尔干、［法］马塞尔·莫斯著：《原始分类》，汲喆译，渠敬东校，北京：商务印书馆，2012年版。

［英］埃里克·霍布斯鲍姆、兰格著：《传统的发明》，顾杭、庞冠群译，北京：译林出版社，2004年版。

［英］E. E. 埃文思-普里查德著：《阿赞德人的巫术、神谕与魔法》，覃俐俐译，北京：商务印书馆，2006年版。

［美］安德鲁·斯特拉森、帕梅拉·斯图瓦德著：《人类学的四个讲座：谣言、想象、身体、历史》，梁永佳、阿嘎佐诗译，北京：中国人民大学出版社，2005年版。

［日］安居香山著：《纬书与中国神秘思想》，田人隆译，石家庄：河北人民出版社，1991年版。

［美］班大为著：《中国上古史揭秘——天文考古学研究》，徐凤先译，上海：上海古籍出版社，2008年版。

［美］本杰明·史华兹著：《古代中国的思想世界》，程钢译，南京：江苏人民出版社，2004年版。

［英］彼得·伯克著：《图像证史》，杨豫译，北京：北京大学出版社，2008年版。

［英］崔德瑞、鲁惟一编：《剑桥中国秦汉史》，杨品泉译，北京：中国社会科学出版社，1992年版。

［德］恩斯特·卡西尔著，柯礼文校：《神话思维》，黄龙保、周振选译，北京：中国社会科学出版社，1992年版。

［德］恩斯特·卡西尔著：《国家的神话》，范进等译，北京：华夏出版社，1999年版。

［英］菲奥纳·鲍伊著：《宗教人类学导论》，金泽、何其敏译，北京：中国人民大学出版社，2004年版。

［美］费正清编：《中国思想与制度论集》，段国昌、刘纫尼、张永堂译，台北：联经出版事业有限公司，1976年版。

［俄］弗拉基米尔·雅可夫列维奇·普罗普著：《神奇故事的历史根源》，贾放译，北京：中华书局，2006年版。

［英］詹姆斯·乔治·弗雷泽著：《金枝——巫术与宗教之研究》，徐育新、汪培基、张

泽石译，汪培基校，北京：大众文艺出版社，1998年版。

[奥]弗洛伊德著：《精神分析引论新编》，高觉敷译，北京：商务印书馆，1987年版。

[日]沟口雄三、[日]小岛毅主编：《中国的思维世界》，孙歌等译，南京：江苏人民出版社，2006年版。

[美]海登·怀特著：《元史学——十九世纪欧洲的历史想象》，陈新译，南京：译林出版社，2004年版。

[美]海登·怀特著：《后现代历史叙事学》，陈永国译，北京：中国社会科学出版社，2003年版。

[美]郝大维、安乐哲著：《期望中国：中西哲学文化比较》，施忠连、何锡蓉、马迅等译，上海：学林出版社，2005年版。

[日]井上圆了著：《妖怪学》，蔡元培译，上海：上海文艺出版社，1992年版。

[德]卡尔·雅斯贝斯著：《历史的起源与目标》，魏楚雄、俞新天译，北京：华夏出版社，1989年版。

[法]克劳德·列维-斯特劳斯著：《结构人类学》，陆晓禾、黄锡光等译，北京：文化艺术出版社，1989年版。

[法]克劳德·列维-斯特劳斯：《野性的思维》，李幼蒸译，北京：商务印书馆，1987年版。

[美]克利福德·吉尔兹著：《文化的解释》，纳日碧力戈等译，上海：上海人民出版社，1999年版。

[法]勒内·基拉尔著：《双重束缚——文学、摹仿及人类学文集》，刘舒、陈明珠译，北京：华夏出版社，2006年版。

[英]李约瑟著：《中国科学技术史》，北京：科学出版社，1975年版。

[日]林巳奈夫著：《神与兽的纹样学》，常耀华、王平、刘晓燕等译，北京：生活·读书·新知三联书店，2009年版。

[日]林巳奈夫著：《刻在石头上的世界》，唐利国译，北京：商务印书馆，2010年版。

[英]鲁惟一著：《汉代的信仰、神话和理性》，王浩译，北京：北京大学出版社，2009年版。

[法]列维-布留尔著：《原始思维》，丁由译，北京：商务印书馆，1981年版。

[美]乔治·E·马尔库斯，[美]米开尔·M. J. 费彻尔著：《作为文化批评的人类学——一个人文学科的试验时代》，王铭铭等译，北京：生活·读书·新知三联书店，1998年版。

[美]马丽加·金芭塔丝著：《活着的女神》，叶舒宪等译，桂林：广西师范大学出版

社，2008年版。

［英］马林诺夫斯基著：《巫术科学宗教与神话》，李安宅译，上海：商务印书馆，1936年版。

［德］麦克斯·缪勒著：《比较神话学》，金泽译，上海：上海文艺出版社，1989年版。

［苏］叶·莫·梅列金斯基著：《神话的诗学》，魏庆征译，北京：商务印书馆，1990年版。

［美］米尔恰·伊利亚德著：《神圣的存在——比较宗教的范型》，晏可佳、姚蓓琴译，桂林：广西师范大学出版社，2008年版。

［美］Mircea Eliade著：《宇宙与历史——永恒回归的神话》，杨儒宾译，台北：联经出版事业股份有限公司，2000年版。

［罗马尼亚］米尔恰·伊利亚德著：《神圣与世俗》，王建光译，北京：华夏出版社，2002年版。

［法］米歇尔·福柯著：《词与物——人文科学考古学》，莫伟民译，上海：上海三联书店，2001年版。

［日］内藤湖南著：《中国史学史》，马彪译，上海：上海古籍出版社，2008年版。

［加］诺斯罗普·弗莱著：《批评的解剖》，陈慧，袁宪军等译，天津：百花文艺出版社，1998年版。

［加］诺斯洛普·弗莱著：《伟大的代码——圣经与文学》，郝振益等译，北京：北京大学出版社，1998年版。

［加］诺斯洛普·弗莱著：《批评之路》，王逢振、秦明利译，北京：北京大学出版社，1998年版。

［加］诺斯洛普·弗莱著：《神力的语言——“圣经与文学”研究续编》，吴持哲译，北京：社会科学文献出版社，2004年版。

［法］让-诺埃尔·卡普费雷著：《谣言：世界最古老的传媒》，郑若麟译，上海：上海人民出版社，2008年版。

［瑞士］荣格著：《回忆·梦·思考——荣格自传》，刘国彬、杨德友译，沈阳：辽宁人民出版社，1988年版。

［瑞士］C. G. 荣格等著：《人及其表象》，张月译，北京：中国国际广播出版社，1989年版。

［瑞士］荣格著，冯川编：《荣格文集》，冯川、苏克译，北京：改革出版社，1997年版。

［美］施坚雅编：《中华帝国晚期的城市》，叶光庭等译，北京：中华书局，2000年版。

［德］施密特著：《原始宗教与神话》，萧师毅等译，上海：上海文艺出版社，1987年版。

［美］时代-生活丛书编辑著：《梦与做梦》，汤新楣译，桂林：漓江出版社，2002年版。

［美］唐纳德·R·凯利著：《多面的历史：从希罗多德到赫尔德的历史探询》，陈恒、

宋立宏译，北京：生活·读书·新知三联书店，2003年版。
［日］小南一郎著：《中国的神话传说与古小说》，孙昌武译，北京：中华书局，1993年版。
［美］约翰·迈尔斯·弗里著：《口头诗学：帕里-洛德理论》，朝戈金译，北京：社会科学文献出版社，2000年版。
［意］维科著：《新科学》，朱光潜译，北京：商务印书馆，1989年版。
［美］巫鸿著：《武梁祠——中国古代画像艺术的思想性》，柳扬、岑河译，北京：生活·读书·新知三联书店，2006年版。
［瑞士］雅各布·坦纳著：《历史人类学导论》，白锡堃译，北京：北京大学出版社，2008年版。
［英］伊恩·霍德、司各特·哈特森著：《阅读过去》，徐坚译，长沙：岳麓书社，2005年版。
［美］余英时著：《东汉生死观》，侯旭东译，上海：上海古籍出版社，2005年版。
［美］詹姆斯·克利福德、［美］乔治·E·马库斯编：《写文化——民族志的诗学与政治学》，高丙中等译，北京：商务印书馆，2006年版。
［美］张光直著：《美术、神话与祭祀》，郭静等译，沈阳：辽宁教育出版社，1988年版。

［美］张光直著：《中国青铜时代二集》，北京：生活·读书·新知三联书店，1990年版。
［美］张光直著：《商代文明》，毛小雨译，北京：北京工艺美术出版社，1999年版。
［美］张光直著：《中国青铜时代》，北京：生活·读书·新知三联书店，1999年版。
［美］张光直著：《中国考古学论文集》，北京：生活·读书·新知三联书店，1999年版。
中国美国史研究会编：《现代史学的挑战：美国历史协会主席演说集（1961—1988）》，王建华等译，上海：上海人民出版社，1990年版。

四、期刊论文

长山、仁华：《试论王寨汉墓中的彗星图》，《中原文物》，1982年第2期，第26—27页。
常金仓：《中国神话学的基本问题——神话的历史化还是历史的神话化》，《陕西师范大学学报》（哲学社会科学版），2000年第3期，第5—13页。
陈久金、张敬国：《含山出土玉片图形试考》，《文物》，1989年第4期，第14—17页。
陈久金：《华夏族群的图腾崇拜与四象概念的由来》，《自然科学史研究》，1992年第1期，第9—22页。
陈久金：《中国十二星次、二十八宿星名含义的系统解释》，《自然科学史研究》，2012年第4期，第381—395页。
陈连山：《走出西方神话的阴影——论中国神话学界使用西方神话概念的成就与局限》，

《长江大学学报》（社会科学版），2006年第6期，第17—21页。

戴应新、李仲煊：《陕西绥德县延家岔东汉画像石墓》，《考古》，1983年第3期，第233—237页。

冯时：《殷卜辞四方风研究》，《考古学报》，1994年第2期，第131—154页。

何梅琴：《昆阳大战与王莽撵刘秀的民间传说》，《文史知识》，2010年第11期，第32—37页。

何驽：《山西襄汾陶寺城址中期王级大墓ⅡM22出土漆杆"圭尺"功能试探》，《自然科学史研究》，2009年第3期，第261—276页。

何驽：《陶寺圭尺补正》，《自然科学史研究》，2011年第3期，第278—287页。

黄启书：《试论〈续汉书·五行志〉撰作及其体例因革之问题》，《政大中文学报》，第15期，第197—230页。

黄一农：《星占、事应与伪造天象——以"荧惑守心"为例》，《自然科学史研究》，1991年第2期，第120—132页。

李斌：《史前日晷初探——试释含山出土玉片图形的天文学意义》，《东南文化》，1993年第1期，第237—243页。

李林：《陕西绥德延家岔二号画像石墓》，《考古》，1990年第2期，第176—179页。

李零：《战国秦汉方士流派考》，《传统文化与现代化》，1995年第2期，第34—48页。

李少雍：《从古史及"四史"看史传文学的发展》，《文学评论》，1996年第4期，第17—27页。

李少雍：《略论六朝正史的文学特色》，《文学遗产》，1998年第3期，第10—23页。

李淞：《汉代铜镜所见有关道教和神话的图像》，《湖北美术学院学报》，2011年第1期，第8—11页。

李学勤：《商代的四风与四时》，《中州学刊》，1985年第5期，第99—101页。

李永平：《文学人类学视野下的谣言、流言及叙述大传统》，《思想战线》，2014年第2期，第23—29页。

连劭名：《商代的四方风名与八卦》，《文物》，1988年第11期，第40—44页。

梁宗华：《正一代得失而归本儒学：范晔史论的基本倾向》，《理论学刊》，2001年第1期，第100—103页。

刘重来：《不以瑜掩瑕，也不以瑕掩瑜——对南朝史家范晔的再认识》，《西南师范大学学报》（哲学社会科学版），1995年第3期，第74—78页。

刘次沅、吴立旻：《古代"荧惑守心"记录再探》，《自然科学史研究》，2008年第4期，第507—520页。

刘操南：《二十八宿释名》，《社会科学战线》，1979年第1期，第153—161页。
刘洁：《汉代祥瑞文化与“天人感应”学说之关系》，《文博》，2009年第4期，第53—58页。
刘治立：《刘昭〈续汉书·百官志注〉的文献价值》，《红河学院学报》，2007年第3期，第13—16页。
明跃玲：《神话传说与族群认同——以五溪地区苗族盘瓠信仰为例》，《广西民族学院学报》（哲学社会科学版），2005年第3期，第91—94页。
［美］内森·席文：《文化整体：古代科学研究之新路》，邢丽咏、席文译，《中国科技史杂志》，2005年第2期，第99—106页。
潘良炽：《汉代方士对中央与地方政局的影响》，《青海师范大学学报》（哲学社会科学版），2002年第2期，第67—71页。
潘六坤：《浙江海宁东汉画像石墓发掘简报》，《文物》，1983年第5期，第1—20页。
彭兆荣：《瑶汉盘瓠神话——仪式叙事中的“历史记忆”》，《广西民族学院学报》（哲学社会科学版），2003年第1期，第85—90页。
彭兆荣：《仪式叙事的原型结构——以瑶族“还盘王愿”为例》，《广西民族大学学报》（哲学社会科学版），2008年第5期，第53—58页。

瞿林东：《关于范晔史学思想的两个问题》，《东岳论丛》，2001年第4期，第80—85页。
瞿林东：《范晔“谋反”新说——兼论沈约对范晔的评价》，《安徽史学》，2006年第1期，第11—14页。
沈建华：《甲骨文所见廿八宿星名初探》，《中国文化》，1994年第10期，第77—87页。
舒仁辉：《范晔〈后汉书〉史论探讨》，《杭州师范学院学报》（社会科学版），1989年第4期，第56—61页。
罗炳良：《范晔〈后汉书〉纪传与司马彪〈续汉书〉志分合考辨》，《华中科技大学学报》（社会科学版），2005年第4期，第101—107页。
宋志英：《司马彪〈续汉书〉考辨》，《史学史研究》，2005年第2期，第27—34页。
孙家洲：《汉代“应验”谶言例释》，《中国哲学史》，1997年第2期，第82—88页。
孙周勇：《陕北汉代画像石神话题材》，《考古与文物》，1999年第5期，第73—79页。
王春淑：《范晔〈后汉书〉序论赞评析》，《四川师范大学学报》（社会科学版），1998年第5期，第100—107页。
王敦书、王以欣：《古希腊人的“神话—古史”观和神话与历史的相互融合》，《史学理论研究》，2000年第2期，第133—139页。
王克奇：《东汉逸民论略》，《齐鲁学刊》，1992年第5期，第71—75页。
王克奇：《齐地的方士文化与汉代的谶纬之学》，《管子学刊》，2004年第3期，第46—50页。

王卉：《东汉画像镜上的“王子乔”与“赤松子”》，《宁夏师范学院学报》（社会科学），2010年第2期，第73—77页。

王卉：《东汉镜铭中的“黄帝”与“伯牙”》，《宁夏社会科学》，2011年第1期，第157—160页。

王勇：《五行与梦占——岳麓书院藏秦简〈占梦书〉的占梦术》，《史学集刊》，2010年第4期，第29—33页。

汪小洋：《汉代方士信仰的民间性质辨析》，《南京大学学报》（哲学·人文科学·社会科学版），2008年第4期，第96—102页。

魏爱棠：《“神话/历史”的对立与整合——一种历史人类学视野下的理解》，《史学理论研究》，2006年第1期，第130—136+160页。

萧兵：《世界神话传说里的英雄弃子——比较文化学的一个实例分析》，《国外文学》，1984年第3期，第67—81页。

席泽宗：《马王堆汉墓帛书中的彗星图》，《文物》，1978年第2期，第5—9页。

阳清：《论两汉魏晋南北朝正史中的神异叙事》，《沈阳大学学报》，2010年第3期，第72—76页。

尹虎彬：《刘秀传说的信仰根基》，《民间文化论坛》，2004年第4期，第39—44页。

游自勇：《中古〈五行志〉的“征”与“应”》，《首都师范大学学报》（社会科学版），2007年第6期，第10—16页。

余国良：《轴心文明讨论述评》，《二十一世纪评论》，2000年2月号（总第57期），第33—41页。

张华松：《秦代的博士与方士》，《孔子研究》，1999年第1期，第96—109页。

张述祖：《范蔚宗年谱》，《史学史研究》，1981年第2期，第21—39页。

张强：《论神话在汉代传播的文化形态》，《陕西师大学报》（哲学社会科学版），1995年第4期，第85—91页。

张树国：《谶纬神话与东汉国家祭祀体系的构建》，《广州大学学报》（社会科学版），2009年第4期，第85—90页。

［韩］赵容俊：《中国古代社会的巫术活动》，《中州学刊》，2004年第4期，第75—78页。

赵永恒、李勇：《二十八宿的形成与演变》，《中国科技史杂志》，2009年第1期，第110—119页。

朱政惠：《“天人合一”思想对中国纪传体史书发展的影响》，《社会科学》，1995年第3期，第43—47页。

五、西文论著

Annus, Amar (ed.). *Divination and Interpretation of Signs in The Ancient World*. Chicago: The Oriental Institute of The Universtity of Chicago, 2010.

Barton, Tamsyn. *Ancient Astrology*. London: Routledge, 1994.

Beidelman, T. O. "Kaguru Omens: An East African People's Concepts of the Unusual, Unnatural and Supernormal", *Anthropological Quarterly*, Vol. 36, No. 2 (Apr., 1963): 43–59.

Bielenstein, Hans. *The Bureaucracy of Han Times*. Cambridge: Cambridge University Press, 1980.

Chen, Cheng-Yih and Xi Zezong. "The 'Yao Dian' and the Origins of Astronomy in China", In *Astronomies and Cultures*. Clive L. N. Ruggles and Nicholas J. Saunders (eds.). Niwot: University Press of Colorado, 1993: 32–66.

Ching, Julia & R. W. L. Guisso (eds.) *Sages and Filial Sons: Mythology and Archaeology in Ancient China*. Hong Kong: Chinese University Press, 1991.

Dourley, John. P. *Paul Tillich, Carl Jung, and the Recovery of Religion*. London: Routledge, 2008.

Eliade, M. *Shamanism*. New York: Pantheon Books, 1964.

Greenblatt, Stephen. *The Greenblatt Reader.* Edited by Michael Payne, Cornwall: Blackwell Publishing, 2005.

Hodder, Ian. *The Meaning of Things*. London: Cambridge University Press,1988.

Jaspers, Karl. *The Origin and Goal of History*. New Haven and London:Yale University Press, 1953.

Johnston, Sarah Iles. *Ancient Greek Divination*. West Sussex: Blackwell Publishing, 2008.

Jung, C. G. *The Collected Works of C. G. Jung* (VOL.11). Princeton: Princeton University Press, 1969.

Keightley, David N. *The Ancestral Landscape: Time, Space, and Community in Late Shang China (ca. 1200–1045 B.C.)*. Berkeley: Institute of East Asian Studies, 2000.

Krupp, E. C. *Skywatchers, Shamans & Kings: Astronomy and The Archaeology of Power*. New York: John Wiley & Sons, Inc., 1997.

Loewe, M. *Divination, Mythology and Monarchy in Han China*. Cambridge: Cambridge University Press, 1994.

Magli, Giulio. *Mysteries and Discoveries of Archaeoastronomy*. New York: Praxis Publishing Ltd, 2009.

Mali, Joseph. *Mythistory: The Making of a Modern Historiography*. Chicago: The University of Chicago Press, 2003.

McNeill, William H.. "Mythistory, or Truth, Myth, History, and Historians" , *The American Historical Review* Vol. 91, No. 1 (Feb., 1986): 1-10.

Noegel, Scott (et al.). *Prayer, Magic and Stars in The Ancient and Late Antique World*. Pennsylvania: The Pennsylvania State University Press, 2003.

Raphals, Lisa. *Divination and Prediction in Early China and Ancient Greece*, Cambridge: Cambridge University Press, 2013.

Selin, Helaine & Sun Xiaochun. *Astronomy Across Cultures*. London: Kluwer Academic Publishers, 2000.

Tambiah, Stanley Jeyaraja. *Magic, Science, Religion, and the Scope of Rationality*, Cambridge: Cambridge University Press, 1990.

Tedlock, Barbara. "Divination as a Way of Knowing: Embodiment, Visualisation, Narrative, and Interpretation" , *Folklore* 112: 189-197.

六、学位论文

1. 博士论文

程方勇:《范晔及其史传文学》,中国社会科学院研究生院博士学位论文,2003年。

桂罗敏:《灾异与秩序——〈汉书·五行志〉研究》,上海大学博士学位论文,2012年。

金霞:《两汉魏晋南北朝祥瑞灾异研究》,北京师范大学博士学位论文,2005年。

潘定武:《〈汉书〉文学研究》,陕西师范大学博士学位论文,2006年。

吴祖春:《〈汉书·五行志〉阴阳五行思想研究》,中山大学博士学位论文,2010年。

杨显:《汉代神话研究》,四川师范大学博士学位论文,2012年。

游自勇:《天道人妖:中古〈五行志〉的怪异世界》,首都师范大学博士学位论文,2006年。

赵贞:《唐五代星占与帝王政治》,首都师范大学博士学位论文,2004年。

郑明璋:《汉代文化视角下的汉赋研究》,山东大学博士学位论文,2006年。

钟书林:《〈后汉书〉文学论稿》,陕西师范大学博士学位论文,2007年。

2. 硕士论文

陈忠沧:《从日蚀看东汉灾异观》,玄奘大学硕士学位论文,2009年。

段法雷：《范晔〈后汉书〉传记艺术特质论》，浙江师范大学硕士学位论文，2002年。
郭静：《汉赋神话意象研究》，内蒙古大学硕士学位论文，2011年。
韩炜炜：《河南汉画像石和画像砖墓神话类形象解析》，郑州大学硕士学位论文，2012年。
焦海燕：《星占学与两汉文化研究》，陕西师范大学硕士学位论文，2010年。
李艳洁：《汉代神话流变的时代特征及动因》，延边大学硕士学位论文，2005年。
刘原志：《两汉纬书中的五行与灾祥研究》，静宜大学硕士学位论文，2010年。
马永喜：《略论两汉方士》，西北大学硕士学位论文，2010年。
任成良：《八家后汉书与范晔〈后汉书〉史料异同之比较》，山东大学硕士学位论文，2011年。
史海娜：《秦汉神仙方士文化的神学化与儒学化》，陕西师范大学硕士学位论文，2002年。
唐莹：《〈后汉书〉序论赞研究》，湖南师范大学硕士学位论文，2009年。
王淑雍：《汉代纬书中感生神话之研究》，台湾师范大学硕士学位论文，2002年。
王闻：《汉代神话传说题材的装饰艺术研究》，苏州大学硕士学位论文，2006年。
杨艳芳：《〈后汉书·舆服志〉探析》，山东大学硕士学位论文，2011年。
叶霞：《范晔〈后汉书〉和袁宏〈后汉纪〉之比较研究——以两者帝纪材料和史论为例》，暨南大学硕士学位论文，2008年。
张琼文：《〈睡虎地秦简·日书〉巫术文化探究》，政治大学硕士学位论文，2012年。
赵庆然：《范晔〈后汉书·文苑列传〉研究》，河北师范大学硕士学位论文，2011年。
郑彩霞：《〈汉书〉〈后汉书〉涉〈易〉问题考论》，福建师范大学硕士学位论文，2010年。

附录 《后汉书》研究学位论文

附录1-1 1980—2012年《后汉书》研究博士学位论文目录

篇　名	作　者	作者单位	完成时间
范晔及其史传文学	程方勇	中国社会科学院研究生院	2003
《后汉书》文学论稿	钟书林	陕西师范大学	2007
《后汉书》核心词研究	施真珍	华中科技大学	2009
古写本《群书治要·后汉书》异文研究	沈　芸	复旦大学	2010

附录1-2 1980—2012年《后汉书》研究硕士学位论文目录（中国台湾）

篇　名	作　者	作者单位	完成时间
《后汉书》尚书考辨	蔡根祥	台湾师范大学	1985
从《易经》致用的观点看《后汉书》儒学教化思想	朱俊麟	辅仁大学	1995
《后汉书》循吏酷吏研究	余碧霞	玄奘大学	2008
刘向《列女传》与《后汉书·列女传》之比较研究	吴佩娟	南华大学	2011
何焯《义门读书记》题识研究——以《汉书》《后汉书》《三国志》为范畴	单赢田	彰化师范大学	2012

附录1-3　1980—2012年《后汉书》研究硕士学位论文目录（中国大陆）

篇　　名	作　者	作者单位	完成时间
李贤的语言观——《后汉书》李贤注研究	宋洪民	山东师范大学	2001
范晔《后汉书》传记艺术特质论	段法雷	浙江师范大学	2002
《八家后汉书辑注》校补	胡爱英	南京师范大学	2003
写“羌”与读“羌”《后汉书·西羌传》的多维度阐释	赵　荣	四川大学	2005
《后汉书·文苑列传》研究	吴漪容	首都师范大学	2005
《后汉书·儒林传》考论并补遗	王正一	山东大学	2006
《后汉书》李贤注商榷	陈敏祥	湖南师范大学	2007
《后汉书》李贤注引《三礼》研究	潘薇妮	浙江大学	2007
范晔及其《后汉书》文学思想研究	郭雪峰	安徽大学	2007
《后汉书·文苑列传》传主及其作品流传研究	孙良山	广西师范大学	2008
《后汉书》李贤注文字训诂研究	杨　柳	复旦大学	2008
从《史记》《汉书》《后汉书》看《论语》在两汉的流传	张祖伟	山东大学	2008
范晔《后汉书》和袁宏《后汉纪》之比较研究	叶　霞	暨南大学	2008
范晔及其《后汉书》文学思想研究	郭雪峰	华东师范大学	2008
补《后汉书》艺文志五家考论	刘克东	山东大学	2009
论《后汉书集解》	黄雄海	陕西师范大学	2009
南宋黄善夫本《后汉书》研究	郭艾生	陕西师范大学	2009
明正统本《后汉书》研究	龚阔英	陕西师范大学	2009
元大德本《后汉书》研究	黄宇丽	陕西师范大学	2009
《后汉书》序论赞研究	唐　莹	陕西师范大学	2009
《后汉书》版本研究	许利平	湖南师范大学	2009
司马彪《续汉书》研究	谢　琛	安徽大学	2009

（续表）

篇　　名	作　者	作者单位	完成时间
《后汉书》双音动词研究	麻　欣	长春理工大学	2010
《汉书》《后汉书》涉《易》问题考论	郑彩霞	福建师范大学	2010
《后汉书》量词研究	王大莹	西南大学	2010
《后汉书》测度问句研究	苏晓芳	南京师范大学	2011
《后汉书》成语研究	刘　佳	河北师范大学	2011
《后汉书·舆服志》探析	杨艳芳	河南师范大学	2011
范晔《后汉书》论赞研究	梁娟娟	河北师范大学	2011
范晔《后汉书·文苑列传》研究	赵庆然	河北师范大学	2011
八家后汉书与范晔《后汉书》史料异同之比较	任成良	山东大学	2011
《后汉书》异文研究	李繁贵	广州大学	2011
《仙鉴》与《史记》《汉书》《后汉书》重出人物比较研究	郑一契	中南大学	2011
《后汉书》李贤注训诂研究	王　萍	山东师范大学	2011
《汉书》《后汉书》中的后妃形象研究	王晓芳	福建师范大学	2011
从《后汉书》重新审视东汉政府对羌政策	曹　宁	西北大学	2011
《水经注》称引《史记》《汉书》《后汉书》考校	白凤娜	南京师范大学	2012
《后汉书》女性形象研究	杨　柳	吉林大学	2012
沈家本《续汉书志注所引书目》研究	王　钦	东北师范大学	2012

后　记

记得博士论文刚完成时，我在《后记》中写道："不经意间，欣喜地发现校园里的柳树已吐出了绿芽，鸟儿欢快地鸣叫着——春天来了。窗外，一个小男孩正蹒跚学步，过了一会儿，男孩的母亲抱起他，走了。静静地欣赏这一切，偷得浮生半日闲。"

命运中，有挫折，有机会。考博之路是艰辛的，因为图近，希望能够与家人常聚，考博时我选择了南方的一所名校，离家不远，一个小时的路程。不过，考了两次都没有被录取。我对爱人说，也许老天告诉我，要做自己感兴趣的事。那时候，一个朋友考中了社科院研究生院。我想，别人能办到的事，我也能办到。于是，第三次考博我选择了社科院研究生院。这一次时来运转，我幸运地获得了一次读博机会，这让我多少有点敬畏命运，因为考英语的前天晚上，我并没有睡好。考完后我对英语成绩已经是听天由命了，结果意外地发现英语居然考得不错。

凡事预则立，不预则废。入学伊始，我选修了《西方史学理论与流派》，好为博士论文做准备，因为那时我已经知道，我的博士论文需要我了解西方史学方面的理论。2012年暑假，我通读了《后汉书》，经过与导师（叶舒宪先生）沟通，选定以《后汉书》为研究对象撰写博士论文，这一方面固然是因为延续师门一贯的思路，另一方面是因为《后汉书》研究尚有许多值得进一步拓展的空间。

论文写作期间，有过迷惘与挫折，有过不眠之夜，能够走到现在，多亏了叶师的鼓励。能够在叶老师门下受教是我的荣幸，与叶老师相识是一种莫大的缘分。2006年我在四川大学参加全国比较文学教师骨干培训，叶老师是授课老师之一，叶老师旁征博引，侃侃而谈。其时，我刚刚接手《宗教文学》这门课，苦于没有合适的教材，听了叶老师的授课，有顿开茅塞之感。回到工作单位之后，当即选用《老子与神话》一书作为授课内容。其后，我所在的工作单位开设了"经典作品的诗学解读"课程，这门课由几个老师共同执教，我负责讲授"神话–原型批评"，于是阅读了《神话–原型批评》《高唐神女与维纳斯》《诗经的文化阐释》等相关书籍，并撰写了《〈浮士德〉之原型批评》一文。读博后，近距离接触叶老师，体会到一句古语："读万卷书，行万里路。”刚入校时，与导师见面，叶老师领我去图书馆，指着一排排书，曰：“谁在图书馆泡的时间越长，学问就越大。”一日下午，陪叶老师逛书店，叶老师一口气挑了大约三四十本书。据“权威人士”透露，叶老师每到一地，必有一双肩包随身，流连于图书馆、博物馆、书店，其所藏外文书不下于两千本，亲眼见证叶老师购书，吾始信此语不虚。叶老师读书破万卷，却不囿于书面文字，一再叮嘱学生多去田野和博物馆考察体验。因此，我也有意识地多去博物馆参观。

转眼间，时光又过了五年。在此期间，叶老师多次提醒我修改博士论文，以便出版。但我也不知道自己在忙着什么，居然无暇他顾。直到今年三月，才重拾论文。也许还是自己不够努力吧，想起叶老师的勤奋，真是惭愧。本书的出版，首先应该归功于叶老师的督促。

其次要感谢生我养我的父母和操持家务的爱人，感谢他们的付出。同时感谢各位授课老师和关心帮助过我的各位朋友，恕我不一一罗列名字了。

共祝愿你我的人生更从容！

一路祈祷，一路前进！

记于2019年8月